Sheila Kitzinger

Das Jahr nach der Geburt

Ein Überlebenshandbuch für Mütter

Aus dem Englischen von Cornelia Stoll

Droemer Knaur

Titel der Originalausgabe: The Year After Childbirth
Originalverlag: Oxford University Press, Oxford

Fotos: Marcia May
Illustrationen: Beverly Lees, Fran Sewell, Margaret Jones

Die Deutsche Bibliothek – CIP-Einheitsaufnahme
Kitzinger, Sheila:
Das Jahr nach der Geburt: Ein Überlebenshandbuch für Mütter
/ Sheila Kitzinger. Aus dem Engl. von Cornelia Stoll. -
München : Droemer Knaur, 1995
Einheitssacht.: The Year After Childbirth <dt.>
ISBN 3-426-26710-1

Dieses Buch wurde auf chlor- und säurefreiem Papier gedruckt.
Die Folie des Schutzumschlags sowie die Einschweißfolie
sind PE-Folien und biologisch abbaubar.

Umschlaggestaltung: Agentur ZERO, München
Umschlagfoto: Tony Stone, München
Satz: Dr. Ulrich Mihr GmbH, Tübingen
Druck- und Bindearbeiten: Appl, Wemding
Printed in Germany
ISBN 3-426-26710-1

5 4 3 2 1

1

Ein Jahr auf der Achterbahn

Vor der Geburt Ihres Kindes haben Sie wahrscheinlich Bücher gelesen, Kurse besucht und versucht, soviel wie möglich über den Geburtsvorgang in Erfahrung zu bringen. Sie haben sich mit verschiedenen Geburtsmethoden beschäftigt, sich mit einem Arzt oder mit der Hebamme beraten und vielleicht über den gewünschten Ablauf der Geburt gesprochen. Wie viele Frauen haben auch Sie besonders auf die Ernährung geachtet, Entspannungsübungen gemacht und das Öffnen des Beckenbodens trainiert. Wahrscheinlich haben Sie auch das Rauchen aufgegeben und Alkohol gemieden. Ihr Partner oder eine Freundin haben sich Massagetechniken angeeignet und Griffe erlernt, die Sie während der Wehen unterstützen sollen, und überlegt, wie sie Sie seelisch stützen können. Dies alles diente der Geburtsvorbereitung.
Jetzt ist das Baby da! Die Geburt war das aufregendste Ereignis Ihres Lebens, vielleicht war sie aber auch cinc furchtbare Tortur oder hat Ihre Erwartungen enttäuscht. Jedenfalls stehen Sie jetzt, wo das Kind da ist, einer bis dahin ungekannten Herausforderung gegenüber: ein neuer Mensch möchte genährt, beschützt, verstanden und geliebt werden.
Eine Frau, die in der Schwangerschaft auf ihr Wohlergehen achtet, sorgt automatisch auch für das Wohl ihres Babys. Es wächst und gedeiht in ihr, auch wenn sie gerade an ganz andere Dinge denkt, sogar wenn sie vergißt, daß sie schwanger ist. Nachts wacht sie auf, weil sie Verstopfung hat, weil das Baby sich wie ein Springball in ihr hin- und herdreht oder weil sie ihre Blase entleeren muß – aber nicht, weil das Baby all ihre Aufmerksamkeit,

all ihre Gedanken ununterbrochen beansprucht. Nach einer gestörten Nacht kann sie vielleicht am nächsten Tag oder am Wochenende etwas Schlaf nachholen.

Ein neues Zeitgefühl

Ist das Kind erst einmal geboren, ist alles ganz anders.
Sie können nicht mehr über Ihre Zeit verfügen. Frauen, die zum ersten Mal ein Kind haben, kommt es oft so vor, als hätten sie überhaupt keine Zeit mehr. Sie haben Angst, nicht alles zu schaffen, den Alltag nicht in den Griff zu bekommen, die Zukunft nicht mehr planen zu können und ihr Leben nicht mehr in der Hand zu haben.
Die gewohnte Zeiteinteilung in Morgen, Mittag, Nachmittag, Abend und Nacht, in die Zeit vor und nach den Mahlzeiten, hat keine Gültigkeit mehr. An ihrer Stelle spult sich eine endlose Folge von Wiederholungen ab, bestehend aus Füttern, Wickeln, Saubermachen, Trösten, auf dem Arm wiegen, auf den Rücken klopfen, Waschmaschine anstellen, ein bißchen Aufräumen, wieder Füttern, das Baby aufnehmen und wieder hinlegen, vielleicht sich selber waschen und umziehen, wieder Füttern, das Baby herumtragen, die Babykleidung trocknen, selbst etwas hinunterschlingen, das Baby wieder aufnehmen, füttern, schnell etwas einkaufen und dann wieder füttern, weil das Baby noch immer nicht zufrieden ist. Nie haben Sie das Gefühl, fertig zu sein.
Nach einigen Wochen kehren Sie vielleicht an den Arbeitsplatz zurück oder beginnen mit einer Berufstätigkeit, der Sie zu Hause nachgehen können. Ihre Zeit teilt sich jetzt in zwei völlig unterschiedliche Bereiche auf. Das kann sehr entlastend, aber auch sehr aufreibend für Sie sein. Die Zeit, die Sie mit dem Baby verbringen, fließt nach wie vor unstrukturiert dahin. Die Berufstätigkeit, vor allem in einer großen Firma, unterliegt einer strengen Einteilung. Sie selbst können sich nicht teilen, Sie versuchen jedoch, in den jeweiligen Lebensbereichen ein anderer Mensch zu sein.
Auch während der Arbeit können Sie vielleicht nicht völlig abschalten. Sie sorgen sich um das Kind und haben ein schlechtes Gewissen, weil Sie es verlassen mußten. Zu Hause rückt die Berufswelt in unwirkliche Ferne, jeder Telefonanruf von der Arbeitsstelle, jede Beanspruchung von außen wird als Störung empfunden. Vielleicht sehnen Sie sich aber auch nach der Arbeit, weil Sie sich dabei sicherer fühlen als in Ihrer Mutterrolle.
Im Lauf des ersten Jahres lernen Sie, mit der Zeit zu jonglieren, rund um die Uhr kleine Zeiteinheiten für sich einzubauen und die Anforderungen des Berufs und der Versorgung des Babys miteinander in Einklang zu bringen. Berufstätige Mütter gehen mit der Zeit völlig anders um als zum Beispiel berufstätige Väter. Am Ende des ersten Jahres sind Sie eine Expertin für Zeitmanagement.

Liebe, Haß und Angst

Viele Mütter berichten, sie hätten erst gewußt, was Müdigkeit sei, als sie die Erschöpfung kennengelernt hätten, die durch die Nervenanspannung verursacht würde, durch die zielgerichtete Konzentration, mit der sie dem neuen Menschen gerecht zu werden versuchten, während sie zugleich übermächtigen Gefühlen von Liebe und Haß, Hoffnung und Angst, Freude und Niedergeschlagenheit ausgesetzt waren. Nicht allein der Schlafmangel oder das Bemühen, in vierundzwanzig viel zu kurzen Stunden alles zu bewältigen, führen zur Erschöpfung, sondern schon die emotionale Anspannung, die mit dem Mutterwerden und der Verantwortung für das Baby verbunden ist. Es gibt nichts Ermüdenderes als dieses ständige Wechselbad der Gefühle.

»Die Geburt war großartig! Aber sieben Tage in der Woche täglich vierundzwanzig Stunden nach dem Kind zu sehen, ist Schwerstarbeit!«

Frauen mit Neugeborenen sind äußerst starken Gefühlen ausgesetzt und müssen gleichzeitig härteste körperliche Arbeit leisten. Die Gefühle gelten dem Baby, aber auch ihrer eigenen Person. Sie fragen sich, wer sie eigentlich sind, was für eine Mutter sie sein wollen, wie sich das Verhältnis zu ihnen nahestehenden Menschen verändert und wie sich Berufsaussichten und das Verhältnis zu Arbeitgeber und Kollegen entwickeln. Oft sind sie auch mit Geld- und Wohnungssorgen konfrontiert, in vielen Ländern der Welt auch mit Gewalt, ethnischen Konflikten und Krieg.

Die Geburt eines Kindes schärft oft die Sensibilität der Eltern für Umwelt- und Zukunftsprobleme. Teilweise geschieht dies auf einer persönlichen Ebene: So berichtet ein frischgebackener Vater zum Beispiel, er fahre vorsichtiger Auto, ein anderer hat das Rauchen aufgegeben, um die Luft, die das Baby atmet, nicht zu verpesten. Oft wird aber auch das soziale und politische Bewußtsein geschärft. Berichte von Umweltkatastrophen im Fernsehen – Giftwolken nach einer Explosion, verschmutztes Trinkwasser, Luftverschmutzung – gewinnen für Eltern an Bedeutung, nicht nur weil sie sich um ihr eigenes Kind sorgen, sondern weil sie vielleicht auch Anteil am Leid anderer Kinder nehmen.

Bilder von hungernden Kindern in Afrika, von verbrannten, verstümmelten, ermordeten Kindern im Nahen Osten oder im ehemaligen Jugoslawien, von Kindern in Südamerika, die aus den dunklen Türöffnungen von Baracken schauen, die auf Müllhalden stehen, von Kindern aus den reichen Industrieländern, ausgesetzt, frierend, hungrig oder sexuell mißbraucht, sind so erschütternd, daß manche Frauen sich nicht mehr trauen, die Fernsehnachrichten einzuschalten, weil sie noch vor Ende der Sendung in Tränen ausbrechen.

Die persönliche Verantwortung für ein Kind schärft die Empfänglichkeit für das Leid von Kindern überall auf der Welt, für die Verletzbarkeit der Menschen überhaupt. Als Mutter sind Sie Gefühlsschwankungen viel stärker ausgesetzt, gerade so, als lägen Ihre Nervenenden bloß.

Es gibt Zeiten, in denen Sie sich der Mutterrolle überhaupt nicht gewachsen fühlen, an denen Sie die Kontrolle über sich verlieren und sich angesichts eines weiteren mühsamen, arbeitsreichen Tages, der nicht zu Ende gehen will, vielleicht fragen, warum Sie dieses Kind jemals gewollt haben. Doch damit stehen Sie nicht allein. Mütter lieben ihre Kinder zwar gewöhnlich, aber manchmal sind sie verunsichert und wütend und würden am liebsten davonlaufen. Muttergefühle sind stark und heftig und oft zutiefst beunruhigend.

Schuldgefühle

Untersuchungen und persönliche Protokolle von Frauen über ihre Erfahrungen als Mütter zeigen, daß Frauen in westlichen Kulturen oft unter Schuldgefühlen leiden.[1] In traditionellen Kulturen ist das ganz anders. Dort sind die Frauen unbefangener und tun einfach das, was Mütter schon immer getan haben – sie pflegen das Baby und werden dabei gewöhnlich von den anderen Frauen der Familie unterstützt.[2] In den Ländern des Westens gibt es Spezialisten, die oft noch nie selbst ein Kind vierundzwanzig Stunden am Tag versorgt haben, und es gibt Bücher und Zeitschriften, die den Müttern sagen, was sie tun und sogar was sie fühlen müssen. Immer scheint es Mütter zu geben, die mit ihren Aufgaben viel besser zurechtkommen als wir, die besser organisiert, zufriedener, zielstrebig, ruhig und verständnisvoll sind; ihre Babys schlafen von Anfang an vier Stunden am Stück, wachen dann auf, essen, spielen und schlafen wieder. Solche Mütter haben einen geregelten Tagesablauf, wir dagegen leben in ständigem Chaos. Sie haben eine saubere, aufgeräumte Wohnung, bei uns herrscht schreckliche Unordung. Sie bereiten köstliche Mahlzeiten zu, werden pünktlich damit fertig und haben gern Gäste. Wir schnappen uns irgendein Fertiggericht und schlingen es gehetzt zwischen Tür und Angel hinunter.

Beziehungsprobleme

Die Geburt eines Kindes belastet auch unsere Beziehung zum Partner. Manche Ehepaare entscheiden sich für ein Kind, weil sie damit ihre eigenen Probleme lösen wollen. Oft trägt ein Kind jedoch zusätzliche Probleme in die Beziehung, die eine angeschlagene Partnerschaft endgültig zerstören können. Psychologische Untersuchungen haben ergeben, daß die Zeit nach der Geburt eines Kindes für die Frau wie für den Mann belastend ist. Die Frau befindet sich in einer schwierigen seelischen Situation und sucht oft Unterstützung beim Mann. Sie hält ihn für stark und zuverlässig, weil diese Eigenschaften Männern allgemein zugeordnet werden. Doch oft ist das gar nicht der Fall, er ist womöglich hilflos, ärgert sich und zieht sich zurück, weil er sich überfordert fühlt. Sie empfindet das wiederum als Ablehnung. Die Geburt eines Kindes bringt keineswegs nur Erfüllung und tieferes Verständnis füreinander und kann der Anfang vom Ende einer Beziehung sein.

In Schwangerschaftskursen wird oft auch von der Zeit nach der Geburt gesprochen. Die häufigsten Fragen, die von Männern – aber auch von vielen Frauen – gestellt werden, sind: »Wann werden wir wieder ein normales Leben führen können?«, »Wann wird das Baby einen festen Rhythmus haben und durchschlafen?« und »Wann werden wir wieder wie gewohnt miteinander schlafen können?« Männer, auch wenn sie liebevolle Väter sind, empfinden das Kind oft als Eindringling und reagieren manchmal mit Eifersucht und Verstimmung. In solchen Fällen hat die Frau das Gefühl, zwei Babys zufriedenstellen zu müssen.

Körperliche Veränderungen

Nach der Geburt haben viele Frauen Angst vor den durch Schwangerschaft und Geburt entstehenden körperlichen Veränderungen. Die Form ihrer Vagina hat sich verändert, sie sind sexuell vielleicht weniger erregbar als vor der Geburt, haben Schwierigkeiten, ihr ursprüngliches Gewicht wiederzuerlangen, und sind durch Krampfadern und Schwangerschaftsstreifen verunsichert. Diese Sorgen sind verständlich. Nach einer Geburt verändert sich der Körper sichtbar. Der Bauch ist jetzt faltig und weich und fühlt sich leer, manchmal sogar kalt an im Gegensatz zu dem festen, runden Ballon mit dem strampelnden Baby drin. Durch den Milcheinschuß verwandeln sich die Brüste in zwei pralle, schmerzende Bälle, die Brustwarzen werden größer und dunkler. Oft tritt Milch aus, wenn die Frau nur an das Baby denkt, wenn die Brust gedrückt wird, wenn die Frau sexuell erregt ist oder aus anderen unerfindlichen Gründen. Die Vagina ist feucht und geschwollen und fühlt sich schwer an, da die Scheidenmuskulatur sich für den Geburtsvorgang geweitet hat und oft noch Wochen danach aufgelockert ist. Auch der Ringmuskel um die Harnröhre, der den Urinfluß kontrolliert, ist oft erschlafft, so daß beim Husten oder Lachen leicht Urin austritt.

Der Damm zwischen Scheide und After ist häufig wund und sehr empfindlich. Viele Frauen, bei denen ein Dammschnitt gemacht werden mußte, der später wieder zugenäht wurde, spüren die Naht des Dammschnitts als schmerzenden, juckenden Wulst. Das ist lästig beim Sitzen, verursacht pochende Schmerzen im Stehen, scheuert gegen die Nähte enganliegender Hosen und kann beim Geschlechtsverkehr so schmerzhaft sein, daß eine Penetration über Monate nicht möglich ist. Dies führt zwischen den Partnern zumindest zu Befangenheit und Anspannung. Viele Frauen behaupten zwar, ihr Mann sei sehr verständnisvoll, aber solche Probleme können dennoch zu Beziehungskonflikten führen, an denen sich dann fast ausnahmslos die Frauen die Schuld geben.

Auch Rückenschmerzen sind nach der Geburt ein häufiges Problem. Schuld daran kann die durch die Schwangerschaft auf die gesamte Körperstatik ausgeübte Belastung sein, aber auch unkoordiniertes, überlanges

Pressen während der Austreibungsperiode oder der Umstand, daß die durch Betäubung gefühllosen Beine der Mutter unsachgemäß gehalten wurden. Die Rückenschmerzen konzentrieren sich in der Regel auf das Kreuz, wo Becken und Rückgrat zusammentreffen. Manchmal tauchen die Schmerzen auch an der Einstichstelle der Narkosespritze auf oder weiter unten am Steißbein.

All diese Veränderungen können Ihnen das Gefühl vermitteln, mit der Geburt des Kindes sei Ihnen ein übler Streich gespielt worden. Das Gefühl, betrogen worden zu sein, verstärkt sich noch dadurch, daß Mutterwerden als besondere Erfüllung gilt. Es regnet Glückwunschkarten, die Leute bewundern das Baby und lächeln, als hätten Sie etwas Außergewöhnliches geleistet und als sei das Kind ein Geschenk ganz besonderer Art.
In den ersten Wochen nach der Geburt empfindet die Mutter das vielleicht trotz Übermüdung und körperlichen Unwohlseins selbst. Sie kann kaum glauben, daß sie wirklich ein Baby zur Welt gebracht hat, und empfindet sich und das Kind als etwas ganz Besonderes.

Postnatale Euphorie

Nach der Geburt, vor allem nach einem positiven Geburtserlebnis, gerät die Mutter häufig in eine Euphorie, eine Art hellwacher Erregung, die sie befähigt, alles, was das Baby betrifft, genauestens zu registrieren, die Bedürfnisse des Babys zu erkennen und sich in das Baby hineinzuversetzen. Jahrtausendelang hat dieses Hochgefühl zum Überleben der Menschheit beigetragen, denn es sichert die Versorgung des Neugeborenen.

Auch Väter kennen es, obgleich es sich bei ihnen weniger körperlich äußert als bei Frauen. Mit intensiven Muttergefühlen verbunden sind auch der Milcheinschuß, das Aufrichten der Brustwarzen vor dem Stillen und die starken Kontraktionen der Gebärmutter, die sich zu ihrer ursprünglichen Form bis zur Größe einer Feige zurückbildet, die in einer Hand Platz finden könnte. Muttergefühle sind wahrhaftig keine aufgesetzte Sentimentalität, sondern kommen aus dem Bauch. Sie lösen körperliche Reaktionen aus, die für die Rückbildung nach der Geburt notwendig sind und die viel mit der Ernährung des Kindes zu tun haben.

»In der Nacht seiner Geburt lag ich wach und beobachtete, wie er mit weit geöffneten Augen seine neue Umgebung erforschte. Ich hatte das Gefühl: Jetzt weiß ich, daß ich alles kann.«

Trotz schmerzhafter Wehen oder einer komplikationsreichen Entbindung entwickeln Mütter nach der Geburt unerschöpfliche Kräfte, vorausgesetzt, das Kind kann bei ihr bleiben und sie und das Kind können sich kennenlernen und aufeinander einstellen. Auch deshalb ist es wichtig, daß die Frau ihr Kind bei sich hat, neben oder in ihrem Bett, und es jederzeit aufnehmen, liebkosen und stillen kann. Die in manchen Kliniken noch übliche Trennung von Mutter und Neugeborenem versagt der Mutter die nach den Mühen der Geburt wohlverdiente Nähe zu ihrem Kind und dem Kind die Sicherheit und Wärme der Mutter, und sie kann den wichtigen psychophysischen Prozeß der Mutter-Kind-Bindung, das »Bonding«, empfindlich stören. Auch wenn die Frau sich nach Ruhe sehnt und zunächst andere für ihr Kind sorgen lassen möchte, findet sie oft keinen Schlaf. Sie ist hin- und hergerissen, sehnt sich nach ihrem Kind und weiß nicht, was sie wirklich will. Sie fühlt sich unsicher und fremd, einsam und verlassen. Es ist ganz normal, wenn sie in diesem Zustand unkontrollierte Weinkrämpfe hat.

Kurz nach einer Geburt wachte ich morgens einmal mit dem Gefühl auf, etwas Wunderbares sei geschehen, ich konnte mich aber einen flüchtigen Augenblick lang nicht erinnern, was es war. Dann hörte ich ein Rascheln oder ein leises Wimmern, und mein Blick fiel wie zufällig auf das Neugeborene. Durch meinen Körper strömte eine Erregung, die meine Haut erschauern ließ und meine Brüste erwärmte. Ich beugte mich vor und nahm das Kind auf.

Die magnetische Anziehungskraft, die das Neugeborene auf die Mutter ausübt, der aufmerksame Blick, mit dem dieses ihr begegnet und der es ihr ermöglicht, das Kind anzunehmen und kennenzulernen, ist gerade in Gesellschaften von Bedeutung, in denen keine Angehörigen hilfreich zur Seite stehen, in denen die Mutter ganz allein mit der Versorgung des

Kindes fertig werden muß und – beim ersten Kind – nicht einmal auf eigene praktische Erfahrung zurückgreifen kann.

Die erstaunliche Wirklichkeit eines Neugeborenen ist einzigartig. Bei vielen Frauen sind die Gefühle, die sie ihrem Baby entgegenbringen, vergleichbar mit Gefühlen, die durch sexuelle Leidenschaft hervorgerufen werden. Die Begriffe »Bonding«, »Anteilnahme« und »Zuwendung«, mit denen die Mutter-Kind-Beziehung beschrieben wird, können gar nicht ausdrücken, wie sehr sich die Mutter danach sehnt, das Baby zu berühren und zu halten, welche Zärtlichkeit sie für es empfindet, welche Glücksmomente sie durchlebt.

Doch auch in dieser Phase der Hochstimmung ist die Mutter oft Gefühlsschwankungen unterworfen. Glücksgefühl und Weinen wechseln einander ab, und innerhalb einer Stunde ist sie – für Außenstehende unbegreiflich – himmelhoch jauchzend und zu Tode betrübt. Man wirft ihr dann vor, sie sei unvernünftig und sehe die Dinge nicht im richtigen Licht. Die ihr Nahestehenden wollen, daß sie sich »normal« verhält, ohne sich darüber klar zu sein, daß es normal ist, wenn eine Frau sich nach der Geburt monatelang in einem emotionalen Ausnahmezustand befindet.

Der Kinderpsychologe Donald Winnicott bezeichnete diesen Zustand als »primäre Mütterlichkeit« und wies darauf hin, daß jeder andere, der sich so verhalte, als psychisch gestört gelten würde.[3] Für die Mutter eines Neugeborenen ist dieser Zustand jedoch ganz typisch.

Die postnatale Hochstimmung kann mehrere Wochen dauern. Doch irgendwann kommt der Zeitpunkt, an dem die Mutter aus dem emotionalen Ausnahmezustand wieder in die Wirklichkeit findet. Die Ekstase kann nicht ewig dauern, dem Hoch folgt unweigerlich ein Tief, manchmal erst fünf bis acht Wochen nach der Geburt.[4]

Depressionen

Wochenbettdepressionen werden oft als eine aus dem Nichts entstehende, vorüberziehende Wolke beschrieben, als eine durch Hormonumstellungen hervorgerufene psychische Störung. Diese Darstellung trägt den tiefgreifenden Veränderungen, die gerade die Geburt des ersten Kindes im Leben der Mutter mit sich bringt, kaum Rechnung. In dem Bemühen, den Anforderungen der Mutterschaft gerecht zu werden, erleiden viele Frauen einen Identitätsverlust. Depressionen entstehen auch, wenn Frauen wie Patientinnen behandelt werden, als seien sie unfähig, selbst für ihr Kind zu sorgen, und das zu einer Zeit, in der sie die Verantwortung für einen neuen Menschen übernehmen, auf Informationen angewiesen sind und Alternativen abwägen und wichtige Entscheidungen treffen müssen. Die niedergeschlagene Stimmung nach der Entbindung kann auch darauf zurückgehen, daß Frauen während des Geburtsvorganges und häufig bereits während der Schwangerschaft eine Entmündigung erfahren.

Die Menschen aus der nächsten Umgebung der unter Wochenbettdepressionen leidenden Frau sind oft enttäuscht und ungeduldig, weil sie nur schwer nachvollziehen können, was in ihr vorgeht. Sie reden ihr ein, ihre Sorgen um Wohl und Entwicklung des Kindes seien überflüssig, sie kritisieren ihre Überempfindlichkeit, und sie machen ihr Vorwürfe, weil sie ständig über die schwere Geburt redet, anstatt sie endlich zu vergessen, oder weil sie das Kind unbedingt stillen möchte. Sie möchten das Richtige sagen und Mitgefühl zeigen, finden aber nicht die rechten Worte und überhäufen die Mutter statt dessen mit gutgemeinten Ratschlägen.

Ratschläge

Mütter von Neugeborenen sind oft widersprüchlichsten Ratschlägen ausgesetzt. Manche davon entpuppen sich als völlig falsch oder unbrauchbar, auch wenn sie angeblich von Experten stammen. Die einen sagen etwa, man solle das Kind schreien lassen, weil es die Mutter sonst bald ›um den Finger wickle‹; außerdem kräftige das Schreien die Lungen. Andere sagen, das Kind müsse ständig Körperkontakt mit der Mutter haben und deshalb immer unter der Bluse getragen werden, wie es bei einigen südamerikanischen Indiostämmen gebräuchlich ist. Wieder andere sagen, bei heißem Wetter müsse den Neugeborenen Wasser zugefüttert werden, weil sie sonst austrocknen würden, außerdem müßten sie vor und nach jeder Mahlzeit gewogen werden. Dann wiederum wird empfohlen, auf Flaschennahrung umzustellen und die Milch mit Getreide anzureichern. Viele solcher Ratschläge widersprechen dem eigenen intuitiven Wissen der Frau. Frauen mit einer sogenannten Risikoschwangerschaft – vielleicht weil sie über 35 Jahre alt sind, nicht in einer festen Partnerschaft leben oder unter einer Behinderung leiden – werden schon vom Beginn der Schwangerschaft an mit Ratschlägen überhäuft, die sich manchmal so anhören, als stehe es der Frau eigentlich gar nicht zu, ein Kind zur Welt zu bringen. Eine Studie über Schwangerschaft und Behinderung fand heraus, daß der Hälfte der befragten Frauen, die gehbehindert waren, ein vorzeitiger Schwangerschaftsabbruch angeboten worden war, weil die behandelnden Ärzte automatisch davon ausgingen, daß diese Frauen mit einem Kleinkind nicht umgehen können.[5] Entscheidend ist, daß Ärzte, Berater und Sozialarbeiter der behinderten Frau das Recht auf Selbstbestimmung zugestehen und sie in die Lage versetzen, ihre eigene, begründete Entscheidung zu fällen.

Auch die Stillempfehlungen sind meistens widersprüchlich und oft sehr dogmatisch. Viele Ärzte haben keine Ahnung vom Stillen und erteilen falsche Ratschläge, wenn das Kind häufig schreit oder nicht schnell genug zunimmt. Seit den achtziger Jahren sind hervorragende Untersuchungen über das Stillen veröffentlicht worden, trotzdem gibt es immer noch Ärzte, Krankenschwestern und andere Betreuerinnen, die keine Kenntnis davon

haben und den Frauen Ratschläge erteilen, die auf veralteten Lehrbüchern oder vager Einbildung basieren. Männliche Ärzte schöpfen oft aus der Erfahrung ihrer Ehefrauen. Versuchen Sie herauszufinden, ob die Arztgattin gestillt hat und wenn ja, wie lange. Eine Familienpflegerin, die selbst Kinder hat, kann am besten helfen, wenn sie mit eigenen Stillproblemen fertig geworden und eine positive Grundeinstellung zum Stillen entwickelt hat. Wenn sie nicht in der Lage war, ihr Kind zu stillen, sind ihre Ratschläge womöglich von der eigenen negativen Erfahrung und ihrem Gefühl des Versagens gefärbt.
Erstgebärende müssen lernen, sich im Dschungel der Beratung zurechtzufinden. Dazu im folgenden einige Vorschläge, die viele Frauen als nützlich empfunden haben:

Wählen Sie zwei Menschen aus – nicht mehr –, denen Sie vertrauen und von denen Sie gerne Rat annehmen. Das müssen nicht offizielle Berater sein.
Wenn Sie gute Ratschläge bekommen, lächeln Sie freundlich und bedanken Sie sich. Sie müssen sie ja nicht befolgen.
Denken Sie daran, daß Sie vor allem vom eigenen Kind lernen. Auch Neugeborene können schon deutlich signalisieren, was ihnen gefällt und was nicht. Ein Rat, der dem Kind nicht guttut, ist ein schlechter Rat, auch wenn er für andere Gültigkeit hat.

Die Zukunft

Wenn Sie diese Seiten vor der Geburt Ihres Kindes lesen, bekommen Sie wahrscheinlich ein düsteres Bild von der Zeit danach. Das ist jedoch ein Zerrbild, weil das geschriebene Wort niemals die intensiven positiven Gefühle, den Freudentaumel wiedergeben kann, die ein Kind auslöst und die auch die dunkelsten Tage, wenn alles schiefzugehen scheint, noch erhellen. Natürlich gibt es auch Zeiten, in denen Sie an sich zweifeln, sich für eine schreckliche Mutter halten und meinen, als Frau versagt zu haben. Aber es gibt auch Zeiten, in denen Sie eine wohlige Zufriedenheit empfinden, wie eine Katze, die von der Sahne genascht hat.

Das erste Jahr nach der Geburt ist unweigerlich eine Herausforderung. Herausforderungen mögen unbequem sein, sind aber auch Triebfeder für kreative Veränderungen. In diesem ersten Jahr können Sie vor allem an sich selbst wachsen, viel über sich lernen, neue Fertigkeiten entwickeln und entdecken, daß Sie stark sind.

2

Der Körper verändert sich

Kaum hat Ihr Kind das Licht der Welt erblickt, machen sich erstaunliche Veränderungen in Ihrem Körper bemerkbar.
Nach dem Ausstoßen der Nachgeburt geht die Produktion der Hormone Progesteron und Östrogen sofort zurück, und die Brüste verändern sich und scheiden die sogenannte Vormilch (Kolostrum) aus. Das Blut fließt langsamer, auf den vollen, prallen Brüsten treten die Venen deutlich als blaurote Verästelungen hervor. Innerhalb der nächsten vierundzwanzig Stunden werden sie äußerst empfindlich und anfällig für blaue Flecken. Ab dem dritten oder vierten Tag ist der Milchfluß dann gewöhnlich voll in Gang.
Andere körperliche Veränderungen vollziehen sich weniger sichtbar, sind deshalb aber nicht weniger einschneidend. Die Gebärmutter zieht sich innerhalb von Tagen von der Größe eines Kürbis auf die Größe einer reifen Feige zusammen. Die Schulmedizin geht davon aus, daß der Körper der Frau nach sechs Wochen, der Zeit des sogenannten Puerperiums, seine ursprüngliche Form wiedererlangt hat. Tatsächlich jedoch ist dieser Prozeß bei vielen gesunden Frauen kürzer, bei Frauen nach einer schweren Geburt oft länger.
Der Körper einer Frau, die Kinder geboren hat, unterscheidet sich dennoch vom Körper einer Frau, die nie entbunden hat. Die Gebärmutter bleibt etwas größer als vor der Geburt, und der Übergang von der Scheide in den Gebärmutterhals, der äußere Muttermund, hat sich geweitet. Die zarte, samtene Scheidenschleimhaut ist aufgelockert, weich und voll, die Beckenbodenmuskeln und Bänder sind erschlafft oder – positiv ausge-

drückt – geschmeidiger geworden. Frauen, die aufgrund falscher Ernährung, mangelnder Bewegung und zu wenig Ruhe und Schlaf körperlich angegriffen sind, haben einen geringeren Muskeltonus, was dazu führt, daß der Körper innerlich wie äußerlich zusammensackt und unförmig wird, was nicht gerade schön aussieht und Schmerzen verursacht, die gereizt und müde machen und das Selbstbewußtsein, die Beziehung zu den Mitmenschen und die Freude am Kind beeinträchtigen.
Die Pflege des Körpers und die Wiedererlangung der Spannkraft sind deshalb in den ersten Wochen nach der Geburt besonders wichtig. Folgendes kann dazu beitragen:

völlige seelische und körperliche Entspannung in den kurzen Ruhezeiten, die Ihnen bleiben;

körperliche Betätigungen, die Ihnen Freude machen und Ihr Wohlbefinden steigern, wie zum Beispiel lange Spaziergänge im Grünen, Schwimmen, Herumtollen mit den größeren Kindern oder Fangen spielen;

gesunde Ernährung, um Ihrem Körper reichlich Eiweiß, Vitamine und Mineralien zuzuführen.

Das heißt nicht, daß Sie sich an ein strenges Übungsprogramm halten oder Dinge essen sollen, die Sie nicht mögen. Sie sind es sich aber selbst schuldig, Ihren Körper zu pflegen, und dürfen nicht so auf das Baby fixiert sein, daß Sie Ihre eigenen Bedürfnisse mißachten. Wenn Sie eine befriedigende Beziehung zum Kind haben, ist es natürlich schwer, seine und Ihre Bedürfnisse voneinander zu trennen. Ihr Glück und Ihre Zufriedenheit hängen vom Glück und der Zufriedenheit Ihres Kindes ab. Sie leben

mit Ihrem Kind in einer Partnerschaft, und das bedeutet für beide, daß das Wohl des einen wesentlich vom Wohl des anderen abhängt.
Auch wenn es beinahe unmöglich erscheint, sollten Sie irgendwann im Lauf des Tages Zeit finden, sich selbst zu verwöhnen oder etwas zu tun, was nicht direkt mit Ihren Verpflichtungen als Mutter, Partnerin oder Arbeitskollegin zu tun hat. Sie müssen sich diesen Freiraum erkämpfen, am besten planen Sie ihn schon im voraus in Ihren Tagesablauf ein. Gehen Sie mit dem Hund spazieren, nehmen Sie ein entspannendes Bad mit aromatischen Zusätzen, hören Sie sich schöne Musik an, arbeiten Sie im Garten, tanzen Sie zur Musik aus dem Radio – mit oder ohne Baby auf dem Arm –, und genießen Sie die Zeit, in der Sie einmal etwas für sich und nicht für die anderen tun.

Der Wochenfluß

Wenn das Kind geboren ist, arbeitet die Gebärmutter weiter, um die Plazenta und die Membrane auszustoßen – die Nachgeburt. Zuerst bemerken Sie die unwillkürlichen Kontraktionen der Gebärmutter vielleicht nicht. Die Plazenta, deren Blutgefäße weitverzweigt wie Baumwurzeln in der Gebärmutterschleimhaut, dem Endometrium, verankert sind, behält ihre Größe. Die Gebärmutter hingegen verkleinert sich bereits in den ersten zehn bis zwanzig Minuten nach der Geburt. Bei diesem Prozeß löst sich die Plazenta und rutscht in die Scheide. Nun müssen Sie ein wenig pressen, ähnlich dem Pressen bei der Geburt, oder die Hebamme oder der Arzt helfen mit einer gezielten manuellen Plazentalösung nach, und die Nachgeburt gleitet heraus. Sie empfinden eine merkwürdige Befriedigung, wenn Sie die Nachgeburt auf natürlichem Wege ausstoßen. Hinterher fühlen Sie sich viel leichter.

Plazenta

Die Plazenta mit den Membranresten sieht aus wie ein großes Stück roher Leber. Bei näherem Betrachten können Sie die verästelten Blutgefäße entdecken, die Ihr Kind in der Gebärmutter ernährt haben, indem sie wie durch einen feinen Filter Nahrung und Sauerstoff von Ihrem Blut in den Blutkreislauf des Babys transportiert und dessen Abfallprodukte zur Ausscheidung zurück in Ihre Blutbahn gebracht haben.

»Die Plazenta war etwas ganz Erstaunliches! Zuerst wollte ich sie eigentlich gar nicht ansehen, aber dann erklärte mir die Hebamme alles genau. Ein ganz wunderbares Organ!«

Unmittelbar nach der Nachgeburt wiegt Ihre Gebärmutter noch ein Kilo. Innerhalb von sechs Wochen beträgt ihr Gewicht nur noch fünf Prozent davon. Die Gebärmutter zieht sich mittels der sogenannten Nachwehen zu ihrer ursprünglichen, kompakten Form zusammen. Je größer sie war, desto stärker sind die Kontraktionen; in den ersten zwei oder drei Tagen sind sie manchmal so stark, daß es Ihnen den Atem verschlägt und Sie mitten im Gespräch abbrechen müssen. Denken Sie daran, daß die Wehen stärker werden, wenn Sie Ihr Kind anlegen, und atmen Sie möglichst gleichmäßig, um das Kind nicht zu erschrecken. Sie sollten die für die Entbindung erlernten Atemübungen auch bei den Nachwehen anwenden. Lassen Sie die Schultern fallen und veratmen Sie die Wehen.

Die Nachwehen dauern oft über eine Woche und werden stärker, wenn die Brüste beim Stillen oder beim Sex stimuliert werden.

Auch wenn die Nachwehen unangenehm sind, helfen sie doch Ihrem Körper, sich auf natürliche Weise an den Zustand nach der Schwangerschaft anzupassen. Restliches Blut wird aus den »Taschen« der Gebärmutterschleimhaut, in der die Blutgefäße der Plazenta »verwurzelt« waren, herausgepreßt. Vermischt mit dem Blut sind Gewebereste der Gebärmutter. Die riesige Gebärmutter der Schwangeren hat die erstaunliche Fähigkeit der Autolyse. Sie kann überschüssiges Muskelgewebe und das für die Ernährung und Sauerstoffversorgung des Fetus erforderliche Versorgungssystem, das auch der Entsorgung der Stoffwechselschlacken diente, selbständig abbauen. Das daher stammende blutige Lochialsekret zeigt keine Verletzung, sondern einen Heilungsprozeß an.

Der Wochenfluß gleicht zunächst der Menstruationsblutung und kann in den ersten Tagen sehr stark sein. Im besten Fall dauert die Blutung nicht länger als vier oder fünf Tage; sie ist zuerst hellrot, dann bräunlich und schließlich blaßrosa bis gelblich. Manche Frauen haben sechs Wochen oder länger Wochenfluß; das mag lästig sein, braucht aber als natürlicher körperlicher Vorgang nicht weiter zu beunruhigen.

Je schneller die Gebärmutter schrumpft, desto früher ist der Wochenfluß beendet. Das Zusammenschrumpfen der Gebärmutter wird auch Involution genannt.

Der Blutverlust unmittelbar nach einer Geburt läßt sich nur schwer bestimmen, aber wenn er über 500 Milliliter beträgt, spricht man von Post Partum Hämorrhagie (PPH). Zwei bis sieben Prozent der Gebärenden bekommen eine PPH. Sie tritt häufiger auf, wenn die Frau während der Geburt schmerzstillende Mittel bekommen hat, wenn eine Zangengeburt durchgeführt wurde, wenn die Frau besonders viel Fruchtwasser hatte oder wenn sie Zwillinge entbunden hat. Die häufigste Ursache ist vermutlich aber ein »störender Eingriff« während der Nachgeburtsphase, wie ein Professor für Geburtshilfe es einmal ausgedrückt hat.[1]

Wann ein Blutverlust abnormal ist, wurde in einer Zeit festgelegt, als die Frauen im allgemeinen schlechter ernährt und weniger gesund waren als heute. Heutzutage kann eine Frau mit einem guten Hämoglobinwert in der Schwangerschaft problemlos einen Blutverlust von 1000 Millilitern verkraften,[2] da ihre Blutmenge in dieser Zeit um 40 bis 50 Prozent vermehrt ist[3].

Tritt später als vierundzwanzig Stunden nach der Geburt ein plötzlicher Blutsturz auf, spricht man von einer sekundären Post Partum Hämorrhagie, was bei einer von 200 Frauen vorkommt. Wenn Sie innerhalb einer Stunde mehr als drei Monatsbinden vollbluten oder schwallartig hellrotes Blut verlieren, sollten Sie die Hebamme oder den Arzt verständigen.

Nach einer längeren Ruhephase, zum Beispiel über Nacht, hat sich vermehrt Blut angesammelt und verklumpt. Manche Frauen sind durch den plötzlichen, starken Blutverlust nach der Bettruhe alarmiert. Dazu besteht jedoch kein Grund. Die Blutklumpen variieren von der Größe einer kleinen Münze bis zur Größe einer Tomate. Am Anfang treten sie manchmal auch während des Stillens aus.

Benutzen Sie keine Tampons, solange die Blutung noch rot gefärbt ist, auch wenn Sie sich mit Tampons sicherer fühlen. Viele Frauen benutzen in den ersten Monaten nach der Geburt grundsätzlich keine Tampons. Damit das Blut ungehindert fließen kann, sollten Sie herkömmliche Monatsbinden benutzen und häufig wechseln. Für die postnatale Blutung gibt es extragroße Vliesbinden zu kaufen, eine Ausgabe, die Sie in den ersten Wochen nach der Geburt einkalkulieren müssen. Für einen schmalen Geldbeutel ist das keine geringe Belastung; sie gehört zu den vielen unsichtbaren Zusatzausgaben, die ein Kind mit sich bringt.

Am Anfang brauchen Sie nachts wahrscheinlich zwei Binden, eine weitere sollten Sie neben dem Bett bereithalten und morgens vor dem Weg ins Badezimmer anlegen. Außerdem empfiehlt es sich, unter das Laken einen Gummischoner zu legen, um die Matratze zu schützen, obwohl Ihnen darauf vielleicht unangenehm heiß ist. Sie können sich auch einfach eine große Inkontinenzwindel für Erwachsene unterlegen. Am besten ziehen Sie über den Binden eine alte Baumwollunterhose an. Die starke Blutung dauert in der Regel nicht länger als eine Woche. Wenn sie schwächer und fast farblos geworden ist, können Sie auch wieder zu Tampons greifen.

Diese sollten Sie allerdings häufig wechseln, um das Risiko eines Toxic Shock zu vermeiden.
Sind Teile der Plazenta in der Gebärmutter zurückgeblieben – was gelegentlich vorkommt, wenn an der Nabelschnur gezogen wird, bevor die Plazenta sich vollständig gelöst hat (darauf bezog sich die Kritik des oben zitierten Professors), oder wenn Teile der Plazenta mit der Gebärmutter verwachsen waren und sich nicht lösen konnten – dauert die starke, hellrote Blutung mehrere Wochen. Das kann eine Infektion auslösen, die mit unangenehmem Geruch und Fieber verbunden ist. In diesem Fall sollten Sie die Temperatur messen und den Arzt oder die Hebamme verständigen. Manchmal ist auch ein stationärer Aufenthalt erforderlich, um eine sogenannte Nachkürettage vorzunehmen, das heißt, die Plazentareste unter Narkose zu entfernen. Durch eine Ultraschalluntersuchung kann festgestellt werden, ob die Blutung durch »Retention« verursacht ist, was bedeutet, daß sich in der Gebärmutter noch Plazentareste befinden. Nach einer operativen Entbindung kann auch ein vergessener Tupfer in der Gebärmutter die Ursache für eine starke, langandauernde Blutung und eine Infektion sein.
Wochenlanger Blutverlust senkt den Spiegel des Hämoglobins, des eisenhaltigen, roten Blutfarbstoffes, mit dessen Hilfe die roten Blutkörperchen Sauerstoff aufnehmen und im Körper verteilen. Mit einem niedrigen Hämoglobinspiegel fühlen Sie sich leicht müde und weinerlich.
In diesem Fall kann Ihnen der Arzt zusätzliches Eisen verschreiben. Manche Eisenpräparate verursachen Verstopfung, in diesem Fall sollten Sie sich ein anderes Präparat geben lassen. Essen Sie viel grünes Gemüse, je dunkler das Grün, desto besser. Auch Nüsse, Bohnen, Linsen, Vollkornbrot, Eigelb, Pflaumen und Aprikosen enthalten viel Eisen.

Empfindliche Schleimhaut

Ein bis zwei Wochen nach der Geburt fühlen Sie sich im Scheidenbereich noch wund und geschwollen, denn beim Herauspressen Ihres Kindes durch die Scheide können im After- und Schambereich – auch ohne Dammschnitt oder Dammriß – kleinere Verletzungen entstanden sein, die von allein wieder heilen. Während des Heilungsprozesses schwellen die Schleimhäute an. Manche Frauen empfehlen Naturheilmittel zur Behandlung wunder, geschwollener Schleimhaut, wie zum Beispiel Arnika, das als Salbe oder Tinktur aufgetragen wird, oder mit Zaubernußextrakt getränkte Binden, was eine kühlende Wirkung hat und das Verkleben der Schamhaare verhindert.
Wurde das Kind sehr schnell geboren oder war die Austreibungsphase besonders lang, sind Sie vielleicht besonders wund und empfindlich. Beim Wasserlassen kommen die wunden Stellen mit Urin in Berührung, was ein schmerzhaftes Brennen hervorruft. Angenehmer ist es deshalb, während

des Badens oder Duschens zu urinieren oder ein Bidet zu benutzen. Versuchen Sie sich auf der Toilette so hinzusetzen, daß der Urinstrahl die empfindlichsten Stellen nicht berührt. Benützen Sie besonders weiches Toilettenpapier. Vielleicht stellen Sie auch einen Krug kalten Wassers auf der Toilette bereit und lassen es während und nach dem Urinieren zwischen die Beine laufen, damit keine Urinreste zurückbleiben.

Auch ätherische Öle als Badezusatz oder auf einer kühlen, feuchten Kompresse (einem Handtuch oder Baumwollappen) können Erleichterung schaffen, oder Sie nehmen ein Sitzbad in einer Plastikschüssel oder der Babybadewanne. Kamille und Lavendel gelten als besonders wohltuend und entzündungshemmend. Zypresse hat eine leicht astringierende Wirkung, kann den Heilungsprozeß aber auch fördern; sie sollte nie unverdünnt genommen werden.[4] Aus einer Packung tiefgefrorener Erbsen und einem Baumwolltuch können Sie sich leicht eine lindernde Eiskompresse herstellen.

Der Bauch

Kaum ist die Plazenta ausgestoßen, wird der Unterleib flacher, und Sie fühlen sich wieder schlanker. Die meisten Frauen nehmen sogar schon vor der Geburt etwas ab, weil sie vermehrt Flüssigkeit ausscheiden. Durch die Geburt des Kindes und seiner Hülle verlieren Sie noch einmal bis zu fünf oder sechs Kilo. Bei genauerem Hinsehen gleicht Ihr Unterleib jetzt jedoch eher einem zusammengefallenen Soufflé. Das Bindegewebe ist faltig und gewellt wie ein Sandstrand nach Einsetzen der Ebbe. Es ist, als sei der Körper geschrumpft, die Umhüllung aber gleichgeblieben.

Zunächst stören Sie sich nicht daran, weil Sie von dem aufregenden Geburtsereignis und der Konzentration auf das Kind abgelenkt sind. Betrachten Sie sich jedoch nackt im Spiegel, fällt Ihnen auf, wie unvorteilhaft sich Ihre Figur im Vergleich zur Zeit vor der Schwangerschaft verändert hat. Viele Frauen genießen die Schwangerschaft auch, weil sie jetzt dick sein dürfen, was für diejenigen gefährlich ist, die sich vorher mit Diäten und guten Vorsätzen herumgeschlagen haben und sich abmühen mußten, ihren Körper in Form zu halten. Irgendwann stellt fast jede Frau einmal fest, daß ihre Figur nicht mit den Mannequins aus den Frauenzeitschriften mithalten kann. Während der Schwangerschaft durfte nach Belieben gegessen werden, jetzt aber müssen plötzlich wieder Kalorien gezählt und die alte Figur wiedererlangt werden. Das kann für Mütter westlicher Kulturen eine zusätzliche Belastung darstellen und das seelische Wohlbefinden sehr beeinträchtigen.

Jegliche regelmäßige körperliche Betätigung wie Treppensteigen, Bad putzen und selbstverständlich auch intensiver Geschlechtsverkehr stärkt die Bauchmuskeln. Der Muskeltonus wird durch sinnvollen Gebrauch wieder-

hergestellt. Das ist etwas ganz anderes, als die Muskeln zu »trainieren«, obwohl Spannungsübungen durch richtigen Einsatz der Muskeln auch eine kräftigende Wirkung haben können. Wochenbettgymnastik ist empfehlenswert, aber nicht unbedingt nötig, wenn Sie nach einer leichten Geburt noch gut in Form sind und Ihnen Gymnastik keinen Spaß macht. Wochenbettgymnastik stammt aus einer Zeit, als die Frauen nach der Geburt noch lange liegen mußten und deshalb ein hohes Thromboserisiko – das Risiko einer Blutgefäßverstopfung – bestand.

Die große Gebärmutter hat das Bindegewebe unter der Haut so stark gedehnt, daß sich vom Nabel abwärts eine dunkle Linie gebildet hat, die Linea Nigra, die bei dunkelhaarigen Frauen normalerweise stärker hervortritt, nach der Geburt jedoch allmählich wieder verschwindet.

Vielleicht bemerken Sie auch einen runzeligen Bereich, der sich wie ein Rüschenband vom Nabel bis zum Schamberg, dem sogenannten Venushügel, über die Bauchmitte zieht. Sie fühlen sich damit aber ganz und gar

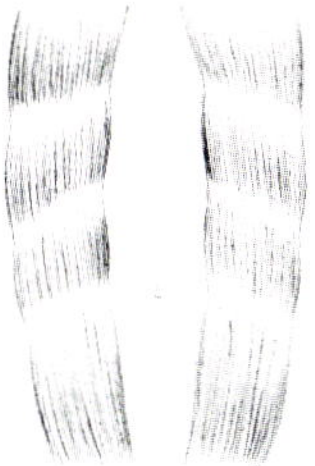

gerade Bauchmuskeln, getrennt

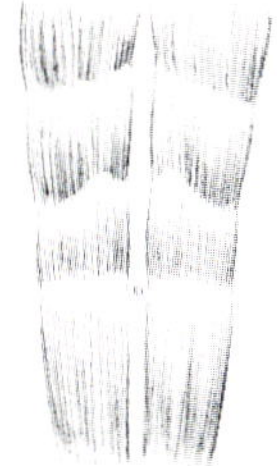

gerade Bauchmuskeln, geschlossen

nicht wie eine Göttin! Die Muskeln wurden an dieser Stelle überdehnt und fühlen sich weich und stumpf an. Die über die Bauchmitte verlaufenden geraden Bauchmuskeln können sich geteilt haben. Gegen Ende der Schwangerschaft, vor allem wenn das Kind sehr groß ist oder Zwillinge erwartet werden, können sich diese Muskeln wie ein Reisverschluß öffnen, so daß manchmal sogar die inneren Organe hervortreten.

Harmonische, fließende Bewegungen sind immer besser als eine starke Beanspruchung der Muskeln, die sogar schädlich sein kann. Wenn irgend möglich, unterlassen Sie schweres Tragen. Wenn Sie etwas hochheben müssen, gehen Sie in die Knie und arbeiten Sie mit den Beinmuskeln, anstatt die Bauch- und Rückenendmuskeln zu benutzen. Im Liegen dürfen Sie nicht beide Beine gleichzeitig anheben! Diese manchmal noch in Zeitschriften empfohlene Übung schadet nur. Selbst ein Bein dürfen Sie nur dann anheben, wenn Sie gleichzeitig das Kreuz fest nach unten drücken. Sanfte Bewegungsübungen zur Kräftigung der geraden Bauchmuskeln finden Sie in Kapitel 3. Auch Tanzen kann sehr hilfreich sein. Tanzen Sie nach Lust und Laune, legen Sie Musik auf, streifen Sie die Schuhe ab, nehmen Sie Ihr Baby in den Arm – und los geht's!

Die Nachuntersuchung

Die Nachuntersuchung wird gewöhnlich sechs Wochen nach der Geburt vorgenommen. Warum gerade nach sechs Wochen und nicht früher oder später, ist schwer zu verstehen, ebenso warum die Untersuchung in jedem Fall vorgenommen werden muß, außer daß manche Frauen so mit ihrem Kind beschäftigt sind, daß sie ohne diesen Termin keine ärztliche Hilfe in Anspruch nehmen würden, selbst wenn es dringend erforderlich wäre. In traditionellen Kulturen gelten die vierzig Tage nach einer Geburt oder einem Todesfall als besonders gefährdete Zeit, die zugleich einen rituellen Sonderstatus einnimmt. In dieser Zeit gilt die Mutter als unrein und die Menschen glauben, daß das Kind von den Geistern, die es geschickt haben, zurückgefordert werden kann. In der modernen technologischen Gesellschaft wird das Mutterwerden von der Medizin bestimmt, die ihre eigenen Rituale geschaffen hat. Sie können dazu führen, daß auch völlig gesunde Frauen verunsichert sind, wenn sie nicht zur Nachuntersuchung gehen.

Ich habe immer ein furchtbar schlechtes Gewissen gehabt, wenn ich eine Frau auf den Nachuntersuchungstermin hinwies und gleichzeitig wußte, daß sie ihn gar nicht nötig hatte.«

Sie können selbst am besten beurteilen, ob sich Ihr Körper nach der Geburt wieder regeneriert hat. Wenn Sie sich wohl fühlen, ist die Nachuntersuchung reine Zeitverschwendung. Sollten Sie sich jedoch Sorgen machen, ist der Termin eine günstige Gelegenheit, nachzufragen und mögliche gesundheitliche Probleme zu besprechen. Manche Frauen schieben einen notwendigen Arztbesuch bis zum Nachuntersuchungstermin hinaus, weil sie meinen, sie hätten kein Recht, schon vorher ärztliche Hilfe

in Anspruch zu nehmen. Den besten Zeitpunkt für einen Arztbesuch bestimmen *Sie*, nicht das Gesundheitssystem.
Die Nachuntersuchung erweist sich oft als unnütz, denn viele Ärzte haben keine Ahnung, wie sie den Frauen bei dieser Gelegenheit helfen können. Sie betrachten den Termin oft nur als weitere lästige Pflicht, führen eine oberflächliche Untersuchung durch und fragen die Patientin nach ihrem Befinden. Und schon steht die Frau wieder vor der Tür, womöglich ohne ihre eigentlichen Fragen und Sorgen losgeworden zu sein.
Vor der Nachuntersuchung sollten Sie sich Gedanken darüber machen, was Sie von dem Termin erwarten. Notieren Sie, was Sie körperlich und seelisch bedrückt, und formulieren Sie Ihre wichtigsten Fragen. Am besten sagen Sie dem Arzt, daß Sie sich Fragen aufgeschrieben haben, und fragen ihn, ob er jetzt Zeit für Sie hat oder ob Sie lieber einen neuen Termin machen sollen.
Bei der Nachuntersuchung sollte Ihr Arzt ausführlich auf Sie eingehen und Ihre Probleme mit Ihnen besprechen. Eine Untersuchung von 11 701 Müttern ergab, daß fast die Hälfte in den ersten drei Monaten nach der Geburt gesundheitliche Probleme hatte, die sechs Wochen und länger anhielten und die sie vorher nicht gehabt hatte. Manchmal hatten die Krankheitssymptome monate- oder jahrelang angehalten, und viele Frauen waren überhaupt nicht zum Arzt gegangen.[5] In diesem Punkt hat das Gesundheitssystem ernsthaft versagt. Die Autoren der Studie schreiben: »Auf die Frage, warum sie nicht zum Arzt gegangen waren, antworteten 68 Prozent der Frauen, sie hätten die Symptome nicht ernst genommen. 25 Prozent antworteten, die Symptome seien so sporadisch aufgetreten, daß sie eine Behandlung nicht für erforderlich gehalten hätten, und 20 Prozent waren der Meinung, bei den Symptomen handele es sich um übliche Frauenleiden. Ausmaß und Art langfristiger Erkrankungen nach einer Geburt sind den Ärzten bis heute meist unbekannt, werden in der Fachliteratur kaum behandelt und finden in medizinischen Lehrbüchern nur unzureichend Erwähnung.[6]
Wenn Sie Ihr Kind stillen, nutzen Sie den Nachuntersuchungstermin, mit dem Arzt darüber zu sprechen, vor allem wenn Sie niemand anderen haben, dem Sie sich anvertrauen können, oder wenn Sie sich unsicher fühlen.
Bei der Nachuntersuchung wird der Arzt Sie nach Ihrem Wochenfluß fragen. Vielleicht fragt der Arzt Sie auch, ob Sie Probleme beim Geschlechtsverkehr haben, ob sich Ihre Beckenbodenmuskulatur regeneriert hat oder ob Sie unwillkürlich Urin verlieren.
Der Arzt sollte Ihren Blutdruck messen, der gegen Ende der Schwangerschaft angestiegen ist, jetzt aber wieder normal sein müßte. Außerdem wird er wahrscheinlich eine Urin- und eine Blutprobe entnehmen. Er wird

»Er steckte den Finger in mich hinein, sagte ›Husten‹, brummte: ›Sie können sich wieder anziehen‹, und schrieb etwas auf die Karteikarte.«

Ihren Unterleib abtasten und feststellen, ob Ihre Gebärmutter sich richtig zurückgebildet hat. Außerdem wird im Fall eines Dammschnittes oder -risses überprüft, ob dieser verheilt ist. Mit dem Finger wird die Scheidenmuskulatur geprüft, wobei Sie vielleicht husten oder pressen sollen. Viele Ärzte nutzen die Gelegenheit für einen Abstrich für die Krebsvorsorgeuntersuchung, obwohl der Zeitpunkt dafür nicht gerade günstig ist, da der Muttermund nach der Geburt verändert ist und auch der Wochenfluß das Ergebnis beeinflussen kann. Trotzdem möchte der Arzt sich diese Gelegenheit für eine Untersuchung nicht entgehen lassen. Sagen Sie ihm, wenn Sie in der Scheide oder außen zwischen Scheide und After besonders empfindlich sind, und besprechen Sie mit ihm eventuell auch Fragen der Geburtenkontrolle.

Wurden bei dem zu Beginn der Schwangerschaft durchgeführten Röteln-Test keine Antikörper gefunden, wurden Sie wahrscheinlich in den ersten zwei Tagen nach der Geburt geimpft, um zu verhindern, daß Sie sich bei einer späteren Schwangerschaft anstecken und womöglich das Kind schädigen. Achten Sie darauf, daß Sie in den drei Monaten nach der Impfung nicht schwanger werden, da der Impfstoff genauso gefährlich für den Fetus sein kann wie die Krankheit selbst.

Das Gespräch mit dem Arzt

Die Nachuntersuchung nach der Geburt soll nicht lediglich den Nachweis erbringen, daß die Frau medizinisch betreut wird. Sie sollte auch nicht nur Ihre körperliche Gesundheit attestieren, als könnten Sie nach einer Geburt so mir nichts, dir nichts wieder zur Tagesordnung übergehen. Sie durchleben eine schwerwiegende Veränderung Ihres Lebens, und der Arzt sollte bei der Untersuchung auf Sie als Person eingehen und mit Ihnen über die neuen Belastungen sprechen, die auch gesundheitliche Auswirkungen haben können. Ihr Arzt sollte sich für Sie als Mensch interessieren und aus Ihren Erfahrungen Nutzen für seine anderen Patientinnen ziehen.

Vor fünfzig Jahren hieß es in einem Artikel der Zeitschrift *Lancet,* die Ärzte verlangten von ihren Patientinnen lediglich eine »möglichst knappe chronologische Darstellung ihrer Symptome«.[7] Mehr erforderte damals die Beziehung zwischen Arzt und Patient nicht, und wenn die Patientin ihrer Rolle gerecht wurde, konnte der Arzt auch die richtige Behandlung verschreiben.

Heute erwarten die Patienten von ihrem Arzt das genaue Gegenteil – sie wollen jemanden, der ihnen zuhört. Ein medizinischer Soziologe schreibt: »Charakteristisch für die ärztliche Arbeit war bisher, daß der Patient vielleicht weiß, was er will, der Arzt mit seinem Fachwissen aber weiß, was er braucht. Heute werden Bedürfnisse des Patienten nicht mehr als abwegige Launen angesehen, sondern als solche akzeptiert.«[8]

Es ist nicht einfach, auf dem Untersuchungsstuhl des Frauenarztes persönliche Probleme anzusprechen. Ihr Arzt sollte sich zu Ihnen setzen und von Mensch zu Mensch mit Ihnen reden. Vorsicht ist bei Ärzten angebracht, die die meiste Zeit damit verbringen, Telefongespräche zu führen, die Patientenkartei zu studieren oder sich mit anderen im Zimmer anwesenden Personen zu unterhalten, als seien Sie gar nicht da, und bei Ärzten, die Sie schlecht informieren oder meinen, Sie mit einem Schwall beschwichtigender Worte abspeisen zu müssen.
Das mag voreingenommen klingen, ist aber Ergebnis tausender Gespräche mit Frauen, die eben solche Erfahrungen gemacht haben. Wenn Ihr Arzt oder Ihre Ärztin sich Zeit zum Zuhören nimmt und Sie spüren läßt, daß er oder sie Sie als Mensch respektiert, lassen Sie erkennen, wie wichtig Ihnen das ist. Genauso wichtig wie die Kritik an schlechten Ärzten ist die positive Rückmeldung bei guten Ärzten. Sollte es Ihnen schwerfallen, Ihrem Arzt das im persönlichen Gespräch zu sagen, schreiben Sie es ihm später.
Wirkt der Arzt sehr beschäftigt und gehetzt und ist das Wartezimmer überfüllt, fällt es oft schwer, die Zeit für ein ausführlicheres Gespräch zu beanspruchen. Sie wollen die anderen Patienten nicht noch länger warten lassen. Der überarbeitet wirkende Arzt und die Atmosphäre in der Praxis legen Ihnen nahe, so schnell wie möglich wieder zu gehen. Gesundheitsfürsorge heißt aber auch, daß der Arzt Sie als Person zur Kenntnis nimmt und nicht nur als einen gesunden oder kranken Organismus. Ein Arzt, der nur Ihren Unterleib oder Ihre Milchdrüsen sieht, kann Sie nicht angemessen betreuen.
Wenn der Arzt nach Ihrem Befinden fragt, sind Sie vielleicht versucht zu antworten: »Danke, sehr gut«, obwohl Sie sich vielleicht schlecht und niedergeschlagen fühlen. Wenn er Sie anlächelt, fällt es Ihnen womöglich schwer, nicht zurückzulächeln und Zuversicht auszustrahlen. Sie fühlen sich so eingeschüchtert, daß Sie vergessen haben, was Sie eigentlich mit ihm besprechen wollten, und ihm nicht vermitteln können, welche Erwartungen Sie an ihn haben. Sagen Sie ihm, wenn Sie das Gefühl haben, daß Ihre inneren Organe nach außen drücken, wenn Sie Schmerzen beim Geschlechtsverkehr haben oder wenn Sie so erschöpft sind, daß Sie morgens am liebsten gar nicht aufstehen würden. Bitten Sie ihn um Hilfe. Wenn Sie überzeugt sind, daß es sich dabei um körperliche Symptome handelt, und Ihr Arzt Ihnen nur ein Beruhigungsmittel verschreibt, weil er sonst keinen Rat weiß, können Sie sich weigern, das Mittel zu nehmen. Sie können sich auch an einen anderen Facharzt überweisen lassen. Konnten Sie sich schon vorher mit anderen Frauen über deren Erfahrungen mit Ärzten austauschen, haben Sie vielleicht schon einen Facharzt Ihrer Wahl.

Frauenärzte oder Allgemeinmediziner sind keine Psychotherapeuten, aber sie arbeiten meist mit anderen Spezialisten zusammen, die Ihnen bei seelischen Schwierigkeiten oder Partnerproblemen helfen können. Lassen Sie sich die Adresse einer Beratungsstelle oder einer Selbsthilfegruppe in Ihrer Umgebung geben.

Die Suche nach dem geeigneten Arzt

Wenn Sie unzufrieden mit Ihrem Arzt sind, suchen Sie einen anderen auf. Das mag in ländlichen Gebieten, wo vielleicht nur ein Frauenarzt praktiziert, schwierig und für Ihren behandelnden Arzt kränkend sein. Vielleicht fällt Ihnen die Begründung leichter, wenn Sie von einem Arzt zu einer Ärztin wechseln wollen. Wenn Ihnen außerdem daran liegt, daß Ihre Kritik dokumentiert ist, teilen sie die Gründe schriftlich mit.
Bei der Suche nach dem richtigen Arzt ist das Gespräch mit anderen Frauen hilfreich, vor allem wenn Sie neu in der Gegend sind. Sie können etwa in Mütterzentren, beim Kinderarzt, in Krabbelgruppen oder auch am Schultor Kontakte knüpfen.

Nach einer anstrengenden Geburt

Für unsere Mütter und Großmütter waren gesundheitliche Probleme häufig noch eine normale Folge der Geburt. Selbst heute werden Mütter noch manchmal gefragt, ob es ihnen wieder »besser« geht, auch wenn sie ganz gesund sind und eine normale Entbindung hatten. Manche Ärzte glauben auch noch, Beschwerden, Schmerzen und Muskelschwäche nach der Geburt seien ganz normal, und schicken Frauen, die mit ihren Problemen zu ihnen kommen, erst einmal wieder nach Hause.
Eine Geburt ist zwar anstrengend, aber ein ganz natürlicher körperlicher Vorgang. Unser Körper ist so eingerichtet, daß er auch andere anstrengende Tätigkeiten wie Bergsteigen, Schwimmen oder Laufen mit Hilfe rhythmischer Koordination der Muskeln gut bewältigt. Wenn eine gesunde, gut ernährte Frau ihren Körper bei der Geburt richtig einsetzt, gibt es keinen Grund, warum sie hinterher unter Verletzungen oder Schmerzen leiden sollte. Die Geburt kann natürlich auch durch unverschuldete Komplikationen erschwert werden. Manchmal liegt das Kind nicht richtig oder schafft den Weg durch den Geburtskanal nicht. Manchmal ist die Mutter zu schmal gebaut, und unter den verlängerten Wehen und durch das Eingreifen des Geburtshelfers können Muskeln und Bänder Schaden nehmen. Auch unnötige Eingriffe können sich schädlich auswirken, wie zum Beispiel Wehenmittel, die zu früh verabreicht werden oder zu starke Wehen auslösen. Auch schmerzstillende Mittel können langanhaltende Nebenwirkungen haben.
Ihr Wohlbefinden im ersten Jahr nach der Geburt hängt oft auch vom Geburtsverlauf ab. Dabei spielt nicht nur eine Rolle, ob das Kind operativ entbunden werden mußte, sondern auch, wie die Wehen beeinflußt wur-

den, ob Sie Wehenmittel oder Schmerzmittel bekommen haben, ob Sie essen oder trinken durften, ob Sie freundlich betreut wurden oder ob Ihre Umgebung abweisend und einschüchternd war. Behandlungsfehler bei der Geburt können unmittelbare, kurzfristige, aber auch langfristige Nebenwirkungen haben.

Nach einer positiven Geburtserfahrung geht es den Frauen normalerweise hervorragend. Sie sind erregt und glücklich und haben einen regelrechten Energieschub, der für die beginnende Mutterschaft von unschätzbarem Wert ist. Nach einem negativen Geburtserlebnis fühlen Frauen sich oft erschöpft und schlapp. Sie müssen sich von der Geburt wie von einer Krankheit erholen. Die Glieder schmerzen wie bei einer Grippe, lange, schwere Wehen können Hämorrhoiden verursachen, der Hals tut weh, und Gesicht und Augen sind von geplatzten Blutäderchen überzogen. Manche Frauen fühlen sich wie nach einem Boxkampf. Das Wasserlassen fällt ihnen schwer, weil die Harnröhre durch einen Katheter verletzt worden ist. Manchmal leiden sie unter Schmerzen am Kreuzbein, und die Naht eines Dammschnittes oder -risses macht ihnen das Sitzen und Gehen schwer. Statt eines Energieschubs empfinden sie nur Erleichterung darüber, daß alles vorbei ist.

Nach ungefähr fünf Tagen im Krankenhaus wird von ihnen erwartet, daß sie sich zusammenreißen, die Schmerzen vergessen und sich um ihr Kind kümmern. Nach einem Kaiserschnitt mit Vollnarkose kann das besonders schwer sein, da diese Frauen vielleicht noch gar kein Zugehörigkeitsgefühl zum Kind entwickeln konnten. Nach einer schweren Geburt werden die Frauen gedrängt, die traumatische Erfahrung so schnell wie möglich hinter sich zu lassen, auch wenn sie noch unter den schmerzhaften körperlichen Folgen der Geburt leiden, wie zum Beispiel einer schwachen Blase, überdehntem Beckenboden oder einer zu festen Dammnaht.

In späteren Kapiteln möchte ich auf einige dieser Beschwerden näher eingehen und beschreiben, was man dagegen tun kann. Zunächst möchte ich aber hervorheben, daß Sie nach einer solchen körperlichen Strapaze Erholungszeit brauchen, daß Sie sich pflegen müssen und Menschen um sich brauchen, die Sie verwöhnen. Sie schaden sich nur, wenn Sie zu verbissen zur Tagesordnung zurückkehren wollen. Werden die Muskeln gleich weiter belastet, werden sie leicht überdehnt und ausgeleiert. Sie sind jetzt anfällig für Virusinfektionen, Sie sind erschöpft und brauchen besondere Fürsorge und Pflege – vor allem nach einer schweren Geburt.

Nach künstlich eingeleiteten Wehen

Nach künstlich eingeleiteten Wehen fühlen sich die Frauen oft wie zerschlagen, vor allem wenn ihr Körper noch nicht auf Wehen eingestellt war. Genauso kann es ihnen auch nach der Verabreichung künstlicher Hormone ergehen, die die Kontraktionen der Gebärmutter stimulieren sollen. Die genaue Dosierung der Hormone zur Stimulation der Gebärmutter zu bestimmen, hat sich als sehr schwierig erwiesen. Oft werden die Wehen zu schnell gesteigert und so massive, schmerzhafte Kontraktionen ausgelöst, daß die Frauen danach völlig geschwächt und erschöpft sind. Eine andere Möglichkeit ist, die Gebärende während der Austreibungsphase durch Presskommandos zu Wehen zu stimulieren, wobei häufig der natürliche physische Rhythmus mißachtet wird. Hier gerät die Austreibung des Kindes zu einer Schlacht gegen den eigenen Körper. Dies kann, wie bei der abstumpfenden Verabreichung künstlicher Hormone, zu Verletzungen wie Muskel- und Bänderrissen, Schädigungen von Nervenfasern, Quetschungen und Blutungen führen.

Viele Frauen erholen sich sehr schnell von dieser Gewalttour. Doch gerade in den entscheidenden ersten Tagen, in denen sich die Beziehung zum Kind entwickelt, haben sie überall Schmerzen, können nicht richtig sitzen und kaum gehen. Frauen, die auf Befehl pressen und Atem verhalten mußten, haben hinterher oft fleckige Rötungen von geplatzten Blutgefäßen im Gesicht, blutunterlaufene Augen, einen rauhen Hals, schmerzende Schultern und manchmal auch Hämorrhoiden. Manche denken dann, das sei eben der Preis für die Geburt eines Kindes, und wundern sich, wie manche Frauen so verrückt sein und die Geburt genießen können.

Nach einer schwierigen Geburt

Mußten während der Geburt viele geburtshelferische Eingriffe vorgenommen werden, fühlen Sie sich womöglich besonders angegriffen. In diesem Fall können die folgenden Übungen helfen:

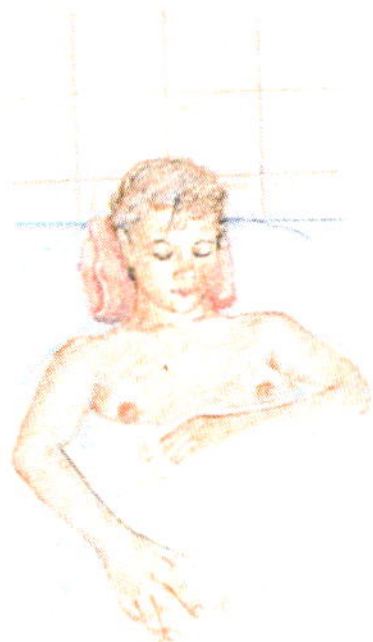

Atmen Sie langsam und gleichmäßig tief ein und entspannen Sie sich beim Ausatmen. Das beruhigt, falls Sie nach einer schwierigen Geburt sehr aufgeregt sind.
Bewegen Sie sich, auch wenn Sie noch nicht aufstehen können. Wackeln Sie mit den Zehen, ziehen Sie den Beckenboden ein und lassen Sie ihn wieder los, ziehen Sie die Beine an und strecken Sie sie wieder.
Leeren Sie regelmäßig Ihre Blase, auch wenn es weh tut. Können Sie aus Angst vor Schmerzen nicht Wasser lassen, drehen Sie den Wasserhahn auf und stellen Sie sich vor, Sie trieben im Wasser dahin.
Trinken Sie reichlich. Wahrscheinlich sind Sie sowieso durstig, vor allem wenn die Milch einschießt. Viel Flüssigkeit hilft gegen Verstopfung, die bei wunden Schleimhäuten besonders unangenehm ist. Falls Sie trotzdem Verstopfung bekommen, bitten Sie um ein stuhlaufweichendes Mittel oder um ein Glyzerinzäpfchen. Meistens funktioniert der Stuhlgang erst drei Tage nach der Geburt wieder. Viele Menschen haben in fremder Umgebung, zum Beispiel im Krankenhaus, Schwierigkeiten mit dem Stuhlgang, und können sich erst richtig entspannen, wenn sie wieder zu Hause sind.
Nehmen Sie mehrmals täglich ein heißes Bad. In der Badewanne können Sie sich besser entspannen als unter der Dusche. Ein Spritzer Lavendelöl fördert die Entspannung, wenn Sie das ätherische Öl langsam und tief einatmen. Wohltuende Düfte wirken sich auf die Atmung aus. Durch langsames, tiefes Einatmen wird der Sauerstoff besser aufgenommen. Das verleiht Ihnen nicht nur mehr Energie, sondern löst auch Muskelverkrampfungen. Kochsalz im Badewasser hat keine heilende Wirkung, wie früher allgemein behauptet wurde.[9]

Wenn Muskeln und Haut nach dem Bad erwärmt und entspannt sind, machen Sie einige Übungen, wie in Kapitel 3 beschrieben. Achten Sie darauf, daß Sie die Übungen vorsichtig und rhythmisch machen und gleichmäßig atmen. Vermeiden Sie, den Atem anzuhalten. Strecken Sie sich nach jeder Übung aus und entspannen Sie sich.
Wenn Sie unter Schulter- und Nackenschmerzen leiden, legen Sie ein hartes Kissen unter, und legen Sie eine Wärmflasche an die betroffene Stelle.

Peridural-Anästhesie

Die meisten größeren Krankenhäuser bieten heute die Peridural-Anästhesie an. Viele Frauen sind froh über diese Möglichkeit und leiden auch nicht unter Nebenwirkungen. Heutzutage gibt es auch leichtere Formen der Peridural-Anästhesie, die nicht den ganzen Unterkörper betäuben und bei denen man sogar noch umhergehen kann. In den meisten Krankenhäusern ist aber immer noch die volle Peridural-Anästhesie üblich, die den Körper von der Hüfte abwärts gefühllos macht. Wenn Sie völlig gefühllos sind, nicht mehr Wasser lassen können und Ihre Beine steif ans Bett geschnallt sind, sind Sie vielleicht sehr beunruhigt – die Betäubung läßt aber normalerweise einige Stunden nach der Geburt wieder nach. Dann wird auch der Blasenkatheter entfernt, und Sie können zumindest wieder aufstehen und ein paar vorsichtige Schritte versuchen. Von da an kehrt stündlich mehr Gefühl zurück, und bald fühlen Sie sich wieder normal.

»Ich hatte keine Ahnung, daß so etwas passieren könnte. Man sollte es den Frauen sagen. Sie haben ein Recht darauf, es vorher zu wissen.«

Bei dieser Art von Betäubung treten als Nebenwirkung häufig langanhaltende Rückenschmerzen auf. Ungefähr 14 bis 15 Prozent der Frauen leiden nach der Geburt erstmalig unter Rückenschmerzen, die gewöhnlich mehrere Monate anhalten. Nach einer Peridural- oder Spinalanästhesie ist das Risiko von Rückenschmerzen eher größer, unabhängig davon, ob die Geburt kompliziert war oder nicht.[10] Das liegt wahrscheinlich daran, daß die durch die Betäubung entspannten Muskeln gerade während der Austreibungsphase über längere Zeit unsachgemäß bewegt und gedehnt werden.[11] In einer Studie wird behauptet, die Frauen litten nur deshalb unter Rückenschmerzen, weil sie durch die Lektüre eines von mir verfaßten Untersuchungsberichts darauf gebracht worden seien.[12] Die Verfasser der Studie glauben, die Rückenschmerzen seien nur eingebildet!
Die Rückenschmerzen können unmittelbar nach der Geburt oder auch später auftreten. Nach der Peridural-Anästhesie treten die Schmerzen im Kreuzbein, im Steißbein oder an der Einstichstelle des Katheters auf; letzteres vor allem dann, wenn der Anästhesist erst die Nadel nach mehreren Versuchen in den Epiduralraum setzen konnte.
Manche Frauen bekommen nicht nur Rückenschmerzen, sondern auch Kopfschmerzen oder Migräne. Frauen unter 25 Jahren, die mehr als ein Kind haben, leiden häufiger unter Kopfschmerzen, unabhängig davon, ob sie eine Peridural-Anästhesie hatten. Die Anforderungen der Mutterschaft

können Kopfschmerzen hervorrufen, vor allem wenn mehrere Kinder zu versorgen sind.[13] Nach einer Peridural-Anästhesie ist das Risiko für Kopfschmerzen oder Migräne und Rückenschmerzen jedoch höher.

Manche Frauen leiden nach der Betäubung unter Kribbeln oder Taubheitsgefühl, besonders dann, wenn das Betäubungsmittel nicht in den Epiduralraum, sondern versehentlich in die Spinalflüssigkeit gespritzt wurde. Die Symptome können mehrere Wochen, manchmal sogar mehrere Monate andauern. Ein kleiner Prozentsatz der Frauen leidet unter Nackenschmerzen, manchmal in Verbindung mit Kribbeln in Händen oder Füßen. Auch die Geburt als solche kann bei manchen Frauen Rückenschmerzen, Nackenschmerzen und Taubheitsgefühl auslösen, wobei die Art und Weise, wie in Krankenhäusern heutzutage Geburten durchgeführt werden, sicher dazu beiträgt. Nach einer Peridural-Anästhesie ist das Risiko für solche Nachwirkungen, die ein Jahr und länger anhalten können, jedoch deutlich erhöht[14].

»Das Kind ist jetzt elf Monate alt. Mein linker Fuß ist immer noch teilweise taub, und in meinem linken Schenkel spüre ich ein Kribbeln und Brennen.«

Rückenschmerzen gehören zu den häufigsten Problemen nach einer Peridural-Anästhesie, aber 30 Prozent aller Frauen leiden ohnehin nach der Geburt unter Rückenschmerzen. Das zeigt, daß auch nachgeburtliche Faktoren Auslöser für diese Schmerzen sein müssen. Dazu gehören Heben von schwerer Wäsche und schweren Einkäufen, das Aufnehmen und Herumtragen des Kindes, oft zusammen mit dem Kindersitz oder einer Trage, manchmal zusätzlich das Hochheben eines anderen Kleinkindes, das Drehen der Wirbelsäule, wenn das Kind auf die Hüfte gesetzt und nebenher mit dem freien Arm Hausarbeit erledigt wird, ferner Heben, Drehen und Beugen, wenn Einkäufe aus dem Einkaufswagen gehoben und im Kofferraum verstaut werden müssen sowie alle Hausarbeiten, bei denen schiebende, ziehende und beugende Bewegungen ausgeführt werden müssen und die Wirbelsäule als Hebearm benutzt wird. Nach einer Peridural-Anästhesie ist es besonders wichtig, alle Bewegungen zu vermeiden, die die Wirbelsäule belasten können. Das ist leichter gesagt als getan, weil Sie unter enormem Zeit- und Arbeitsdruck stehen und die Rücksichtnahme auf Ihren Rücken nicht gerade an erster Stelle steht.

Nach einem Kaiserschnitt

Der Kaiserschnitt ist ein schwerer operativer Eingriff, von dem sich der Körper oft erst nach einem halben Jahr erholt.[15] Gebärmutter und Wochenfluß verändern sich wie nach einer normalen Geburt. Aber der Bauchschnitt verursacht anfänglich natürlich starke Schmerzen, ebenso die nach einer Bauchoperation häufig auftretenden Blähungen.

Ausatmen bei angespannter Bauchdecke regt den Darm an, die Gase nach außen zu befördern. Spannen Sie die Bauchdecke an und atmen Sie mit einem zischenden Geräusch aus.

»Ich lag da wie die unvollständige Braut von Frankenstein, mit vierzehn Metallklammern, die meine Eingeweide zusammenhielten.«[16]

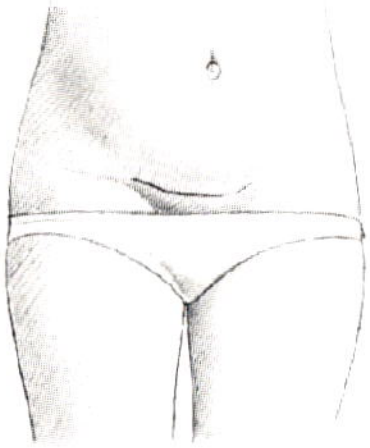

Narbe eines Kaiserschnitts

Der Heilungsprozeß wird von einem brennenden Jucken begleitet. Heute wird der Kaiserschnitt meist knapp oberhalb des Schambeins durchgeführt, so daß die Narbe von den nachwachsenden Schamhaaren bald fast ganz bedeckt ist. Doch auch der Haarwuchs kann ein lästiges Jucken verursachen. Dagegen hilft Calendulasalbe, die auch bei wunden Brustwarzen empfohlen wird. Eine antiseptische Salbe nützt nichts, wenn keine Infektion vorliegt. Die Narbe ist zuerst rot, wird mit der Zeit rosa und hebt sich schließlich nur noch als dünne, silbrig helle, oft seitlich abfallende Linie von der Haut ab.

Am Anfang werden Sie den Säugling beim Stillen nur unter Schmerzen auf dem Schoß halten können, halten Sie deshalb die Beine des Kindes mit einem Arm fest und stützen Sie mit der anderen Hand seinen Kopf ab und führen ihn an die Brust. Hilfreich ist auch, den Kopf zusätzlich mit einem Kissen auf dem Schoß abzustützen. Manche Frauen liegen beim Stillen lieber auf der Seite.

Wurde das Kind nach einer mißglückten Zangengeburt mit Kaiserschnitt entbunden, muß nicht nur die Bauchwunde, sondern auch ein Dammschnitt verheilen. Von einer so komplizierten Operation genesen sie nur sehr langsam. Sie werden kaum eine Stillposition finden, die Ihnen keine Schmerzen bereitet. Am bequemsten ist dann wahrscheinlich die Seitenlage. Legen Sie das Kind auf gleicher Höhe dicht neben sich, damit Sie es ohne Anstrengung erreichen können. Am besten hilft Ihnen in den ersten Tagen jemand, der Ihnen das Kind zureicht und es nach dem Stillen wieder ablegt.

Viele Frauen bekommen nach dem Kaiserschnitt eine bakterielle Infektion; diese kann unmittelbar nach der Entbindung, aber auch erst einige Wochen später auftreten. Begleitet von hohem Fieber, entzündet sich die Wunde; sie wird rot und empfindlich, schwillt an und kann nässen und eitern. In diesem Fall werden Antibiotika verschrieben. Manchmal platzt die Wunde auf und muß neu genäht werden.

Ein Notkaiserschnitt wird immer noch unter Vollnarkose durchgeführt, es sei denn, es wurde schon vorher eine Peridural-Anästhesie gesetzt. Während der Operation bildet sich Schleim in den Atemwegen, der am besten durch Abhusten ausgeschieden wird. Durch willkürliches Husten wird allerdings die Bauchdecke gedehnt, was bei einer frischen Wunde sehr schmerzhaft sein kann. Spannen Sie den Bauch lieber an, wie bei Blähungen, und atmen Sie mit einem Zischen aus.

Wegen des Thromboserisikos ist es besonders wichtig, daß Sie sich nach einem Kaiserschnitt bewegen, auch wenn es schwerfällt. Je früher Sie damit anfangen, desto besser. Am Anfang können Sie einfach nur Ihre Füße bewegen; beschreiben Sie Kreise in beide Richtungen oder malen Sie mit den Füßen Buchstaben in die Luft. Das regt die Durchblutung in den Beinen an, die am meisten thrombosegefährdet sind.

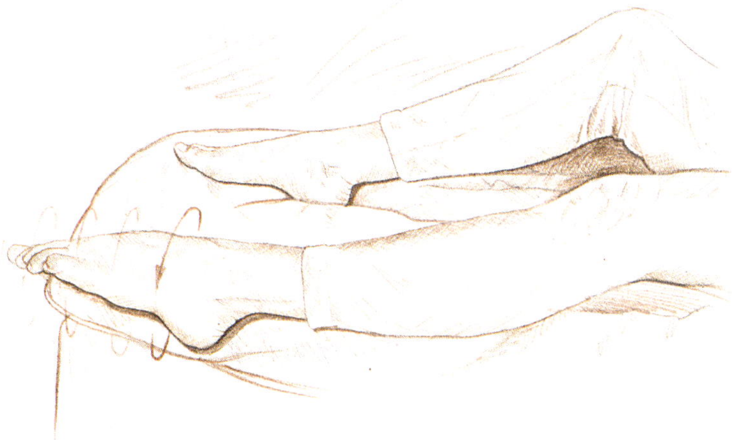

Ungefähr sechs Stunden nach der Geburt dürfen Sie bereits mit Hilfe aufstehen und die ersten Schritte versuchen. Von da an sollten Sie sich unbedingt jeden Tag etwas mehr bewegen. Zu Hause wird man Sie drängen, sich auszuruhen, vor allem wenn jemand da ist, der für Sie sorgt. Unter Umständen müssen Sie deutlich darauf hinweisen, daß Bewegungsübungen für die Pflege nach einem Kaiserschnitt unverzichtbar sind.

Bei dem Bauchschnitt wurden auch Muskeln durchtrennt und beschädigt, die mit der Zeit natürlich wieder zusammenwachsen. Doch Sie müssen etwas dafür tun, um die Spannkraft der Muskeln wiederherzustellen. Dazu gehören so nützliche Übungen wie Auf- und Abkippen des Beckens, Heben und Kreisen des Beckens und sanftes Hin- und Herschaukeln des Bekkens. Diese Übungen sind auch in Kapitel 3 beschrieben.

Der Hara Obi

Früher war es üblich, vor und nach der Geburt eine Bauchbinde zu tragen; in manchen traditionellen Kulturen ist das heute noch so. Vor allem wenn man ausgeht oder lange Zeit stehen muß, ist eine solche Binde sehr angenehm, weil sie zu einer gesunden Körperhaltung beiträgt. Die Japanerinnen benutzen heute noch den Hara Obi, eine breite Schärpe, die Rücken und Bauch leicht abstützt und vom »Tag des Hundes« an, in der sechzehnten bis neunzehnten Schwangerschaftswoche, bis ungefähr drei Wochen nach der Geburt getragen wird. Mit Hilfe eines weichen Baumwollstreifens können Sie sich selbst eine Bauchbinde herstellen. Besonders eignet sich dafür ein etwa 4,5 Meter langes und 15 bis 20 Zentimeter breites Band aus Crêpe. Die Binde sollte drei bis vier Mal um Ihren Bauch gehen, Sie brauchen also nicht unbedingt die ganze Länge und können aus dem Stoff mehrere Binden herstellen. Wickeln Sie die Binde fest um Unterbauch und Kreuz, aber achten Sie darauf, daß die Durchblutung nicht gestört wird. Die Binde soll die Gebärmutter stützen, nicht einpressen. Wikkeln Sie sich so lange ein, bis Sie rundum gut abgestützt sind, ohne sich dabei eingeengt zu fühlen.

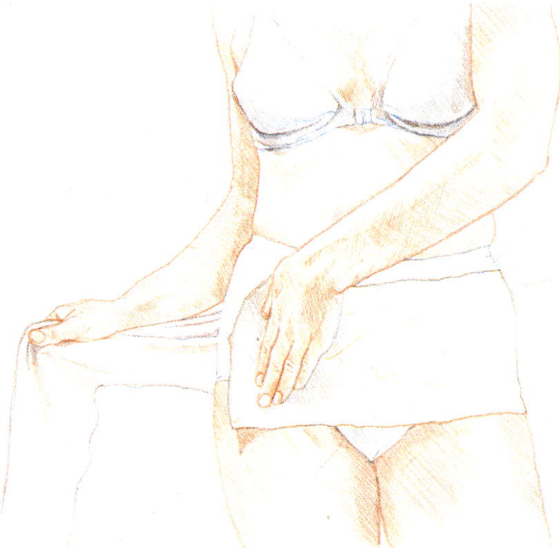

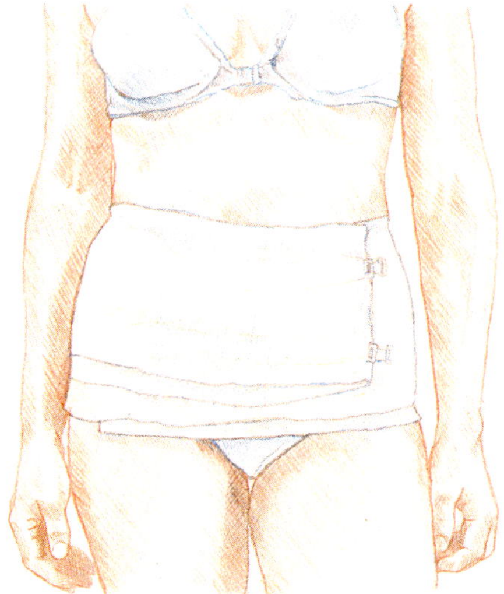

»In einem japanischen Krankenhaus bekam ich eine Bauchbinde, mit der ich mich ausgesprochen wohl fühlte.«

In den westlichen Ländern wird von Krankengymnasten die Meinung vertreten, Übungen seien in jedem Fall besser als irgendwelche mechanischen Stützvorkehrungen. In Japan werden Bauchbinde und Rückbildungsgymnastik kombiniert, was gut gegen Rückenschmerzen sein und die Gebärmutter wieder in ihre richtige Position bringen soll. Da das Anlegen der Binde recht kompliziert ist, benutzen manche Frauen eine Art leichtes Korsett, das es in verschiedenen Ausführungen gibt und bis zu einem halben oder sogar einem Jahr nach der Geburt getragen werden kann.

Im folgenden Kapitel möchte ich Ihnen zeigen, wie Sie durch den fließenden, gut koordinierten Einsatz von Wirbelsäule und Muskeln Rückenschmerzen und andere Muskelbeschwerden verringern können, und Ihnen Anregungen geben, wie Sie durch richtige Bewegung Ihr körperliches Wohlbefinden nach der Geburt wieder steigern können.

3

Was Sie für Ihren Körper tun können

In den Tagesablauf mit einem Neugeborenen lassen sich unmöglich regelmäßige Übungsphasen einplanen. Die Schlafgewohnheiten der Kinder sind sehr unterschiedlich und können sich von einer Woche auf die andere wieder ändern, so daß alle Pläne und guten Vorsätze vergeblich sind. Sie sind froh, wenn Sie die Zeit für eine Mahlzeit oder eine kurze Dusche finden.

Sagt man Müttern, sie müßten regelmäßig Übungen machen, um gesund und fit zu bleiben, erzeugt man bei ihnen höchstens Schuldgefühle und Versagensängste. Aus diesem Grund sind alle Übungen in diesem Kapitel so angelegt, daß sie gemeinsam mit dem Säugling durchgeführt werden können. Bei manchen Übungen halten Sie das Kind im Arm, bei anderen liegt es in Ihrem Schoß oder auf Ihrem Bauch, und manchmal dient es auch als Partner, wenn Sie sich etwa zu ihm herabbeugen, um es zu küssen oder aufzunehmen.

Ein positives Körperbewußtsein und richtiges Bewegen, Sitzen oder Stehen im Alltag sind für die Rückbildung nach der Geburt mindestens so wirksam wie ein halbstündiges tägliches Übungsprogramm. Und selbst wenn Sie ein solches Programm absolvieren, können eine schlechte Körperhaltung, falsches Bücken oder Heben Ihre Bemühungen wieder hinfällig machen.

Der Energiefluß

Wenn Sie gerne Gymnastik treiben, können Sie mit Bewegungen der Feldenkraismethode[1] viel zu Ihrem Wohlbefinden beitragen, ohne Ihren Körper mit anstrengenden Übungen zu belasten.
Wenn Sie vor sechs oder acht Wochen mit Kaiserschnitt entbunden haben, wählen Sie leichtere Bewegungen, die Ihnen Freude machen. Setzen Sie sich nicht unter Druck. Einfache, fließende Bewegungen sind wichtiger, als sich selbst beweisen zu wollen, daß man schon genauso fit ist wie eine Frau nach einer normalen Geburt. Lassen Sie sich von Ihrem Körper leiten.

Bauchlage

Manchmal wird den Frauen empfohlen, sich in den ersten Tagen nach der Geburt auf den Bauch zu legen, damit dieser wieder flacher wird. Es gibt aber keinen Grund, warum der Bauch kleiner werden sollte, wenn er zusammengequetscht wird. Die Bauchlage kann aber den schmerzhaften Druck auf die Dammnaht mildern. Falls Ihr Rücken während der Geburt stark belastet wurde, weil Sie lange mit hochgelagerten und gespreizten Beinen liegen mußten, in der sogenannten Steinschnittlage, können Rücken- und Bauchmuskeln in der Bauchlage entspannt und Schmerzen gelindert werden. Legen Sie sich dann ruhig auf den Bauch, doch achten Sie darauf, daß Sie dabei kein Hohlkreuz machen, denn das kann die strapazierten Bänder noch weiter überdehnen. Wollen Sie in dieser Position schlafen, lesen oder fernsehen, legen Sie ein Kissen unter, um das Becken hochzulagern und den Rücken zu strecken. Achten Sie auf Verspannungen in Ihrem Körper und wählen Sie Ihre Lage so, daß Sie entspannt und locker liegen.
In der Bauchlage werden Ihre empfindlichen, vollen Brüste gequetscht. Sie sollten deshalb oberhalb und unterhalb der Brust ein Kissen so plazieren, daß die Brust gleichsam wie in ein Nest gebettet ist.

Das Aufstehen

Wenn Sie aus dem Liegen aufstehen wollen, lassen Sie sich von Ihren Augen leiten. Der Körper folgt dem Blick und rollt sich so aus dem Liegen ins Sitzen.

Rücken-schmerzen vermeiden

Die Haltung der Wirbelsäule wirkt sich auf den gesamten Bewegungsapparat aus. Die Beweglichkeit der Wirbelsäule wiederum hängt davon ab, wie locker die Muskeln in Schulter und Brust sind.

In der fortgeschrittenen Schwangerschaft wird die Lendenwirbelsäule durch das Gewicht von Gebärmutter und Fetus nach vorn gezogen; dadurch wird die S-Form des Rückgrats betont, was sich belastend auf die Bänder auswirkt. Aus diesem Grund leiden viele Frauen am Ende der Schwangerschaft unter Rückenschmerzen; in dieser Zeit entspricht die wöchentliche Gewichtszunahme des Fetus einer großen Kartoffel.

Bei einem angespannten Brustkorb ist auch der Rücken steif und angespannt. Versuchen Sie sich bewußt zu werden, wie beweglich die Muskeln der Brustwand sind. Wenn Sie dort loslassen können, entspannen sich auch die Rückenmuskeln. Bevor Sie aufstehen, sich hinsetzen oder zu gehen beginnen, weiten Sie den Brustkorb. Das Becken kippt dabei nach vorn, und der Bauch wird automatisch flacher.

Diese Bewegung ist etwas ganz anderes als das gezielte Anspannen der Bauchmuskeln. Werden die Bauchmuskeln nur für sich trainiert, verkrampfen sich Rücken- und Brustmuskeln und viele andere Bereiche des Körpers.

Wichtig ist auch die Kopfhaltung. Nacken-, Schulter- und Brustmuskeln müssen ganz locker sein, wenn Sie den Kopf ungehindert bewegen wollen. Entspannen Sie Gesicht und Mundpartie und stellen Sie sich vor, Ihr Kopf sei eine schwere Kristallschale, die oben auf der Wirbelsäule verankert ist. Lassen Sie die Schale nach vorne kippen und spüren Sie ihrem Gewicht nach. Dann rollen Sie sie langsam zur Seite und lassen sie nach hinten fallen. Jetzt heben Sie sie ganz langsam hoch und lassen sie auf die andere Seite fallen und rollen sie weiter, bis sie wieder nach hinten fällt. Achten Sie bei dieser Übung auf die Rückenwirbel. Legen Sie eine Hand ans Brustbein und spüren Sie, wie dieses den Kopf abstützt und gleichzeitig bewegt. Die Kopfhaltung wirkt sich auf die ganze Wirbelsäule aus.

Jetzt machen Sie den Brustkorb weit, und atmen Sie langsam und tief durch, bis in den Beckenboden hinein. Hören Sie zu, wie Ihr Atem gleichmäßig kommt und geht, wie die Brandung an der Küste. Spüren Sie beim Atmen Ihrer Wirbelsäule nach und achten Sie besonders auf Brustbein und Bauch.

Stehen und Sitzen

Beckenschaukel im Stehen Stellen Sie sich vor, ein goldener Faden verbinde Ihren Kopf in der Mitte mit der Zimmerdecke. Jetzt legen Sie eine Hand auf die Lendenwirbel, die andere Hand auf die Brust und schaukeln sanft mit dem Becken hin und her.
Schließen Sie die Augen, schaukeln Sie weiter und stellen Sie sich vor, daß Ihre Brust weich und weit und Ihr Rückgrat ganz beweglich ist. Vergegenwärtigen Sie sich Ihren Kopf oben auf der Wirbelsäule und spüren Sie der Aufwärtsbewegung Ihres Beckens nach. Achten Sie darauf, wie sich diese Bewegung auf andere Körperteile auswirkt, wie sich zum Beispiel die Stellung der Beine und Füße verändert. Achten Sie auch darauf, wie sich die tief in der Scheide liegenden Beckenbodenmuskeln verändern, die die im Becken befindlichen Organe abstützen. Mit jedem Kippen

des Beckens werden die Beckenbodenmuskeln automatisch angespannt. Wie wir in Kapitel 4 sehen werden, sind diese Muskeln, durch die hindurch das Kind geboren wurde, für den weiblichen Körper von besonderer Bedeutung.
Jetzt lassen Sie Ihre Arme auf der Seite baumeln, lockern Sie Nacken und Schultern und setzen Sie die Schaukelbewegung des Beckens fort. Jedesmal, wenn das Becken nach vorn gekippt ist, die Brustmuskeln entspannt und Gesäß- und Bauchmuskeln leicht gespannt sind, halten Sie kurz inne. In dieser Körperhaltung werden Bänder und Muskeln am wenigsten belastet, und sie dient der natürlichen Straffung nach der Geburt.

Beckenschaukel im Sitzen Setzen Sie sich vor einem bodenlangen Spiegel seitlich auf einen Stuhl. Achten Sie auf Ihre Sitzhaltung und stellen Sie die Beine leicht auseinander. Jetzt vergegenwärtigen Sie sich wieder Ihre Wirbelsäule, den Kopf und das Becken und schaukeln Sie hin und her, wie Sie es im Stehen gemacht haben.

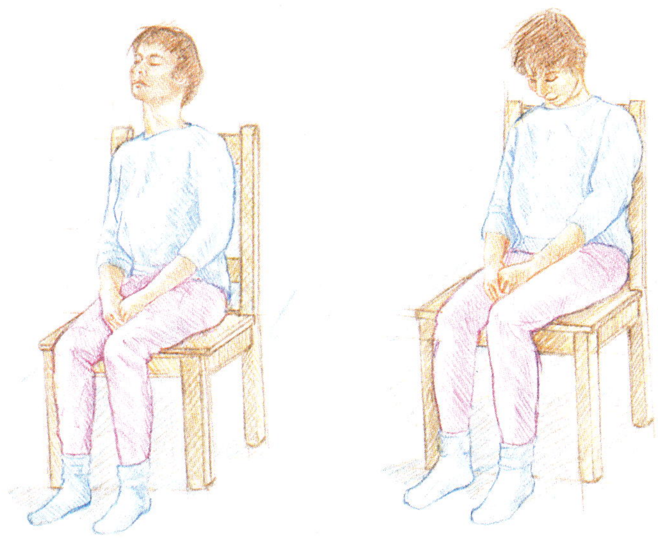

Stillen im Sitzen

Wollen Sie im Sitzen stillen, stützen Sie Ihren Rücken gut ab und nehmen Sie eine entspannte Haltung ein. Wenn Sie zu Verspannungen in den Schultern neigen, legen Sie ein Kissen auf den Schoß, damit Sie das Kind leichter an die Brust führen können. Sie können außerdem ein Bein hochstellen, indem Sie den Fuß auf einen Schemel oder eine Stuhlsprosse aufstützen[2].

Wollen Sie Ihr Kind im Bett sitzend stillen, polstern Sie die ganze Wirbelsäule mit Kissen ab. Vielleicht brauchen Sie zwei oder drei Kissen im Kreuz, aber nicht so viele, daß die Brust herausgedrückt wird, und ein weiteres Kissen im Schulterbereich.
Wenn Sie zwei Säuglinge gleichzeitig stillen müssen, lagern Sie Ihre Arme und, wenn nötig, die Köpfe der Kinder auf Schaumstoffkissen. Rinnenartige Vertiefungen im Schaumstoff erleichtern es Ihnen, die Kinder zu sich herzuziehen, ohne daß Sie sich vorbeugen müssen oder den Rücken belasten.

Körperhaltung bei der Arbeit

Achten Sie auch beim Autofahren auf Ihre Haltung. Ist der Sitz niedrig und unbequem, legen Sie sich ein Kissen unter, so daß die Knie auf gleicher Höhe mit dem Becken sind. Eventuell müssen Sie auch Ihren Rücken mit einem Kissen abstützen.

Auch bei Schreibtischarbeit oder bei der Hausarbeit ist die Körperhaltung wichtig. Achten Sie deshalb darauf, wie sich die Haltung, in der Sie besonders oft arbeiten müssen, auf Brustmuskeln und Wirbelsäule, Kopf und Becken auswirkt. Bei der Arbeit am Computer sollten Sie so hoch sitzen, daß Brust-, Schulter- und Rückenmuskeln entspannt sind.

Sie erleichtern sich das Wickeln, wenn Sie sich breitbeinig auf den Boden setzen, neben dem Bett knien oder einen Wickeltisch benutzen, der so hoch ist, daß Sie sich nicht bücken müssen.

Einbauküchen sind für große Frauen oft zu niedrig konstruiert. Die Küche sollte so hoch sein, daß Sie mit beiden Händen den Boden der Spüle berühren können, ohne sich vorbeugen zu müssen. Ist das nicht der Fall, müssen Sie nicht gleich eine neue Spüle kaufen. Stellen Sie einfach eine Schüssel auf einen umgedrehten Topf oder eine Geschirrablage in die Spüle. Wenn Sie sehr klein sind, muß eben ausnahmsweise jemand anders die Teller und Töpfe abwaschen!

Bücken, Heben und Tragen

Bei der Hausarbeit, beim Einkaufen, beim Hochheben von Kindern oder im Büro beim Heben von Büchern und Aktenordnern ist richtiger Körpereinsatz sehr wichtig. Wie leicht werden bei diesen Arbeiten Bänder und Muskeln belastet, und wie leicht kommt es zu Rückenschmerzen. Auch Frauen, die nie Probleme mit dem Rücken hatten, leiden nach der Geburt oft unter Rückenschmerzen, und Frauen, die zu Rückenschmerzen neigen, sind erst recht davon betroffen.

In diesem Fall ist zu Schuhen mit niedrigen Absätzen zu raten. Achten Sie vor allem beim Heben und Tragen auf Körpereinsatz und Körperhaltung. Lassen Sie Arme und Beine die Arbeit tun und schonen Sie Ihren Rücken. Denken Sie daran, daß Ihr Rücken kein Kran ist.

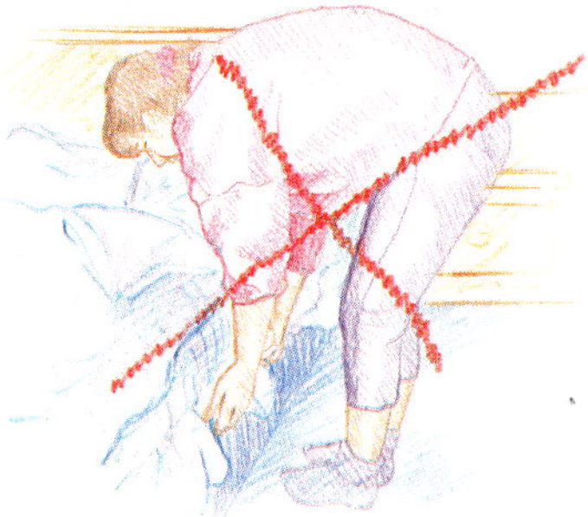

Statt sich zu bücken und den Rücken zu dehnen, beugen Sie die Knie und gehen Sie in die Hocke. Aus einer hockenden oder knienden Position heraus ist es viel leichter, die Betten zu machen, die Geschirrspülmaschine ein- oder auszuräumen oder ein Kleinkind hochzuheben. Wenn Sie unter Rheumatismus im Kniegelenk leiden, ist diese Bewegung natürlich schwierig. In diesem Fall sollten Sie Möbel und Haushaltsgeräte so erhöhen, daß Sie sie im Stehen oder vom Rollstuhl aus ohne Bücken erreichen können.
Schwere Lasten lassen sich leichter tragen, wenn sie in zwei kleinere Lasten geteilt werden und sich das Gewicht gleichmäßig auf beide Arme verteilt.

Wird ein sechs Monate altes Kind immer noch ständig auf der Hüfte getragen, werden Wirbelsäule, Muskeln und Bänder so stark belastet, daß Rückenschmerzen unvermeidlich sind. Hier empfiehlt sich eine Rückentrage.

Das Körperbewußtsein bilden

»Ich bin mit dem Kind so beschäftigt, daß ich mir nicht vorstellen konnte, auch noch Gymnastik zu treiben. Aber es ist so wichtig, wenigstens einmal am Tag Zeit für sich selbst zu haben.«

Planen Sie einige Minuten in Ihrem Tagesablauf für Ihr körperliches Wohlbefinden ein, Minuten, in denen Sie sich entspannen, sich loslassen und neue Energie durch sich hindurchströmen lassen. Fließende Bewegungen kräftigen die durch Schwangerschaft und Geburt erschlafften Muskeln und Bänder.

Bei den meisten dieser Bewegungen können Sie das Kind in einer weichen Trage am Körper halten, es an Ihren Körper lehnen oder auf sich legen.

Sie können das Kind aber auch in eine Wippe oder auf einen Teppich legen. Von dort kann es Ihrem interessanten Tun zuschauen.

Wollen Sie die Übungen etwas schwieriger gestalten, machen Sie sich das Gewicht des Säuglings zunutze, und legen Sie ihn auf sich, oder stützen Sie ihn mit Ihren Händen oder Oberschenkeln ab. Bei den Übungen mit Kind legen Sie sich auf eine weiche Unterlage, falls es einmal herunterfällt.

Bevor Sie mit den Bewegungsübungen beginnen, entleeren Sie die Blase. Vermeiden Sie alle Bewegungen, die Ihnen schwerfallen, oder verschieben Sie sie auf später, wenn die Muskeln wieder kräftiger sind. Sie können die Übungen zu jeder Tageszeit machen, die beste Zeit aber ist nach einem heißen Bad, wenn Ihr Körper entspannt und geschmeidig ist. Nach jeder Übung sollten Sie sich ganz entspannen und langsam und tief durchatmen.

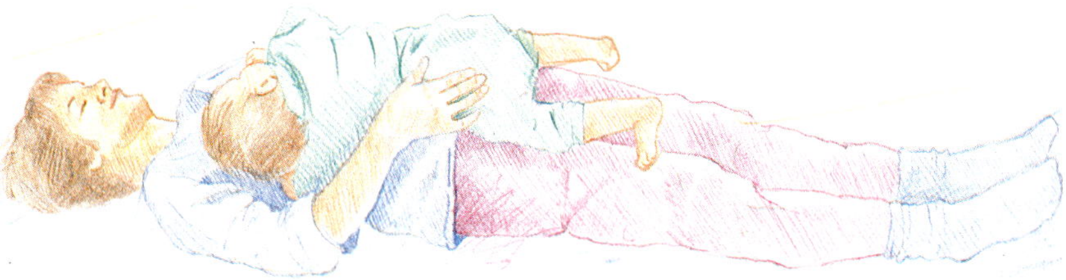

Alle Übungen sollten sich langsam steigern. Fangen Sie mit einer leichten Übung an, und wenn Ihre Muskeln die leichte Übung problemlos bewältigen, gehen Sie zu einer schwierigeren Variante über. Gerade nach der Geburt ist diese Steigerung wichtig. Es gibt keine Regeln, wann welche

Übung durchgeführt werden muß, denn so unterschiedlich der Geburtsverlauf ist, so unterschiedlich ist die körperliche Verfassung der Frauen nach der Geburt. Die Übungen, die sich am ehesten für die ersten Wochen nach der Geburt eignen, sind mit einem * gekennzeichnet.
Diese Bewegungsübungen konzentrieren sich auf ganz bestimmte Körperpartien, Sie sollten sie jedoch im ganzen Körper spüren können. Lesen Sie am Anfang jeweils nur einen Absatz der Beschreibung durch. Probieren Sie die Bewegung aus und stellen Sie fest, wie sich Ihr Körper bei dieser Bewegung fühlt und was er leisten kann. Erst dann gehen Sie zum nächsten Absatz über.

Übungen für die Bauchmuskeln

Die Bauchmuskeln bilden einen Gürtel, der sich gitterförmig aus geraden und schrägliegenden Muskelsträngen zusammensetzt. Mit Hilfe der folgenden Übungen können Sie dieses Muskelgitter kräftigen.

Beckenschaukel Diese Bewegung eignet sich für die Zeit kurz nach der Geburt und kann liegend durchgeführt werden.[3] Sie eignet sich besonders, wenn sich Ihr Bauch weich und schlaff anfühlt oder Ihre geraden Bauchmuskeln auseinanderklaffen. Im letzten Fall pressen Sie während der Übung die Hände beidseitig gegen die Bauchmuskeln. Achten Sie darauf, wie sich die Muskeln verhalten. Am Anfang stellen Sie wahrscheinlich fest, daß sich der Spalt zwischen den geraden Bauchmuskeln öffnet, sobald Sie den Kopf anheben. Erst wenn das nicht mehr geschieht, dürfen Sie mit schwierigeren Bewegungen fortfahren.
Legen Sie sich im Bett oder auf dem Boden flach auf den Rücken, die Beine angestellt, die Fußsohlen flach auf dem Boden. Die angezogenen Knie entlasten die untere Rückenpartie. Kreuzen Sie die Hände über dem Bauch und umfassen Sie Ihre Taille. Dann ausatmen, den Brustkorb weit machen und gleichzeitig die Füße gegen Bett oder Fußboden stemmen. Bei dieser Bewegung wird das Becken nach innen gekippt und der Rücken gestreckt. Jetzt »zupfen« Sie mit den Füßen am Boden oder Bett, so daß die Beckenschaukel Ihr Kreuz nach oben drückt. Achten Sie während der Fußarbeit auf Ihre Wirbelsäule. Unter Umständen bewegt sich Ihr Kopf analog zum Becken, das heißt, wenn Ihr Rücken sich streckt, reckt sich Ihr Kinn nach oben, und wenn der Rücken zum Hohlkreuz wird, fällt das Kinn auf die Brust.

Beckenschaukel 2 Bei dieser Übung können Sie das Kind auch auf den Bauch legen. Die Arme liegen entspannt an der Seite.

Seitliches Zusammenrollen Legen Sie sich auf eine Decke am Boden, die Beine sind angestellt. Diesmal darf das Baby nur zuschauen. Legen Sie die rechte Hand unter den Kopf. Beim Ausatmen, wenn Ihr Brustkorb sich entspannt, heben Sie Kopf und Schulter an und führen gleichzeitig das linke Knie so weit nach oben, daß es den Ellbogen berührt. Wenn möglich verharren Sie einen Moment in dieser Position. Achten Sie aber darauf, daß Sie dabei nicht den Atem anhalten. Kehren Sie langsam zur Ausgangsposition zurück und wiederholen Sie die Übung mit der anderen Hand und dem anderen Knie, dann wieder umgekehrt und so weiter.

Entfalten 1 Auch diese Übung können Sie bald nach der Geburt machen. Sie sitzen auf dem Boden, die Knie angezogen und geschlossen, das Kind liegt auf den Oberschenkeln. Machen Sie den Brustkorb weit und lassen Sie sich mit dem Rücken langsam nach hinten fallen, während Sie gleich-

zeitig die Beine strecken. Dann falten Sie sich wieder zusammen, wobei Nase und Knie sich so nah wie möglich kommen sollten, aber nur so nah, wie es Ihnen angenehm ist. Dann klappen Sie wieder auseinander. Lehnen Sie sich aber wiederum nur so weit zurück, wie es Ihnen angenehm ist. Oberkörper und Mund sollen ganz locker sein. Legen Sie jeden einzelnen Wirbel auf dem Boden ab, wie Perlen auf einer Kette. Verharren Sie eine Weile in dieser Position, und vergessen Sie nicht zu atmen. Spüren Sie dem Energiestrom aus Ihrer Körpermitte nach.

Entfalten 2 Dieselbe Übung wie oben, nur ohne Kind. Die Arme sind über der Brust gekreuzt. Sie werden feststellen, daß Sie sich allmählich immer weiter zurücklehnen können. Stellen Sie sich vor, Ihr Körper sei ein Buch, das in der Mitte aufgeschlagen wird.

Beinrutschen Sie liegen auf dem Rücken, das Kind liegt auf Ihrer Brust oder Ihrem Bauch. Die Knie sind angezogen, die Fußsohlen flach auf dem Boden. Jetzt legen Sie eine Hand unter Ihr Kreuz. Spüren Sie der Berührung von Hand und Rücken nach. Dann stemmen Sie die Fußsohlen leicht gegen den Boden, das Kreuz streckt sich, und die Hand wird gegen den Boden gedrückt.

Entspannen Sie die Mundpartie, halten Sie den Druck gegen Ihre Hand, und nun rutschen Sie mit den Füßen ganz langsam nach vorn, so daß die Beine sich strecken. Rutschen Sie nicht zu weit, denn wenn die Beine Sie nicht mehr stützen, treten die Bauchmuskeln in Aktion. Sie müssen das

Kreuz jetzt noch stärker gegen die Hand pressen. Wenn Sie die Zehen nach oben strecken, wird die Beinmuskulatur entlastet. Vergessen Sie das Atmen nicht. Sobald Sie feststellen, daß sich Ihr Kreuz nach oben wölbt, bewegen Sie die Füße nicht weiter. Rutschen Sie erst mit dem einen, dann mit dem anderen Fuß in die Ausgangsposition zurück. Wiederholen Sie die Übung vier- oder fünfmal.

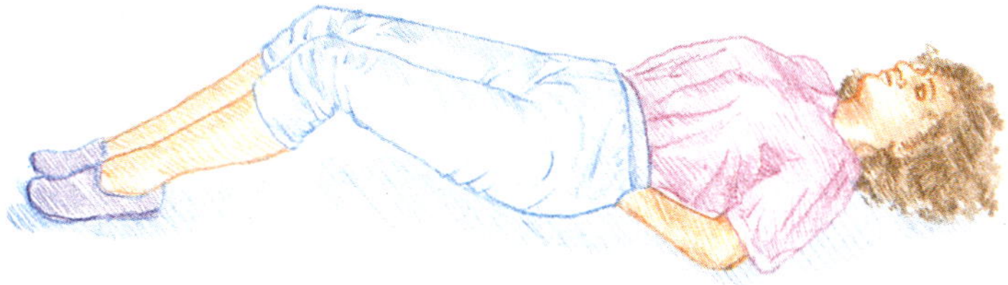

»Wir haben viel Spaß miteinander! Sie denkt, ich mache die Spiele nur für sie. Zum Schluß gibt es immer ein großes Geschmuse.«

Hoch hinaus Sie liegen auf dem Rücken, die Knie angezogen, die Füße flach auf dem Boden. Das Kind liegt auf Ihrer Brust. Sie fassen es unter den Armen und heben es ganz langsam hoch über Ihren Kopf. Dabei spüren Sie, wie die Lendenwirbel gegen den Boden gepreßt werden. Verharren Sie in dieser Position und sprechen Sie mit dem Baby. Dann lassen Sie es langsam wieder herunter, lockern Ihren Oberkörper und wiegen das Kind sanft in den Armen.[4]

Babyschaukel Sie liegen auf dem Rücken, die Knie so angezogen, daß die Unterschenkel eine Parallele zum Boden bilden. Sie legen das Kind mit dem Gesicht nach unten auf Ihre Unterschenkel und fassen es unter den Armen. Jetzt drücken Sie das Kinn nach unten, heben langsam Kopf und Schultern an und schaukeln nach vorn. Weiteratmen! Dann schaukeln Sie wieder sacht zurück und legen Kopf und Schulter am Boden ab.[5]

Übungen für Rücken- und Gesäßmuskeln

Hängematte Sie liegen auf dem Rücken, die Knie aufgestellt, die Fußsohlen flach auf dem Boden. Die Arme liegen locker an der Seite, Handflächen nach oben. Jetzt Brustkorb weit machen und Becken langsam nach oben heben, bis der Körper von den Knien bis zu den Schultern eine gerade Linie bildet. Brustkorb weit lassen, sonst kommen Sie ins Hohlkreuz. Bleiben Sie in dieser Position und zählen Sie bis fünf. Schwingen Sie dabei mit dem Becken hin und her wie eine Hängematte. Nun langsam zurück in die Ausgangsposition. Bei dieser Übung können Sie auch das Kind im Arm halten.

Gesäßrutsche Sie sitzen mit gestreckten Beinen auf dem Boden. Das Kind ruht Ihnen zugewandt auf Ihren Schenkeln. Sie stützen seinen Leib und Kopf mit beiden Händen ab. Nun schieben Sie abwechselnd das rechte und das linke Bein aus der Hüfte heraus vor, so daß Sie mit dem Gesäß nach vorne robben. Der Rücken bleibt dabei gestreckt. Sie dürfen die Bewegung mit dem Kopf mitmachen. Achten Sie aber darauf, daß die Füße locker und gestreckt bleiben. Sie werden merken, daß auch der Brustkorb in diese Bewegung einbezogen wird. Sie bewegen sich wie ein Kamel vorwärts – linkes Bein, linke Schulter, dann rechtes Bein, rechte Schulter. Anschließend machen Sie dasselbe rückwärts.

Zusammenrollen 1 Sie liegen auf dem Rücken, diesmal ohne Kind. Die Hände sind hinter dem Kopf verschränkt, die Beine angewinkelt. Die Ellbogen zeigen nach vorn. Nun rollen Sie sich zusammen, so daß Ellbogen und Knie sich berühren, dann rollen Sie wieder auseinander.

Zusammenrollen 2 Sie liegen wieder ohne Kind auf dem Rücken, die Beine angewinkelt. Rollen Sie sich zusammen und legen Sie die Hände leicht um Ihre Unterschenkel, ohne an den Beinen zu ziehen, denn das Zusammenrollen wird von Ihrer Brust, das Auseinanderrollen vom Rücken bewerkstelligt.

»Ich komme mir langsam wieder wie ein Baby vor, so weich fühle ich mich.«

Vollständige Schaukel Sie liegen auf dem Rücken, die Knie angezogen. Nun heben Sie die Beine an und stützen sie mit den Händen unter den Knien ab. Schaukeln Sie vorwärts und rückwärts, wobei der Abstand zwischen Nase und Knie gleich bleiben sollte. Schaukeln Sie so lange auf dem Rücken, bis Sie von ganz allein zum aufrechten Sitzen kommen. Den Rükken dabei immer rund lassen. Diese Übung ist eine wohltuende Rückenmassage.

Drehung Sie sitzen mit gekreuzten Beinen aufrecht auf dem Boden, das Kind ruht auf Ihrem Schoß. Nun strecken Sie einen Arm auf Schulterhöhe aus und drehen sich, bis er nach hinten zeigt; mit der freien Hand halten Sie das Kind. Drehen Sie den Kopf und blicken Sie dem ausgestreckten Arm nach. Dann senken Sie den Arm und stützen die Hand am Boden ab. Sehen Sie dabei immer über Ihre Schulter. Halten Sie diese Position und zählen Sie bis fünfzehn, aber vergessen Sie das Atmen nicht. Dann zurück zur Ausgangsposition. Langsam und tief durchatmen und dasselbe mit dem anderen Arm.

Nach Beendigung dieser Übung stehen Sie auf und lehnen sich mit dem Rücken aufrecht und entspannt gegen die Wand, die Fersen eine Handbreit von der Wand entfernt. Lassen Sie die Schultern fallen, weiten Sie den Brustkorb und lockern Sie die Knie. Achten Sie darauf, wie Gesäß und Wirbelsäule an der Wand liegen. Bleiben Sie ungefähr eine halbe Minute in dieser Position, atmen Sie langsam und tief durch die Nase ein und durch den gelockerten Mund wieder aus. Spüren Sie Ihrem Atem bis ins Becken hinunter nach.

Übungen gegen Rückenschmerzen

Gegen Ende der Schwangerschaft werden die Bauchmuskeln gedehnt, und die Muskeln im Lendenwirbelbereich verkürzen sich zu einem Hohlkreuz. Elisabeth Noble nennt dies »Bogeneffekt«[7]: Die Bauchmuskeln werden wie ein Bogen überdehnt, wodurch die Muskeln und Bänder im unteren Rückenbereich angespannt und verkürzt und die durch die Schwangerschaftshormone gelockerten Bänder überlastet werden. Indem Sie Unterbauchmuskeln und Gesäßmuskeln kräftigen, schützen Sie Hüftgelenk und Bänder.

Die Übungen für Bauchmuskeln nützen auch dem Rücken. Im folgenden führe ich aber noch zwei spezielle Rückenübungen vor.

Streckübung an der Wand, sitzend Sie sitzen mit gekreuzten Beinen aufrecht an der Wand. Weiten Sie den Brustkorb, damit Ihr Kreuz Kontakt mit der Wand bekommt. Nun strecken Sie die Arme seitwärts und heben sie über den Kopf. Atmen Sie langsam vier- oder fünfmal ein und aus. Dann senken Sie die Arme wieder, beugen sich nach vorn und entspannen. Dabei lassen Sie den Kopf nach vorne Richtung Boden sinken; die Arme sind weit auseinandergestreckt, die Handflächen berühren den Boden, der Rücken ist rund und gedehnt.

Streckübung an der Wand, stehend Sie stehen mit dem Rücken zur Wand, die Füße leicht ausgestellt, die Knie angewinkelt. Wieder weiten Sie den Brustkorb, so daß Sie mit dem Kreuz die Wand spüren. Mit ausgestreckten Armen zeichnen Sie nun einen Kreis; dazu fahren Sie mit beiden Armen von den Knien bis über den Kopf an der Wand entlang. Denken Sie daran, weiterzuatmen. Wenn Ihr Oberkörper entspannt ist, werden Sie merken, daß das Becken bei dieser Übung so nach vorn gekippt ist, daß Kopf, Schultern und Kreuz Wandkontakt halten.

Massage

Eine Massage tut dem Körper immer gut. Sie kann anregen oder beruhigen, je nachdem, wie Ihnen gerade zumute ist. Sie lockert Muskelverspannungen und läßt Sie tief schlafen. Nutzen Sie deshalb die Massage, um trotz der vielen Arbeit mit dem Kind gut zu schlafen oder sich leichter entspannen und erholen zu können. Nach dem letzten abendlichen Stillen tut eine Massage besonders gut. Wenn Sie keinen Partner zu Hause haben, können Sie sich vielleicht wenigstens einmal die Woche von einer Freundin massieren lassen. In Frankreich, Belgien und in den Ländern der Dritten Welt gehören Massagen oft zur normalen Nachsorge.
Massagen haben immer eine wohltuende Wirkung, helfen aber auch speziell bei Rückenschmerzen. Sie müssen jedoch fachgerecht durchgeführt werden. Einfach nur hart kneten bringt keine Hilfe, sondern kann im Gegenteil sehr schmerzhaft sein. Am besten läßt sich die Person, die Sie massieren soll, selbst einmal massieren. Schmerzpunkte sollten nicht direkt massiert, sondern statt dessen Rücken- und Gesäßmuskeln gelockert werden.

Legen Sie sich in einem wohltemperierten Raum auf den Bauch; unter das Becken legen Sie ein Kissen, damit Sie nicht im Hohlkreuz liegen. Ihr Masseur kniet an Ihrer Seite und beginnt, den Rücken mit warmen, geölten und entspannten Händen zu beiden Seiten der Wirbelsäule zu massieren, vier- bis fünfmal mit sanften, festen Bewegungen hinauf zum Hals und wieder herunter. Wichtig ist dabei, daß die Wirbel nicht direkt massiert werden, sondern der Bereich unmittelbar neben der Wirbelsäule.
Die Ganzrückenmassage ist besonders wohltuend, wenn mit der flachen Hand große Kreise auf dem Rücken beschrieben und das Bindegewebe dabei seitlich nach unten ausgestrichen wird. Dies sollte drei- oder viermal wiederholt werden.

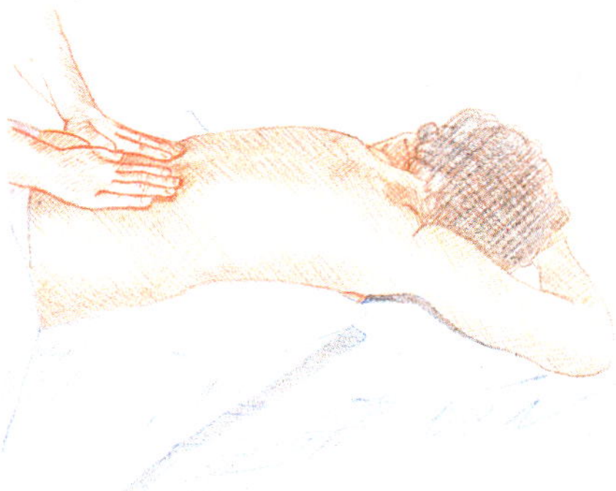

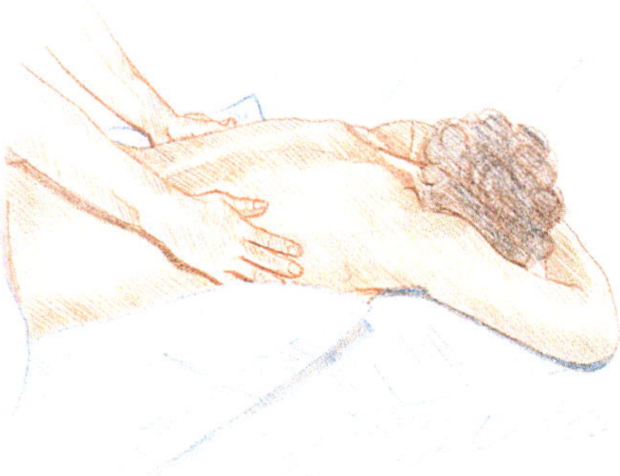

Verspannungen im Brust- und Schulterbereich wirken sich auch auf den Lendenwirbelbereich aus. Die Massage des oberen Rückens lindert deshalb auch Kreuzschmerzen. Der Masseur legt die warmen, geölten Hände auf die Schultern und massiert mit den Daumen kreisförmig die Muskeln zu beiden Seiten der Brustwirbelsäule und die Vertiefungen neben den Wirbeln.

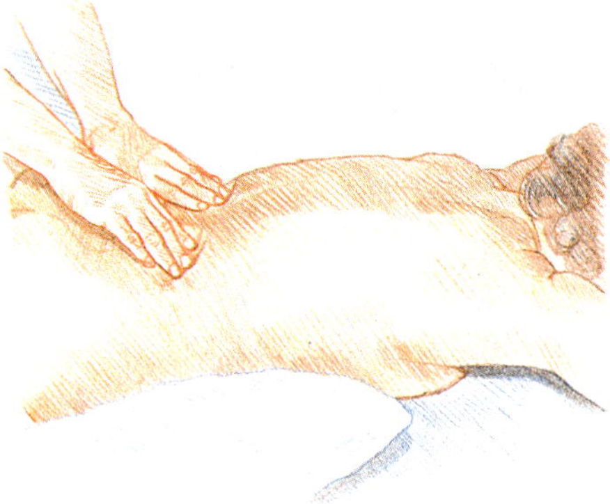

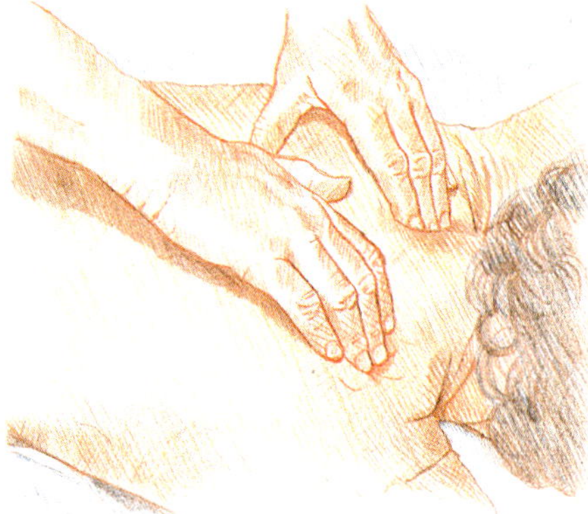

Dann streichen die Hände hinunter zum Gesäß und massieren die Gesäßmuskeln mit tiefen, kräftigen Bewegungen. Dies wird drei- oder viermal wiederholt.

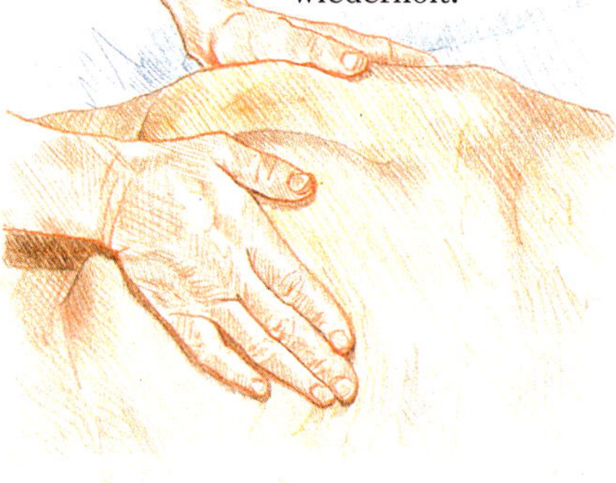

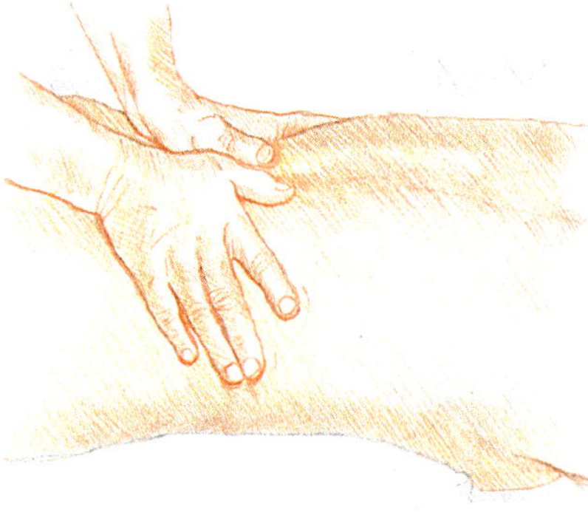

Zum Schluß streichen die Handflächen im Wechsel langsam und fest den Rücken hinauf und hinunter, von der Schulter bis zum Gesäß.

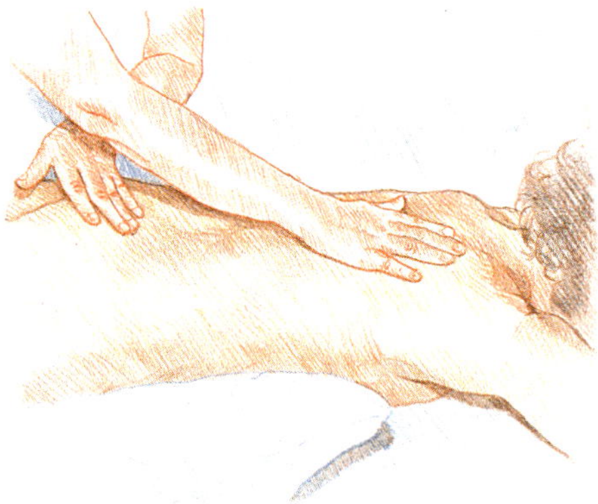

Freizeit-gymnastik

Nehmen Sie sich ab und zu frei von Ihrem Kind, hinterher ist die Begegnung wieder um so schöner! Versuchen Sie trotz der vielen Arbeit, einer Sportart oder Freizeitaktivität nachzugehen, die Sie auch vor der Schwangerschaft ausgeübt haben. Jetzt ist zwar nicht der richtige Zeitpunkt, mit einer neuen Sportart zu beginnen, aber wenn Sie ein Hobby wie Joggen, Schwimmen, Radfahren, Gymnastik, Tennis, Reiten oder Tanzen gehabt haben, versuchen Sie jetzt wieder Zeit dafür zu finden, und genießen Sie die belebende Unterbrechung des anstrengenden Alltags mit Kind.

Schwimmen ist für die Zeit nach der Geburt die ideale Bewegung. Manche Stillgruppen gehen an speziellen Warmbadetagen gemeinsam mit den Säuglingen schwimmen, und manche Schwimmbäder bieten eine Kinderbetreuung an, so daß Sie selbst auch zum Schwimmen kommen.

Spazierengehen ist ebenfalls eine gute Freizeitaktivität, vorausgesetzt, Sie schlendern nicht nur eine Einkaufsstraße entlang. Am besten fahren Sie hinaus aufs Land, oder Sie gehen in einen Park. Dort können Sie kräftig ausschreiten und die Arme schwingen. In Japan gibt es die sogenannten »Mamma-Mäntel«, in denen eine Halterung für das Kind eingenäht ist, so daß der Mantel Mutter und Kind gleichermaßen umhüllt. Sie sind für jedes Wetter geeignet; manche Modelle können auch in ärmellose Westen umgewandelt werden, die sich für wärmeres Wetter eignen. Die Japanerinnen tragen diese Mäntel sowohl in der Stadt wie im Grünen und können sich trotz des Babys ungehindert darin bewegen. Ich empfehle Ihnen für unbeschwertes Gehen eine bequeme Trage, in der Sie das Kind eng am Körper halten können. Ziehen Sie Turnschuhe oder anderes Schuhwerk an, das Ihren Füßen festen Halt gibt.

Wenn Sie nicht gerne allein spazierengehen, finden Sie vielleicht eine Wandergruppe, der Sie sich anschließen können, oder Sie gründen mit anderen Eltern selbst eine solche Gruppe. Informieren Sie sich über die Angebote in Ihrer Gegend bei den Kulturämtern, Volkshochschulen und Sportvereinen und an Aushängen in Freizeitzentren und Büchereien. Manchmal helfen auch Sportgeschäfte weiter. Außerdem können Sie sich in der örtlichen Presse informieren oder in Mütterzentren Informationen über Rückbildungskurse, Babyschwimmen, Yoga und andere Kurse erhalten, die speziell für Mütter mit kleinen Kindern abgehalten werden. Solche Kurse haben, von den sportlichen Aktivitäten abgesehen, den großen Vorteil, daß Sie andere Eltern mit kleinen Kindern kennenlernen, mit denen Sie sich austauschen können.

Wenn Sie gerne tanzen, findet sich sicherlich auch dafür ein geeigneter Kurs. Ideal sind Bauchtanz oder afrikanische Tänze mit ihren rhythmischen Beckenbewegungen.

Vielleicht sind Sie auch viel zu erschöpft, um an solche Freizeitaktivitäten zu denken. Frauen, die keine Zeit dafür finden, fühlen sich paradoxerweise aber meist schlapper als Frauen, die ihrer Freude an körperlicher Bewegung nachgehen. Wenn Sie trotzdem zu müde sind, empfehle ich folgende drei Übungen: Entspannen Sie sich vollkommen, indem Sie langsam und tief durchatmen und dem Ein und Aus Ihres Atems zuhören; suchen Sie sich Tätigkeiten, bei denen Sie sich viel bewegen müssen; finden Sie einmal am Tag Zeit für eine Pause, in der Ihre Energie und Ihr Denken nicht nur Ihrem Kind gilt.

Wenn Sie stillen, kann sportliche Aktivität sehr unangenehm für die übervollen Brüste sein. Beim Jogging zum Beispiel können sich die Brustwarzen schmerzhaft an der Kleidung reiben. Manche Frauen tragen deshalb zwei gutsitzende Büstenhalter übereinander. Vielleicht hilft es auch schon, immer gleich nach einer Stillmahlzeit Sport zu treiben. Doch selbst dann

finden viele Frauen es sehr unangenehm. Lassen Sie sich von Ihrem Körper sagen, was für Sie richtig ist.
Staut sich die Milch, weil der Säugling zu fester Nahrung übergeht oder nicht mehr so oft an die Brust will wie früher, helfen kräftige Armbewegungen, die Milch zum Überfließen zu bringen. Erleichtern Sie in diesem Fall die Brust durch leichtes Ausstreichen oder Abpumpen. Streichen Sie nicht zuviel aus, da sich sonst nur noch mehr Milch bildet. Eine Partie Tennis, ein paar Schwimmzüge oder auch langweiligere Arbeiten wie Staubwischen, Bodenputzen und Gartenarbeit, also jede Tätigkeit, die mit kräftigen Armbewegungen verbunden ist, kann die Milch zum Überfließen bringen und den Milchstau auflösen.

Wenn Sie auf Ihr körperliches Wohlbefinden achten und Ihrem Körper Bewegung verschaffen, tun Sie nicht nur sich, sondern auch Ihrem Kind etwas Gutes und schöpfen neue Kraft.

4

Beckenboden, Blase und Scheide

Die Beckenbodenmuskeln gehören zu den wichtigsten Muskeln im weiblichen Körper. Wie breite, elastische Gummibänder spannen sie sich zwischen den den Beckenboden bildenden Knochen, dem Steißbein am unteren Ende der Wirbelsäule und der Schambeinfuge am vorderen Ende des Beckens. Die Muskelschichten lassen drei Öffnungen für Harnröhre, Scheide und After frei. Bei jeder Blasen- oder Darmentleerung werden die Beckenbodenmuskeln beansprucht, ebenso beim Geschlechtsverkehr. Bei der Geburt wird der Kopf des Kindes durch diese Muskeln herausgepreßt. Die Beckenbodenmuskeln müssen zugleich sehr stark und sehr dehnbar sein, denn sie kontrollieren das Öffnen und Schließen der genannten Körperöffnungen.
Der Beckenboden hat nicht, wie der Name vermuten ließe, eine feste, starre Oberfläche, es handelt sich vielmehr um geschmeidige, vielschichtige Muskeln, wie Hängematten, die in verschiedenen Winkeln übereinandergeschichtet sind. Sie können differenzierte, fließende Bewegungen ausführen. Die vielen Nervenenden können Völle- oder Druckempfinden verursachen und dadurch den Öffnungsvorgang auslösen, und sie können Schmerzen, Befriedigung oder intensives Lustempfinden erzeugen. Beim Orgasmus kontraktieren sie unwillkürlich in rhythmischer Folge und sind danach weich und vollkommen entspannt.

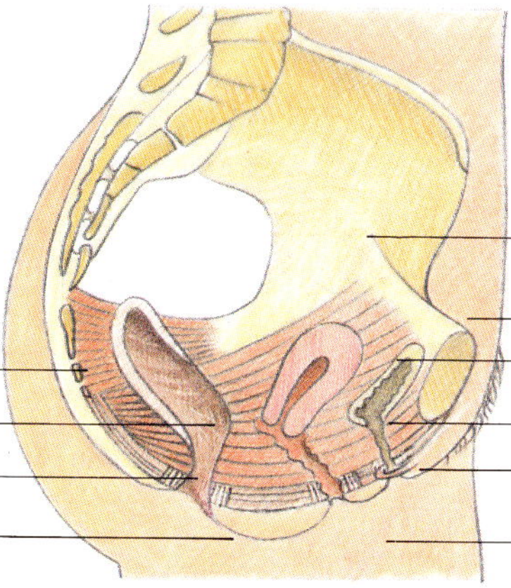

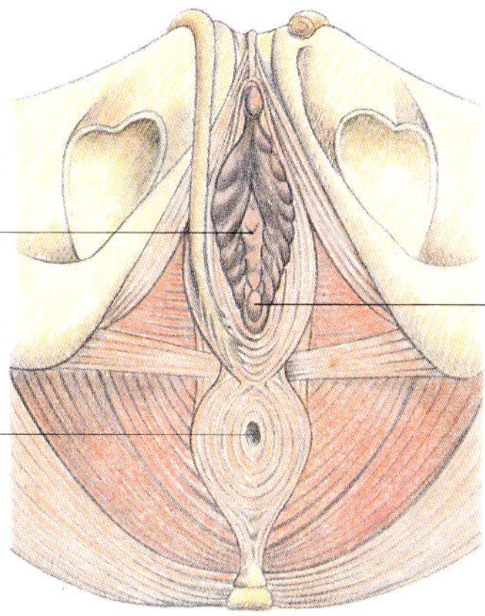

Beckenboden

Die Beckenbodenmuskeln spielen im Leben der Frau eine wichtige Rolle, nicht nur während der Schwangerschaft und Geburt. Sie können bei bestimmten Anstrengungen wie starkem Pressen bei der Darmentleerung oder sehr schwerem Heben erschlaffen. Sind die Muskeln geschwächt, kann beim Niesen, Husten oder Lachen, bei anstrengender sportlicher Betätigung oder bei kühlem, windigen Wetter unwillkürlich Urin abgehen. Schätzungen zufolge leidet jede dritte Frau unter dieser Art von Inkontinenz.

Oft wird Inkontinenz als unabdingbare Folge des Älterwerdens angesehen, vor allem bei Frauen, die Kinder zur Welt gebracht haben. Ich möchte an dieser Stelle einen Arzt zitieren, der schreibt: »Die Beckenbodenmuskeln werden bei der Geburt zwangsläufig überdehnt … wird dieser Vorgang vier- oder fünfmal wiederholt, entstehen irreparable Schäden, weil die

Spannung in Muskeln und Bändern selbst bei unkomplizierten Geburten nachläßt.«[1] Mit der Menopause sinkt der Östrogenspiegel; dadurch beginnt laut diesem Arzt ein »Degenerierungsprozeß«, der sich in »Gewebeschwund, Hormondefizit und verschiedenen anderen Beschwerden niederschlägt, die die Auswirkungen des intraabdominellen Drucks auf den Beckenboden verschlimmern.«

Die in der Medizin weitverbreitete Meinung, daß der weibliche Körper von Natur aus unvollkommen, die Geburt ein krankhafter Vorgang und die Menopause eine Katastrophe sei, kann von vielen älteren Frauen widerlegt werden, die sorgsam mit ihrem Körper umgegangen sind und eine straffe Beckenbodenmuskulatur haben. Die Behauptung, die geschwächten Muskeln seien nicht regenerierungsfähig, ist geradezu absurd. Jeder nicht dem Willen unterworfene Muskel kann durch gezielte Bewegung wieder gekräftigt werden.

Es stimmt allerdings, daß Frauen nach der Entbindung häufig unter Harninkontinenz leiden, vor allem im ersten Jahr nach der Geburt, manchmal aber auch über einen längeren Zeitraum. Eine Ursache kann eine durch

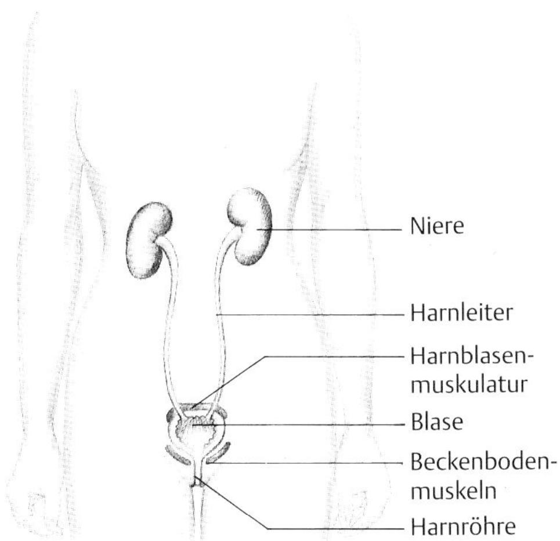

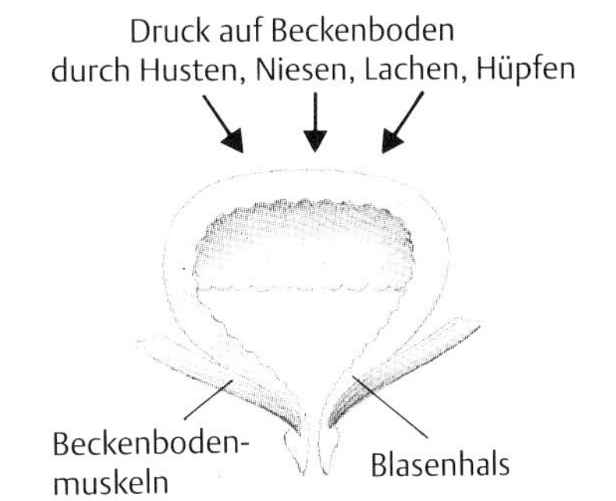

Schwache Muskelspannung – Urin entweicht

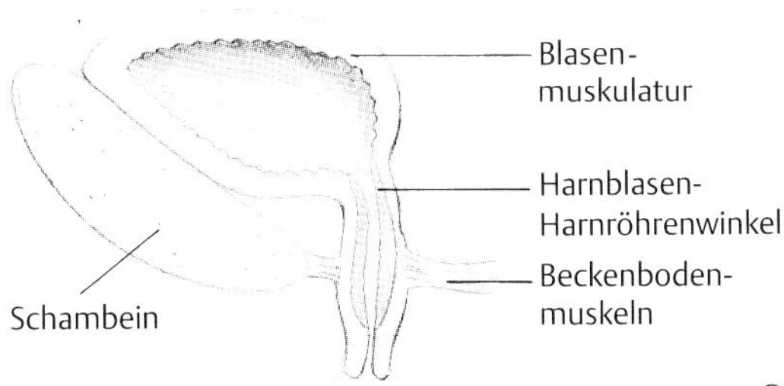

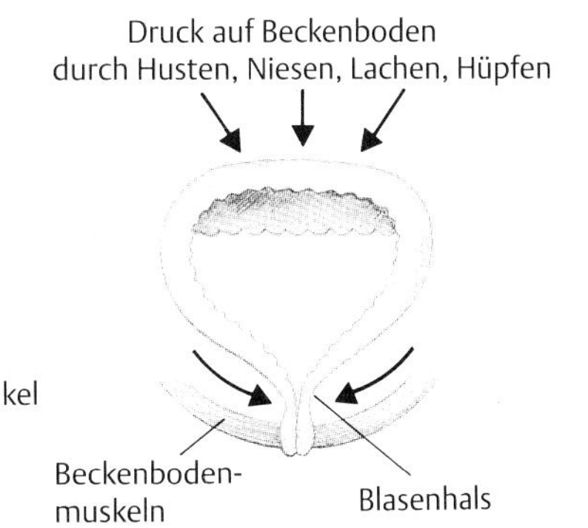

Gute Muskelspannung – kein Urin entweicht

eine Zangengeburt verursachte Zerrung der die Öffnungen im Beckenboden kontrollierenden Muskeln sein, wobei manchmal auch das zarte Scheidenwandgewebe so hervorgezogen wird, daß es lappig herunterhängt. Eine weitere Ursache für die Schwächung der Beckenbodenmuskeln ist das zu frühe, nicht spontane Einsetzen der Preßwehen in der Austreibungsphase oder der Einsatz technischer Hilfsmittel bei einer operativen Entbindung, des weiteren Wendungsmanöver, um das Kind in eine günstigere Geburtslage zu bringen, und möglicherweise auch der Einsatz künstlicher Wehenmittel.

Vielleicht sollten wir die Ursache körperlicher Beschwerden wie anhaltender Blasenprobleme darin suchen, wie Frauen sich in der Schwangerschaft verhalten, wie Geburten durchgeführt werden und was in den ersten Tagen nach der Geburt getan beziehungsweise unterlassen wird.

In Asien und Afrika lernen heranwachsende Mädchen oft von ihren Müttern die Kontrolle der Beckenbodenmuskeln; diese gelten dort als wichtiger, für Sexualität und Geburt bedeutsamer Teil des Frauseins. In den westlichen Kulturen dagegen werden sie völlig vernachlässigt. Hier wissen die heranwachsenden Mädchen nichts von ihrer Beckenbodenmuskulatur.

In traditionellen Kulturen tragen Frauen oft Lasten auf dem Kopf. Der dafür nötige, besonders aufrechte Gang mit schwingenden Beckenbewegungen regt die Kontraktion der Beckenbodenmuskulatur an und führt zu einer günstigen Muskelspannung. Probieren Sie es doch einmal mit einem Buch auf dem Kopf – eine Übung, die im viktorianischen England übrigens fester Bestandteil der Erziehung junger Damen war. Vielleicht wußte man damals mehr über den weiblichen Körper, als wir ahnen.

»Bis zu meinem Geburtsvorbereitungskurs hatte ich noch nie etwas von Beckenbodenmuskeln gehört!«

Muskeln, die nicht benutzt werden, bilden sich zurück. Aus diesem Grund werden nach Operationen geschwächte Muskeln durch gezielte krankengymnastische Übungen wieder aufgebaut. Das reicht für die Beckenbodenmuskulatur jedoch nicht aus. Diese muß regelmäßig, also das ganze Leben lang trainiert werden, um beweglich und kräftig zu bleiben. Wir sollten die Beckenbodenmuskeln genauso willentlich bewegen können wie die Muskeln des Mundes, die wir zur Veränderung des Gesichtsausdrucks oder zum Sprechen benutzen.

Pressen Sie einen Finger an das Steißbein, den untersten Knochen der Wirbelsäule, und einen Finger der anderen Hand an die Schambeinfuge, den knöchernen Rand am vorderen Becken. Jetzt spannen Sie den Bereich dazwischen, die Beckenbodenmuskeln, an, als wollten Sie die Finger in sich einsaugen. Auf diese Weise werden die Beckenbodenmuskeln aktiviert.

Sie können mit Ihrem Beckenboden gewissermaßen »lächeln«. Begrüßen Sie den Tag mit dieser Übung, wachen Sie morgens mit einem Beckenbodenlächeln auf. Ziehen Sie die Muskeln wie beschrieben ein und verharren Sie in dieser Position, als wollten Sie für ein Foto posieren. Bei Überanstrengung fangen die Muskeln an zu zittern. In diesem Fall lassen Sie die Spannung los und setzen zu einem neuen Lächeln an. Manche Frauen trainieren ihre Beckenbodenmuskeln so verbissen, daß sie die Spannung trotz des Zitterns halten. Das kann, vor allem in den ersten sechs Monaten nach der Geburt, zu einer unguten Überlastung führen. Das mag auch der Grund dafür sein, warum manche Frauen, die ein ausdauerndes Beckenbodentraining betreiben, schwächere Muskeln haben als Frauen, die körperlich aktiv sind, aber keine regelmäßigen Übungen machen.

Wie alle anderen Muskeln werden auch die Beckenbodenmuskeln von seelischen Stimmungen beeinflußt. Eine niedergeschlagene Frau läßt nicht nur die Mundwinkel, sondern auch die Beckenbodenmuskeln herunterhängen. Üben Sie deshalb gerade dann das Beckenbodenlächeln, wenn Sie sich bedrückt und ausgelaugt fühlen.

Vor einigen Jahren wurde eine Studie durchgeführt, um den Zusammenhang zwischen vor- und nachgeburtlicher Gymnastik und Blasenvorfall zu untersuchen. Das Ergebnis der Studie war zwar nicht eindeutig, es wurde aber festgestellt, daß von den 728 befragten Frauen 269 (37 Prozent) unter vorfallbedingter Inkontinenz litten, die nach Aussage der Frauen meist während einer Schwangerschaft oder nach einer Geburt begann. Eine Frau zum Beispiel konnte nur Strände aufsuchen, in deren Nähe sich eine öffentliche Toilette befand. Sie mußte ständig Binden tragen und konnte deshalb keinen Badeanzug anziehen. Viele dieser Frauen schämten sich und fühlten sich unsauber, und manche trauten sich nicht einmal, ärztliche Hilfe in Anspruch zu nehmen.[2]

Folgende Symptome können bei einer schwachen Beckenbodenmuskulatur auftreten:

- Druckgefühl im Unterbauch
- das Gefühl, als ob etwas aus dem Inneren herausfallen würde
- Kreuzschmerzen
- schlechter Sitz des Tampons
- verringerte Empfindungsfähigkeit beim Geschlechtsverkehr
- Harninkontinenz (bei plötzlichen Bewegungen, bei Gymnastik oder an kalten Tagen)
- häufiger Harndrang (Sie müssen häufig geringe Mengen Urin ausscheiden)
- Scheidenblähungen
- Hämorrhoiden
- Schmerzen beim Stuhlgang
- Darminkontinenz

Testen Sie die Muskelspannung des Beckenbodens, indem Sie beim Wasserlassen den Urinstrahl plötzlich anhalten. Gelingt es Ihnen, haben die Muskeln eine gute Spannung. Oder Sie stecken einen Finger in die Scheide und pressen die Beckenbodenmuskeln zusammen. Spüren Sie den Druck, als ob Sie innerlich eine Schnute machen würden, ist die Muskelspannung in Ordnung.
Diese Methoden sind gleichzeitig eine gute Übung, um die Muskelspannung zu trainieren. Die Übung mit dem Anhalten des Urins sollten Sie nicht öfter als einmal pro Woche machen, andernfalls besteht die Gefahr, daß die Blase sich an die unvollständige Entleerung gewöhnt. Bei Blasenentzündungen sollten Sie ganz auf diese Übung verzichten.
Eileen Montgomery, eine auf Blasenprobleme spezialisierte Krankengymnastin, empfiehlt zur Überprüfung der Muskelspannung des Beckenbodens, mit voller Blase mehrmals auf- und abzuhüpfen und dabei die Beine abwechselnd zu spreizen und zusammenzupressen. Nach drei oder vier Tassen Tee oder Kaffee erfordert diese Übung eiserne Kräfte.[3] Von anderen Krankengymnasten wird auch empfohlen, mit gegrätschten Beinen Springseil zu hüpfen. Dabei besteht allerdings die Gefahr, daß Sie sich im Seil verheddern und zu Boden stürzen.
Eine andere Übung können Sie zu jeder Zeit und an jedem Ort machen, da sie unsichtbar abläuft – den Beckenaufzug.

Der Beckenaufzug

Stellen Sie sich vor, Sie haben einen Aufzug in Ihrem Körper, der bis zu Ihrer Taille hinaufgeht. Der Aufzug besteht aus den Beckenbodenmuskeln, und Sie können mit ihm vom Erdgeschoß bis in den vierten Stock fahren. Lassen Sie ihn in jedem Stock anhalten. Halten Sie die Spannung aber nur so lange, wie es Ihnen angenehm ist. Bei Überanstrengung beginnen die Muskeln zu zittern. Am Ende der Übung lassen Sie die Spannung langsam los. Fahren Sie aber nicht gleich wieder ins Erdgeschoß hinunter. Setzen Sie ein Beckenbodenlächeln auf, achten Sie dabei aufs Weiteratmen und ziehen Sie nicht die Schultern hoch. Die Bewegung findet nur in Ihrem Innern statt, spannen Sie deshalb auch nicht die Gesäßmuskeln an, denn Sie empfinden sonst bereits bei der geringsten Anspannung ein starkes Ziehen. Konzentrieren Sie sich auf das Bild mit dem Aufzug, ohne irgendwelche anderen Muskeln anzuspannen.
Am Anfang sieht man Ihnen bei dieser Übung vielleicht an, daß Sie sich stark konzentrieren müssen. Haben Sie sich aber erst an die Übung gewöhnt, können Sie sie ohne Schwierigkeiten bei alltäglichen Verrichtungen wie Telefonieren oder Wickeln machen, und nicht nur einmal am Tag, sondern bei jeder sich bietenden Gelegenheit. Wenn es Ihnen gelingt, diese Übung in Ihren Alltag einzubauen, werden die Beckenbodenmuskeln bald so beweglich sein wie Ihre Gesichtsmuskeln, Ihre Hände oder Ihre Füße.

Selbst wenn Sie im ersten Jahr nach der Geburt keine Probleme mit dem Beckenboden haben, treten mit fortschreitendem Alter trotzdem oft Schwierigkeiten etwa mit der Blase auf. Achten Sie deshalb immer auf Ihre Beckenbodenmuskulatur, sie wird es Ihnen das ganze Leben lang danken und Ihr Wohlbefinden steigern.

Prolaps

In sehr armen Ländern, in denen die Menschen über lange Zeit an Unterernährung leiden, sind Muskeln und Bänder durch den ständigen Eiweißmangel so geschwächt, daß Frauen häufiger unter Vorfällen der Genitalorgane (Prolaps) leiden. Im Westen ist die weitverbreitete Magersucht eine Ursache für Prolaps. Die meisten Frauen im Westen sind jedoch so gut ernährt, daß die Muskeln voll funktionsfähig sein müßten.

»Ich spürte eine Ausbuchtung in meiner Scheide und dachte gleich an einen Vorfall. Dann stellte sich heraus, daß es nur ein Gebärmutterhalspolyp war, also nichts Besorgniserregendes.«

Man unterscheidet vier verschiedene Formen des Prolaps. Die nach der Geburt häufigste Form ist die Zystozele, der Blasenvorfall, bei dem sich der Blasenboden in das Scheidengewölbe senkt. Bei der Rektozele, dem Mastdarmvorfall, sackt der Enddarm aus dem After, was die vollständige Entleerung des Darms erschwert. Bei der Enterozele, dem Darmbruch, sacken die Eingeweide in den hintersten Scheidenbereich. Beim Gebärmuttervorfall sackt die Gebärmutter in die Scheide. Ein Vorfall wird nicht nur durch schwache Beckenbodenmuskeln ausgelöst, sondern auch durch Überdehnung der die Blase und Gebärmutter stützenden Bänder.
Bei einem Vorfall bereitet es möglicherweise Probleme, den Beckenboden im Stehen zu bewegen, da das Gewicht der inneren Organe zu stark auf die Beckenbodenmuskeln drückt. In diesem Fall üben Sie den Beckenbodenaufzug im Liegen. Mit angezogenen Knien können Sie die Beckenbodenmuskeln besser lokalisieren, deshalb sollten Sie bei dieser Übung die Füße auf einem Couchtisch oder Bett auflegen.

Wenn Sie das Gefühl haben, als drücke eine kirschgroße Verdickung in die Scheide oder als sei ein Tampon auf halbem Wege steckengeblieben,[4] versuchen Sie zuerst, die kleine Ausbuchtung selbst mit dem Finger wieder zurückzuschieben. Dann machen Sie die Übung mit dem Beckenbodenkuß. Durch mehrmals tägliches Üben werden die Beckenbodenmuskeln so gestärkt, daß ein leichterer Vorfall behoben werden kann.
Ein operativer Eingriff ist selten notwendig, es sei denn, der Vorfall verursacht Kreuz- oder Bauchschmerzen oder Schmerzen beim Geschlechtsverkehr. Natürlich kann ein Vorfall nicht immer durch Beckenbodenübungen geheilt werden, ein straffer Beckenboden wirkt aber wie ein »Sicherheitsnetz«, so daß der Vorfall zumindest nicht schlimmer wird.[5]

Dammschmerzen

Manche Frauen können keine Beckenbodenübungen machen, weil sie nach der Geburt unter Dammschmerzen leiden, die meist freilich bald wieder vergehen. Die Ursache für diese Beschwerden ist gewöhnlich ein Scheidendammschnitt, der der Erweiterung des Geburtskanals dient, oder ein Dammriß. In beiden Fällen wird der Damm anschließend genäht. Im ersten Jahr nach der Geburt kann die Dammnaht noch solche Schmerzen bereiten, daß die betroffenen Frauen sich scheuen, die Beckenbodenmuskeln zu benutzen.
Vermeiden Sie Beckenbodenübungen, wenn Sie unter Dammschmerzen leiden. Spannen Sie die Muskeln höchstens bis zur Schmerzgrenze an und halten Sie die Spannung nicht so lang an, daß die Muskeln zu zittern beginnen.
In den ersten Tagen nach der Geburt fühlen sich der Damm und die tiefer liegenden Muskeln oft taub an, als gehörten sie nicht mehr zum Körper. Wenn dann die Empfindung zurückkehrt, fühlen sich diese Bereiche oft wund an. Nach spätestens zehn Tagen jedoch kann eine Frau, deren Damm unverletzt oder nur leicht verletzt ist oder die nur einen einfachen Dammriß hatte, ihre Beckenbodenmuskeln wieder bewegen und in eine gute Spannung versetzen.
Nach einer Zangengeburt dauert der Heilungsprozeß häufig viel länger, auch wenn die Geburt ansonsten ohne Komplikationen verlaufen ist. Die Zangengeburt aus dem Beckenausgang findet häufig dann Anwendung, wenn die Frau bereits eine Peridural-Anästhesie bekommen hat; viele Ärzte halten sie für einen kleineren Eingriff. Eine Studie über die Erfahrungen von Frauen mit Zangengeburt ergab jedoch, daß viele Frauen am dritten oder am vierten Tag nach der Geburt »unerträgliches Unwohlsein« empfanden. Verglichen mit der Kontrollgruppe von Frauen, die mit Saugglocke entbunden hatten, litten dreimal mehr Frauen mit Zangengeburt unter starken Schmerzen. Die Autoren der Studie kommentieren das Ergebnis mit der Bemerkung: »Operative Entbindungen

sind für den Geburtshelfer etwas alltägliches, nicht aber für die betroffenen Frauen.«[6]
In Skandinavien sind Zangengeburten sehr selten. Sie sind fast vollständig von der Saugglocke verdrängt worden. In England vertrauen die meisten Geburtshelfer immer noch auf ihr handwerkliches Geschick mit der Geburtszange, und die Folge davon ist, daß die Frauen unnötige Schmerzen erleiden. In Nordamerika ist die Zangen- oder Saugglockengeburt weitgehend durch die Schnittentbindung ersetzt worden, eine sehr schmerzhafte, schwere Bauchoperation.
Die Krankengymnastik kennt spezielle Therapien für Beckenbodenprobleme. Wenn Sie besondere Unterstützung benötigen, lassen Sie sich von Ihrem Haus- oder Frauenarzt eine entsprechende Krankengymnastik verschreiben. Manchmal wird die Muskelspannung des Beckenbodens mit Hilfe eines Perineometers gemessen, der überprüft, wie stark Sie die Muskeln zusammenziehen können. Das Gerät sieht aus wie ein großer künstlicher Penis, an dem eine Skala angebracht ist. Manche Krankengymnastinnen geben das Gerät zum Üben mit nach Hause; Sie können sich aber auch mit Hilfe eines Kondoms und einer Meßvorrichtung selbst eines konstruieren, um immer wieder üben zu können. Manche Krankengymnastinnen wenden auch eine Reizstrombehandlung mit niederfrequenten Gleichstromimpulsen an oder arbeiten mit kegelförmigen Scheideneinlagen, die die Muskelreflexe stimulieren sollen. Die Einlagen, die Sie auch zu Hause benutzen können, gibt es in verschiedenen Ausführungen, die gleich geformt, aber unterschiedlich schwer sind. In die Scheide eingeführt, stimulieren sie die Muskelkontraktion so, daß sie nicht herausgleiten können.[7] Auch die Reizstrombehandlung kann zu Hause angewendet werden. Eine in der Scheide plazierte, individuell einstellbare Elektrode stimuliert die Muskelkontraktion. Diese Therapie wird einen Monat lang täglich zwanzig Minuten durchgeführt.[8] Andere Krankengymnastinnen halten Therapien mit Elektroden und Einlagen jedoch für Geldverschwendung. Gezielte Beckenbodenübungen sind für die meisten Frauen auch sicher der effektivere Weg zur Stärkung der Muskeln, und sie haben den zusätzlichen Vorteil, daß weder eine Operation noch spezielle Geräte erforderlich sind.
Stellen Sie sich vor, Ihr Beckenboden sei ein Trampolin aus Muskeln, von dessen elastischer Oberfläche die inneren Organe des Beckens und des Bauches gestützt werden. Oder stellen Sie sich ihn als starken, biegsamen Baumstamm mit ausladenden Ästen vor, die die Organe im Unterbauch tragen. Die Beckenbodenmuskeln sind ein wunderbar komplexes Gebilde, das dazu geschaffen ist, diese Aufgabe zu erfüllen. Sie müssen nur dafür sorgen, daß Sie sie durch Bewegung funktionsfähig erhalten.

Der Scheidendammschnitt

In den westlichen Ländern ist es ganz selbstverständlich, daß Frauen nach der Geburt genäht werden müssen. Manche Ärzte meinen, der Dammschnitt und das anschließende Vernähen seien eine Errungenschaft, für die die Frauen dankbar sein sollten, da viele sonst bei der Geburt eine Mastdarm-Scheidenfistel bekommen würden – einen von der Scheide bis zum Enddarm verlaufenden Riß. Oder es erginge ihnen wie den Frauen in einigen südafrikanischen Stämmen, die aufgrund der durch den Dammriß bedingten Inkontinenz aus der Gemeinschaft ausgeschlossen würden. Inzwischen kennen wir aber zahlreiche traditionelle Gesellschaften, in denen die Frauen mit Hilfe von Hebammen ohne jegliche Verletzung und ohne Dammschnitt entbinden. Entscheidend dafür ist wahrscheinlich, daß die Austreibungsphase in aller Ruhe und ohne zeitliche Begrenzung durchgeführt werden kann. Wenn die Frau bei der Geburt ihr Tempo selbst bestimmen kann, sind Verletzungen des Damms, der Muskeln und der Bänder viel unwahrscheinlicher.

Der Scheidendammschnitt, der der Erweiterung des Geburtskanals dient, ist die häufigste Form der operativen Entbindung. In manchen Ländern wird er bei fast jeder Geburt durchgeführt, außer die Frau entbindet mit Kaiserschnitt. In Italien und Spanien zum Beispiel werden bei über 90 Prozent der Geburten Dammschnitte vorgenommen. In Australien gibt es dazu keine offizielle Statistik; Hebammen schätzen aber, daß in manchen Gegenden bei 80 bis 95 Prozent der Geburten ein Dammschnitt vorgenommen wird. In Großbritannien werden erst seit den frühen achtziger Jahren statistische Erhebungen über die Häufigkeit von Dammschnittoperationen durchgeführt. Damals geriet diese Praxis zunehmend unter Kritik, und in diesem Zusammenhang wurden auch meine beiden Arbeiten über die Erfahrungen von Frauen auf Wöchnerinnenstationen veröffentlicht. Der National Birth Trust brachte damals auch meine beiden Untersuchungen über Dammschnittoperationen heraus, was zur Folge hatte, daß viele Frauen anfingen, kritische Fragen zu stellen.[9]

Operative Geburtshilfe wird in verschiedenen Ländern und oft auch innerhalb eines Landes sehr unterschiedlich gehandhabt. In den Niederlanden zum Beispiel werden bei weniger als zehn Prozent aller Geburten Dammschnitte durchgeführt. In Großbritannien ist der Prozentsatz bei Geburten, die von Hebammen durchgeführt werden (was den größten Teil aller Geburten ausmacht), auf etwa 30 Prozent gesunken, bei von Ärzten durchgeführten Entbindungen liegt er immer noch bei 90 Prozent, auch wenn die Geburt ansonsten komplikationslos verläuft. Privat versicherte Frauen werden häufiger operiert als gesetzlich versicherte und müssen auch sonst mit mehr technischen und operativen Geburtseingriffen rechnen.

Ein Dammschnitt sollte dann in Erwägung gezogen werden, wenn bei der Geburt bestimmte Komplikationen auftreten, zum Beispiel wenn das Kind falsch liegt oder die Sauerstoffversorgung gefährdet ist. Als Routineeingriff ist der Dammschnitt dagegen nicht geeignet; er ist eher eine westliche Abart der Verstümmelung weiblicher Geschlechtsteile.

»Ich hatte so langanhaltende, starke Preßwehen und war so erschöpft, daß ich für den Dammschnitt richtig dankbar war.«

Viele Frauen sind über den Dammschnitt und seine Folgen zutiefst schokkiert. Eine Frau drückte ihre Empfindungen so aus: »Es war, als ob ich während des Liebesaktes mit einer Schere verstümmelt würde. Wenn eine Frau beim Liebesakt absichtlich so aufgeschnitten würde, nur weil sie nicht weit genug ist, würden alle Zeitungen darüber schreiben ... Mein Kind ist jetzt acht Monate alt, und die Dammnaht ebenfalls, und beide nehmen gleich viel Raum in meinem Leben ein.« Viele Frauen fühlen sich durch diese Praxis vergewaltigt und sind empört, daß eine solche rituelle Verstümmelung ohne öffentlichen Protest stattfinden kann. Würden Männer gezwungen werden, ihre Hoden aufschneiden und wieder zusammennähen zu lassen, um Vater werden zu können, hätte dies eine öffentliche Diskussion zur Folge, und es würde alles getan werden, diesen Mißbrauch zu stoppen.

»Ich kannte meinen Körper nicht mehr. Ich fühlte mich geschunden – und verstümmelt.«

Inzwischen hat man festgestellt, daß die routinemäßige Dammschnittoperation nicht nur unnötig, sondern auch schädlich ist. Im Gegensatz zu den entsprechenden Übungen kann der Dammschnitt nicht, wie Ärzte oft behaupten, die Muskelspannung des Beckenbodens aufrechterhalten. Der Dammschnitt kann sogar den gegenteiligen Effekt haben und monatelange Beckenbodenprobleme zur Folge haben.[10] Er kann weder einen Vorfall noch Inkontinenz verhindern.[11] In den USA machen Ärzte beim Vernähen des Dammschnitts sogar oft noch einen »Extrastich für den Ehemann« zur Verengung der Scheide, obwohl weder der Dammschnitt noch die Art des Vernähens Einfluß auf Größe und Form der Scheide haben und weder das Vergnügen des Mannes noch die Orgasmusfähigkeit der Frau steigern können. Durch die Naht kann im Gegenteil eine Dyspareunie ausgelöst werden, Schmerzen der Frau beim Koitus.[12] Außerdem verhindert der Dammschnitt nicht zentrale, bis in den Schließmuskel reichende Dammrisse bei Sturzgeburten.

Oft können Sie gar nicht frei entscheiden, ob Sie eine Dammschnittoperation wollen oder nicht, oder es wird Ihnen zur Operation zum Wohle des Kindes geraten. Vielleicht waren Sie über die Folgen des Dammschnitts nicht ausreichend informiert und hätten der Operation im nachhinein nur im äußersten Notfall zugestimmt; jetzt müssen Sie mit den Schmerzen und der Empörung zurechtkommen, die viele Frauen nach der Operation empfinden.

Doch nicht alle Frauen machen so schlechte Erfahrungen. Manche haben auch Glück und werden so sachkundig geschnitten und genäht, daß die Verletzung des Damms nur geringfügig ist. Wie jede Operation kann auch der Dammschnitt sinnvoll oder unnötig sein und sachkundig oder schlam-

»Ich weiß nicht, was das Gerede soll. Mein Dammschnitt war nach einer Woche verheilt und hat mir keine weiteren Probleme bereitet.«

pig durchgeführt werden. Wenn Sie zu den Frauen gehören, die Glück gehabt haben und nicht unter Folgewirkungen leiden, brauchen Sie den Rest dieses Kapitels nicht zu lesen.

Ein kleiner Hautriß ersten Grades, der spätestens nach einer halben Stunde genäht wird, verheilt innerhalb eines halben Tages vollständig. Selbst ein Riß zweiten Grades, der auch die Dammuskulatur betrifft, macht kaum Probleme, wenn er innerhalb einer halben Stunde sachkundig genäht wird. Das Dammgewebe ist gut durchblutet, bekommt also ausreichend Nährstoffe für einen schnellen Heilungsprozeß.

Der am häufigsten durchgeführte Dammschnitt entspricht einem Riß zweiten Grades. Der Schnitt wird entweder mediolateral oder median, das heißt, direkt in der Mittellinie durchgeführt. Dammrisse verlaufen gewöhnlich auf der Mittellinie, manche Frauen jedoch erleiden auch labiale Risse im Bereich der inneren Schamlippen. Solche Risse schmerzen drei bis vier Tage lang und verursachen unangenehmes Brennen beim Wasserlassen, heilen aber meistens von allein. Manche Dammschnitte werden länger und tiefer geführt als es einem Riß zweiten Grades entsprechen würde. Gelegentlich wird auch ein bilateraler, also beidseitiger Dammschnitt durchgeführt, meist vor einer Zangengeburt, wenn das Kind sich in einer ungünstigen Lage wie der Beckenendlage befindet.

Nach einer Dammschnittoperation haben Sie unter Umständen beim Stuhlgang das beängstigende Gefühl, in der Mitte auseinandergerissen zu werden. Sie können damit besser umgehen, wenn Sie auf den vorderen Dammbereich einen Wattebausch oder ein Papiertaschentuch pressen und gleichzeitig die Beckenbodenmuskeln entspannen.

In Krankenhäusern, in denen unzureichend gereinigte Toiletten und Bäder von mehreren Wöchnerinnen benutzt werden, können Kontaktinfektionen

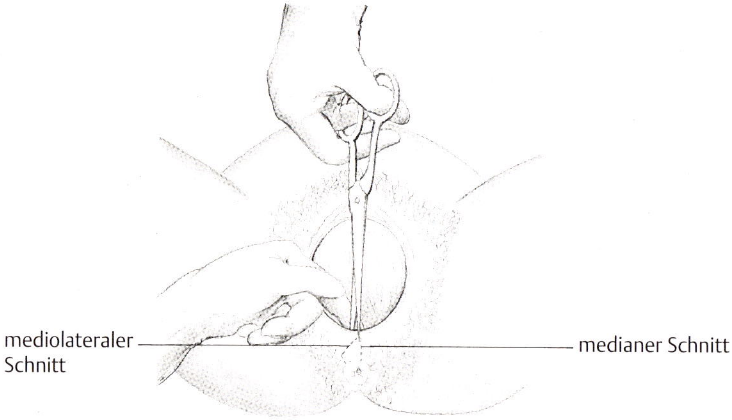

Scheidendammschnitt

auftreten. In der infizierten Wunde kann sich ein Abzeß bilden, der den Heilungsprozeß verzögert und das Gewebe angreift. In diesem Fall kann die Naht aufplatzen und muß neu genäht werden. Absolute Sauberkeit ist unumgänglich. Am besten waschen Sie sich über einem Bidet oder gießen etwas Wasser über den empfindlichen Bereich. Vermeiden Sie jegliche Reizstoffe wie zum Beispiel parfümierte Seife.
Nach einer einfachen, gut verheilenden Dammschnittoperation sollten die Schmerzen nach zwei Wochen ganz vorbei sein. Viele Frauen haben dann aber immer noch Beschwerden beim Geschlechtsverkehr und scheuen noch monatelang jede Art der Penetration, manchmal über ein halbes Jahr lang. Das ist ganz normal und nicht Zeichen einer sexuellen Störung.

Mißglückte Dammschnittoperationen

Dammschnittoperationen werden leider oft nicht sachkundig durchgeführt. Die häufigste Ursache für Beschwerden im Dammbereich treten bei mediolateralen Schnitten auf.[13] In Großbritannien schneiden die meisten Ärzte mediolateral, und auch die Hebammen werden entsprechend ausgebildet. Dieser Schnitt soll Dammrisse vierten Grades im Enddarm verhindern. Da viele australische Ärzte in englischen Kliniken ausgebildet werden, ist auch dort der mediolaterale Schnitt üblich. Der Dammriß vierten Grades, der beim mediolateralen Schnitt etwas seltener auftritt, kann äußerst unangenehm sein.
In Nordamerika gilt der mediolaterale Schnitt als veraltet. Ein kanadischer Gynäkologe meint: »Der mediolaterale Dammschnitt kommt einem ärztlichen Kunstfehler gleich. In keinem anderen Bereich der Chirurgie würde der Arzt quer zur Muskelfaser schneiden.«[14] Eine Umfrage ergab, daß beim Schnitt in der Mittellinie deutlich weniger Wundprobleme auftraten als beim mediolateralen Schnitt.[15] Die Kerbe zwischen dem beidseitig verlaufenden, vom Steißbein kommenden Beckenbodenmuskel hat kaum Blutgefäße, ein Schnitt ist also nahezu unblutig und außerdem relativ schmerzlos, weil die Mittellinie zwischen den beiden Muskeln nicht von Nerven gekreuzt wird. Der Schnitt läßt sich auch schneller und leichter nähen, weil die Schnitthälften sich leichter wieder zusammenfügen lassen, was auch unter kosmetischen Gesichtspunkten günstiger ist.
Oft mißlingt der Scheidendammschnitt, weil der Arzt aus Nervosität mit der Schere mehrere kleine Einschnitte macht statt einen großen, klaren Schnitt. Manchmal ist auch die Schere so stumpf, daß das Gewebe mehr zerrissen als zerschnitten wird, was erhebliche Verletzungen zur Folge haben kann. Der Scheidendammschnitt ist die einzige Operation, die nicht mit einem Skalpell, sondern mit einer Schere durchgeführt wird. Begründet wird das damit, daß der im Beckenausgang befindliche Kopf des Kindes nicht verletzt werden soll. Tatsächlich sollte der Operateur das zu schneidende Gewebe immer mit einem Finger abstützen, so daß

im schlimmsten Fall der Finger des Arztes verletzt wird und nicht der Kopf des Kindes.

Die unangenehmsten und langanhaltendsten Schmerzen bereiten mediolaterale Schnitte, die beim Entwickeln des Kindskopfes oder der Schultern weiter ausreißen.[16] Die schwerste Verletzung entsteht beim Dammriß vierten Grades, der bis in den Enddarm hineinreicht und unbedingt sachkundig genäht werden muß. Sonst besteht die Gefahr einer Darminkontinenz, was zur Folge haben kann, daß Stuhl durch die Scheide ausgeschieden wird. Das Risiko einer Darminkontinenz ist für Frauen mit Dammschnitt deutlich größer als für Frauen, die spontan entbunden haben.[17] Ein Dammriß vierten Grades in der Mittellinie ist relativ leicht, ein von einem mediolateralen Schnitt ausgehender Dammriß dagegen äußerst kompliziert zu nähen.

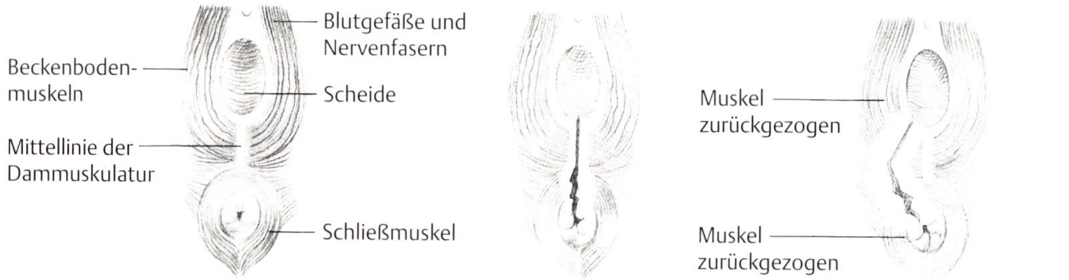

Anatomie des Beckenbodens

Medianer Scheidendammschnitt mit Enddarmriß

Mediolateraler Scheidendammsch[nitt] mit Enddarmriß

Früher war es üblich, den Dammschnitt bereits durchzuführen, bevor der Kopf des Kindes gegen den Damm drückte, und in manchen Krankenhäusern wird das heute noch praktiziert. Diese Vorgehensweise soll Bänder und Muskeln schonen, was freilich eine falsche Annahme ist, denn der Kopf des Kindes übt bereits vorher Druck auf die Bänder und die Beckenbodenmuskeln aus. Der einzige Muskel, der durch den Dammschnitt geschützt wird, ist der querverlaufende Dammuskel. Er verläuft in der Mitte quer zu den eine Acht bildenden Beckenbodenmuskeln und ist relativ unwichtig. Wird der Dammschnitt ausgeführt, bevor der Kindskopf gegen den Damm drückt und das Blut aus dem Gewebe preßt, muß mit großem Blutverlust und starken Schmerzen gerechnet werden.

»Der Arzt untersuchte meinen Damm und sagte, auf meinen Kopf deutend, das Problem liege wohl eher ›da oben als dort unten‹. Ich konnte ihm nicht vermitteln, was ich empfand, und schwieg.«

Der Dammschnitt trennt nicht nur Binde- und Muskelgewebe, sondern auch Nerven. Manche Frauen bekommen an der Schnittstelle der Nerven ein Neurom, eine Nervenfasergeschwulst, die sehr schmerzhaft sein kann. Auch die Nerven heilen allmählich wieder. In der Zwischenzeit bleibt Ihnen oft nichts anderes übrig, als zu einem anästhesierenden Gel zu greifen. Trotzdem kann Geschlechtsverkehr unerträglich für Sie sein, und zu manchen Zeiten des Monatszyklus, wenn das Gewebe aufgrund hormoneller

Veränderungen geschwollen ist, haben Sie das Gefühl, dieser empfindliche Bereich Ihres Körpers sei mit Nadeln gespickt. Diese Schmerzen sind durchaus real und nicht etwa erfunden, weil Sie Ihren Partner oder Ihren Körper ablehnen. Treten nach einer Dammschnittoperation Probleme auf, wird, wie so oft im Leben von Frauen, häufig den Opfern die Schuld gegeben.

Die mißlungene Dammnaht

Der schlimmste Fehler beim Nähen des Damms ist, wenn nur die Haut und nicht das darunterliegende Gewebe genäht wird. Dann besteht die Gefahr einer Fistelbildung, einer röhrenförmigen Verbindung zwischen Scheide und Enddarm, die nach außen nicht sichtbar ist. In der Folge bricht das tieferliegende Gewebe wieder auf, und die Naht platzt.

Oft klagen Frauen über eine zu straffe Naht. In diesem Fall hat der Operateur nicht berücksichtigt, daß die Wunde erst einmal anschwillt. Das Gewebe im Dammbereich schwillt sehr stark an, vergleichbar mit der Schwellung des Augenlids nach einem Wespenstich. Zieht die Schwellung an den Stichen und verursacht Schmerzen, besteht die Möglichkeit, einige Fäden schon früher zu entfernen. Haben Sie in den ersten Tagen nach der Geburt das Gefühl, auf Glassplittern zu sitzen, informieren Sie unbedingt den Arzt oder die Hebamme. Wird die Scheide künstlich verengt, hat die Frau zwangsläufig Probleme bei der Penetration. Das wiederum kann zur Folge haben, daß die Frau bei der geringsten Berührung oder schon bei der Vorstellung einer Berührung einen Muskelkrampf bekommt.

Manchmal sind die tieferliegenden Muskeln beim Nähen so verdreht worden, daß Damm, Scheidenwand und Schamlippen nicht mehr richtig zusammenpassen. Eine Frau sagte angesichts einer Fotografie ihres falsch vernähten Dammschnitts: »Ich verstehe etwas vom Nähen und meine, daß nicht besonders viel dazu gehört, zu begreifen, daß zwei Teile, die zusammengefügt werden sollen, auch ungefähr gleich stark gespannt sein müssen. Wenn ich so etwas genäht hätte, hätte ich es weggeworfen.«

Beim Nähen der Dammnaht kommt es vor allem auf das tieferliegende Gewebe an; die Haut verheilt in ungefähr vierundzwanzig Stunden. Kein Wunder, daß Muskeln und Gewebe oft schlecht zusammengefügt sind, wenn man berücksichtigt, daß in vielen Fällen unerfahrene Ärzte unbeaufsichtigt eine Dammnaht nähen dürfen. Junge Ärzte sollten bei dieser Operation *immer* angeleitet werden. Manche dieser Ärzte haben vorher vielleicht einmal eine Handverletzung in der Notaufnahme genäht, andere kennen die weiblichen Geschlechtsteile nur aus ihren Lehrbüchern.

Wundnähte können sich infizieren und aufbrechen, vor allem dann, wenn sich ein Hämatom, ein Bluterguß, gebildet hat, der immer besonders infektionsanfällig ist. Die Wunde klafft auf und muß nach einer Antibiotikabehandlung neu genäht werden.

Plastische Operation

Bei manchen Blasenvorfällen oder verpfuschten Scheidendammschnitten läßt sich eine plastische Operation nicht vermeiden. In diesem Fall erkundigen Sie sich beim operierenden Arzt ganz genau, was wie genäht werden soll und welche Nebenwirkungen durch die Operation zu erwarten sind. In 80 Prozent der Fälle verlaufen solche Operationen erfolgreich, in 20 Prozent tritt der Vorfall jedoch erneut auf.

Sie können Ihr Kind mit ins Krankenhaus nehmen und weiterstillen. Nach dem Aufwachen aus der Narkose sind nur noch unbedeutende Spuren des Betäubungsmittels in der Muttermilch nachweisbar.[18]

»Ich soll neu zusammengenäht werden. Für die acht bis zehn Tage im Krankenhaus nehme ich das Baby mit.«

In den Tagen vor der Operation streichen oder pumpen Sie einen Milchvorrat ab und stellen ihn in den Kühlschrank. Gewöhnen Sie Ihr Kind rechtzeitig daran, Milch vom Löffel oder aus der Flasche zu nehmen, damit Sie es in der kurzen Zeit, die Sie nicht stillen können, gut versorgt wissen. Ist der Schließmuskel eingerissen, besteht die Gefahr, daß auch die Nervenbahnen beschädigt sind, was eine Operation des tieferliegenden Beckenbodens nötig macht.[19]

Blutungen, Infektionen oder Verletzungen des Harnleiters, der Blase oder des Enddarms sind Komplikationen, die unmittelbar nach der Operation auftreten können. Natürlich verursacht jede Operation am Damm in den ersten Tagen Schmerzen. Länger anhaltende Schmerzen wirken sich sehr unangenehm auf den Geschlechtsverkehr aus. Wenn Sie also eine Operation in Erwägung ziehen, weil Sie bereits Schmerzen beim Geschlechtsverkehr haben oder Sie sich zu eng fühlen – wenn etwa ein schmerzhafter Gewebewulst die Penetration stört oder Sie im hinteren Scheidenbereich Schmerzen haben –, sollten Sie unbedingt die Vor- und Nachteile der Operation mit dem behandelnden Arzt besprechen und herausfinden, ob die Operation tatsächlich den gewünschten Erfolg haben kann.

Eine solche Operation wird Kolporrhaphie genannt. Es handelt sich um die plastische Raffung und Stützung der vorderen beziehungsweise hinteren Scheidenwand.

Das Fothergill- oder Manchesterverfahren ist eine sehr alte Operationstechnik, bei der der Blasenvorfall behoben, ein Teil des Muttermundes entfernt und der Damm neu zusammengefügt wird. Der schwerwiegendste Eingriff bei Gebärmuttervorfällen ist die Hysterektomie, die Entfernung der Gebärmutter. Nach dieser Operation können Sie natürlich keine Kinder mehr bekommen. Bei der vaginalen Hysterektomie wird die Gebärmutter durch die Vagina entfernt, bei der subtotalen Hysterektomie wird die Gebärmutter entfernt, der Muttermund jedoch erhalten, und bei der totalen Hysterektomie werden Gebärmutter und Muttermund entfernt.

Diese Operationen werden mit Peridural-Anästhesie oder unter Vollnarkose durchgeführt. Normalerweise sind Sie danach noch etwa zehn Tage im

Krankenhaus. Sie können mit dem Krankenhaus vereinbaren, daß Sie den Säugling bei sich behalten. Die Schwestern auf Station werden sich sicher freuen, zur Abwechslung auch ein Baby mitversorgen zu können.
Bei den meisten Frauen ist eine Operation überflüssig. Muskeln regenerieren sich erstaunlich schnell. Eine Frau mit Blasenvorfall bat mich einmal um Rat, weil sie sechs Wochen auf einen Operationstermin warten mußte. Ich schlug ihr vor, in der Zwischenzeit die Beckenbodenmuskeln mit entsprechenden Bewegungsübungen zu trainieren. Zunächst konnte sie die Muskeln überhaupt nicht bewegen, weil der Blasenvorfall ihre Sensibilität beeinträchtigte. Ich riet ihr deshalb, sich hinzulegen und die Beine hochzulagern, damit ihr eigenes Körpergewicht nicht auf den Beckenboden drückte, und das vorgefallene Gewebe mit dem Finger vorsichtig in die Scheide zurückzuschieben. Danach konnte sie die Beckenbodenmuskeln bewegen und die Aufzugübung machen. Sie trainierte die Muskeln bis zum Operationstermin. Als der behandelnde Arzt sie vorher noch einmal untersuchte, meinte er, sie sei irrtümlich auf die Warteliste gesetzt worden und benötige gar keine Operation.

Wenn Sie Probleme mit dem Beckenboden haben und spezielle Übungen brauchen, lassen Sie sich von Ihrem Hausarzt beraten und gegebenenfalls an eine Krankengymnastin überweisen.

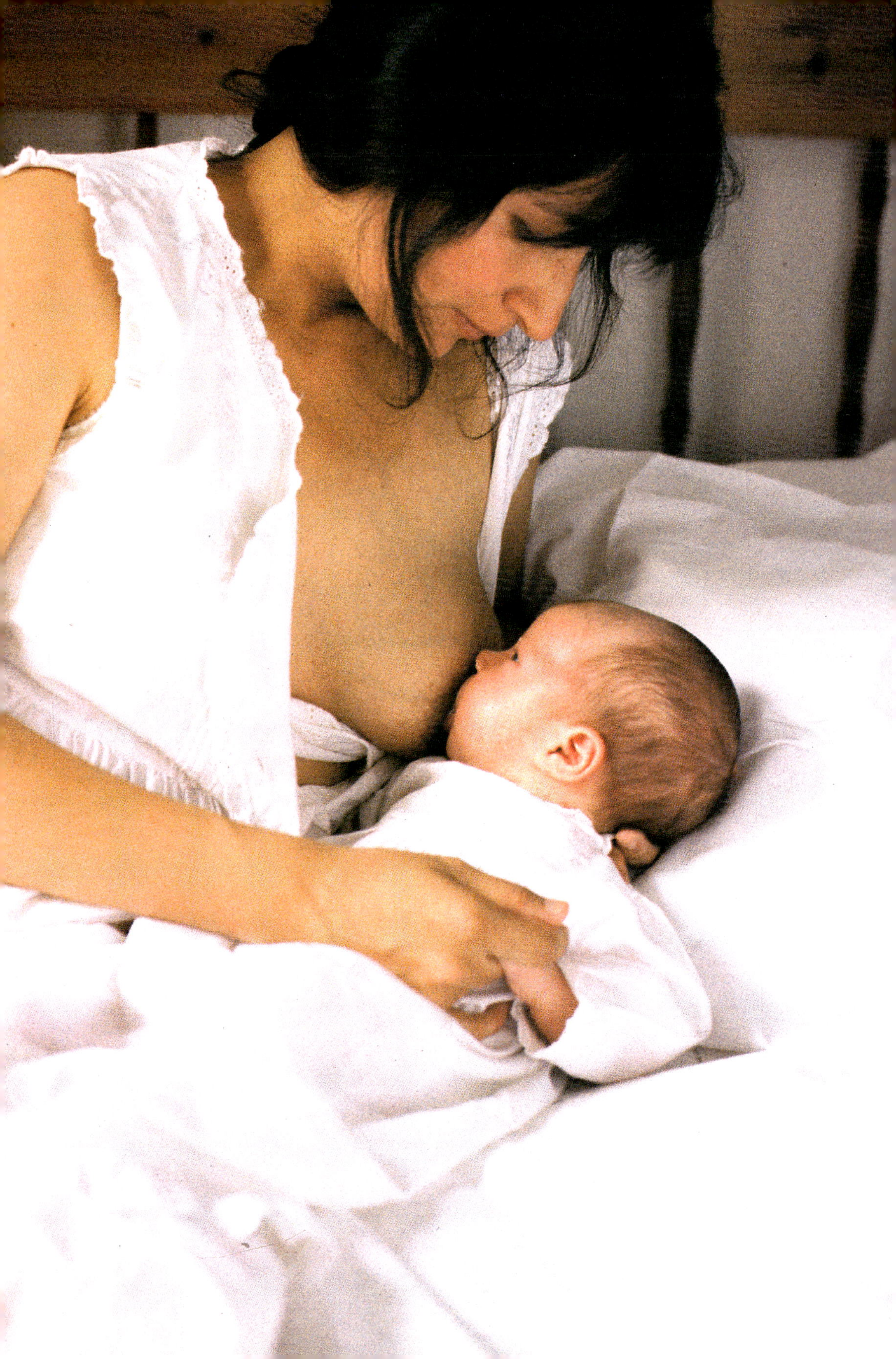

5

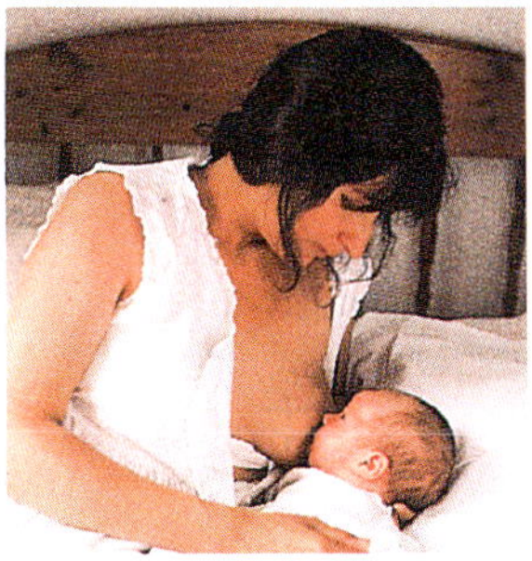

Stillen

Die Entscheidung für oder gegen das Stillen ist wahrscheinlich lange vor der Geburt getroffen worden. Die meisten Frauen sind sich darüber spätestens im sechsten Monat klar. Auch wenn Sie sich für Fertigmilch entschieden haben, spricht doch vieles dafür, das Neugeborene wenigstens in den ersten Lebenswochen zu stillen. Dann bekommt Ihr Kind die Immunstoffe aus dem Kolostrum, der Vormilch, mit der die Darmschleimhaut schützend überzogen wird.

In diesem Kapitel möchte ich Ihnen einige Ratschläge für das Stillen geben. Wenn Sie bereits Fertigmilch füttern, können Sie das Kapitel überspringen, außer Sie wollen es beim nächsten Kind doch mit Stillen versuchen. Wenn Sie jedoch zur Flaschenernährung wechseln wollen, weil Sie Probleme mit dem Stillen haben, wird das Kapitel Ihnen weiterhelfen können, und wenn Sie bereits erfolgreich stillen, finden Sie sich vielleicht in Ihrer Erfahrung bestätigt.

Die Einzigartigkeit der Muttermilch

Über die Jahrtausende hat sich die Muttermilch optimal den Bedürfnissen des Neugeborenen angepaßt. Sie gehört zu den großartigsten natürlichen Reichtümern der Welt. Frauen stillen ihre Kinder in Kriegen, Hungersnöten und äußerster Armut. Dank der Muttermilch können gestillte Kinder in Notlagen überleben und gedeihen, in denen Flaschenkinder unweigerlich sterben oder zumindest Brechdurchfall, Krämpfe, Erkrankungen der Atemwege und Darmerkrankungen bekommen.

Die Hersteller von Fertigmilch haben bis heute keine Entsprechung für die Muttermilch gefunden. Das ist auch unmöglich, weil die Muttermilch ein lebender Organismus ist. Kuhmilch ähnelt vielleicht der Muttermilch, und Fertigmilch enthält heute auch nicht mehr so viel Natrium, daß der Elektrolythaushalt gestört wird (was früher zu akuten Erkrankungen führen konnte), doch trotzdem unterscheiden sich beide Milcharten grundlegend von der Muttermilch. Diese paßt sich den jeweiligen Bedürnissen des Säuglings in seinen verschiedenen Entwicklungsphasen an, und zwar in bezug auf die Menge, die Zusammensetzung und das Verhältnis von festen Milchbestandteilen zu Flüssigkeit. Sie unterscheidet sich je nachdem, ob ein oder zwei Säuglinge gestillt werden. Während der ersten neun Monate ist Muttermilch die ideale Ernährung, und wenn feste Nahrung zugefüttert wird, sogar bis ins zweite Lebensjahr hinein.
Stillen kann Mutter und Kind auch weit über die Zeit, in der es der Ernährung dient, Freude bereiten. In manchen Kulturen werden die Kinder bis zum dritten oder vierten Lebensjahr mehrmals täglich und nachts gestillt. In den ersten Monaten schlafen die Mütter mit dem mehr oder weniger ständig nuckelnden Baby an der Brust. Ältere Babys profitieren beim Stillen von der zusätzlichen Eiweißzufuhr und der beruhigenden Nähe zur Mutter. Stillen bedeutet auch einen Schutz vor Schwangerschaft, ein wichtiger Aspekt in armen Ländern, wo ein zusätzlicher Esser in der

Familie eine Katastrophe sein kann. Der Verhütungsschutz funktioniert jedoch nur bei uneingeschränktem Stillen, und nicht, wenn noch andere Flüssignahrung verabreicht oder ein fester Stillrhythmus eingehalten wird.

Die Milchbildung richtet sich nach Angebot und Nachfrage. Nachfrage regt die Milchproduktion an, mangelnde Nachfrage läßt die Milch versiegen. Wird die Nachfrage zum Beispiel durch einen Vierstundenrhythmus gesteuert, verringert sich die Milchproduktion entsprechend. Werden Zwillinge voll gestillt, wird also keine Fertigmilch oder andere Flüssigkeit zugefüttert, steigt die Milchproduktion automatisch an. Ganz geleert wird die Brust gewöhnlich nicht, denn während des Saugens wird bereits neue Milch im Körper nachgebildet.

Stillen dient nicht nur der Ernährung des Säuglings und gibt ihm die Geborgenheit der Brust, sondern ist auch eine Form der Kommunikation. Eine nervöse, gestreßte Mutter gibt über das Stillen ihre Anspannung an das Kind weiter, sie kann aber auch Vertrauen und Lebensfreude weitergeben.

Durch den Körperkontakt hat die stillende Mutter intensiven Anteil an der Erlebniswelt des neugeborenen Menschen. Sie erfährt die Gefühle, die ihr Säugling beim Stillen durchlebt, und entwickelt eine intime Nähe zu ihm. Selbst eine blinde Mutter spürt das Lächeln ihres Kindes, wenn es eine Trinkpause einlegt und die Lippen noch ihre Brust berühren.[1]

»Noch nie im Leben habe ich mich so entspannt und zufrieden gefühlt.«

In den westlichen Industrieländern gibt es viele Frauen, vor allem Erstgebärende, die noch nie gesehen haben, wie ein Baby gestillt wird. In traditionellen Kulturen dagegen erleben Frauen von Kindheit an stillende Mütter, sind mit dem Umgang mit Säuglingen vertraut und erfahren ganz nebenbei alles Wissenswerte über das Stillen. Man sollte meinen, das erste Anlegen des Kindes an die mütterliche Brust sei eine instinktive Handlung. Es handelt sich dabei jedoch um ein erlerntes Verhalten, auch wenn ein starker Instinkt durchaus eine Rolle spielen mag. In den Industrieländern ist dieser Lernprozeß oft sehr schmerzhaft: Die Mütter bekommen wunde Brustwarzen, die Säuglinge nehmen nicht zu oder kommen nach dem Stillen nicht zur Ruhe. Läßt sich die Frau jedoch von solchen Anfangsschwierigkeiten nicht entmutigen, wird sie das Stillen bald beherrschen.

Entscheidung für die Flasche

Es gibt gute Gründe, die eine Entscheidung gegen das Stillen rechtfertigen. Viele Frauen fangen zuversichtlich damit an, kapitulieren dann aber vor den vielen Problemen und Schmerzen. Die meisten von ihnen haben in den ersten Tagen nach der Geburt nicht die richtige Hilfe bekommen und sind schlecht beraten worden. Viele Frauen geben auch auf, weil ihr Säugling sich nicht wohl fühlt und nicht genügend zunimmt. Sie wissen nicht, wie sie ihre Milchmenge steigern können, und bekommen weder die notwendige praktische Hilfe noch genügend emotionale Unterstützung. Viele geben auf, weil ihre Brustwarzen wund und rissig geworden sind und das Stillen eine Qual ist.

»Ich hörte, wie zwei Frauen sich zuflüsterten: ›Sieh doch nur, sie stillt. Wie ekelhaft!‹ Ich ließ mich davon aber nicht beirren und machte weiter.«

Wir leben in einer stillfeindlichen Kultur, in der viele Kinder noch nie beim Stillen zusehen konnten und in der Mädchen mit Puppen spielen, die mit der Flasche gefüttert werden. Die Brust gilt ausschließlich als Sexualorgan, die stillende Mutter wird auf die eigenen vier Wände verwiesen oder, wenn sie unterwegs ist, auf öffentliche Toiletten. Das Kind mit der eigenen Körpermilch zu ernähren gilt als schmutzig und anstößig, als wollten Frauen damit sexuell provozieren. Stillt eine Frau in der Öffentlichkeit, legt sie sich mit einer Gesellschaft an, die stillenden Müttern ablehnend gegenübersteht. Verständlicherweise gibt es viele Frauen, die sich einer solchen Tortur nicht aussetzen wollen.

Multinationale Hersteller von Babynahrung dürfen wegen der schwerwiegenden Gesundheitsrisiken künstlicher Nahrung nicht mehr öffentlich für ihre Produkte werben. Sie werben jedoch auf indirekten Wegen, indem sie Ärztekongresse veranstalten, Forschungsreisen finanzieren, in den Fachblättern für Hebammen und Krankenschwestern annoncieren, die Mütter mit Warenproben überhäufen und die Krankenhäuser und Kliniken mit Kühlschränken und anderen Anlagen ausrüsten.

Die Entscheidung für Flaschenernährung hat aber auch emotionale Seiten. Ein Aspekt ist, daß Frauen von der einmal gefällten Entscheidung nicht wieder abrücken wollen, weil sie sich damit etwa gegen einen Partner durchsetzen müßten, der sie emotional nicht unterstützt, dem das Stillen peinlich ist oder der die Brust für sich allein beansprucht. Stillen bedeutet, einen Teil des eigenen Körpers einem anderen Menschen zu öffnen, deshalb sollte gerade eine Frau, die in ihrer Kindheit sexuell mißbraucht oder die einmal vergewaltigt wurde, ihre Entscheidung für die Flasche nicht rechtfertigen müssen.

Auch gesundheitliche Gründe können gegen das Stillen sprechen. An erster Stelle ist hier offene Tuberkulose zu nennen. In diesem Fall darf der Säugling erst nach einer Tuberkuloseschutzimpfung mit BCG (ein Impfstoff gegen Tuberkulose) gestillt werden. Bis die Impfung ungefähr nach zwei Wochen wirkt, kann die Milch abgedrückt werden. Erst danach wird das Baby angelegt. Frauen, die Zytostatika gegen Krebs einnehmen oder eine Radioiodtherapie machen müssen, sollten nicht stillen. Ansonsten aber gibt es nur wenige Gründe, aus denen einer Frau vom Stillen abgeraten werden sollte, vorausgesetzt, Fertigmilch steht zur Verfügung und kann unter hygienischen Bedingungen verabreicht werden.

Frauen, die gleich nach Ablauf des Mutterschutzes wieder arbeiten gehen und lange Anfahrtszeiten zum Arbeitsplatz haben, werden ihr Kind natürlich nur wenige Wochen stillen können. Auf jeden Fall sollte sich jede Frau genau über die Vor- und Nachteile der verschiedenen Ernährungsweisen informieren. Ihre Entscheidung ist nicht nur sachlich begründet, sondern hängt auch von ihren Lebensumständen, ihren Gefühlen und ihren Beziehungen ab. Jede Frau kann für sich am besten beurteilen, welche Entscheidung für sie richtig ist.

Das richtige Anlegen

Viele Frauen beginnen zuversichtlich mit dem Stillen und kapitulieren dann vor den auftretenden Schwierigkeiten. Wunde Brustwarzen und zu wenig Milch sind die am häufigsten genannten Gründe, warum Frauen von der Brust auf Flaschennahrung umsteigen. Beide Gründe haben eine gemeinsame Ursache – *der Säugling wurde nicht richtig angelegt.*[2]

»Es tat unbeschreiblich weh. Jede Fütterung war eine Tortur, bis Chloe mir zeigte, wie das Baby richtig angelegt wird. Von da an hatte ich keine Schmerzen mehr.«

Wenn das Baby die Brust nicht mit dem ganzen Mund ergreift und mit dem Unterkiefer auch den Warzenhof erfaßt, kaut es bei jedem Ansaugen auf der Warze, die bald wund und rissig wird.

Hat das Baby die Brust gefunden, zieht es die Brustwarze so tief in den Mund hinein, daß Warze und Warzenhof gemeinsam einen großen Sauger bilden. Im Zusammenwirken von Kiefern, Zunge und Gaumen wird die Milch aus den Milchgängen in den Rachenraum des Säuglings gepreßt. Das Baby benutzt also nicht die Lippen, sondern die Kiefer, um Druck auf die tieferliegenden Milchbläschen auszuüben, die dadurch die Milch freigeben. Während des Stillens können Sie die genaue Stellung des kindlichen Unterkiefers natürlich nicht sehen. Sie müssen deshalb spüren, ob Ihr Kind richtig ansaugt. Achten Sie auf die Stellung des Kinns, es sollte fest an der Brust aufliegen. In der Schwangerschaft und nach dem Milcheinschuß nach der Geburt verändert sich die Brust; sie wird voller und schwerer, so daß das richtige Anlegen des Kindes leichter ist als bei der kleinen, festen Brust einer jungen Frau.[3]

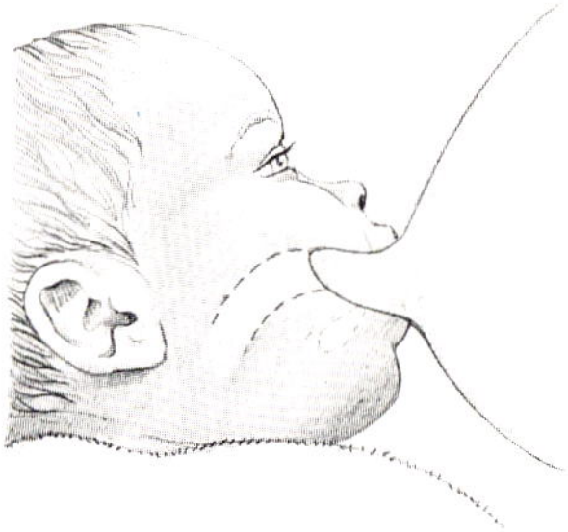

Falsch: Baby saugt an der Warze

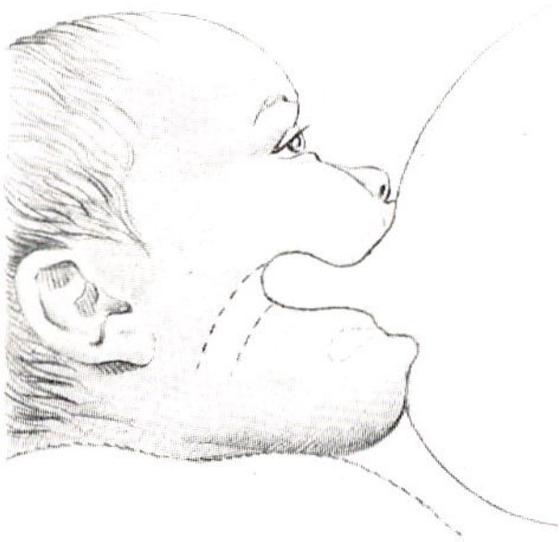

Richtig: Baby hat Brustwarze samt Warzenhof im Mund

Halten Sie den Kopf Ihres Kindes nicht in der Armbeuge, wenn Sie es anlegen wollen, denn es ist schwierig, den Ellbogen nach vorn und gleichzeitig zum Körper hin zu schieben. Halten Sie den Kopf des Kindes lieber mit einer Hand gegen die Brust und stützen Sie es während des Trinkens mit dem anderen Unterarm ab.

Liegt das Kind richtig an, sind die Lippen nicht gespitzt, sondern zurückgezogen. Das Saugen an der Brust unterscheidet sich vollkommen vom Saugen an einem Trinkhalm und zieht sogar die über den Ohren befindlichen Muskeln mit ein. Ein kräftig saugendes Kind sieht manchmal so aus, als wackele es mit den Ohren.

»Es ist wunderbar mitzuerleben, wie das Kind tief und langsam saugt und dabei völlig zufrieden ist.«

Auch am Sauggeräusch läßt sich erkennen, ob das Kind richtig angelegt ist. Zu Beginn der Mahlzeit hat es einen schnellen, kurzen Saugrhythmus, wenn die Milch dann zu fließen beginnt, saugt es in langsamen, tiefen Zügen.

Das Kind sollte immer zur Brust und nicht die Brust zum Kind geführt werden. Nehmen Sie deshalb eine bequeme Sitzposition ein. Lassen Sie die Schultern los, atmen Sie aus und entspannen Sie sich. Wenn Sie sich zum Stillen zurücklehnen, ist es für das Kind schwierig, die nach oben gerichteten Brustwarzen zu erfassen. Beugen Sie sich beim Stillen dagegen nach vorne, hängen die Brustwarzen nach unten, was ebenfalls Schwierigkeiten bereitet. Das Kind kommt am besten an die Brust, wenn Sie aufrecht sitzen.

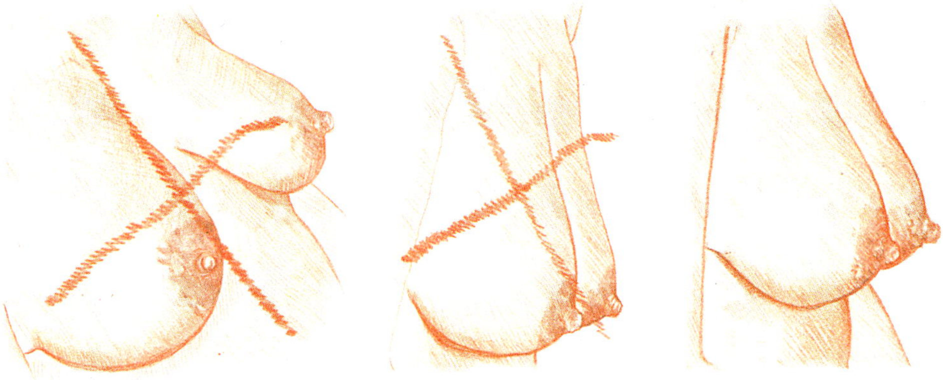

Wenn Sie die Brust mit einer Hand von unten abstützen wollen, achten Sie darauf, daß Sie sie nicht zusammenpressen, denn dadurch schieben sich Haut und darunterliegendes Bindegewebe von den Milchseen weg, so daß das Kind mit seinen Kiefern keine Milch mehr herauspressen kann.

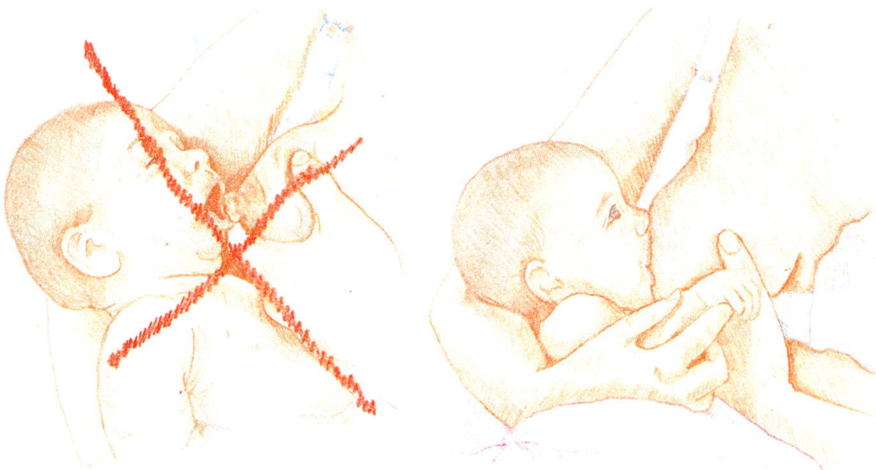

Das Kind soll Sie beim Trinken anschauen können; sein Rücken sollte gerade, sein Körper Ihnen zugewandt sein. Es soll den Kopf nicht nach der Brust drehen müssen, der Mund soll auf der Höhe der Brustwarze liegen, das Kinn leicht nach oben gerichtet. Zeigt es kein Interesse an der Brust, spielen Sie mit der Brustwarze an seinen Lippen, bis es den Mund weit öffnet. Dann setzen Sie den Mund mit einer entschlossenen Bewegung an die Brust, als wollten Sie ein Ausstecherförmchen auf den Teig aufsetzen. Den meisten Frauen gelingt das erst nach einigem Üben.

Wenn Sie ein sehr kleines Kind im Sitzen stillen wollen, heben Sie es mit Hilfe eines Kissens auf Ihrem Schoß in Brusthöhe. Oder Sie stellen die Füße auf einen niedrigen Stuhl und lagern das Kind auf den Schenkeln. Ein sehr großes Kind läßt sich am besten im Schneidersitz anlegen.

Manche Babys scheinen eine Brust zu bevorzugen. Auch Mütter machen oft die Erfahrung, daß das Stillen an einer Seite besser klappt als an der anderen. In diesem Fall legen Sie das Kind so an, daß seine Beine unter dem Arm der schwerer fließenden Seite zu liegen kommen und der Kopf mit derselben Hand abgestützt wird, die Sie sonst für die andere Brust nehmen.

Wenn das Kind schreit, gelingt ein richtiger Saugschluß oft nicht, weil Mutter und Kind zu aufgeregt sind. In diesem Fall nehmen Sie das Kind wieder von der Brust und geben ihm Zeit, sich zu beruhigen. Legen Sie sich das Kind zum Beispiel über die Schulter oder geben Sie es einer anderen Person in den Arm, wo es die Brüste nicht riechen kann, reden Sie ihm beruhigend zu, und klopfen Sie ihm sanft auf den Rücken.

Wie der Körper Milch bildet

In der Schwangerschaft wird das Hormon Prolaktin im Körper der Frau freigesetzt. Nach dem Ausstoßen der Plazenta fallen die Hormonspiegel der Schwangerschaftshormone Progesteron und Östrogen ab, das Prolaktin bringt nun die Milchbildung in Gang.

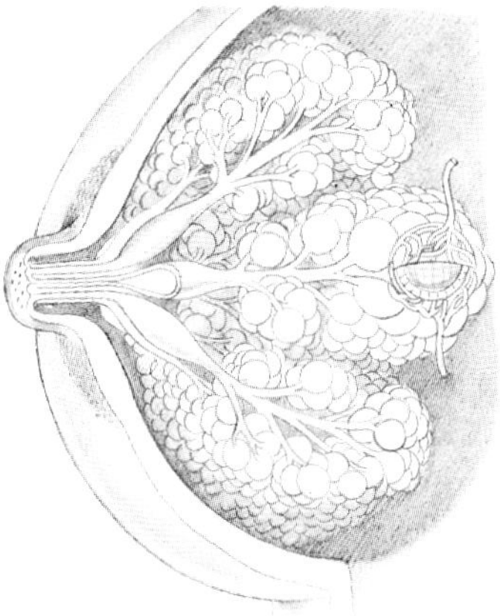

Die Brust während der Stillzeit

Die Milch entsteht in kleinen Zellen im Drüsengewebe der Brust. Sie sammelt sich in traubenförmigen Gebilden, den Alveolen oder Milchbläschen, die von einem Netz von Muskeln umgeben sind. Wird die Brust stimuliert, pressen die Muskeln die Milchbläschen zusammen und bringen die Milch zum Fließen. Die Milchbildung wird also zunächst hormonell angeregt, die weitere Produktion hängt jedoch davon ab, wie die bereits vorhandene Milch abfließen kann.

Der Milchflußreflex

Beim Saugen verspüren Sie vielleicht ein warmes Prickeln in Ihren Brüsten, häufig schon beim Ansaugen, manchmal aber erst nach ein bis zwei Minuten. Das ist der Milchflußreflex, auch Let-Down-Reflex genannt, der bei jedem Stillen wirksam wird, auch wenn die Stillende ihn nicht bewußt wahrnimmt. Manche Frauen empfinden den Milchflußreflex als angenehm, andere eher als unangenehm, und manche nehmen ihn als Schmerz wahr. Während einer Mahlzeit tritt der Reflex immer wieder auf, er ist aber oft nur dann wahrnehmbar, wenn das Kind sein Saugen zum Spielen unterbricht und erst nach einer Weile wieder an die Brust geht.

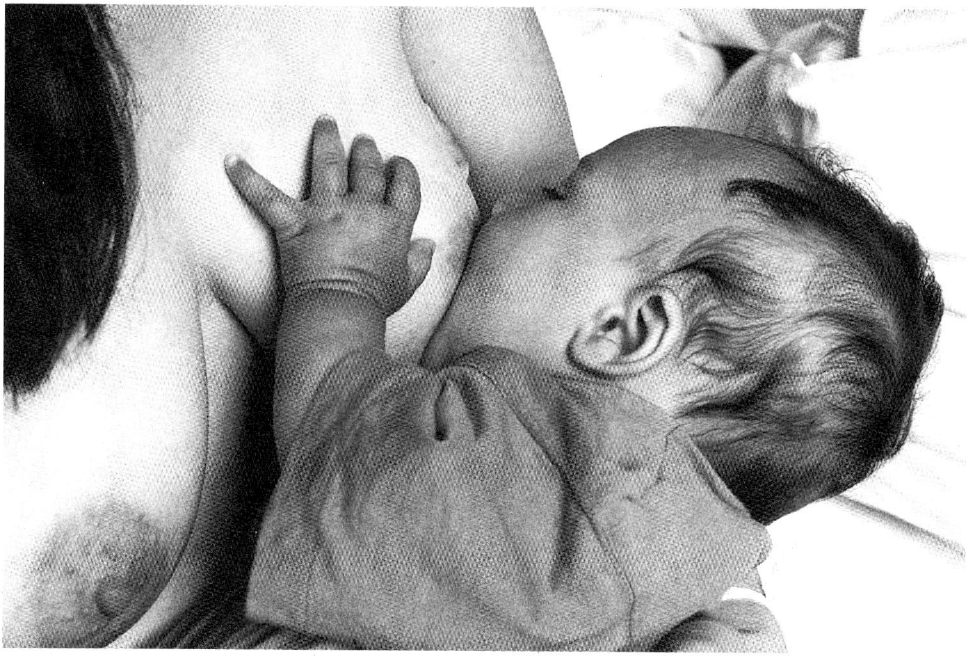

Beim Milchflußreflex bewirkt das Zusammenspiel der Hormone Oxytocin und Prolaktin, daß durch Zusammenziehen der Milchbläschen die Milch in die Milchgänge gepreßt wird, von wo aus sie in die Brustwarzen gelangt.

»Es ist ein erregendes Gefühl, das mir vermittelt, daß mein Körper funktioniert. Es ist eine geradezu sinnliche Erfahrung.«

Wenn Sie ein paar Tage lang gestillt haben, kann bereits der Anblick Ihres Kindes den Milchflußreflex auslösen. Wenn Sie wissen, daß es wieder an der Zeit ist, das Kind anzulegen, kann der Reflex spontan ausgelöst werden, und dasselbe passiert, wenn Sie an etwas denken, was im Zusammenhang mit dem Stillen steht, oder wenn Sie ein hungrig schreiendes Kind im Fernsehen sehen. Andererseits können negative Empfindungen, etwa wenn Sie das Kind in einer stillfeindlichen Umgebung anlegen müssen, den Milchflußreflex verlangsamen. Unter Umständen funktioniert er erst, wenn Sie sich entspannt an einen ruhigen Ort zurückziehen können.
Im Verlauf einer Brustmahlzeit verändert sich die Beschaffenheit der Milch. Am Anfang schießt wäßrige, kalorienarme Milch heraus, dann fließt die Milch langsamer, ist aber reich an Kalorien. Am nahrhaftesten ist die sogenannte Hintermilch.[4]

Brust und Brustwarzen

Größe und Form der Brüste und Brustwarzen haben keinen Einfluß auf die Fähigkeit zu stillen.[5] Es gibt keine Form, die sich zum Stillen besonders eignet, denn jedes Kind formt sich aus Brustwarze und Bindegewebe einen ihm entsprechenden Sauger.
Sehr schwere Brüste können von unten mit der Hand abgestützt werden, oder die Hand liegt unter der Brust auf den Rippen auf. Sie können auch die Beine des Kindes mit einem Arm umfangen, und so mit der freien Hand den Kopf des Kindes leichter an die Brust führen.
Bei sehr kleinen Brüsten wird das Stillen erleichtert, indem das Kind auf einem Kissen im Schoß aufgelagert wird.

Hohlwarzen

Haben Sie sehr große Brustwarzen, achten Sie darauf, daß das Kind beim Anlegen den Mund weit geöffnet hat, denn nur so kann es Brustwarze und Warzenhof ganz mit dem Mund erfassen.
Manche Frauen haben Flach- oder Hohlwarzen, also Warzen, die nicht nach außen vorstehen. Das Kind kommt auch mit solchen Warzen zurecht, vorausgesetzt, es bekommt genug von der Brust zu fassen. Ist das nicht der Fall, werden die Warzen wund, die Milch fließt nicht mehr richtig, das Kind wird unruhig, und es kann zu einer Brustentzündung kommen. Während der ersten vier oder fünf Tage nach dem Milcheinschuß verändern sich die Brüste und werden elastischer. Schafft das Kind in dieser Zeit nicht den richtigen Saugschluß, ist es ratsam, die Milch durch Ausdrücken am Laufen zu halten und sie dem Kind mit der Flasche zu füttern. Das Kind sollte aber trotzdem immer angelegt werden, und sein Mund sollte dabei so weit wie möglich geöffnet sein. Das ist bei einem kleinen Neugeborenen natürlich nicht einfach und erfordert viel Geduld. Hohlwarzen sind jedoch oft ein geringeres Problem als allzu große Warzen, immer vorausgesetzt, das Kind wird richtig angelegt.
Die Brustwarzen reagieren auf Berührung sehr empfindlich. Eine Hohl- oder Flachwarze kann durch gezieltes Streicheln des Warzenhofs und der Warze hervorgelockt werden. Es empfiehlt sich auch, die Brustwarze kurz vor dem Stillen mit Hilfe einer Handmilchpumpe hervorzuziehen oder sie mit kaltem Wasser einzusprühen. Wenn Sie dann beobachten, wie schnell sich Ihre Brustwarzen verändern, schöpfen Sie neuen Mut.

»Eine Krankenschwester meinte, ich könnte nie stillen. Meine Hebamme hat mir aber so gut geholfen, daß ich keine Probleme mit dem Stillen hatte.«

Brustpflege

In der Vergangenheit wurden die Frauen dazu angehalten, vor und nach dem Stillen die Brustwarzen zu waschen. Diese Art der Brustpflege führte oft dazu, daß die Haut trocken und anfällig für Verletzungen wurde. In manchen osteuropäischen Ländern wird den Frauen noch heute regelmäßig Enziantinktur um die Brustwarze gestrichen, bevor sie ihr Kind anlegen dürfen.
Viele auf dem Markt erhältliche Brustcremes und Sprays schaden eher, als daß sie nützen, vor allem, wenn sie Alkohol enthalten, der die Haut austrocknet. Gerade die antiseptischen Inhaltsstoffe der Cremes stören die natürliche bakterielle Flora der Haut und verändern die Mundflora des Kindes.
Aus denselben Gründen sollten Sie Ihre Brustwarzen auch nicht mit Seife waschen. Klares Wasser genügt völlig.

Stillen nach Bedarf

Stillen nach Bedarf heißt, daß das Kind gestillt wird, wann immer und so lange es danach verlangt. Ratschläge, nach denen das Kind zehn oder zwanzig Minuten an jeder Brust zu stillen ist, beachten Sie besser nicht. Ihr Kind weiß am besten, wieviel Milch es braucht und wie oft es gefüttert werden will. Nach Bedarf gestillte Kinder nehmen in der Regel schneller zu als Kinder, die nach der Uhr gestillt werden. Und weil das Stillen nach Bedarf auch für die Mutter befriedigender ist, werden diese Kinder meist auch länger gestillt.

Das Kind allein weiß, wie lange seine Mahlzeit dauern soll. Die Uhr ist dabei überhaupt keine Hilfe, denn das eine Kind trinkt in vier Minuten eine Portion Milch, für die das andere Kind fünfundzwanzig Minuten braucht. Stillen nach der Uhr ist ein Hauptgrund für Stillprobleme. Lassen Sie Ihr Kind immer so lange an einer Seite trinken, wie es will. Dann legen Sie es zum Abschluß der Mahlzeit an die andere Brust. An dieser Brust trinkt das Kind oft nur noch sehr kurz, manchmal reicht eine Brust sogar schon aus. Vertrauen Sie Ihrem eigenen Urteilsvermögen, wenn Sie den Eindruck haben, daß Ihr Kind nach einer ausgiebigen Stillmahlzeit genug hat. Viel wichtiger als irgendwelche Zeitpläne ist, das Stillverhalten des Kindes zu beachten. Bei der nächsten Mahlzeit fangen Sie mit der Brust an, die sich am vollsten anfühlt.[6]

Nächtliches Stillen

Die meisten Babys müssen zumindest in den ersten drei Monaten auch nachts gestillt werden. Der Magen des Säuglings ist nicht größer als eine Feige, und die Muttermilch wird sehr schnell verdaut. Außerdem brauchen die Brüste der Mutter den regelmäßigen Saugreiz, um genug Milch zu produzieren. Der Prolaktinspiegel ist nachts am höchsten. Wollen Sie Ihre Milchproduktion halten oder gar steigern, wirkt sich nächtliches Stillen wie eine Hormonspritze aus.[7]

»Am besten gefallen mir die nächtlichen Stillmahlzeiten; sie sind so friedlich, und es gibt keine Störungen.«

Beim nächtlichen Stillen liegen Sie am besten auf der Seite, was beim Füttern mit der Flasche eher schwierig ist. Haben Sie es einmal heraus, wie Sie dem Säugling richtig an die Brust helfen, kann er trinken, während Sie weiterschlafen.

Oft wird geraten, abends feste Nahrung zuzufüttern, damit die Kinder durchschlafen. Diese Annahme stimmt jedoch nicht. Kinder, die abends mit Getreide angereicherte Milch bekommen, wachen ebensooft auf wie Kinder, die nur Brustmilch bekommen. Manche wachen sogar öfter auf, weil sie Schwierigkeiten haben, die festen Nahrungsbestandteile nachts zu verdauen. Nächtliches Durchschlafen ist ein individueller Entwicklungsschritt, der durch das Zufüttern fester Nahrung höchstens verzögert wird.

Zufüttern

Ein gestilltes Kind braucht keine zusätzliche Flüssigkeit, auch nicht bei heißem Wetter.[8] Zusätzliche Flüssigkeitszufuhr hat nur zur Folge, daß das Kind weniger an der Brust saugt, was automatisch eine Verringerung der Milchproduktion zur Folge hat.[9] Bis ungefähr zum sechsten Lebensmonat profitiert kein Säugling von zusätzlicher flüssiger oder fester Nahrung, außer es gibt eindeutige medizinische Gründe dafür. Sie können Ihr Kind zum Spaß einmal einen Schluck Saft oder Wasser probieren lassen, Hunger und Durst werden jedoch an der Brust gestillt.

Wachstumsschübe

Wenn Ihr Kind plötzlich mehr Milch braucht, hat es einen Wachstumsschub. Es saugt öfter und braucht länger an jeder Brust. Das heißt nicht, daß Sie zuwenig Milch haben, sondern daß die Milchproduktion erhöht werden muß, um dem gesteigerten Nahrungsbedürfnis des Kindes gerecht zu werden. Innerhalb von vierundzwanzig Stunden hat sich die Milchproduktion im allgemeinen angepaßt.

Die Kinder feiern solche »Trinkgelage« meist in der 3. und 4. Lebenswoche, der 6. und 7. Woche und der 12. und 13. Woche. Wenn Ihnen das häufige Stillen in dieser Zeit peinlich ist, weil andere Sie darauf ansprechen und Sie zum Zufüttern drängen, ziehen Sie sich zum Stillen in ein anderes Zimmer zurück. Vielleicht können Sie sich besser entspannen, wenn Sie ein Buch oder eine Zeitschrift lesen oder Musik hören. Vermeiden Sie auf jeden Fall, die Mahlzeiten nach der Uhr zu geben oder sie wie ein Taxameter zu registrieren. Manche Kinder lassen sich tagsüber schnell stillen, wollen aber den ganzen Abend an die Brust, gerade wenn Sie besonders müde sind. Ruhen Sie sich möglichst nachmittags aus und lassen Sie jemand anderen das Abendessen zubereiten, dann stehen Sie den Stillmarathon besser durch.

Wenn Probleme auftreten

Wunde Brustwarzen

Die Brustwarzen können wund und rissig werden, wenn das Kind auf ihnen herumkaut. Bringen Sie in diesem Fall das Kind in eine bessere Position und achten Sie darauf, daß es mit dem Mund nicht nur Warze und Warzenhof, sondern auch einen Teil des unter der Warze liegenden Brustgewebes erfaßt.

Das ist nicht immer einfach zu bewerkstelligen, weil die Brust oft sehr prall und fest ist. Das Baby muß sich gewissermaßen an einem großen Luftballon festsaugen. Hilfreich ist in diesem Fall, wenn Sie vor der Mahlzeit die Brust mit warmem Wasser abtupfen und dann mit sanften, massierenden Bewegungen ausdrücken. Am besten geht das unter der warmen Dusche oder während eines Bades. Oder Sie lassen die Brüste vor dem Ausdrücken in ein mit warmem Wasser gefülltes Becken hängen. Wenn die Milch einmal fließt, reicht oft schon ein sanfter Druck, um die Brust weicher und geschmeidiger zu machen.

Hat das Kind die richtige Haltung beim Stillen und einen festen Saugschluß, *darf Stillen nicht wehtun.* Bereitet es Ihnen trotzdem Schmerzen, finden Sie heraus, was Sie falsch machen.

Ein sattes Baby läßt die Brust am Ende der Mahlzeit meist von allein aus dem Mund gleiten. Manche Kinder saugen sich jedoch fest und wollen vor

Wohlbehagen gar nicht mehr loslassen. Ziehen Sie niemals das Baby von der Brust weg, sondern lösen Sie den Saugschluß, indem Sie ihm seitlich einen Finger in den Mund schieben.

Bei rissigen Brustwarzen können Sie dünne Stillhütchen aus Latex verwenden. Das Kind bekommt dadurch aber weniger Milch, so daß die Stillmahlzeit länger dauert. Die früher üblichen dicken Gummihütchen verringerten die Milchmenge für das Kind um 56 Prozent. Auch bei den heute üblichen dünnen Latexhütchen bekommt das Kind 22 Prozent weniger Milch.[10] Manche Frauen haben die Erfahrung gemacht, daß die Brustwarzen durch die Stillhütchen noch rissiger werden. Benutzen Sie diese Hilfen deshalb nie länger als einen Tag am Stück.

Stopfen Sie sich niemals Watte, Toilettenpapier oder Papiertaschentücher vor die Brustwarzen, um die Kleider zu schonen. Die Warzen werden durch das Papier zusätzlich gereizt. Benutzen Sie lieber Stilleinlagen oder Windeleinlagen, die zusätzlich mit weichem Toilettenpapier abgepolstert werden können und häufig gewechselt werden sollten.

Auch eine Pilzinfektion im Mund Ihres Kindes kann Ursache für wunde Brustwarzen sein. Der Hefepilz gedeiht im feuchtwarmen Klima des Mundes besonders gut. Die Infektion entsteht häufig bei der Einnahme von Antibiotika, die die natürliche Scheidenflora zerstören. Über Ihre Finger wird der Pilz dann auf das Kind übertragen. Die Brustwarzen werden leuchtend rot und rissig. Zuweilen treten auch stechende Schmerzen in der Brust auf. Wird die Infektion nicht rechtzeitig behandelt, können auch die Milchgänge betroffen werden.

Im Mund des Kindes sieht der Pilz aus wie geronnene Milchflöckchen, die sich jedoch nicht entfernen lassen.

Brustwarzen und Mund werden gewöhnlich mit Nystatin oder Clotrimazol behandelt. Stark juckende Brustwarzen können nach den Stillmahlzeiten mit kaltem, abgekochtem Wasser gewaschen werden, in dem ein Teelöffel Natriumbikarbonat aufgelöst wurde; das lindert den Juckreiz, heilt jedoch nicht die Pilzinfektion.

Der Milchstau

Ein empfindlicher roter Fleck auf der Brust deutet noch nicht eine Brustentzündung an, sondern ist Anzeichen für einen Milchstau.

In der ersten Zeit des Stillens produziert der Körper manchmal so viel Milch, daß das Kind kaum saugen muß; die Milch fließt fast von selbst in seinen geöffneten Mund. Wenn das Kind keine richtige Saugarbeit leisten muß, wird die Brust auch nicht richtig massiert. Die Milch sammelt sich in den Milchbläschen. Werden die Muskelwände der Milchbläschen durch das Saugen nicht ausreichend massiert, kann die in den Milchbläschen angesammelte Milch nicht herausfließen, die Milchbläschen schwellen an, und die milchproduzierenden Zellen werden zum Zerreißen gespannt.[11]

Die Milch staut sich, und in der Folge erscheint ein roter Fleck auf der Brust. Wenn jetzt keine Gegenmaßnahmen ergriffen werden, kann es zu einer Infektion mit Fieber und womöglich einem Abszeß kommen. Und natürlich wird das Baby nicht satt.

Sie lösen den Milchstau auf, indem Sie die Milch zum Fließen bringen. Legen Sie ein warmes Handtuch auf die betroffene Stelle. Wenn Sie anschließend sanft von oben in Richtung Brustwarze massieren, fängt die Milch an zu fließen. Am besten ist aber immer, das Kind richtig ansaugen zu lassen und es so oft und so lange es will zu stillen.

»Durch die Antibiotika wurde mein Kind wund, aber sonst ging es ihm gut. Ich war sehr froh, daß ich weiterstillen konnte.«

Sind die Milchgänge verstopft, werden Bestandteile der Milch in die umliegenden kleinen Blutgefäße und das Bindegewebe gepreßt, wodurch der Stau immer größer wird. In diesem Stadium können Sie bereits einen richtigen Knoten ertasten. Der Körper reagiert auf die Milchbestandteile im Blut wie auf eine inkompatible Bluttransfusion und wehrt sich gegen das fremde Eiweiß. Sie bekommen Fieber, der Puls wird schneller, und Sie fühlen sich schlapp wie bei einer Grippe. Das sind typische Anzeichen für eine Mastitis, die zu diesem Zeitpunkt aber noch nicht unbedingt entzündlich sein muß. Man könnte auch von einer »nichtinfektiösen Brustentzündung« sprechen. Das Fieber ist eine Reaktion des Immunsystems gegen das fremde Eiweiß im Blut. Grund für diese Art der Entzündung ist in der Regel eine falsche Stilltechnik, durch die die Brust nicht ausreichend geleert wird.

Auch hier ist die beste Therapie die Förderung des Milchflusses. Die Brust zu »schonen« wirkt sich dagegen schädlich aus. Legen Sie das Kind möglichst oft an, und stillen Sie es solange wie möglich.

Wird ein gewöhnlicher Milchstau nicht rechtzeitig aufgelöst, kann es zu einer bakteriellen Infektion der Brust kommen, die dann mit Antibiotika behandelt werden muß.[12]

Stillen Sie auch in dieser Situation Ihr Kind weiter, denn wenn Sie jetzt abstillen, besteht die Gefahr, daß Sie einen Abszeß entwickeln, eine Eiteransammlung in der Brust, die nur durch einen Schnitt wieder abfließen kann.

Je nachdem, wo der Abszeß sich befindet, müssen Sie das Stillen an der jeweiligen Brust für ein paar Tage unterbrechen, um allzu große Schmerzen zu vermeiden. So bald als möglich sollten Sie das Kind jedoch wieder anlegen, sonst besteht die Gefahr, daß sich ein zweiter Abszeß entwickelt.

Wenn die Milch nicht ausreicht

Das Baby schreit mal wieder, und Arzt oder Hebamme sind besorgt, weil das Kind nicht zunimmt, und raten zur Ernährung mit Fertigmilch. Sie fühlen sich verunsichert und versuchen vergeblich, die Milch auszudrükken. Außerdem stellen Sie fest, daß die Brüste nicht mehr so prall sind wie in den ersten sechs Wochen nach der Geburt. Spätestens jetzt schrillt die Alarmglocke: »Ich habe nicht genug Milch!« Es ist schwer, in dieser Situation die Ruhe zu bewahren, denn beim Stillen sehen Sie ja nicht wie bei der Flasche, wieviel das Kind tatsächlich trinkt. Manche junge Frau hätte vielleicht lieber Brüste aus durchsichtigem Plastik, die dem Kind aber natürlich nicht die Geborgenheit echter Brüste geben und auch nicht so optimal auf seine Bedürfnisse eingehen könnten.

Wir müssen zunächst berücksichtigen, daß Muttermilch leichter und schneller verdaut wird als adaptierte Kuhmilch. Deshalb möchte ein Säugling gewöhnlich alle zwei bis zweieinhalb Stunden gestillt werden. Der Drei- bis Vierstundenrhythmus ist eine Erfindung der modernen Medizin, die eine Ernährung mit Fertigmilch für wissenschaftlich besser hielt und dadurch eine bessere Kontrolle der kindlichen Ernährung gewährleistet sah.

In der Anfangszeit des Stillens hat das Kind oft drei bis vier Mal am Tag Stuhlgang. Das kann später auf bis zu einmal in zwei Tagen zurückgehen, da die Muttermilch nahezu vollständig verdaut wird. Die Verdauung ist zwar bei jedem Kind wieder anders, Sie brauchen aber beim voll gestillten Kind keine Verstopfung zu befürchten. Wenn sich das Stillen eingespielt hat, sind Ihre Brüste auch nicht mehr so prall wie am Anfang, höchstens noch früh am Morgen oder wenn das Kind eine Mahlzeit übersprungen hat. Entspannte Brüste deuten jedoch nicht auf geringere Milchmengen hin.

Am Anfang kann es auch passieren, daß zwischen den Mahlzeiten Milch aus der Brust tropft. Haben sich die Brüste der Milchproduktion angepaßt, haben Sie einen Anhaltspunkt weniger für das Vorhandensein von Milch. Das heißt jedoch nicht, daß die Milchmenge sich verringert hätte. Ihre Brüste haben sich lediglich an das Stillen eines älteren Säuglings gewöhnt. Ausdrücken oder Abpumpen von Milch fällt Frauen unterschiedlich leicht und ist auch stimmungsabhängig. Es gibt Frauen, die trotz des Stillens die Milch nicht mit der Hand ausdrücken können. Auch unterscheiden sich Qualität und Leistung von Milchpumpen, die allerdings niemals das Saugen des Kindes wirklich nachahmen können. Milchpumpen stimulieren nicht die Nervenenden im Warzenhof, bewirken also auch nicht einen Prolaktinschub wie beim Stillen. Sie können auch nicht die angenehmen Empfindungen vermitteln, die das Kind an der Brust auslöst, was ebenfalls zur Hemmung des Milchflusses beitragen kann. Sie setzen sich nur unter Streß, wenn Sie versuchen, die Menge Ihrer Milchproduktion durch Abpumpen zu überprüfen. Wenn das Abpumpen nicht ergiebig ist, glauben Sie deshalb nicht, Sie hätten zuwenig Milch.

Natürlich machen Sie sich Sorgen, wenn Ihr Kind nicht zunimmt. Sie haben das Gefühl, niemand traue Ihnen zu, das Kind ausreichend mit Milch zu versorgen. Vielleicht erscheint Ihnen der Wunsch zu stillen jetzt übertrieben, und Sie haben ein schlechtes Gewissen, weil Sie Ihrem Kind Nahrung vorenthalten.

Ihnen wird empfohlen, mehr Flüssigkeit zu sich zu nehmen, vor allem mehr Milch zu trinken. Dafür besteht aber überhaupt kein Anlaß. Trinken Sie, soviel Sie wollen. Vielleicht haben Sie beim Stillen tatsächlich mehr Durst; manche Frauen trinken während des Stillens ein Glas Wasser oder Fruchtsaft. Wenn Sie keine Milch mögen, müssen Sie auch keine trinken. Milch hat keinen Einfluß auf die Milchbildung in Ihrem Körper; Kühe trinken auch keine Milch.

Eine Ernährungsumstellung der Mutter hat ebenfalls keinen Einfluß auf die Milchproduktion, außer bei hochgradiger Unterernährung. In Gambia verändert sich die Milchmenge der Frauen je nach Jahreszeit nur geringfügig, abhängig davon, ob sie Hunger leiden müssen oder einigermaßen gut ernährt sind. Die Qualität der Milch ändert sich dadurch überhaupt nicht.[13] Sie müssen sich nicht zwingen, Dinge zu essen, die Sie nicht mögen, oder sich unnötig vollstopfen. Frauen produzieren ausreichend Milch selbst dann, wenn sie sich nicht gut ernähren. Während einer Hungersnot in Äthiopien wurde beobachtet, daß auch die Kinder stark unterernährter Frauen prächtig gediehen.

Gewichtstabellen orientieren sich an der Entwicklung von Flaschenkindern. Die Gewichtszunahme gestillter Kinder verläuft nach einem anderen Rhythmus. Meist nehmen sie in den ersten acht bis zwölf Wochen schneller zu, später verlangsamt sich das Tempo, und mit sechs Monaten nehmen sie meist langsamer zu als Flaschenkinder, die in diesem Alter oft sehr dick sind.

Viele Stillkinder nehmen sprunghaft und unregelmäßig zu. In einer Woche sind es 60 Gramm, dann wieder 250 Gramm, dann vielleicht 150 Gramm oder 300 Gramm, oder es verändert sich gar nichts. Wichtig ist allein, daß insgesamt eine Gewichtszunahme erfolgt.

Nimmt Ihr Kind nur langsam zu, überprüfen Sie zunächst, ob es beim Stillen die Brust richtig erfaßt. Mit zunehmendem Wachstum müssen Sie vielleicht die Stillposition verändern, damit Ihr Kind sich mit dem Mund wieder auf gleicher Höhe mit der Brustwarze befindet.

Nimmt das Kind trotzdem nicht zu, muß die Milchmenge gesteigert werden. Zu diesem Zweck eignet sich der 24-Stunden-Plan.

Der 24-Stunden-Plan zur Steigerung der Milchmenge

Der Grundgedanke dieses Planes ist, daß Sie die Stillbedürfnisse Ihres Kindes genau beachten. Widmen Sie sich deshalb einen Tag lang ausschließlich dem Stillen. Wenn jemand anders Ihre häuslichen Pflichten übernehmen kann, haben Sie Zeit und Muße, genügend Milch zu produzieren. Am besten bleiben Sie den ganzen Tag über im Bett, dort können Sie sich ungestört dem Baby zuwenden. Sie müssen nicht mehr trinken als sonst, lassen Sie sich ganz von Ihren Bedürfnissen leiten. Wenn Sie sich die Mahlzeiten ans Bett bringen lassen können, können Sie diese Phase besonders entspannt genießen.[14]

»Ohne die Zuversicht und Unterstützung meines Mannes hätte ich das nie geschafft.«

Wenn es Ihnen nicht möglich ist, vierundzwanzig Stunden am Stück freizunehmen, können Sie sich vielleicht an mehreren Vor- oder Nachmittagen hintereinander mit dem Kind zurückziehen, um Milch zu produzieren. Gegebenenfalls nehmen Sie einen Vorrat an Spielsachen und Bilderbüchern mit, damit das ältere Geschwisterchen teilnehmen kann. Sie werden staunen, wie gut Ihr Baby trinkt, während sie mit dem älteren Kind »Sesamstraße« anschauen.

Nicht ständig wiegen

Früher war es üblich, einen Säugling, der nicht genug zunahm, vor und nach jeder Stillmahlzeit zu wiegen, um die Trinkmenge zu ermitteln. Bei diesem Verfahren lassen sich aber kaum genaue Ergebnisse erzielen. Abgesehen davon, daß die Waagen oft ungenau sind, müßte ein Kind tatsächlich vierundzwanzig Stunden lang bei jeder Mahlzeit gewogen werden, um genaue Meßergebnisse zu bekommen, denn Kinder trinken bei den Mahlzeiten unterschiedlich große Mengen, da sie, wie Erwachsene, nicht immer gleich hungrig sind.

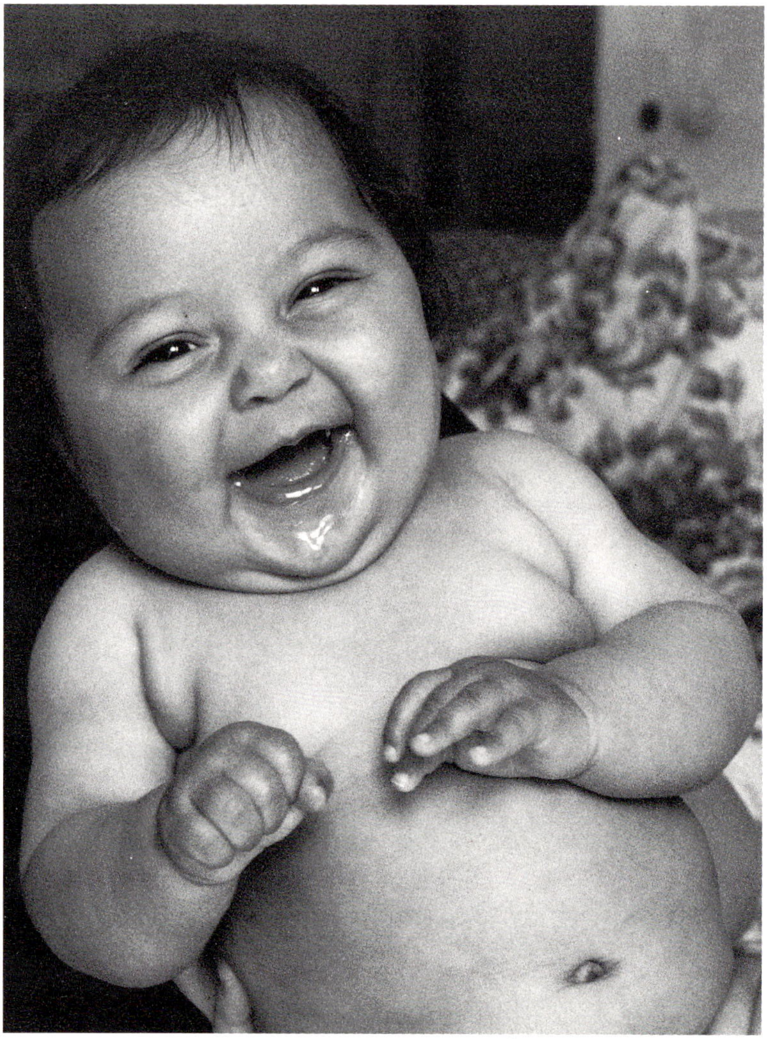

Ständiges Wiegen trägt höchstens zur Verunsicherung der Stillenden bei. Es vermittelt ihr das Gefühl, überwacht zu werden, und verringert ihre Motivation weiterzustillen. Befürchten Sie, zu wenig Milch zu produzieren, und wird Ihnen empfohlen zu wiegen, weisen Sie darauf hin, daß wissenschaftlich erwiesen ist, daß Wiegen sich negativ auf das Stillen auswirkt. Beurteilen Sie selbst, ob Ihr Kind gedeiht, indem Sie es in den Arm nehmen und anschauen. Ein gutgenährter Säugling ist lebhaft, hat strahlende Augen, feste Muskeln und rundliche Arme und Beine. Auch die Anzahl nasser Windeln zeigt, ob das Kind genug Milch bekommt. Wird keine andere Flüssigkeit außer Muttermilch gefüttert, sind sechs bis acht nasse Windeln am Tag normal.

Wieder berufstätig

Wollen Sie wieder zur Arbeit gehen, müssen Sie entscheiden, ob Sie zur Flaschenernährung übergehen wollen, ob Sie weiter stillen, also die Milch ausdrücken und für die Zeit Ihrer Abwesenheit kühlstellen wollen, oder ob Sie Flaschennahrung und Muttermilch kombinieren wollen.
Dabei spielt auch das Alter des Kindes eine Rolle. Für die Gesundheit des Kindes und die Mutter-Kind-Bindung wird empfohlen, mindestens vier Monate lang zu stillen. Eine voll berufstätige Frau, die dazu noch einen langen Anfahrtsweg zur Arbeit und keine Kinderbetreuung im Betrieb hat, wird dieser Empfehlung kaum nachkommen können. Vielleicht ist der Arbeitgeber mit einem allmählichen Wiedereinstieg in den Beruf einverstanden, so daß der Arbeitstag am Anfang kürzer ist.
Nur wenige Frauen können das Kind an den Arbeitsplatz mitnehmen. Planen Sie also rechtzeitig vor. Flaschensauger schmecken und riechen anders als die Brust und fühlen sich anders an. Manche Babys müssen sich lange daran gewöhnen. Ersetzen Sie mit der Flasche zuerst eine der Mahlzeiten, die in Ihre spätere Arbeitszeit fallen. Geben Sie dem Kind mindestens eine Woche, sich daran zu gewöhnen. Dann ersetzen Sie eine weitere Mahlzeit, die in Ihre Arbeitszeit fällt, und so fort. Insgesamt kann die Umstellung fünf bis sechs Wochen dauern. Ein gestilltes Kind nimmt die Flasche von einer dritten Person oft lieber an als von der Mutter, von der es die stillende Brust gewöhnt ist. Deshalb sollte bereits in der Gewöhnungsphase Ihr Partner oder eine andere Betreuungsperson die Flasche geben.
Wollen Sie Stillen und Flaschenernährung miteinander kombinieren, behalten Sie am besten die Stillmahlzeiten am Morgen und am späten Abend bei, wenn meist noch genügend Milch vorhanden ist. Hat sich die Milchproduktion nach drei oder vier Monaten eingespielt, dürfte das kein großes Problem sein. Viel schwieriger ist es, wenn der Säugling noch keine vier Monate alt ist. Haben Sie besonders viel Milch, kann die kombinierte Brust-Flaschenernährung zu unangenehmem Milchüberschuß führen; die Brüste schwellen schmerzhaft an, oder Milch tritt während der Arbeit aus. In diesem Fall brauchen Sie einen Rückzugsort, um die Milch entweder auszudrücken oder abzupumpen.
Vielleicht haben Sie sich dafür entschieden, das Kind weiter voll mit Muttermilch zu ernähren. Dann gibt es zwei Möglichkeiten: Entweder bewahren Sie Ihre eigene Milch auf, die dem Kind von einer dritten Person mit Flasche oder Becher verabreicht wird, eine Lösung, die viel Organisation erfordert; oder Sie finden einen Betreuungsplatz für Ihr Kind in der Nähe der Arbeitsstelle und regeln mit Ihrem Arbeitgeber, daß Sie in den Pausen oder zu anderen passenden Zeiten zum Stillen weggehen können.
Wollen Sie Ihr Kind mit ausgedrückter Milch weiterfüttern, fangen Sie mindestens vier Wochen vor Arbeitsbeginn damit an, die Milch mit der

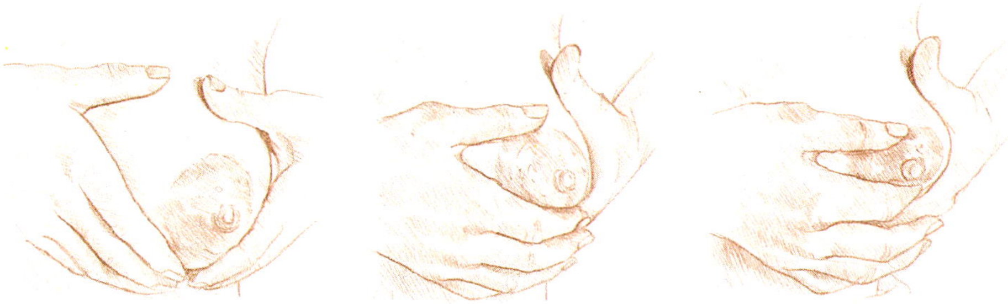

»Ich drücke die Milch in eine Thermosflasche aus, die ich in den Kühlschrank der Kantine stelle. Zu Hause wird sie dann für die Mahlzeiten am nächsten Tag kühlgestellt.«

Hand oder mit einer Milchpumpe auszudrücken beziehungsweise abzupumpen und einzufrieren. Am besten gewinnen Sie die Milch nach der Stillmahlzeit oder zwischen den Mahlzeiten. Sie können die Milch auch schon am frühen Morgen ausdrücken, wenn die Brüste ganz prall sind und besonders viel Milch hergeben. Wollen Sie bei der morgendlichen Mahlzeit aber mit Ihrem Kind viel schmusen, können Sie die Milch auch unmittelbar nach dem Stillen ausdrücken.

Das Abpumpen der Milch ist am Anfang nicht ganz einfach. Säuglinge können die Milch viel besser aus der Brust ziehen als Milchpumpen. Leichter geht es, wenn vor dem Abpumpen der Milchflußreflex in Gang gebracht wird. Die benötigten Geräte sollten vor Gebrauch immer sterilisiert werden. Stellen Sie ein Glas Wasser neben sich, damit Sie etwas zu trinken haben. Legen Sie einen warmen Waschlappen auf die Brust und massieren Sie sanft von den Achseln in Richtung des Warzenhofs. Auch die Stimulation der Brustwarzen kann den Milchfluß fördern. Manche Frauen müssen nur ans Stillen denken, und die Milch fließt heraus. Wenn die Milch vor dem Ausdrücken oder Abpumpen bereits heraustropft, können Sie größere Mengen gewinnen.

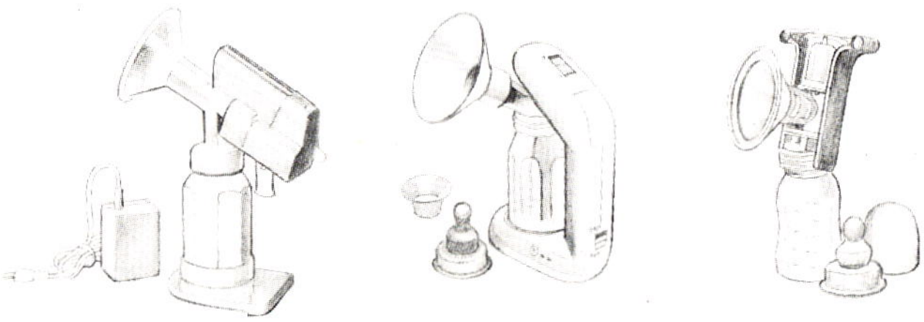

Verschiedene Modelle von Milchpumpen

Am Arbeitsplatz suchen Sie sich einen ruhigen Raum, wo Sie die Milch ungestört und möglichst zu den üblichen Stillzeiten ausdrücken können.

All dies mag äußerst umständlich klingen, und vielleicht sind Sie dem Spott der Arbeitskollegen ausgesetzt. Doch wenn Sie Ihr Vorhaben mit ruhiger Entschlossenheit verfolgen, können Sie Ihr Kind noch monatelang mit Ihrer eigenen Milch ernähren.

Oft können Frauen sogar ohne zwischenzeitliches Ausdrücken die Milchmenge konstant halten. Auf den Fidschiinseln stillen viele Frauen nur ein- oder zweimal am Tag, ohne zwischendurch auszudrücken.[15] Bei einem Versuch mit dreißig kanadischen Müttern konnte die Milchproduktion bei diesem Stillrhythmus beliebig lang aufrechterhalten werden; die berufstätigen Mütter hielten das »Minimalstillen« durchschnittlich 19,77 Wochen durch. Selbst wenn Sie die Milch also nicht ausdrücken wollen, können Sie unter Umständen trotz Berufstätigkeit weiter stillen.

Abstillen

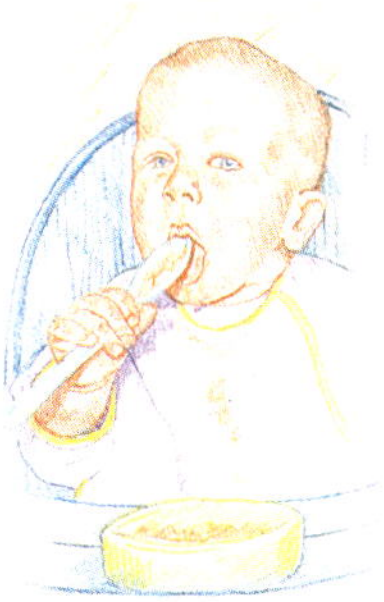

»Abstillen« klingt oft, als werde dem Kind etwas vorenthalten. Man kann es aber auch so ausdrücken, daß dem Kind zusätzlich zur Milch etwas gegeben wird und es damit neue Geschmacksreize ausprobieren kann. Die Umstellung der Ernährung sollte allmählich geschehen.

Die meisten Kinder mögen schon ab dem sechsten Lebensmonat zusätzliche Nahrung. In diesem Alter geben Sie am besten Lebensmittel, mit denen das Kind im Mund herumspielen und die es schlürfen kann. Sobald die ersten Zähne durchkommen, mögen die Kinder auch Zwieback, den sie kauen und zerdrücken können. Trotzdem sollte im ersten Lebensjahr die Milch immer noch den Hauptbestandteil der Nahrung bilden.

Geben Sie dem Kind zunächst Reiskekse, um einer Unverträglichkeit von Weizen vorzubeugen. Ab dem siebten Monat bilden die stark eisenhaltigen Obst- und Gemüsebreie eine sinnvolle Ergänzung zur Muttermilch. Bieten Sie Ihrem Kind alle Speisen nur in kleinsten Mengen an und beobachten Sie, wie es die jeweilige Speise verträgt, bevor Sie sie ihm wieder füttern.

Als Abstillen wird oft auch der Übergang von der Muttermilch zur Fertigmilch verstanden. Auch die Umgewöhnung auf die Flasche sollte ganz allmählich vor sich gehen; ersetzen Sie pro Woche eine Stillmahlzeit mit der Flasche. Manche Kinder nuckeln gern, andere weniger gern. Sie müssen deshalb selbst beurteilen, ob Sie Ihr vielleicht sieben Monate altes Kind erst an die Flasche oder gleich an die Tasse gewöhnen wollen.

Sobald Sie zusätzliche Nahrung zufüttern, verringert sich Ihre Milchmenge. Wenn Sie sich zum Stillen aber trotzdem sehr viel Zeit nehmen, kann die Milchmenge konstant bleiben, selbst wenn Sie zwei Mahlzeiten am Tag bereits ersetzen. Das ist vor allem für Frauen interessant, die wieder arbeiten, aber keine Kinderbetreuung im Betrieb haben. Die Milchproduktion kann auch durch regelmäßiges Ausdrücken während der Arbeitszeit gefördert werden. Falls ein Kühlschrank zur Verfügung steht, kann die Milch für das Kind aufbewahrt werden. Die meisten Milchpumpen haben eine Flasche, die dafür geeignet ist.

Selbst wenn das Stillen am Anfang sehr mühevoll war, lohnt es sich, diese einzigartige körperliche und emotionale Beziehung zu einem kleinen, abhängigen und der Mutter völlig vertrauenden Wesen aufzubauen.

Viele stillwillige Frauen in unserer Gesellschaft erhalten keine geeignete Unterstützung. Sie sind isoliert, werden nicht ermutigt oder sehen sich Kritik ausgesetzt, wenn sie auf ihrem Wusch bestehen. Kein Wunder, daß so viele auf Fertigmilch übergehen. Sicher gibt es in Ihrer Umgebung Stillgruppen und Stillberaterinnen, die Ihnen helfen können.

Für manche Frauen ist das Stillen völlig unkompliziert, für andere ist es eine Kunst, die erst erlernt werden muß. Dabei ist von Vorteil, wenn Sie andere Frauen mit Stillerfahrung kennen, die Ihnen bei der Bewältigung der auftretenden Probleme helfen können. Dann wird das Stillen sicher gelingen.

6

Gesunde Ernährung

Wenn eine Frau ein Baby hat, bleibt ihr nur wenig Zeit, über Ernährung nachzudenken, vom Einkaufen und Zubereiten der Mahlzeiten ganz zu schweigen. Vor der Geburt des Kindes hat sie vielleicht an gemütlichen Essen zu zweit Freude gehabt oder streng auf eine ausgewogene Ernährung geachtet; jetzt wird sie beim Stillen von ihrem Partner mit einem Käsebrot gefüttert oder schlingt nebenher einen Riegel Schokolade hinunter, weil im Augenblick nichts anderes da ist, womit sie ihren Hunger stillen könnte. Ganz hinten im Kühlschrank schimmeln irgendwelche Lebensmittel vor sich hin, da das Ausräumen im Moment zu viel Mühe macht, und das Obst von letzter Woche vergammelt in der Schüssel, weil es zu kompliziert ist, es mit einer Hand zu schälen.

In allen Büchern wird der Mutter empfohlen, vor allem während der Stillzeit auf die Ernährung zu achten; also versucht sie zu berechnen, ob sie genügend Vitamine und Spurenelemente zu sich nimmt. In Zeitschriften liest sie unterdessen, daß sie ihren Ehemann nicht vernachlässigen darf; sie muß ihn vor dem Geschrei des Babys abschirmen, ihm zuliebe ein hautenges Kleid tragen und sein Lieblingsessen kochen für den Fall, daß er eine Abneigung gegen das Kind entwickelt, weil es seine Beziehung zu seiner Frau stört. Während sie das Baby im Arm hält, das bereits seit fünfundvierzig Minuten an ihrer Brust liegt, und dabei eine Packung Kekse verdrückt, fragt sie sich, was eigentlich mit ihr los ist. Warum bekommt sie ihre Situation nicht in den Griff?

Für viele Frauen in Europa und Amerika ist Essen mit Schuldgefühlen verbunden. Wir glauben, daß wir nicht so viel essen sollten oder daß wir das Falsche essen. Entspannen Sie sich beim Essen und lassen Sie es sich schmecken, gerade wenn Sie ein Baby haben und dadurch neuen Belastungen ausgesetzt sind. Vielleicht fehlt Ihnen die Zeit, ein Cordon bleu mit allem Drum und Dran zuzubereiten oder es so zu servieren wie auf den Abbildungen in Zeitschriften und Kochbüchern, aber immerhin können Sie es genießen und es anschließend in Ruhe verdauen.

Wenn man ein Baby hat, ist die Ausgewogenheit der Speisen eher Nebensache. Entwickelt das Kind mit zunehmendem Alter eigene Vorlieben und Abneigungen und spuckt alles aus, was ihm nicht schmeckt, oder müssen gleichzeitig mehrere Kinder versorgt werden, werden Ihnen gekochte Bohnen, eine Kartoffel und ein Becher Orangensaft oft wie die herrlichsten Speisen vorkommen.
Solange Sie also nicht gerade eine ausgeprägte Vorliebe für sehr süße oder fette Speisen, künstliche Konservierungsmittel und Farbstoffe haben, brauchen Sie sich wegen Ihrer Ernährung keine Sorgen zu machen. Diese Empfehlung widerspricht anderen Ratschlägen, die Sie bekommen werden. Aber solange Sie in etwa wissen, was Sie und Ihr Kind gesund ernährt, brauchen Sie keine übertriebenen Ängste zu kultivieren. Natürlich wollen Sie eine gute Mutter sein, aber dazu gehört, daß Sie (zumindest

gelegentlich) entspannt und zufrieden sind und sich an Ihrem Kind freuen. All das fällt Ihnen viel schwerer, wenn Sie sich über jeden Bissen Sorgen machen.

Ernährung während der Stillzeit

Die Ernährung der Frau wirkt sich auf die Zusammensetzung der Muttermilch aus. Dies ist jedoch normalerweise nur bei extremer Über- oder Unterernährung von Bedeutung.[1] Schon seit langem gilt, daß selbst eine unterernährte Frau ein wohlgenährtes Brustkind haben kann, wenn auch vielleicht auf Kosten der eigenen Gesundheit. Der englische Schriftsteller Anthony Trollope bemerkte dazu 1847: »Die Frage, warum arme Frauen, die nicht mit kaltem Hühnchen und Portwein verwöhnt werden, ihre Kinder mühelos ernähren, während reiche Frauen, die nur die besten Speisen und Getränke zu sich nehmen, dies nicht können, sollten Ärzte und Mütter unter sich klären.«
Vermutlich nimmt jede Frau, die dieses Buch liest, genügend Eiweiß, Vitamine, Mineralien und andere Nährstoffe zu sich, es sei denn, sie ist extrem knapp bei Kasse oder macht gerade eine radikale Schlankheitskur oder eine andere Reduktionsdiät.

Eiweiß

Eiweiß trägt wesentlich zum Wiederaufbau des bei der Geburt möglicherweise geschädigten Gewebes bei. Tierisches Eiweiß ist sozusagen »gebrauchsfertig«, deshalb reichen hier relativ geringe Mengen aus. Eiweiß ist freilich nicht nur in Fleisch, Fisch, Eiern, Käse und Milch enthalten, obwohl diese Nahrungsmittel früher als vorrangige Eiweißlieferanten galten. Ernährungswissenschaftler stellten fest, daß die Nahrung des Großteils der Weltbevölkerung nur zu einem geringen Teil aus tierischem Eiweiß besteht und daß ganze Bevölkerungsgruppen sich vorwiegend von pflanzlichem Eiweiß in Form von Getreide, Gemüse, Nußöl und Beeren ernähren und nur gelegentlich tierisches Eiweiß zu sich nehmen. Die italienische Küche kennt zahlreiche Reis- und Nudelgerichte, die viel pflanzliches Eiweiß enthalten, oft zusätzlich mit etwas Käse verfeinert.
Für die Stillzeit wird häufig eine eiweißreiche Ernährung empfohlen. Dies wirft die Frage auf, wie Tausende von Frauen in Entwicklungsländern, die selbst nicht genug zu essen haben, es schaffen, ihre Kinder zu stillen, während Frauen in sogenannten Wohlstandsgesellschaften damit oft Schwierigkeiten haben. Es stimmt zwar, daß Frauen in der Stillzeit mehr Appetit haben, aber sie müssen keineswegs über ihren Hunger essen oder sich mit Proteinen vollstopfen, um die Milchproduktion anzuregen.
Obwohl ich seit meiner Kindheit Lakto-Vegetarierin bin, habe ich meine fünf Kinder problemlos gestillt, ohne mich in irgendeiner Weise entkräftet zu fühlen. Tatsächlich befassen sich Vegetarier eingehender mit Nährwerten von Lebensmitteln als viele Fleischesser, vor allem wenn sie Kinder

haben. Zu den Eiweißlieferanten von Vegetariern gehören Sojabohnen, Tofu, Sojapaste, Sojasoße, Sojamilch und Sojamehl, ferner Hülsenfrüchte wie Linsen, Mungbohnen, Langbohnen, Asuki-Bohnen, grüne Bohnen, Gartenbohnen, weiße Bohnen, Kichererbsen und andere getrocknete Erbsensorten, Körner wie Kürbiskerne, Sonnenblumenkerne und Sesamkörner, Nüsse wie Pistazien, Mandeln, Cashewkerne, Walnüsse, Paranüsse, Haselnüsse und Erdnüsse, Weizenkeim- und Vollkornmehl, Weizenschrot, Roggenmehl, Buchweizenmehl, Buchweizen, Gerste, Vollkornreis, Hafer und Hafermehl, Hefeextrakt und Saubohnen, des weiteren Käse wie Cheddarkäse, Parmesan, Brie und Hüttenkäse, Joghurt und Eier. Die verschiedenen Getreide lassen sich mit Milchprodukten oder Hülsenfrüchten kombinieren, diese wiederum mit Nüssen und Körnern.

Je eiweißreicher die Nahrung ist, desto mehr Milch bildet sich, obwohl der verhältnismäßige Anteil von Eiweiß an den Bestandteilen der Muttermilch sinkt. Die Produktion eiweißreicher Milch hängt davon ab, ob Sie genügend *Kalorien* zu sich nehmen. Vergleicht man den Eiweißgehalt der Milch von Müttern in Indien mit dem der Milch von Frauen in Schweden oder in den Vereinigten Staaten, wird man kaum einen Unterschied feststellen, obwohl niemand genau weiß, warum. Die Fettsäurestruktur der Milch basiert allerdings darauf, welche Arten von Fett Sie zu sich nehmen.[2]

Vitamine

Paradoxerweise neigen diejenigen, die sowieso gesund leben, in der Regel auch eher dazu, zusätzliche Vitamine zu sich zu nehmen, als diejenigen, die sich ungesund ernähren.[3] Dazu kommt, daß die falschen Leute die falsche Vitaminmenge zu sich nehmen.[4] Pillen zu schlucken ist kostspielig und sogar gefährlich; zwar wird bei einer übermäßigen Einnahme von Vitamin C und Eisen das meiste wieder ausgeschieden, aber eine Überdosis etwa an Vitamin D kann für den Körper giftig sein.

Die Nahrung schwangerer und stillender Frauen in unserer Wohlstandsgesellschaft enthält meist zu wenig Folsäure, welche für eine normale Zellfunktion und die Produktion der roten Blutkörperchen unentbehrlich ist. Auch in den meisten Multi-Vitamin-Präparaten ist Folsäure nicht enthalten. Im Laden wird sie in Dosen zu 300 Mikrogramm in Verbindung mit Vitamin B_{12} und Eisen angeboten. Der Bedarf an Folsäure läßt sich aber auch mit getrockneten Bohnen, grünem Gemüse wie Spinat, Vollkornbrot, Orangen und Orangensaft decken. Durch die gleichzeitige Aufnahme von reichlich Vitamin B und C mit der Nahrung wird die Absorption der Folsäure verbessert. Leber enthält zwar viel Folsäure, aber da sich die Giftstoffe, die das Tier mit dem Futter aufnimmt, auch in der Leber speichern, sollte auf deren Genuß verzichtet werden. Zudem kann in der Leber von Tieren, deren Futter mit Vitamin A angereichert wurde, der Anteil an diesem Vitamin so hoch sein, daß es im Frühstadium der Schwangerschaft beim Fötus zu Mißbildungen kommt. Deshalb wird jeder Schwangeren davon abgeraten, Leber oder Leberprodukte zu essen.[5]

Vitamin B trägt zwar zur Milchproduktion bei, spielt aber zu Beginn der Schwangerschaft wohl eine wichtigere Rolle als nach der Geburt. In Großbritannien haben Hebammen den Frauen früher empfohlen, Guinness zu trinken, weil Bierhefe viel Vitamin B enthält, und in einigen Krankenhäusern war Guinness sogar umsonst erhältlich. Durch den Verzehr von Vollkornprodukten und tierischem Eiweiß in jeder Form läßt sich Vitamin-B-Mangel aber vermeiden. Die ersten Anzeichen für Vitamin-B-Mangel sind Müdigkeit, Reizbarkeit und seelische Labilität. Wahrscheinlich stellen die meisten Mütter am Ende eines langen Tages diese Anzeichen bei sich fest. Bei wunden Stellen am Mund oder eingerissenen Mundwinkeln kann Riboflavin (Vitamin B_2) helfen. Es ist in Eiern, Bohnen und Milch enthalten. Mit einem pochierten Ei oder gedünsteten Bohnen auf einem Vollkorntoast können Sie einem Mangel vorbeugen.

Aber was sollen Frauen tun, die keine Milchprodukte essen? Stillende Vegetarierinnen müssen unbedingt zusätzlich Vitamin B_{12} zu sich nehmen, weil dieses Vitamin für das Nervensystem des Babys und seine geistige Entwicklung wichtig ist; ein Vitamin-B_{12}-Mangel kann eine schwere Anämie zur Folge haben. Vitamin-B_{12}-Präparate sind rezeptfrei erhältlich.[6]

Bei Blutverlust infolge der Geburt oder aufgrund wiedereinsetzender Menstruation hilft eine eisenhaltige Ernährung, das verlorengegangene Hämoglobin zu ersetzen. Zur besseren Absorption des Eisens sollte dem Körper außerdem reichlich Vitamin C zugeführt werden – etwa in Form von Orangen. Eine Frau verliert bei jeder Periode 30 Milliliter Blut, das sind 0,5 Milligramm Eisen pro Tag, bei einer starken Periode mehr. Im Fall einer kalorienreduzierten Diät ist es schwierig, allein mit der Nahrung genügend Eisen aufzunehmen, deshalb muß dann zusätzlich ein Eisenpräparat eingenommen werden.[7] In der Muttermilch einer Frau, die während der Schwangerschaft nicht genügend Vitamin A zu sich genommen hat und deren Nahrung in der Stillzeit ebenfalls zu wenig Vitamin A enthält, ist von diesem Vitamin entsprechend wenig enthalten. Doch jede Frau, die Karotten, anderes Gemüse, Butter, Fisch oder Fleisch ißt, kann damit ihren Bedarf an Vitamin A decken, es sei denn, sie leidet an einer Darmerkrankung, die die Absorption beeinträchtigt. Die Muttermilch von Frauen, die sich fast ausschließlich von geschliffenem Reis ernähren, enthält nur wenig Thiamin (Vitamin B_1), und der Gehalt an Riboflavin wiederum hängt von der Versorgung mit diesem Vitamin ab. Wer jedoch täglich Vollkornflocken oder Brot zu sich nimmt, braucht sich um seinen Vitamin-B-Haushalt keine Gedanken zu machen. Der Vitamin-C-Gehalt der Muttermilch ist ebenfalls unterschiedlich, jedoch kann bei der Milchproduktion Vitamin C erzeugt und somit ein Mangel ausgeglichen werden.[8]

Ausgewogene Ernährung

Nach einer Schädigung des Beckenbodens trägt eine ballaststoffreiche Ernährung zur Vermeidung von Verstopfung bei; jede Anstrengung beim Stuhlgang belastet die Beckenbodenmuskulatur. Essen Sie Vollkornbrot, Müsli und Haferflocken, getrocknete Hülsenfrüchte, Naturreis, Gemüse und Obst. Falls Ihr Darm zusätzliche Unterstützung braucht, besorgen Sie sich eine Packung Kleie – die äußere Schale des Weizenkorns – und streuen Sie sie über Suppen oder Getreideflocken. Zwei Eßlöffel pro Tag genügen. Wenn Sie Kleie essen, sollten Sie außerdem sechs Gläser Wasser am Tag trinken.

»Das Baby schrie unaufhörlich, und ich reduzierte meinen Speiseplan immer mehr, bis ich bei Reis und Kartoffeln angelangt war. Aber das Baby schrie immer noch, und ich war am Verhungern!«

Frauen, die während der Schwangerschaft stark zugenommen haben, möchten die überzähligen Pfunde wahrscheinlich so rasch wie möglich wieder loswerden, doch jetzt ist nicht die richtige Zeit für eine Schlankheitskur. Am besten schränkt man den Genuß von fetten Speisen ein und ißt statt dessen viel Salat, frisches oder tiefgefrorenes Gemüse und Obst, Kartoffeln, Brot und andere Getreideprodukte, die man mit Kräutern und Gewürzen zubereiten kann. Wenn Sie Zeit haben, sehen Sie sich in der Buchhandlung nach Kochbüchern mit Rezepten der mediterranen Küche aus Süditalien, Spanien, Griechenland, der Türkei und dem übrigen Nahen Osten um. Olivenöl enthält ungesättigte Fettsäuren und ist – in geringen Mengen verwendet – gesünder als Butter.

Stillen macht durstig, deshalb ist es sinnvoll, immer einen Vorrat an Säften und Milch im Kühlschrank zu haben und sich, je nach Geschmack, mit verschiedenen Tees einzudecken. Sie müssen allerdings nicht mehr trinken, als sie wirklich wollen. Lassen Sie sich von Ihrem Durst leiten, denn übermäßige Flüssigkeitsaufnahme reduziert die Milchproduktion.[9]

In allen Gesellschaften scheint es bestimmte Regeln zu geben, was eine stillende Mutter essen darf und was nicht. In Großbritannien glaubt man, Weintrauben, Zwiebeln, Knoblauch und Curry wirkten sich nachteilig auf die Muttermilch aus und verursachten Koliken. Wenn das stimmen würde, wäre unklar, wie Babys im südlichen Mittelmeerraum und in Indien überleben. Zumindest würde man erwarten, daß sie die meiste Zeit schreien. In Wirklichkeit aber hört man gerade dort nur selten ein Baby schreien. Denkbar ist dagegen, daß Nahrung, die Sie nicht gewohnt sind, Auswirkungen auf das Kleinkind hat. Einige Babys scheinen mit einem großen Anteil an Milcheiweiß in der Nahrung der Mutter nicht zurechtzukommen. Schränkt die Frau den Genuß von Milch und Käse ein oder verzichtet ganz darauf und ernährt sich statt dessen von pflanzlichem Eiweiß, hat das Baby vermutlich weniger Verdauungsstörungen und schreit seltener. Häufig werden Nahrungsmittel empfohlen, die die Milchproduktion steigern sollen. Eine entsprechende Wirkung ist meist nicht nachgewiesen, aber wenn

Sie *glauben,* ein bestimmtes Nahrungsmittel könne dazu beitragen, daß Sie reichlich nahrhafte Milch produzieren, wird die Laktation dadurch wahrscheinlich angeregt.

Freude an den Mahlzeiten

Was das Einkaufen und Kochen anbelangt, sieht sich die Mutter mit neuen Prioritäten konfrontiert. Es muß nicht nur nahrhaft und schmackhaft sein, sondern die Zutaten müssen auch leicht zu bekommen sein, am besten in einem Laden in der Nähe oder einem Supermarkt mit großem Parkplatz, wo man seine Einkäufe mit etwas Glück rasch erledigen kann. Zumindest einige Mahlzeiten sollten mit geringem oder überhaupt keinem Aufwand zuzubereiten sein. Das muß nicht die Welt kosten. Im Idealfall sollten sie warm, kalt oder zwischendurch gegessen werden können. Wenn Sie noch mehr Kinder haben, müssen auch diese das Essen mögen. Im Interesse geschmacklicher Vielfalt sollten die Nahrungsmittel mit anderen Nahrungsmitteln kombinierbar sein, und Sie sollten darauf achten, daß nicht zu viele Reste übrigbleiben, die Sie dann irgendwie weiterverarbeiten müssen.

»Wir holten uns unser Essen am Imbißstand. Eine richtige Mahlzeit gab es nur, wenn meine Schwiegermutter vorbeikam und für uns kochte, weil sie sich um ihren Sohn Sorgen machte.«

Wenn zumindest hin und wieder jemand anders für Sie einkaufen und kochen will, sollten Sie dieses Angebot auf keinen Fall ausschlagen, es sei denn, Einkaufen ist für Sie die einzige Möglichkeit, aus dem Haus zu kommen, oder Sie haben das Bedürfnis nach menschlichen Kontakten, weil Sie sich zu Hause mit dem Baby eingesperrt fühlen.

Lassen Sie sich bei der Zubereitung einer Mahlzeit nicht dazu verleiten, etwas Anspruchsvolles zu kochen. Greifen Sie auf Gerichte zurück, die Sie schnell oder im voraus zubereiten können und die nicht ständig beauf-

sichtigt werden müssen. Kaufen Sie nur gute Zutaten und wählen Sie die einfachste Zubereitungsart. Benutzen Sie möglichst Rezepte, bei denen nicht zu einer bestimmten Zeit bestimmte Handgriffe erforderlich sind.

»Wir fanden, daß wir es uns leisten könnten, einmal in der Woche essen zu gehen; das Baby nahmen wir mit, und ich stillte es diskret unter einem Mantel.«

Wenn Ihr Partner kochen kann und vielleicht sogar aufwendigere Gerichte schafft, seien Sie froh darüber, vorausgesetzt, er übernimmt auch das Einkaufen, das Aufräumen und den Abwasch.

Wenn Sie die Möglichkeit haben, gelegentlich auswärts zu essen – ob mit oder ohne Baby –, nutzen Sie die Abwechslung und die Gelegenheit, in entspannter Atmosphäre eine gute Mahlzeit zu genießen.

Mit einem Baby nimmt die Zeit ganz neue Dimensionen an, und die drei regelmäßigen Mahlzeiten am Tag verteilen sich jetzt womöglich auf mehrere kleine Imbisse. Selbst wenn Sie dazu kommen, anständige Mahlzeiten zu sich zu nehmen, haben Sie vielleicht zwischendurch Hunger, vor allem während der Stillzeit oder nach einer schlaflosen Nacht, wenn Sie sich schon am Vormittag wie ausgelaugt fühlen.

Ihr Baby ißt mit

In der zweiten Hälfte des ersten Lebensjahres kostet ein Baby gern vom Essen der Erwachsenen. Pürieren Sie einen Apfel, eine Banane oder eine gekochte Möhre und geben Sie ihm einen Teelöffel davon. Später können Sie es zum Beispiel mit einer kleinen zerdrückten Kartoffel und etwas geriebenem Käse, anderem püriertem Gemüse (wie Avocado, gekochtem Pastinak oder Spinat) oder Reissuppe versuchen. Sie müssen dem Baby keine speziellen Speisen zubereiten. Tun Sie es trotzdem und das Kind will das, was Sie mit soviel Liebe gekocht haben, nicht essen, ist die Versuchung groß, es zum Essen zu zwingen. Auf diese Weise kommt es beim Essen oft zu einem regelrechten Kampf. Zwingen Sie Ihrem Kind nichts auf; ebenso wie Sie hat auch Ihr Kind bestimmte Vorlieben. Lassen Sie ihm beim Essen die Wahl. Vielleicht hilft Ihrem Kind dies bei anderen Entscheidungen im späteren Leben.

Gegen Ende des ersten Lebensjahres ißt das Kind gern mit den Fingern, wobei es recht geschickt zu Werke geht. Geben Sie ihm Brot und Butter, Erbsen, geschälte Apfel- oder Klementinenstückchen, an denen es saugen kann, oder andere Obst- oder Gemüsesorten, die es leicht schlucken kann. Sobald ein Kind im Hochstuhl mit den Erwachsenen am Tisch sitzen kann, macht es seine eigentliche Geschmackserfahrung, denn nun bekommt es keine Schüssel mit einer gezuckerten Pampe mehr vorgesetzt, die aussieht wie Tapetenkleister. Die Feinschmecker unter den Babys lassen ihren Vorlieben beim Essen freien Lauf, und indem man ihnen nahrhafte, abwechslungsreiche Kost in verschiedenen Farben und Formen anbietet, läßt man sie an einer der dauerhaften Freuden des Lebens teilhaben.

7

Gefühle gegenüber sich selbst

Die Geburt eines Kindes kann für beide Elternteile den Übergang zum Erwachsensein markieren. Natürlich kann man auch auf andere Weise reifen – indem man Ideen entwickelt, Verantwortung innerhalb einer Organisation übernimmt, sich für andere einsetzt oder kreativ tätig wird. Aber selbst Frauen, die all das bereits getan haben, entdecken als Mutter ganz neue Seiten an sich und stellen fest, daß die Mutterrolle besonders tiefe und oft verwirrende Gefühle zutage fördert. Da die meisten Männer weniger direkt und kontinuierlich mit ihrer Rolle als Vater konfrontiert sind, geht dieser Reifungsprozeß an einigen ganz vorüber, bei anderen vollzieht er sich sehr allmählich.

»Ich glaube, ich habe noch nie so geliebt. Ich hatte eine Menge Beziehungen – aber damals wollte ich geliebt werden.«

Man redet oft über die Betreuung eines Babys, als handle es sich lediglich um eine Reihe von Pflichten, die erfüllt werden müßten. Man versorgt das Kind, und wenn man es richtig macht, ist es sauber, trocken, warm, zufrieden und satt.

Doch eine Frau kann diese Aufgaben nicht distanziert erledigen, sie gibt sich ihnen mit Leib und Seele hin. Vielleicht kommt sie sich anfangs noch unbeholfen vor, wenn ihr scheinbar einfache Dinge wie Windeln wechseln, das Baden des schlüpfrigen kleinen Körpers oder das Abtrocknen all der sonderbaren Hautfalten unter den Armen oder am Gesäß, hinter den Ohren oder an empfindlichen Stellen nicht so recht von der Hand gehen wollen. Doch selbst beim Erlernen dieser neuen Fähigkeiten passiert auf emotionaler Ebene etwas Ungeheuerliches. Wenn sie dem protestierenden Baby ein Hemdchen über den Kopf zieht, den Ärmel eines Jäckchens über eine knubbelige Faust oder über gespreizte Finger streift, die sich dabei in den Maschen verfangen, wenn sie das Kind badet, tröstet, wiegt und füttert, um es am Leben zu erhalten, sieht sie in die Augen eines anderen menschlichen Wesens, das die Welt und sie zum ersten Mal wahrnimmt. Und durch die Augen des Kindes sieht sie sich selbst auf eine ganz neue Weise.

Manchmal wird das für sie zum Anlaß, sich grundlegende Fragen zu stellen. Wo bin ich? Wie bin ich da hineingeraten? Wollte ich es so? Was wird später sein? Häufig bleibt jedoch keine Zeit für Fragen; die Gegenwart des Kindes und die Verpflichtungen ihm gegenüber sind so überwältigend, daß die Frau überzeugt ist, daß sie alles genau so will, wie es ist – egal, was ihr davor wichtig war.

»Die Prioritäten ändern sich. Nun, da ich ein Baby habe, erscheint mir das meiste, worüber ich mir früher Gedanken gemacht habe, unwichtig.«

Eine Frau, die zum ersten Mal Mutter geworden ist, wundert sich oft über die erstaunliche Vielschichtigkeit ihres jetzigen Daseins und über die unzähligen Anforderungen, die nicht nur als Mutter, sondern häufig auch als Ehefrau, Hausfrau, Berufstätige und Tochter an sie gestellt werden. Sie kommt sich vor wie auf einer Bühne, wo ein Drehbuch ihr vorschreibt, in welche verschiedenen Rollen sie schlüpfen muß; ihre Rolle als Mutter wird von diesem Drehbuch als nebensächlich und trivial behandelt. Sie fühlt sich oft in eine Nebenrolle abgedrängt, während sie vorher im Beruf, in der Partnerschaft und als Schwangere im Mittelpunkt stand. Alles dreht sich nur noch um das Baby. Und während sie pflichtbewußt dem Kind die Windeln wechselt, es wäscht, anzieht und füttert, begehrt ein Teil von ihr innerlich auf und macht ihr klar, daß auch *sie* zählt.

Über diese Gefühle wird nur selten gesprochen, und kaum eine Frau gesteht sie ein, nicht einmal sich selbst. Nach der – einzig anerkannten – Auffassung von Mutterschaft hat eine Frau, die ein Kind geboren hat, sich diesem mit vollkommener Hingabe zu widmen, die eigenen Wünsche zurückzustellen und sich für ihr Baby aufzuopfern. Fügt sie sich nicht in diese Rolle, läuft sie Gefahr, als schlechte Mutter hingestellt zu werden.

»Wie seine Augen aufleuchten, wenn es mich sieht, wie es mir völlig vertraut – dieses unglaubliche Glücksgefühl hätte ich nie für möglich gehalten!«

Zu sagen, eine Mutter müsse sich mit der neuen Rolle sachlich auseinandersetzen, ist wenig hilfreich. Wenn eine Frau ganz in ihrer Mutterrolle aufgeht, bleibt ihr keine Zeit, Abstand zu gewinnen und sich einer Selbstanalyse zu unterziehen. Mutterschaft bringt Aufregung, Freude, ein Gefühl des Triumphes und oftmals tiefe Befriedigung. Vielleicht bricht die Liebe zu ihrem Kind wie eine Flut über die Mutter herein, und sie wird von einer Welle der Zärtlichkeit ergriffen. Aber es gibt auch beunruhigende Empfindungen. Als wichtigste sei hier der *Schock* genannt.

Viele Frauen sind überrascht, weil niemand ihnen gesagt hat, daß sie nach der Geburt eines Kindes mit neuen Herausforderungen, widerstreitenden Gefühlen und einem ständigen Wettlauf mit der Zeit konfrontiert werden und daß die Versorgung eines Säuglings ihre ganze Energie, Ausdauer und

»Niemand hat mir gesagt, daß es so sein würde. Worauf habe ich mich da bloß eingelassen?«

»Ich weiß, wie man mit einer Klasse von elfjährigen Rowdys fertig wird, aber über mein Baby oder meine eigenen Gefühle habe ich absolut keine Kontrolle.«

Intelligenz beanspruchen wird. Im Vergleich dazu erscheint das Leben vor der Geburt beinahe schon gemächlich und egozentrisch. Einige Menschen haben vielleicht versucht, die werdende Mutter auf das Chaos und Durcheinander hinzuweisen, das sie in ihrer neuen Rolle erwartet, aber die Mutter hat nicht auf sie gehört. Während der Schwangerschaft ist ihre Aufmerksamkeit ganz auf die bevorstehende Entbindung gerichtet, und wenn in Diskussionsrunden das Thema »Das Leben nach der Geburt des Kindes« angeschnitten wird, tun Frauen es oft als im Vergleich zur wichtigeren Aufgabe der Geburtsvorbereitung unwesentlich ab.

Wenn eine Frau sich vorstellt, wie es wohl ist, ein Baby zu haben, weiß sie zwar, daß es nicht einfach werden wird, aber sie kann unmöglich alle Belastungen vorhersehen und wissen, was sie dann empfinden wird. Ihre Selbsteinschätzung ändert sich oft drastisch. Eine Frau, die sich früher für kompetent, souverän und selbstsicher hielt und alles im Griff hatte, fühlt sich jetzt möglicherweise inkompetent und ängstlich und ist völlig verwirrt. Frauen mit körperlichen Gebrechen wie Arthritis oder zerebraler Lähmung oder mit künstlichen Gliedmaßen meistern die neue Situation manchmal spielend, während Frauen, die vor der Geburt gesund waren, mit ihrem Körper in Einklang standen und voller Energie steckten, schon mit der körperlichen Beanspruchung als Mutter nur schwer zurechtkommen. Frauen, die daran gewöhnt sind, mit körperlichen Problemen fertig zu werden, haben gelernt, mit Schwierigkeiten umzugehen und Lösungen zu suchen. Eine behinderte Frau verspürt nach der Geburt ihres Kindes in der Regel ein Gefühl des Triumphes, weil andere ihr das nicht zugetraut haben. Vielleicht hat man sie sogar davor gewarnt, ein Kind zu bekommen, und die Ärzte haben ihr zu einem Schwangerschaftsabbruch geraten. Jetzt triumphiert sie über ihre Behinderung und über die Vorurteile der anderen. In Gruppen junger Mütter stellen behinderte Frauen eine Bereicherung dar, weil die anderen Frauen sich wahrscheinlich sagen: »Wenn die das geschafft hat, schaffe ich es auch.« So werden sie dazu angespornt, für ihre Probleme kreative Lösungen zu finden.

Eines der größten Probleme nach der Geburt ist der Schlafmangel. Eine Frau, die an nächtlichen Asthmaanfällen leidet, ist daran gewöhnt. Sie weiß, daß sie entweder tagsüber ein Nickerchen machen oder früh zu Bett gehen muß, um zu ihrem Schlaf zu kommen. Ein Baby, das nachts gefüttert werden muß, stört den Schlaf der Mutter, und die meisten Frauen bekommen im ersten Jahr nach der Geburt wahrscheinlich zu wenig REM-Schlaf, der wichtig ist, um morgens frisch und ausgeruht zu sein. Deshalb sind sie ständig müde und leicht reizbar. Schlafmangel ist eine Folter.

Ein weiteres Problem ist sprachlicher Art: Babys sprechen eine Sprache, die für jedes Baby neu erlernt werden muß. Das braucht Zeit, und bis dahin ist die Mutter verwirrt und verärgert darüber, daß die kindlichen Mittei-

lungen nicht deutlicher sind und die eigenen Anstrengungen, sie zu verstehen, nicht gewürdigt werden. Ihr Baby hält sich nicht an das, was Sie in Büchern über Kinderpflege gelesen haben. Auch wenn Sie Ihr Bestes geben, denken Sie daran, daß Ihr Baby nicht dieselben Bücher gelesen hat wie Sie.

Das Gewicht des Kindes steht in keinem Verhältnis zur Last der Verantwortung, die auf Ihnen ruht. Dieser winzige Mensch braucht nur zu schreien, und schon fordert er Ihr ganzes Geschick, Ihren Einfallsreichtum, Ihre analytische Fähigkeit, Probleme zu lösen, Ihre Zärtlichkeit und sofortige Maßnahmen zu Behebung des Mißstands heraus. Selbst Frauen, die sich früher als Säuglingsschwestern oder Kindermädchen um fremde Babys gekümmert haben, sagen, daß die Verantwortung beim eigenen Kind schwerer wiegt.

Die spätgebärende Mutter

In der Fachliteratur werden spätgebärende Frauen gewöhnlich als Problemfälle abgehandelt. Ab dem 35. und manchmal schon ab dem 28. Lebensjahr gelten Schwangerschaften als risikobelastet. Mit zunehmendem Alter steigt das Risiko, ein behindertes Kind mit Down-Syndrom oder einer anderen Chromosomenanomalie zur Welt zu bringen. Ältere Frauen werden manchmal gedrängt, um der Sicherheit des Kindes willen eine hochtechnische Geburtshilfe zu akzeptieren. Vielleicht sagt man ihnen sogar, daß sie beim Stillen Probleme haben werden. Tatsächlich gibt es bei der Entbindung Spätgebärender mehr geburtshelferische Eingriffe als bei jüngeren Frauen, unter anderem auch mehr Kaiserschnitte. Das liegt aber wahrscheinlich vor allem an der Ängstlichkeit der Geburtshelfer und an deren Beharren auf ständiger elektronischer Überwachung des Fetus.

Eine an Krankenhäusern über einen Zeitraum von fünf Jahren durchgeführte Untersuchung von Schwangeren ab 35 Jahren ergab, daß die Geburt bei Müttern und Kindern genauso sicher verlief wie bei jüngeren Frauen. Gleichzeitig wurde aber festgestellt, daß bei den älteren Schwangeren die Geburt häufiger eingeleitet wurde, daß also weniger spontane Geburten stattfanden als bei jüngeren Frauen. Dieser Unterschied ging hauptsächlich darauf zurück, daß in vielen Fällen aufgrund des Alters der Patientin eingegriffen wurde. Die Autoren der Studie kommen zu dem Schluß, daß die automatische Einordnung ansonst gesunder Erstgebärender über fünfunddreißig als Risikofälle nochmals überdacht werden sollte.[1]

Auch in den Medien wird die Schwangerschaft älterer Frauen als Problem dargestellt. Wir lesen, daß ältere Mütter schneller ermüden, gesundheitlich mehr leiden und mehr Schlaf brauchen als jüngere Frauen, daß sie unflexibel sind und von eingefahrenen Gewohnheiten nicht lassen können, daß sie altmodische Vorstellungen von Kindererziehung haben und kein Gespür mehr für die Interessen Jüngerer und daß sie keine Freunde haben, weil die einzigen, die sie kennen, entweder kinderlose Arbeitskollegen sind oder Leute mit wesentlich älteren Kindern. Eine Zeitung zitiert als Schlagzeile einen Frauenarzt mit den Worten: »Gehen Sie kein Risiko ein … bekommen Sie nach 35 keine Kinder mehr – überlassen Sie das den Jüngeren.«[2]

»Ich war zu sehr auf der Suche nach mir selbst. Ich fühlte mich nicht reif genug, ein Kind um seiner selbst willen zu wollen. Ich hätte nur den anderen beweisen wollen, daß ich es besser kann als sie!«

Heutzutage bekommen weitaus mehr Frauen über fünfunddreißig zum erstenmal ein Kind als noch vor dreißig Jahren. In der ersten Hälfte unseres Jahrhunderts gab es zwar viel mehr Frauen, die auch noch mit über vierzig Kinder bekamen, doch diese Kinder waren die letzten einer großen Kinderschar. Noch früher, in der zweiten Hälfte des 19. Jahrhunderts, war eine Frau in den Vierzigern oft schon Großmutter, wenn sie ihr jüngstes Kind zur Welt brachte. Frauen haben also immer auch in den Dreißigern und Vierzigern Kinder zur Welt gebracht; der Unterschied zu heute ist, daß heute viele Frauen in diesem Alter ihr *erstes* Kind bekommen.

Aus Artikeln in Zeitungen und Zeitschriften kann man den Eindruck gewinnen, der Westen werde von einem alarmierenden sozialen Phänomen heimgesucht: Tausende von Frauen über vierzig wollten plötzlich Kinder in die Welt setzen. Das vorherrschende Klischee ist, daß ältere Mütter das Kinderkriegen aus Karrieregründen hinausgeschoben haben und daß sie

das Kind nach der Geburt so schnell wie möglich einem Kindermädchen übergeben, um mit Kostüm und Aktentasche ausstaffiert wieder ins Geschäftsleben zurückzukehren.
Doch diese Vorstellung gibt ein völlig falsches Bild von der älteren Mutter. Eine psychologische Studie zeigt, daß nur fünf Prozent der Erstgebärenden über vierzig das Kinderkriegen aus beruflichen Gründen verschoben haben und daß diese Mütter insgesamt eine sehr positive Einstellung zu ihrer späten Mutterschaft haben. Spätgebärende, die schon ältere Kinder haben, sind beim jüngsten viel ruhiger, und auch Erstgebärende sagen, sie seien viel geduldiger als jüngere Frauen.[3] Es besteht also kein Grund zu der Annahme, daß es für ältere Frauen schwieriger oder anstrengender sei, Mutter zu sein.

Traumkind und vollkommene Mutter

Mütter haben an ihre Kinder und an sich selbst ganz verschiedene Erwartungen. Während der Schwangerschaft träumen manche von einem Schmusekind, das brav in seinem Körbchen liegt. Das Baby ist meist mindestens drei Monate alt, natürlich hübsch, makellos sauber und selbstgenügsam. In diese Richtung gehen oft die Wunschträume sehr junger Mütter, die wenig Selbstvertrauen haben und sich einsam fühlen. Die Aussicht auf ein Baby verbindet sich mit der Hoffnung, geliebt zu werden und etwas Eigenes zu besitzen. Andere Frauen haben vielleicht realistischere Vorstellungen, doch das Bild des idealen Kindes ist immer auch von den idealisierten Vorstellungen geprägt, die die Frauen von sich selbst haben.
Manche Erstgebärende sehnt sich nach einer glücklichen Symbiose mit ihrem Kind. Sie möchte mit dem Kind in vollkommener Harmonie leben und es mit Liebe überschütten. Sie möchte ein Kind, das niemals weinen muß, weil seine verständnisvolle Mutter all seine Bedürfnisse befriedigt.

»Ich wollte die perfekte Mutter sein. Das Problem war nur, daß ich von Babys keine Ahnung hatte.«

Andere Erstgebärende erstellen im voraus einen genauen Zeitplan und versuchen, sich möglichst effizient zu organisieren, so daß auch für andere Interessen noch Zeit bleibt. Sie sind zuversichtlich, daß das trotz Kind geht – wenn sie nur gut genug planen.
Beide Vorstellungen führen zwangsläufig zu Enttäuschungen. Die Sozialpsychologin und Analytikerin Joan Raphael-Leff unterscheidet entsprechend zwischen zwei Muttertypen: Die eine Mutter versucht, sich dem Kind anzupassen, die andere erwartet, daß das Kind sich ihr anpaßt.[4] Die eine Frau fürchtet, daß sie die angestrebte Übereinstimmung mit dem Kind vielleicht nie erreichen wird – oder es sogar hassen könnte. Die andere Frau fürchtet, sie könnte das Kind so sehr lieben, daß sie seinen Bedürfnissen und Trieben vollkommen ausgeliefert ist und das Kind ihr Leben als kleiner Tyrann vollständig bestimmt.
Die meisten von uns schwanken zwischen beiden Extremen hin und her, denn einerseits ist es unmöglich, die ganze Zeit in vollkommener Über-

einstimmung mit dem Kind zu leben, andererseits kann man ein Kind nicht wie einen Hund dressieren, damit es sich den Interessen der Mutter unterordnet.

Wenn das Kind weint

Ein untröstlich weinendes Kind ist für die Mutter manchmal wie ein außerirdisches Wesen, mit dem eine Verständigung unmöglich ist. Die Mutter fühlt sich hilflos und unfähig. Das erbarmungslose Schreien wird oft als Angriff auf die eigene Person empfunden; die Mutter fühlt sich vom Kind abgelehnt, bedroht und angegriffen. Kein Wunder, daß sie dieser Situation von Zeit zu Zeit entfliehen muß. Diese Flucht schützt nicht nur das Kind vor den mütterlichen Aggressionen, sondern auch die Mutter vor dem Kind.

Frauen sind oft über die Heftigkeit der Gefühle überrascht, die ein so kleines Wesen hervorrufen kann. Ablehnung und Haß passen nicht zu ihrem Bild von »Mütterlichkeit«, und manche Mutter fühlt sich aufgrund solcher Gefühle schuldig. Sie richten die Wut auf das Kind deshalb manchmal auf die eigene Person, was zu Depressionen führt, oder auf eine nahestehende Person, etwa den Partner.

Wenn das Kind sich dann endlich in den Schlaf geweint hat, fragt die Mutter sich vielleicht, wie sie für dieses hilflose Wesen, von dem sie sich noch Minuten vorher bedroht fühlte, jemals etwas anderes als Zärtlichkeit empfinden konnte. Die Mutter haßt sich, weil sie das Kind nicht bedingungslos lieben kann, und meint, mit ihr könne etwas nicht stimmen.

Versagensängste

Eine unsichere junge Mutter gewinnt an Selbstvertrauen, wenn sie lernt, den Alltag mit dem Kind zu meistern und die Bedürfnisse des Kindes zu erkennen und zu befriedigen. Ihr Selbstvertrauen schwindet dagegen, wenn sie einen ständigen Kampf gegen das Kind führt, bei dem dieses immer Sieger bleibt. Es ist gleichsam, als ob das Kind ihr sage: Du bist keine gute Mutter.

Obwohl in den Medien behauptet wird, wir lebten in einer »post-feministischen« Zeit, werden Mädchen immer noch zu schüchternen, nachgiebigen Persönlichkeiten erzogen, die ihre Leistungsfähigkeit unterbewerten. Wenn Frauen dann gebären und Mutter werden, erwartet man von ihnen, daß sie sich der Führung männlicher Experten unterordnen und ihrem eigenen Wissen und den Erfahrungen anderer Frauen mißtrauen. Sie müssen erst einen Weg durch die anerzogene Hilflosigkeit finden und das Muttersein lernen; dabei laufen sie Gefahr, von Schuldgefühlen und Versagensangst überwältigt zu werden.

Die romantische Idealisierung der Mutterschaft erschwert den Lernprozeß. Die junge Mutter möchte sich anpassen und orientiert sich an anderen Müttern. Es mangelt nicht an Ratschlägen und Vorschriften. Zeitschriften und Bücher, Fernsehen, Kurse, Beratungsstellen und das Streben rivalisierender Mütter, das Richtige zu tun, festigen das Bild der idealen Mutter.

Dieses Ideal ist unerreichbar, weil es unrealistisch ist. Es verleugnet die starken, widersprüchlichen Gefühle, die zum Muttersein gehören, und führt zu innerer Zerrissenheit.

Wenn Sie mit diesen Gefühlen bewußt umgehen und sich klarmachen, daß auch andere Frauen sie haben, werden Sie besser damit fertig werden. Nutzen Sie deshalb jede Gelegenheit, mit anderen Frauen zu sprechen und Erfahrungen auszutauschen, vor allem mit Frauen, die Kinder im selben Alter haben. Dafür bieten sich Kontakte an, die Sie bei der Geburtsvorbereitung gemacht haben. Organisieren Sie regelmäßige Treffen, einen Imbiß mit den Kindern, ein Picknick im Park, ein gemeinsames Essen, zu dem jede Frau etwas mitbringt, gegenseitiges Kinderhüten, bei dem vorher oder nachher die Möglichkeit zu einem Schwätzchen besteht, einen Spaziergang im Grünen mit den Kindern im Tragegestell, gemeinsames Babyschwimmen, einen Yogakurs oder eine Rückbildungsgymnastik. Solche Aktivitäten helfen Ihnen, Ihre Isolation als Mutter zu durchbrechen, innere Spannungen abzubauen und zu entdecken, daß andere Mütter mit Kleinkindern ähnliche Probleme haben.

Sind Ihre Gefühle so widersprüchlich und stark, daß Sie befürchten, die Kontrolle über sich zu verlieren, können Sie vorbeugende Sicherheitsmaßnahmen ergreifen. Lassen Sie das Kind für eine Weile an einem sicheren Ort allein, gehen Sie mit ihm aus, um andere Menschen zu treffen, oder vertrauen Sie es einer Nachbarin, einer Freundin oder Ihrer Mutter an, damit Sie eine halbe Stunde ausspannen können. Manchmal nutzen Sie

diese kurze Zeit, um liegengebliebene Hausarbeiten zu erledigen, ein anderes Mal legen Sie sich vielleicht hin und hören Musik, joggen durch den Park oder nehmen ein Bad.

Trauern

Eine ganz unerwartete und oft verdrängte Empfindung nach der Geburt hat mit Trauern zu tun. Man erwartet, daß die Mutter nach der Geburt glücklich ist, und das ist sie natürlich auch. Doch in diesem Glück schwingt eine Traurigkeit mit, die sie sich nicht erklären kann. Sie ist nicht deprimiert, es ist eher, als ob die intensive Freude über die Geburt eines neuen Menschen und das Staunen, wenn sie das Kind in den Armen hält und streichelt, so groß seien, daß sie einen Schatten werfen.
Der Verlust des Babys als Teil des eigenen Körpers mag zu dieser Empfindung führen. Das Gefühl der Nähe, die enge Beziehung zu dem wachsenden Leben, die Bewegungen des Kindes im Bauch, die Purzelbäume und Drehungen, das Gefühl, wenn das runde Köpfchen gegen die elastischen Beckenbodenmuskeln stößt, das Tanzen und Strampeln der Füße, das Hüpfen und Springen, Anziehen und Strecken der Beinchen im Bauch – das alles ist auf einmal vorbei. Nie zuvor war die schwangere Frau jemand anders so nahe. Nach der Geburt fühlt sie sich vielleicht sehr allein. Das Kind wird nicht mehr in ihrem Körper von selbst ernährt, es ist ein eigenständiger Mensch geworden, der ihre ganze Aufmerksamkeit beansprucht.
Hat die Frau die Schwangerschaft positiv erlebt, fühlt sie sich nach der Geburt möglicherweise auch abgewertet. Ihr Körper ist nicht mehr fruchtbar und produktiv, das Ende der Schwangerschaft ist auch in dieser Beziehung ein körperlicher Verlust. Die Frau muß sich daran gewöhnen, daß ihr Leib jetzt weich und runzlig ist, als habe sie ihre Haut als Muttergöttin abgelegt. Sie gehört wieder zu den normalen Menschen.
Die Mutter hat den Fetus mit ihrem Körper umfangen und geschützt. Jetzt wendet sich alle Aufmerksamkeit von ihr ab und dem Baby zu, dem sie ohne Rücksicht auf ihre Bedürfnisse dienen soll. Dies empfindet sie vielleicht als Verlust der besonderen Anerkennung, die sie als Schwangere genossen hat. Während der Schwangerschaft war sie eine Frau mit Zukunft, deren Lebenssinn in dem bevorstehenden wunderbaren Ereignis bestand. Jetzt ist das Kind da, das Geheimnis ist gelüftet. Die Nase hat es vom Onkel, das Kinn von der Tante, und um die Augen gleicht es dem Vater oder mehr der Mutter. Es ist wie bei einem Überraschungspaket: Nach dem Auspacken sind freudige Erwartung und Spannung vorbei.
Auch die Art des Geburtserlebnisses und die Erinnerungen an die Schwangerschaft können in der Mutter ein Gefühl von Trauer auslösen. Außenstehende merken oft nichts davon; sie können sich nur vorstellen, daß die Frau jetzt dankbar ist, weil sie ein so schönes Baby hat. Wenn die

Geburt nicht so verlaufen ist, wie die Frau es sich erhofft hat, benötigt sie Zeit zum Trauern. Oft hat sie sich selbst während der Geburt nicht so verhalten, wie sie geplant hatte. Manchmal hat sich auch der Partner nicht erwartungsgemäß verhalten. Die Frau sieht sich selbst und vielleicht auch den Vater ihres Kindes in einem neuen Licht. In Kapitel 8 gehe ich näher auf diesen Aspekt ein, der häufig bei Wochenbettdepressionen eine Rolle spielt. An dieser Stelle reicht es, darauf hinzuweisen, daß Trauer nach der Geburt etwas Normales ist, daß sie sogar notwendig ist, um die Mutterrolle unbelastet annehmen zu können, ohne von den Erinnerungen an eine unglückliche Geburt erdrückt zu werden.

»Sie wurde mir in die Arme gelegt, und mir war, als würde ich sie schon lange kennen – die zarten, rundlichen Glieder und die strampelnden Beine. Ich bin sicher, daß auch sie mich bereits kannte.«

Selbst wenn die Geburt problemlos verlaufen ist, muß sich die Frau angesichts des wirklichen Kindes von ihren Wunschvorstellungen verabschieden. Oft nimmt die Mutter ihr Kind das erste Mal mit großer Verwunderung zur Kenntnis. Wenn sie es dann in die Arme schließt, verschwindet das Bild des Traumbabys, oder es geht in das konkrete Bild des geborenen Kindes ein. Der Unterschied zwischen Traum und Wirklichkeit ist vergessen.

Eine solche Verschmelzung der Wahrnehmung findet allerdings nicht immer statt. Geschlecht oder Aussehen des Kindes entsprechen vielleicht nicht den Erwartungen der Mutter, oder das Kind scheint die Mutter nicht zu beachten, reagiert negativ auf ihr Bemühen, es zu verstehen und zu ernähren, klammert sich auf für sie unerträgliche Art und Weise an sie, wirkt aggressiv oder ist zu groß und grobknochig oder zu klein und zerbrechlich. Die Mutter kann das Kind in ihren Armen nicht mit dem Kind in ihrem Leib in Verbindung bringen und trauert dem Tod ihres Traumbabys nach. Die Schwangerschaft erscheint ihr nun wie eine Schwindelpackung; ihr wurde etwas versprochen, um das man sie jetzt betrogen hat.

Die Frau steht sozial unter Druck, ein vollkommenes Kind zu produzieren, ein Kind, das gesund und stark ist oder ein bestimmtes Geschlecht hat. Wenn das Kind diesen Erwartungen nicht entspricht, gibt man der Frau die Schuld. Eine Frau, die ein Mädchen zur Welt brachte, deren Schwiegerfamilie jedoch einen Jungen wollte, sagte einmal: »Neun Monate vergeudet!«

Für einige Frauen, besonders für die, die unmittelbar nach Beginn einer neuen Partnerbeziehung schwanger geworden sind, bedeutet die Geburt des Kindes auch das Ende der romantischen Phase ihrer Liebesbeziehung. Für viele Paare ist das eine bedrohliche Vorstellung. Kinder bringen Unordnung mit sich und stören die Intimität der Partnerbeziehung. Die Partner haben vielleicht geglaubt, sich durch die Geburt eines Kindes noch näher zu kommen, müssen jetzt aber vielleicht feststellen, daß das Kind sie eher trennt. In Kapitel 12 werden wir sehen, daß ein Kind die Partnerschaft aber auch vertiefen und bereichern kann. Für viele Frauen bedeutet Mutterschaft jedoch den Verlust eines Teils der eigenen Persönlichkeit – den Verlust von jugendlicher Kraft und sexueller Attraktivität. Manche entwickeln deshalb eine Abneigung gegen das Kind und sehen sich als Opfer eines Liebesschwindels. Sie trauern, weil sie einen Teil von sich selbst, einen Teil ihres Lebens verloren haben.

»Ich fühlte mich so häßlich – überall Fettpolster, auslaufende Milch, strähniges Haar. Aber dann sagte Josh zu mir: ›Du bist wunderschön!‹ Ich sah mich mit seinen Augen, und auf einmal fand ich mich auch schön.«

Mit der Mutterschaft nehmen Sie Abschied von sich als Kind. Dieser Abschied braucht seine Zeit. In den ersten Wochen nach der Geburt haben Sie vielleicht das Bedürfnis, selbst umsorgt und bemuttert zu werden, entweder von der eigenen Mutter oder von Freundinnen, die deren Platz einnehmen. In vielen traditionellen Kulturen haben die Frauen nach der Geburt eine Schonzeit, in der sie sich allmählich in die Mutterrolle einfinden können. Sie werden versorgt, und die Arbeit im Haus und auf dem Feld wird ihnen abgenommen. Diese Übergangsperiode wird von einer Zeremonie abgeschlossen, aus der die Frau als Mutter hervorgeht, die die volle Verantwortung für ihr Kind übernimmt.

In England werden Mutter und Kind nach der Entlassung aus dem Krankenhaus zu Hause mindestens zehn Tage lang von einer Hebamme besucht. In den Niederlanden werden Mütter von Familienhelferinnen betreut, die praktische Hilfe leisten und manchmal sogar bei ihnen wohnen. In anderen Ländern müssen die Frauen meist ganz allein zurechtkommen. In den Vereinigten Staaten besteht die Möglichkeit, mit dem Kinderarzt über Sorgen und Probleme zu sprechen, eine häusliche Betreuung gibt es aber so gut wie nicht.

Die Frau soll sich allein durch den biologischen Akt der Geburt, durch das Vorhandensein weiblicher Hormone in eine Mutter verwandeln. Selbst wenn eine Spontangeburt nicht möglich war und ein Kaiserschnitt durchgeführt werden mußte, soll sich diese Verwandlung von einem Augenblick auf den anderen vollziehen, nur weil das Kind jetzt da ist. Erstaunlicherweise bewältigen viele Frauen diese Metamorphose tatsächlich ohne Schwierigkeiten. Für andere Frauen ist sie jedoch ein langer, manchmal schmerzhafter Weg.

»Mir wurde gesagt, die Bindung zu meinem Kind könne sich nur langsam entwickeln, weil es im Brutkasten liege. Kaum hatte ich ihm aber in die Augen gesehen und es berührt, wußte ich, daß es mein Kind war.«

In dieser Zeit gehen auch noch andere Dinge in der Frau vor. Manchmal überkommen sie flüchtige Eindrücke aus der Zeit, als sie selbst noch ein Baby war. Erinnerungen an die eigene Kindheit erwachen, Erinnerungen an vergessen geglaubte Dinge und Erlebnisse, an sinnliche Eindrücke, daran, wie es war, über das Kleid der Mutter zu streichen, ihren Duft einzuatmen, sich leer, hungrig und kalt zu fühlen oder in das Kinderbett gelegt und zugedeckt zu werden, Erinnerungen an die gleißende Helligkeit eines Zimmers oder an eine singende Stimme. Solche vagen Erinnerungen erscheinen trivial, sie helfen der Frau aber, sich ihrer neuen Rolle bewußt zu werden und sich in das Kind einzufühlen. Zum Beispiel weiß sie, wann ein Mantel zu rauh und kratzig oder das Licht zu hell ist, und sie spürt, welche Dinge das Kind verunsichern oder ihm Angst machen, denn sie hat all dies selbst einmal durchlebt.

Wenn wir in unserer eigenen Kindheit gute Erfahrungen gemacht haben, fällt es uns leichter, spontan das Richtige für unser Kind zu tun. Wenn wir schlechte Erfahrungen gemacht haben, kann es uns viel Zeit und Nachdenken kosten, bis wir herausfinden, wie wir das Kind trösten und beruhigen können, und bis wir über die nötige Gelassenheit und Selbstsicherheit verfügen.

»Wenn ich sehe, wie meine Mutter mit dem Baby umgeht, denke ich daran, daß sie mich früher auf die gleiche Weise berührt und genauso geliebt hat.«

Die Frau bemuttert ihr Baby und sehnt sich gleichzeitig danach, selbst liebevoll umsorgt zu werden. Sie möchte nicht nur Ernährerin sein, sondern selbst genährt werden. Doch ihr Partner, wenn sie einen hat, ist bei der Arbeit oder mit Freunden unterwegs, andere Bekannte sind mit ihren Angelegenheiten beschäftigt, und die Mutter wohnt vielleicht weit weg oder hat andere Verpflichtungen. Während der Schwangerschaft oder kurz nach der Geburt findet oft ein Wohnungswechsel statt. Die Frau lebt jetzt unter Fremden, sie hat keinerlei Kontakte, und es ist vielleicht niemand da, der merkt, wie sehr sie der Fürsorge anderer bedarf.

Kein Wunder also, daß die Frau über den Verlust ihrer Kindheit trauert. Manchmal sind die Erinnerungen an die Kindheit auch schmerzhaft. Vielleicht wird ihr jetzt zum ersten Mal bewußt, daß sie als Kind vernachlässigt oder mißbraucht wurde, und trauert einer Kindheit nach, um die sie sich betrogen fühlt. Sie möchte dem Kind deshalb besondere Zuneigung schenken, ihm die Liebe geben, die ihr versagt war. Vielleicht ist das Kind jedoch unruhig, wacht oft auf und schreit, läßt sich nicht trösten und kuschelt sich nicht in ihre Arme. Sie empfindet Unmut gegen das Kind, das ihr nicht die Bestätigung gibt, eine gute Mutter zu sein. Sie buhlt um jedes Zeichen der Zuneigung und Zärtlichkeit von ihrem Kind.

»Die Zeit daheim war mir heilig – nur ich und das Kind in einem zeitlosen Meer.«

War die Frau vor der Geburt berufstätig und ist jetzt mit dem Kind zu Hause, weil sie noch im Mutterschutz ist oder ihre Arbeit aufgegeben hat, fühlt sie sich möglicherweise abgekapselt oder sogar in einer Falle gefangen. Manchmal kann sie den Schutzraum, den ihr diese Abkapselung bietet, genießen, und für sich und das Kind einen eigenen Rhythmus finden. Manchmal wütet sie aber auch dagegen an wie gegen die Gitterstäbe eines Käfigs. Bekommt eine Frau ein Kind, obwohl sie noch nicht reif dafür ist und noch nicht weiß, wer sie ist und was sie vom Leben erwartet, erlebt sie die Mutterschaft vielleicht als Falle. Eine Frau Anfang zwanzig oder eine Frau, die ungewollt schwanger geworden ist, egal in welchem Alter, braucht wahrscheinlich einige Zeit, um über diesen Einschnitt in ihrem Leben hinwegzukommen. In den meisten Industriegesellschaften bedeutet Mutterschaft den Verlust von Mobilität und Berufsmöglichkeiten, die Verringerung sozialer Kontakte, weniger Einkommen und weniger Freizeit und Zeit mit dem Partner.

Eine Mutter im Teenageralter erlebt, wie ihre Altersgenossen sich vergnügen, wie sie das Leben ausprobieren und einer Clique angehören, aus der sie ausgeschlossen ist. Eine Mutter, die gerade ihr Studium abgeschlossen hat, bekommt den Berufseinstieg ehemaliger Kommilitonen mit. Eine Frau, die bereits berufstätig war, muß sich eingestehen, daß sie auf der Karriereleiter zurückgefallen ist, und daß unfähigere Leute ihren Platz einnehmen. Das Kind ist wahrscheinlich weit mehr als eine Entschädigung für diese Verluste; trotzdem fühlen sich die meisten Frauen in westlichen Gesellschaften immer wieder an den Rand gedrängt und herabgesetzt. Sie trauern um ungelebtes Leben, ungenutzte Chancen und nicht verwirklichte Fähigkeiten. Dieses Gefühl wächst, wenn sie im ersten Jahr nach der Geburt in der Fürsorge für das Kind versinken, auch wenn sie es nicht zugeben wollen, vielleicht nicht einmal gegenüber sich selbst, weil sie sich deshalb schuldig fühlen.

Rivalität zwischen Müttern

Jede Frau steht unter dem Druck, eine perfekte Mutter zu sein. Die Gesellschaft verlangt das von ihr, das Mutterideal, das sie selbst verinnerlicht hat, verlangt es, und später verlangen es die eigenen Kinder. Ein breiter Graben liegt zwischen dem, was wir sein wollen, und dem, was wir tatsächlich empfinden und tun, und je höher unsere Ideale, um so breiter der Graben. Mütter glauben deshalb oft, bei einer der wichtigsten Aufgaben des Lebens zu versagen.

Sie messen sich oft mit anderen Müttern. Hat das Kind der anderen einen Vier-Stunden-Rhythmus, schläft es nachts schon durch? Kann sie es stillen? Nimmt ihr Kind mehr zu als das eigene? Bekommt es schon feste Nahrung? Ist das Kind der anderen weiter, kann es krabbeln, sich hochziehen, laufen? Lächelt es schon und sagt Mama? Wie weit ist es mit der Sauberkeitserziehung? Mit solchen Vergleichen versuchen Mütter, den eigenen Wert zu bemessen.

Die Konkurrenz zwischen Müttern, die in Ratgeberbüchern immer wieder kritisiert, durch starre Entwicklungstabellen zugleich aber gefördert wird, geht auf das geringe Selbstwertgefühl der Frau zurück. Nicht egozentrischer Stolz oder Neid, sondern mangelndes Selbstvertrauen veranlaßt Frauen, die Kinder miteinander zu vergleichen und die eigenen Fähigkeiten als Mutter herauszustellen.

»Jeden Abend um elf gratuliere ich mir. Das Kind gedeiht, wir haben das Schlimmste hinter uns, es geht uns gut!«

Doch Kinder brauchen keine Supermütter. Es reicht, wenn die Mutter »gut genug« ist. Das Kind gedeiht, auch wenn die Mutter Fehler macht. Kaum haben wir zu einem einigermaßen geregelten Tagesablauf mit dem Kind gefunden, glauben zu wissen, was zu tun ist, und fangen an, zufrieden mit uns zu sein, tauchen plötzlich wieder neue Probleme auf. Muttersein ist wie ein Hürdenlauf, bei dem die Hürden sich ständig bewegen.

Es gibt keine perfekten Mütter, es gibt nur ganz verschiedene Arten von Müttern.[5] Die Mutter prägt die soziale Entwicklung des Kindes. Doch nicht nur das Kind verändert sich und paßt sich an; die Mutterrolle ist selbst kulturell geprägt und historischen Veränderungen unterworfen. In westlichen Ländern sind Mütter und Töchter aufgrund des raschen sozialen Wandels heute oft uneins über die richtige Art, ein Kind großzuziehen. Die ältere Frau hält sich manchmal auch bewußt zurück, weil sie meint, ihrer Tochter nicht mehr angemessen helfen zu können. Beides kann die Beziehung zwischen Mutter und Tochter sehr belasten. Wir werden darauf in Kapitel 12 näher eingehen.

Viele Frauen versuchen nach Kräften, eine ebenso gute Mutter zu sein wie ihre eigene Mutter – oder gerade ganz anders zu sein und ihr zu beweisen, daß sie es besser können. In einigen Dingen wollen wir der Mutter nacheifern, in anderen wollen wir das Gegenteil. Dann erleben wir aber, daß wir ihr in vielen Dingen, die wir sagen und tun, genau gleichen, als seien wir vorprogrammiert. Das kann negativ empfunden werden, kann aber auch zu einem neuen Verständnis der eigenen Mutter als Mutter führen.

»Seit der Geburt meines Sohnes sind die Erinnerungen an meine eigene Kindheit schärfer und schmerzhafter geworden. Ich bin zornig wie nie zuvor.«

Die Verantwortung für ein Kind ruft bei beiden Eltern oft Erinnerungen an die eigene Kindheit wach. Sie erleben diese Erinnerungen meist sehr emotional. Wenn Sie Ihr Kind im Arm halten, ist es fast so, als seien Sie selbst dieses Kind. Wenn Ihr Kind weint oder Schmerzen hat, ist es, als seien Sie es, der leidet.

Während wir lernen, für unser Kind zu sorgen und auf seine Bedürfnisse einzugehen, müssen wir also gleichzeitig mit den Erinnerungen an unsere Zeit als Baby zurechtkommen. Wir müssen nicht nur verarbeiten, wie wir damals behandelt wurden, sondern auch, wie intensiv wir damals empfunden haben. Die Verantwortung für das eigene Kind und die Ausrichtung auf die Zukunft führen dazu, daß wir uns selbst und unserer Vergangenheit bewußt werden. Wenn wir die Erinnerungen an unsere Kindheit annehmen, ob wir sie nun als geborgen und sicher oder kalt und ablehnend erlebt haben, hilft uns das, in die Rolle als Mutter oder Vater hineinzuwachsen.

8

Niedergeschlagenheit nach der Geburt

Den Körper zu öffnen oder gewaltsam durch Dritte öffnen zu lassen, um einem anderen Menschen Leben zu schenken, um ein neues Wesen hervorzubringen, das aus dem feuchten Dunkel des eigenen Leibes gleitet, begleitet vom pulsierenden Rhythmus des Blutes und dem Pochen des Herzens – dies ist ein so außerordentliches und gleichzeitig alltägliches Erlebnis, daß es nicht verwundert, wenn viele Frauen danach für eine Übergangszeit erst einmal chaotische Gefühle durchleben.
Die Geburt ist eine Lebenskrise, die wie alle Krisen Verwirrung, Angst und Niedergeschlagenheit mit sich bringen kann. Ist eine Frau nach der Geburt niedergeschlagen, nennt man das gewöhnlich postnatale Depression oder Wochenbettdepression.
Es ist jedoch fraglich, ob die Wochenbettdepression als medizinisch definierbare Erkrankung überhaupt existiert. Depressionen unmittelbar nach der Geburt werden vor allem deshalb konstatiert, weil nur dieser Zeitabschnitt untersucht wird. Jede Mutter von Kleinkindern ist in erhöhtem Maße für Depressionen anfällig, denn Mutter zu sein ist trotz der großen Freuden, die Kinder unbestritten mit sich bringen, extrem anstrengend. Untersuchungen zu Depressionen wären wahrscheinlich ergiebiger und realistischer, wenn untersucht würde, warum manche Mütter *nicht* unter Depressionen leiden. Gerade Mütter von Säuglingen und Kleinkindern fühlen sich oft unglücklich, und dabei macht es keinen Unterschied, ob die Kinder sechs Wochen oder sechs Monate alt sind.[1]
Trotzdem sind Depressionen in den Wochen nach der Geburt für viele

immer noch eine besondere Form der Depression, die sich von anderen Formen seelischen Leids unterscheidet. Das hat zur Folge, daß den Depressionen einer Frau mit einem beispielsweise neun Monate oder ein Jahr alten Kind keine Beachtung geschenkt wird oder ihr sogar zum Vorwurf gemacht wird, unfähig und egoistisch zu sein.
Im 19. Jahrhundert führten Ärzte den von dem griechischen Wort *hystéra* für Gebärmutter abgeleiteten Begriff »Hysterie« für Neurosen ein, die angeblich durch die Gebärmutter hervorgerufen wurden. Noch älter war die Vorstellung, die Gebärmutter könne sich aus ihrer Verankerung lösen und sich so verheerend auf die Psyche der Frau auswirken. Krankhafte Vorgänge in der Gebärmutter galten als ursächlich für viele typisch weibliche Seelenzustände und für weibliches Verhalten, das in den Augen der Männer irrational war. Männer konnten nicht hysterisch sein, da sie ja keine Gebärmutter hatten. Die Niedergeschlagenheit nach der Geburt wird heute noch hormonellen Veränderungen im Körper der Frau zugeschrieben. In Schweden zum Beispiel wird depressiven Frauen gesagt, sie litten unter einer »Stillneurose«. Manchmal wird eine Spinalpunktion durchgeführt, um die Rückenmarksflüssigkeit zu analysieren. Manche Ärzte versuchen, physiologische Unterschiede zwischen Frauen mit und ohne Depressionen zu finden. Bis jetzt konnte jedoch noch kein Zusammenhang zwischen Hormonspiegel und depressiver Stimmung von Frauen nach der Geburt hergestellt werden.

»Baby-Blues«

Ungefähr am dritten bis vierten Tag nach der Geburt geraten Frauen oft in ein seelisches Tief; sie weinen viel und fühlen sich schwach und überfordert. Diesen Zustand nennt man »Baby-Blues«. Die depressive Stimmung wird allgemein mit der hormonellen Umstellung, also mit physiologischen Veränderungen erklärt, da der Östrogenspiegel im Körper der Frau nach der Geburt eines Kindes rapide absinkt. Das Zusammentreffen zweier Phänomene läßt jedoch nicht den Schluß zu, daß sie ursächlich miteinander zusammenhängen.
Der Baby-Blues gilt als etwas ganz Normales, gegen das es anscheinend kein Mittel gibt, außer der jungen Mutter eine Schulter zum Ausweinen hinzuhalten. Acht von zehn Frauen erleben diese depressive Phase. In Krankenhäusern kommt es vor, daß ganze Wöchnerinnenstationen in Tränen aufgelöst sind. Bei Hausgeburten kommen solche Stimmungstiefs jedoch selten vor.[2] Sie werden durch die Bedingungen im Krankenhaus hervorgerufen und können durch möglichst rasche Entlassung nach Hause verhindert werden. Zu Hause kann die Frau ihr Kind auf eigene Weise, in aller Ruhe und in einer friedlichen Atmosphäre kennenlernen.

»Nachdem unser Krankenhaus volles Rooming-in eingeführt hat, kommt der Baby-Blues kaum noch vor.«

Inzwischen weiß man, daß die bisher üblichen Bedingungen auf den Wöchnerinnenstationen, wo die Frauen traurig in ihren Betten lagen, während die Neugeborenen unter grellen Lampen in Plastikbehältern auf der Säuglingsstation lagen, völlig ungeeignet sind, um eine Beziehung zwischen Mutter und Kind aufzubauen und das Stillen einzuüben. Eine Mutter, die gewaltsam von ihrem Kind getrennt wird, muß zwangsläufig traurig werden. In vielen Krankenhäusern können Mütter deshalb inzwischen die Kinder rund um die Uhr bei sich haben, sie aufnehmen, wann immer sie wollen, mit ihnen schmusen und sie im eigenen Bett schlafen lassen. Allmählich wird akzeptiert, daß das Kind der Mutter und nicht dem Krankenhaus gehört.

Doch selbst in Krankenhäusern, in denen positive Veränderungen dieser Art vorgenommen wurden, verlieren die Frauen oft das seelische Gleichgewicht, denn sie können nicht frei entscheiden, ob sie das Kind bei sich haben wollen oder nicht. Manche Frauen wollen unter keinen Umständen von ihrem Kind getrennt werden, wogegen andere Frauen es vorziehen, das Kind vom Pflegepersonal versorgen zu lassen, damit sie sich ausruhen können. In einer großen, hierarchisch gegliederten Institution wie einem Krankenhaus haben Mütter, die nur vorübergehend da sind, nichts zu sagen. Der Baby-Blues dauert im allgemeinen nicht sehr lange, weil die meisten Frauen nur kurze Zeit nach der Geburt im Krankenhaus verweilen; muß eine Frau jedoch länger im Krankenhaus bleiben, besteht die Gefahr, daß die Depression anhält.

Postnatale Depression

In medizinischen und psychologischen Schriften wird die postnatale oder Wochenbettdepression als seelische Erkrankung definiert, die sich durch Niedergeschlagenheit, Müdigkeit, Reizbarkeit, Angst, Weinerlichkeit und Unzulänglichkeitsgefühle, durch Eheprobleme und durch die Unfähigkeit, mit den täglichen Aufgaben als Hausfrau und Mutter zurechtzukommen, ausdrückt.[3] Oft treten auch psychosomatische Störungen auf, die folgendermaßen beschrieben werden: »Somatische Symptome der postnatalen Depression sind unter anderem Kopfschmerzen oder Herzklopfen, extreme Angst um das Kind, Traurigkeit und Schwierigkeiten bei der Bewältigung des Alltags.«[4] Psychiater vermuten, daß zwei von zehn Frauen unter Depressionen dieser Art leiden.[5]

»Die Leute schauen einen an und sagen, was für ein Glück es doch sei, daß das Baby gesund ist. Natürlich bin ich dafür dankbar, aber deshalb geht es mir trotzdem nicht besser.«

Durch die ärztliche Diagnose einer Depression wird jedenfalls deutlich, daß diese für Dritte äußerst unbequem ist, vor allem für die Mitbewohner einer Patientin, die von der Mutter erwarten, daß sie putzt, kocht und das Kind versorgt. Ihr Befremden kann genauso wie der Zustand der Frau selbst dazu beitragen, daß sich die betroffene Frau an einen Arzt wendet. Manche Frauen suchen schon sehr früh einen Arzt auf, andere dagegen versuchen oft erst monatelang selbst zurechtzukommen, den Anschein der Normalität zu wahren und Mann und Kinder weiter zu versorgen, obwohl sie große seelische Qualen erleiden.

Wenn das Kind gesund ist und gedeiht, tun sich Dritte, gerade auch Angehörige, schwer damit, die Niedergeschlagenheit der Mutter überhaupt wahrzunehmen. Alle Aufmerksamkeit gilt dem Baby, und man nimmt ganz selbstverständlich an, daß die Mutter glücklich und wohlauf ist.
Eine unter Depressionen leidende Frau versorgt ihr Kind oft wie ein Roboter. Sie erledigt alles ganz korrekt, fühlt sich aber trotzdem als schlechte Mutter. Mechanisch führt sie den Haushalt, aber die Aufgaben wachsen ihr leicht über den Kopf. Sie vergißt, wo sie etwas hingelegt hat oder was sie gerade tun wollte, ihr tägliches Leben gerät völlig in Unordnung. Sie fühlt sich kraftlos, als habe das Kind alle Energie aus ihr herausgesogen. Schon beim Aufwachen ist sie müde und würde am liebsten gar nicht aufstehen. Morgens fühlt sie sich oft besonders schlecht, sie kommt im Verlauf des Tages aber wieder besser zurecht. Sie schwankt zwischen Abkapselung und Gereiztheit, zwischen dem Vorsatz, etwas Nützliches zu tun, und abgrundtiefer Verzweiflung.

»Ich wurde von all diesen fremden Gefühlen beherrscht und war innerlich aufgewühlt.«

Sie macht sich Vorwürfe, gibt sich die Schuld für ihr Unwohlsein und gesteht sich nicht ein, daß sie depressiv ist.[6] Sie ist nicht unbedingt weinerlich; die eine Frau weint viel, die andere ist trotz der Depression unfähig zu weinen. Sie liegt nachts wach und macht sich Sorgen, und wenn das Kind dann auch noch gestillt werden muß, leidet sie unter extremem Schlafmangel. Sie kommt sich vor wie eine Fliege an der Wand und beobachtet sich aus der Distanz. Es ist, als sei sie durch eine unsichtbare Glasscheibe von den anderen Menschen abgeschnitten. Freunde und Angehörige, die ihr helfen wollen, fühlen sich abgewiesen. Teilt sie sich dann doch einmal anderen mit, brechen ihre Gefühle vielleicht unkontrolliert aus ihr hervor.

»Ich spürte, wie ich drauf und dran war, meiner Tochter etwas Schreckliches anzutun, zum Beispiel sie zu ertränken oder aus dem Fenster zu werfen.«

Oft fällt es der betroffenen Frau jedoch schwer, über ihren Zustand zu sprechen; was am schlimmsten daran ist, bleibt oft unerwähnt. Nur stokkend kann sie von sich sprechen. Sie hat Angst, dem Baby weh zu tun, oder sie glaubt, das Baby könne sie verletzen, es sauge sie aus, raube ihr beim Stillen alle Kraft oder zehre an ihrer Substanz. Manchmal möchte sie am liebsten tot sein. Sie hat Angst, anderen davon zu erzählen, denn sie befürchtet, das Kind könnte ihr weggenommen werden, weil sie eine schlechte Mutter oder verrückt ist.

Depressionen treten nach großen Lebenskrisen wie dem Tod eines geliebten Menschen, dem Verlust des Arbeitsplatzes, dem Eintritt in den Ruhestand, einer Operation und auch einem Umzug oft auf. All diese Situationen können uns in einen schockartigen Zustand versetzen, in dem wir dringend emotionale Unterstützung benötigen. Depressionen treten manchmal auch bei Frauen auf, die ein Kind adoptiert haben, ein weiterer Beweis dafür, daß Depressionen nach der Geburt nichts mit Hormonen zu tun haben.

Frauen, die im Jahr nach der Geburt eines Kindes unter Depressionen leiden, könnte besser geholfen werden, wenn diese Erkrankung nicht als »Frauenleiden« wie das prämenstruelle Syndrom oder wie Depressionen während der Menopause eingestuft würde. Die Depressionen werden immer noch entweder als zwangsläufige Folge der Veränderungen in Gebärmutter oder Eierstöcken oder als Folge des Stillens oder als ein typisch weibliches Hirngespinst angesehen, das nicht weiter ernst genommen zu werden braucht.

Aufgrund einer derartigen Mißachtung oder Verharmlosung der depressiven Befindlichkeit bleibt der Frau die notwendige Liebe und Fürsorge von denen versagt, die sie ganz praktisch unterstützen könnten. Dazu gehört die unaufdringliche Hilfe im Haushalt ebenso wie die Zeit, ihr zuzuhören, wenn sie etwas sagen will, ohne sie dabei mit Vorverurteilungen oder guten Ratschlägen zu belasten.

Antidepressiva

Frauen, die nach der Geburt unter Depressionen leiden, bekommen oft Antidepressiva verschrieben. Diese werden ebenso wie Beruhigungsmittel auch über die Muttermilch ausgeschieden, obgleich bisher noch keine negativen Auswirkungen auf Stillkinder beobachtet werden konnten. Trotzdem darf nicht vergessen werden, daß alle Medikamente Nebenwirkungen haben. Es ist deshalb wichtig, sich genau über mögliche Nebenwirkungen zu informieren und immer nur die kleinstmögliche Dosis einzunehmen. Manche Ärzte sind freilich überzeugt, daß Antidepressiva der neuen Mutter nicht das geben, was sie wirklich braucht – mütterliche Zuwendung für sich selbst.

Beruhigungsmittel

Beruhigungsmittel, die von Allgemeinärzten gern verschrieben werden, machen süchtig. Sie können zur Verschlimmerung des Krankheitsbildes beitragen. Sie gelangen in die Muttermilch und machen das Kind schläfrig, wodurch das Stillen erschwert wird. Beruhigungsmittel können die Selbstkontrolle beeinträchtigen, was problematisch sein kann, wenn die Frau auf das Kind wütend ist und zu körperlicher Gewalt neigt. Die Medikamente heben zwar die Stimmung, führen aber gleichzeitig zu einer Enthemmung.

Nach Einnahme solcher Mittel über einen Zeitraum von einem Monat sollte die Frau die weitere Medikation mit ihrem Arzt besprechen.

Psychotherapie

Wenn Sie eine Psychotherapie machen wollen, nehmen Sie sich für die Auswahl des Therapeuten mindestens so viel Zeit wie für die Wahl einer Tagesmutter oder auch eines Friseurs. Das ist mit einem kleinen Baby natürlich sehr schwierig. Bitten Sie den Therapeuten oder die Therapeutin um ein Kennenlerngespräch, um herauszufinden, ob Sie zueinander passen. Vertrauen Sie Ihrem Instinkt. Versichern Sie sich der ärztlichen Schweigepflicht, damit Sie ungehemmt sprechen können. Vor dem ersten Treffen mit einem Therapeuten brauchen Sie noch keine Formulare mit vertraulichen Angaben auszufüllen, wie es in einigen Kliniken üblich ist.

»Ich sollte vor dem ersten Termin einen umfangreichen Fragebogen über meine Beziehungen und mein Sexualleben ausfüllen. Ich entschied mich dagegen.«

Wenn Sie die Therapie selbst bezahlen, erkundigen Sie sich vorher, wie lange sie ungefähr dauern und was sie kosten wird und was passiert, wenn Sie einen Termin absagen oder in Urlaub fahren. Überlegen Sie sich, ob Sie lieber zu einer Therapeutin gehen wollen, die selbst Kinder hat. Kommen Sie mit jemandem aus einer anderen Kultur zurecht, oder haben Sie Angst, mit stereotypen Vorurteilen über die Rolle als Frau und Mutter konfrontiert zu werden? Weiter sollten Sie berücksichtigen, welche theoretische und praktische Ausbildung der Therapeut hat; vielleicht gibt es ein Buch oder irgendwelches Informationsmaterial, das Ihnen einen allgemeinen Einblick in seine psychologischen Methoden gibt. Erkundigen Sie sich, ob es eine Warteliste gibt und ob Kinderbetreuung möglich ist.

Fühlt sich eine Frau besonders niedergeschlagen, kann sie sich vielleicht nur unter vier Augen aussprechen. Stellen Sie deshalb fest, ob die Gespräche mit dem Therapeuten allein stattfinden. Vielleicht ziehen Sie später das Gespräch in der Gruppe vor, zunächst ist es aber besser, mit Einzelgesprächen zu beginnen.

Ein geschulter Psychotherapeut kann die Frau durch einfühlsames Zuhören sicherlich unterstützen und ist vielleicht der einzige, der sich von ihrem Zustand nicht abschrecken läßt. Trotzdem nehmen auch psychoanalytische Erklärungen postnataler Depressionen keine Rücksicht auf die sozialen Bedingungen der Frau. Die Psychoanalyse vertritt die Theorie, daß Frauen sich während der Schwangerschaft und der ersten Monate nach der Geburt in einen kindähnlichen Zustand zurückentwickeln. Dieser Theorie zufolge lassen sich junge Mütter weniger von der Vernunft als vom Instinkt leiten, geradezu als wären sie selbst Babys. Die Depression wird als Ausdruck mangelhafter Aufarbeitung ungelöster eigener Konflikte mit den Eltern angesehen.[7] Männliche Therapeuten sehen die Erfüllung der hausfraulichen und ehelichen Pflichten oft als konkreten Beweis für den Erfolg ihrer Therapie an. Ein Psychotherapeut beschreibt eine erfolgreiche Behandlung, die sechs Monate lang mit zwei Sitzungen pro

Woche stattfand, folgendermaßen: »Danach wußte sie, wie schwer es ist, einen Haushalt zu führen und ein Kind zu versorgen, fand aber Befriedigung darin.«[8]

Eine Psychotherapie ist nicht ganz ungefährlich. Ungefähr zehn Prozent der Patienten geht es nach der Therapie schlechter als zuvor, verglichen mit Personen mit denselben Krankheitssymptomen, die sich keiner Behandlung unterziehen.[9] Ungefähr zehn Prozent aller männlichen Therapeuten geben zu, mit Patientinnen sexuellen Kontakt gehabt zu haben.[10] Die Dunkelziffer ist wahrscheinlich viel größer, da nur wenige den sexuellen Mißbrauch von Frauen in diesem besonderen Vertrauensverhältnis zugeben.

Die psychologische »Lösung« ist nicht die einzige Möglichkeit, mit der Depression umzugehen, und sie ist für Sie vielleicht nicht geeignet. Zwei Psychologinnen, die der traditionellen Psychologie mit radikaler Kritik gegenüberstehen, sagen dazu: »Als Feministinnen lehnen wir jegliche psychologischen Erklärungsversuche ab ... da diese politische Zusammenhänge ins Private, Individuelle übertragen.«[11] Ihnen zufolge führen die Methoden der Psychologie wie etwa das Sprechen über »das Kind in uns« nur dazu, seelisches Leid ausschließlich unter dem gefühlsmäßigen Aspekt oder als persönliches Versagen zu sehen und die Möglichkeiten politischer und sozialer Veränderung auszuklammern.

Die italienische Psychologin und Soziologin Patrizia Romito schreibt, medizinische wie psychologische Erklärungen für die Ursachen postnataler Depressionen gingen davon aus, daß irgend etwas im Inneren der Frau nicht funktioniere. Dabei bleibe der wichtigste Faktor unberücksichtigt: der innere Widerstand der Frau gegen die sie unterdrückende soziale Einrichtung der Mutterschaft.[12]

Soziale Ursachen der Niedergeschlagenheit

Wenn eine Frau in einer von feindlichen Bombenangriffen heimgesuchten Stadt Angst hätte oder in einem Land, in dem Tausende verhungern, teilnamslos und depressiv wäre, würde man sie kaum wegen »Streß« behandeln. Natürlich stünde sie unter Streß, aber die Lösung ihres Problems wäre, den Krieg zu beenden oder den Hunger zu stillen.

Dasselbe gilt für Frauen, die in einer Gesellschaft, die Mütter mit kleinen Kindern die meiste Zeit über faktisch in Einzelhaft hält, versuchen, eine gute Mutter zu sein. Auf vielen Müttern liegt heute noch die Hauptlast der Versorgung der Kinder und der Hausarbeit, ohne daß Aussicht auf Veränderung besteht, bis die Kinder eines Tages aus dem Haus sind und das Putzen, Kochen und Abwaschen nur noch für den Ehemann geschieht.

»Krankheit« ist meist das falsche Wort für das seelische Tief der Frau. Mit diesem Begriff wird ihr Zustand in eine medizinische Kategorie eingeordnet. Einer Frau, die unglücklich ist, weil sie nicht genügend Geld hat, um Lebensmittel für die Kinder einzukaufen oder die Stromrechnung zu bezahlen, oder die sexuell mißbraucht wurde, kann durch Medikamente oder Psychotherapie vielleicht geholfen werden, die Ursache für ihre Probleme bleiben jedoch bestehen. Angebracht wäre praktische Hilfe und letztlich die Veränderung politischer, sozialer und ökonomischer Bedingungen.

In Indien ist es heute noch üblich, daß die Frau zur Geburt in ihr Elternhaus zurückkehrt und von ihrer Mutter versorgt wird. In den Entwicklungsländern verlieren viele junge Menschen durch Umzug in die Großstadt eine solche Hilfe durch die Familie, und die Familien werden auseinandergerissen. Früher kamen Frauen aus der Verwandtschaft und der Nachbarschaft, um zu helfen, wenn ein Kind geboren wurde. Heute sind Frauen in den Ballungszentren Afrikas oder der Karibik in keiner besseren Lage als ihre Leidensgefährtinnen im Westen, weil sie unter derselben sozialen Isolation leiden.

Oft wird eine postnatale Depression diagnostiziert, wenn sich die Frau unglücklich fühlt – wofür sie oft gute Gründe hat. Dadurch, daß Niedergeschlagenheit als Depression bezeichnet wird, wird deren Ursache allein bei der Frau festgemacht. Sie wird zur behandlungsbedürftigen »Patientin«, ihr soziales Umfeld, die Menschen, mit denen sie zusammenlebt, und ihre Einsamkeit bleiben unberücksichtigt. Doch all diese Faktoren spielen für ihr Befinden auch eine Rolle, auch wenn sie nicht ursächlich, sondern eher verstärkend wirken. Die Soziologin Ann Oakley hat die Niedergeschlagenheit von Müttern untersucht und kommt zu dem Schluß, die Definition dieser Befindlichkeit als Krankheit sei einer der katastrophalsten Irrtümer des 20. Jahrhunderts.[13] Ignoriert man die sozialen Ursachen der Niedergeschlagenheit, braucht man nichts dagegen zu unternehmen; die Frau soll sich ändern, nicht ihre Umgebung.

Die Partnerbeziehung

Seelisches Leiden kann auch auf eine schlechte Partnerbeziehung zurückgehen. Manchmal ist der Mann gewalttätig und verletzend, oft ist er einfach nur verständnislos. Bis heute lernen die meisten Männer nicht, der wichtigsten Erfahrung im Leben der Frau einfühlsam zu begegnen. Oft stehen sie anderen Männern gefühlsmäßig näher als Frauen. Die Geschlechter leben in zwei unterschiedlichen Welten.

»Er wollte erst nicht mitkommen. Als ihm jedoch klar wurde, daß es nicht gegen ihn ging, willigte er ein. Der Therapeut vermittelte uns beiden ein Gefühl der Sicherheit.«

Wenn die Frau als behandlungsbedürftige Patientin gilt, wird notwendigen Veränderungen auf seiten des Partners keine Beachtung geschenkt. Wagt die Frau nicht, dem Partner gegenüber Verärgerung zu zeigen, richtet sie den Ärger nach innen und wird depressiv. Beratungsgespräche und Psychotherapien sind deshalb nur unter Einbeziehung des Partners und möglicherweise anderer Familienmitglieder sinnvoll. Aufgrund dieser Erkenntnis sind in manchen Gegenden Beratungszentren eingerichtet worden, die die ganze Familie ansprechen.

Der Mann erkennt nicht unbedingt die Notwendigkeit, selbst aktiv zu werden; er ist vielleicht der Meinung, die Frau müsse behandelt werden, da es um ihre seelischen Probleme geht, mit denen er nichts zu tun hat. Das Eingeständnis, daß er passiv zugesehen hat, wie sie in Depressionen versank, kann für ihn schmerzhaft und demütigend sein. Noch schwieriger mag es für ihn sein, seine Einstellung und sein Verhalten so zu ändern, daß ihr aus der Depression wieder herausgeholfen werden kann. Doch ist diese Änderung vielleicht das, was sie am meisten braucht.

Soziale Isolation

Seit den siebziger Jahren weiß man, daß Depressionen vielfältige soziale Ursachen haben können: etwa eine wenig tragfähige Partnerbeziehung, ein einschneidendes Ereignis wie der Tod eines nahestehenden Menschen, Arbeitslosigkeit, der Verlust der Mutter in früher Kindheit oder auch nur die Anwesenheit eigener Kinder. In einer wichtigen Untersuchung wurde festgestellt, daß 30 Prozent der Mütter aus der Arbeiterschicht mit einem Kind unter sechs Jahren unter Depressionen litten und 20 Prozent sich sehr unglücklich fühlten. Eine von drei Müttern »lebte in so schwierigen Verhältnissen, daß jede zusätzliche Belastung eine schwere Depression auslösen konnte«.[14] In unseren westlichen Gesellschaften leiden viele Frauen mit kleinen Kindern an Depressionen, wenn sie von anderen Erwachsenen abgeschnitten sind und keine engen sozialen Bindungen mehr haben. Sie können die schönen oder schlechten Dinge des Lebens mit niemandem teilen und mit niemandem offen über ihre Gefühle sprechen, und sie haben niemanden, der ihnen zur Seite steht, wenn es Schwierigkeiten gibt. Sie sind sozial isoliert.

In meinen eigenen Untersuchungen über das weinende Kleinkind konnte ich feststellen, daß Frauen, die täglich acht Stunden oder länger mit ihrem Kind allein verbrachten, besonders niedergeschlagen waren. Einige hatten große Angst, sie könnten auf das Kind losgehen und ihm weh tun. Einige wenige taten dies auch tatsächlich. Keine der Frauen hatte jemanden, mit dem sie in dieser Situation hätte sprechen können.

Wir alle brauchen andere Menschen. Unser Selbstwertgefühl hängt von unserer sozialen Einbindung ab. Kinder tragen zu unserer Selbstbestätigung als *Mutter,* nicht aber als eigenständige, erwachsene Persönlichkeit bei. Wenn eine Frau von anderen Erwachsenen und den Belangen Erwachsener abgeschnitten ist, ist sie sozial isoliert, auch wenn sie noch so viele Kinder hat.

»Der Geschäftsführer sagte mir, Stillen sei nur auf der Toilette erlaubt.«

Soziale Isolation hängt auch von der Verfügbarkeit öffentlicher Verkehrsmittel oder eines Autos ab. Auch eine Frau, deren Partner zehn Stunden am Tag außerhalb des Hauses arbeitet oder sich Arbeit mit nach Hause nimmt und sich damit vor dem Kinderlärm zurückzieht, ist sozial isoliert. Sie ist isoliert, wenn keine Familie da ist, die ihr helfen könnte, oder die Verwandten zu weit weg wohnen. Sie gerät in soziale Isolation, wenn in Freizeiteinrichtungen Kinder unerwünscht sind oder wenn Stillen außerhalb der eigenen vier Wände als anstößig gilt.

Auch in Ländern, wo es aufgrund der Kälte schwierig ist, einen Säugling mit nach draußen zu nehmen, sind die Frauen isoliert. Dasselbe ist der Fall, wenn die Oma nicht zur Verfügung steht, weil sie arbeitet, in Urlaub ist oder selbst vereinsamt in einem Altenheim lebt.

»Es kostete so viel Anstrengung, bis wir ausgehfertig waren und Stiefel, Jacken, Schneeanzug, Mütze und Handschuhe angezogen hatten, daß ich es schließlich aufgab. Also hockte ich zu Hause und fühlte mich immer schlechter.«

Isolation, vor allem in Verbindung mit Armut, ist eine der Hauptursachen für Depressionen bei Müttern mit kleinen Kindern. Und das hat nichts mit den frühkindlichen Erfahrungen der Frauen, mit ihrem Verhältnis zur eigenen Mutter, mit ihrer emotionalen Reife oder mit ihren Hormonen zu tun. Sie leiden unter Depressionen, weil sie unter Bedingungen leben, die das Muttersein zu einer fast unlösbaren Aufgabe machen.

Mütter müssen außergewöhnlich flexibel sein, ihr Augenmerk von einem Moment zum andern auf ganz verschiedene Dinge richten und das Kind aufmuntern, beruhigen, anleiten, ermutigen und trösten. Das ständige Eingehen auf das Kind verwischt Grenzen und hebt die eigene Identität vorübergehend auf. Dieser Identitätsverlust kann sehr schwer wiegen, weil die Lebensumstände der Mutter sich so grundlegend von denen anderer Erwachsener unterscheiden. Amy Rossiter, die die Situation von Müttern mit Kleinkindern untersucht hat, fand heraus, daß der Verlust des Selbst nicht nur von der allesverschlingenden emotionalen Bindung an das Kind herrührt, sondern vom Verschwinden des gesamten sozialen Umfeldes, in dem die Mutter die notwendige Bestätigung finden könnte.[15]

In Gesellschaften, wo jeder jeden kennt, treten solche Depressionen äußerst selten auf. In bäuerlichen Kulturen oder anderen traditionellen Gesellschaften sind immer helfende Menschen, Familienmitglieder und

Nachbarn zur Stelle, wenn Lebenskrisen oder neue Lebenssituationen bewältigt werden müssen.
Wir müssen Wege finden, wie wir die für unsere Kultur typische Isolationshaft von Müttern mit Kleinkindern aufheben können.

Aus der Isolation ausbrechen

Ist die soziale Isolation Schuld am Unglück der Frau, müssen Veränderungen der Lebensumstände und mitmenschlichen Beziehungen herbeigeführt werden. Vielleicht trifft das auf Ihre Situation zu, und Sie wissen auch, wo die Probleme liegen, eine Veränderung erscheint Ihnen aber unmöglich. Gehen Sie schrittweise vor und gewinnen Sie nach und nach wieder mehr Selbstvertrauen. Erkundigen Sie sich nach Selbsthilfeorganisationen oder Frauengruppen in Ihrer Umgebung. Wenn Sie dort anrufen, wissen Sie, daß Sie aufgeschlossene, unvoreingenommene Zuhörerinnen finden, die Sie emotional unterstützen und Ihnen Kraft zum Weitermachen geben können.
Wenn Sie unter Depressionen leiden, haben Sie kaum die Kraft, etwas zu verändern. Versuchen Sie aber herauszufinden, wie Sie die Hilfe anderer nutzen können, um konkrete Veränderungen herbeizuführen. Im folgenden habe ich einige Vorschläge aufgelistet, die anderen Frauen geholfen haben. Manches davon ist für Sie vielleicht ungeeignet, anderes greift womöglich Überlegungen auf, die Sie schon selbst angestellt haben. Die Vorschläge sind kein Allheilmittel, sie sollen zu möglichen Lösungen anregen.

Bitten Sie um Hilfe. Wenn Sie nach Ihrem Befinden gefragt werden, sagen Sie nicht, es gehe Ihnen gut, und scherzen Sie nicht über schlaflose Nächte und zu viel Arbeit, wenn Sie sich in Wirklichkeit elend fühlen. Setzen Sie sich über solche Floskeln hinweg und sagen Sie offen: »Ich bin schrecklich müde«, oder: »Ich komme mit der neuen Situation nicht zurecht.« Bitten Sie um praktische Hilfe.
Wenn Sie gefragt werden, ob Sie Hilfe benötigen, seien Sie ehrlich und bejahen Sie. Bitten Sie um Haushaltsgeräte, die Ihnen die Arbeit erleichtern. Bitten Sie darum, daß jemand Ihre Küche aufräumt, den Abfluß reinigt, den Kühlschrank abtaut, die Wäsche in die Reinigung bringt, den Wocheneinkauf erledigt, ein paar Stunden das Baby hütet, damit Sie etwas Schlaf nachholen können, das dreijährige Geschwisterchen einen Nachmittag lang zu den eigenen Kindern mitnimmt oder Ihnen eine Viertelstunde den Rücken massiert.
Gehen Sie möglichst früh am Tag aus. Das ist die beste Zeit, der Depression vorzubeugen, die meist morgens am schlimmsten ist.
Sorgen Sie dafür, daß Sie mobil sind, daß Sie zum Beispiel ein Auto zur Verfügung haben. Verabreden Sie sich mit einer Frau, die ein Auto hat, oder benutzen Sie öffentliche Verkehrsmittel.

Jedes Baby schläft irgendwann einmal. Nutzen Sie die Zeit, um sich auszuruhen und Kraft zu sammeln, auch wenn es nur eine halbe Stunde ist. Schlafen Sie, wenn das Kind schläft. Es macht nichts, wenn Sie nicht einschlafen können. Entspannen Sie sich, und atmen Sie ruhig durch. *Versuchen Sie nicht, in dieser Zeit alles Liegengebliebene zu erledigen.*

Tun Sie etwas für Ihren Körper, am besten in einer Gruppe, die sich regelmäßig trifft. Das ist auch eine gute Möglichkeit, Kontakt zu anderen Frauen zu finden.

Erzählen Sie Ihrem Arzt von Ihrer Niedergeschlagenheit. Bitten Sie ihn um eine Adresse, wo Sie sich aussprechen können.

Schließen Sie sich einer Frauengruppe an, die sich speziell an junge Mütter wendet oder Ihnen die Möglichkeit gibt, sich mit anderen Themen als Babys zu beschäftigen. Suchen Sie eine Gruppe, in der Sie sich wohlfühlen.

Wenn Sie sich schon wieder besser fühlen, können Sie sich auch einer Selbsthilfegruppe anschließen, in der Erfahrungen über Depressionen ausgetauscht werden.

Wenn Sie die Möglichkeit haben, das Kind nachts von jemand anderem füttern zu lassen, können Sie Ihre Milch ausdrücken und kühlstellen oder Fertigmilch benutzen. Nutzen Sie solche Entlastungen wenigstens einige Nächte lang oder an Wochenenden.
Machen Sie für jeden Tag einen Plan. Nehmen Sie sich aber nicht zu viel vor, der Plan soll Ihnen nur helfen, den Tag zu strukturieren. Planen Sie dabei auch Zeit für sich ein und Zeit, in der Sie mit wenigstens einem Erwachsenen zusammen sind, bei dem Sie sich wohl fühlen.
Suchen Sie sich einen Babysitter, dem Sie vertrauen können, oder erkundigen Sie sich nach anderen Möglichkeiten der Kinderbetreuung, damit Sie wenigstens für kurze Zeit auch ohne Kind weggehen können.
Nutzen Sie jede Gelegenheit, einer Teilzeitarbeit oder einer befriedigenden Tätigkeit zu Hause nachzugehen, während das Kind von einer dritten Person betreut wird, auch wenn es nur für ein oder zwei Stunden am Tag ist.
Organisieren Sie sich eine Haushaltshilfe, die wäscht, kocht oder sich um die älteren Kinder kümmert, so daß Sie mehr Zeit für das Baby haben.

Keiner dieser Vorschläge kann die Depression heilen. Aber vielleicht finden Sie dadurch die innere Kraft, aus der Niedergeschlagenheit wieder herauszukommen.

Eine schwierige Geburtserfahrung

Viele Frauen mit Depressionen haben eine schwierige Geburtserfahrung hinter sich. Das muß nicht unbedingt heißen, daß die Geburt besonders schmerzhaft oder langwierig war, daß Komplikationen bei der Entbindung auftraten oder ein Kaiserschnitt durchgeführt werden mußte. Es kann auch sein, daß die Frau über alternative Vorgehensweisen während der Geburt nicht ausreichend informiert wurde, auch wenn die Geburt aus ärztlicher Sicht völlig problemlos verlief. Dies ist häufig der Fall, wenn die Wehen künstlich eingeleitet und eine hochtechnisierte Geburtshilfe eingesetzt werden. Dabei ist weniger der Einsatz bestimmter Geräte entscheidend, sondern das Gefühl, die Kontrolle über das Geburtsgeschehen verloren zu haben. Es ist ein entscheidender Unterschied, ob eine Frau die Geburt selbstbestimmt erlebt oder ob sie völlig der Kontrolle Dritter ausgeliefert ist, als läge auf dem Entbindungsstuhl ein anonymer Körper. Viele Frauen, die nicht darüber hinwegkommen, wie sie während der Geburt behandelt wurden, klagen, sie hätten nicht mitentscheiden können, was mit ihnen geschah. Sie fühlten sich oft emotional erpreßt, da man sie für den möglichen Tod oder die Behinderung des Kindes verantwortlich machte, wenn sie nicht bestimmten Vorgehensweisen zustimmten. Sie fühlten sich entmachtet und sahen in der Geburt rückblickend einen Akt der Gewalt, ähnlich dem sexuellen Mißbrauch oder einer Vergewaltigung.

»Ich war verletzt und wütend. Ich habe das bis heute nicht verkraftet. Wenn ich vergewaltigt worden wäre, hätte ich wenigstens zur Polizei gehen können.«

Der Vergleich zwischen einer Geburt und einer Vergewaltigung mag für jemanden, der diese Erfahrung nicht machen mußte, abwegig erscheinen. Es gibt aber durchaus Ähnlichkeiten. Jemand dringt ohne Einverständnis der Frau gewaltsam in ihren Körper ein, und dieser Akt der Gewalt verfolgt sie noch lange in ihren Gedanken und Träumen.

Sie fühlt sich schmutzig, gedemütigt, ihrer Identität beraubt und beschämt. Sie hat Angst vor einer Wiederholung dieser Erfahrung und fühlt sich mißbraucht und im Stich gelassen. Sie kann das Erlebnis nicht mit anderen Frauen oder ihr nahestehenden Menschen teilen und ist oft nicht mehr zu liebevollen menschlichen Beziehungen imstande. Die medizinischen Eingriffe im Genitalbereich verursachen ihr möglicherweise auch große Schmerzen, und sie befürchtet nicht zu unrecht, daß ihr Körper nie mehr so sein wird wie vor der Geburt.

Nach der Geburt steht sie oft noch tagelang unter Schock und ist gefühlsmäßig blockiert. Nach und nach weicht die Benommenheit der Erleichterung, wenigstens überlebt zu haben. Die Schrecken des Erlebten werden ihr oft erst mit einer zeitlichen Verzögerung von bis zu mehreren Monaten bewußt. Es fällt ihr schwer, das Erlebte in Worte zu fassen, es scheint keine Sprache dafür zu geben.

Die Frau ist vielleicht so benommen und verwirrt, daß sie sich nicht offiziell beschwert. Sie möchte am liebsten nur alles vergessen und zum Alltag zurückkehren. Auch andere drängen sie vielleicht, die Erfahrung beiseite zu schieben, und sagen, sie solle dankbar für die vielen schönen Dinge sein, die sie habe, und nach vorne blicken.

Viele Frauen leiden nach einer solchen Erfahrung unter Panikanfällen, Platzangst und Alpträumen. Sie werden von plötzlichen Erinnerungen heimgesucht, die das tägliche Leben vergiften und ihre Beziehung zu anderen belasten, vor allem die Beziehung zu ihrem Sexualpartner. Wenn sie zur Trauer fähig sind und dabei von verständnisvollen Freunden unterstützt werden, können sie das Geschehene mit der Zeit verarbeiten. Andernfalls kann die emotionale Störung monate- oder jahrelang anhalten.

Sexueller Mißbrauch

Viele Frauen sind Opfer sexuellen Mißbrauchs. Statistiken in England und den USA gehen davon aus, daß zwischen 12 und 42 Prozent aller Frauen als Kinder sexuell mißbraucht wurden. Die Erfahrungen bei der Geburt lassen oft die Erinnerungen an den Mißbrauch wieder aufleben.[16] Manche Frauen stellen sich die Geburt als etwas äußerst Schmerzhaftes vor und erwarten, daß das Kind als Strafe für fleischliche Sünden verkrüppelt ist oder stirbt. Geburt und Vergewaltigung verschmelzen in der Vorstellung und lösen schreckliche Erinnerungen und Alpträume aus; beide Male konnte die Frau sich nicht mehr bewegen, ihre Beine wurden gewaltsam gespreizt, und unter unvorstellbaren Schmerzen wurde etwas tief in sie hineingezwängt. Kein Wunder, daß auch eine gynäkologische Untersuchung solche Empfindungen wachrufen kann, und daß »gerade Maßnahmen, die der Entsexualisierung der Untersuchung dienen sollen, wie zum Beispiel Vermeidung von Blickkontakt und Konzentration allein auf den Genitalbereich, die Erinnerung an frühere Erfahrungen verstärken können«.[17]

Wenn Ihnen bei der Geburt jegliche Selbstbestimmung versagt wurde und Sie sich anschließend niedergeschlagen fühlen und vergewaltigt vorkommen, sind vielleicht Erinnerungen an einen sexuellen Mißbrauch als Kind wachgerüttelt worden. Sie können versuchen, die schmerzhaften Erfahrungen zu verarbeiten, auch wenn Sie sich im Moment so elend fühlen, daß das unmöglich erscheint. Ein erster Schritt könnte sein, eine Freundin anzurufen, mit der Sie sich ausprechen können und die von dem, was Sie erzählen, nicht schockiert ist, sondern verständnisvoll reagiert.

Kraft aus sich selbst schöpfen

Wenn Frauen erzählen, wie sie mit solchen Problemen fertiggeworden sind, scheint das, was sie passiv an Hilfe empfangen haben, weniger wichtig als das, was sie aus eigener Kraft tun konnten. Im einzelnen sind das vielleicht nur ganz triviale Dinge, doch sie haben es ihnen ermöglicht, ihr Leben wieder selbst in die Hand zu nehmen. Im folgenden sind einige praktische Maßnahmen aufgelistet, die Frauen in dieser Lage weitergeholfen haben.

»Sie glaubte mir, ohne daß ich viel erklären mußte. Sie glaubte mir einfach und begriff, wie verletzt ich war.«

Manche Frauen schreiben auf, was sie während und nach der Geburt empfunden haben. Andere malen oder zeichnen oder drücken das Erlebte in Ton oder textilen Arbeiten aus. Solche Ausdrucksformen scheinen dazu beizutragen, daß das Erlebte nicht mehr nur im eigenen Inneren gärt, sondern auch für Außenstehende real erfahrbar wird.
Manche Frauen sprechen mit einer Betreuerin für vergewaltigte Frauen oder mit einer Person, die ihnen einfühlsam zuhört. Das kann die Hebamme sein, die die Frau vor oder nach der Geburt betreut hat, die Betreuerin einer Geburtsberatungsstelle, die selbst Kinder hat, oder eine Psychotherapeutin.
Nach einem traumatischen Geburtserlebnis können Sie sich schriftlich beim Krankenhaus oder Gesundheitsamt beschweren. Der Brief sollte an die Verwaltung beziehungsweise die Behörde gerichtet sein und nicht an eine einzelne Person, bei der der Brief in den Akten verschwinden kann. Sie sollten von allen Briefen Abschriften aufbewahren. Wenn Sie nicht wissen, an wen Sie die Beschwerde richten müssen, fragen Sie bei der Beratungsstelle für Geburtsvorbereitung oder bei einer Verbraucherorganisation nach, die auch über Gesundheitsfragen informiert. Dort werden Sie auch über mögliche rechtliche Schritte informiert.
Manche Frauen schließen sich einem Verein an, der verbesserte Bedingungen bei der Geburt durchsetzen will. Sie stecken die eigene Empörung in die Hilfe für andere.
Manche Frauen entscheiden sich beim zweiten Kind für eine Hausgeburt mit einer ihnen vertrauten Hebamme. Ein positives Geburtserlebnis kann die Wunden einer früheren schlechten Erfahrung heilen.

Lesen Sie auch die Vorschläge auf den Seiten 152 bis 154 nach, vielleicht ist etwas darunter, das Ihnen weiterhilft.

Wochenbett-psychose

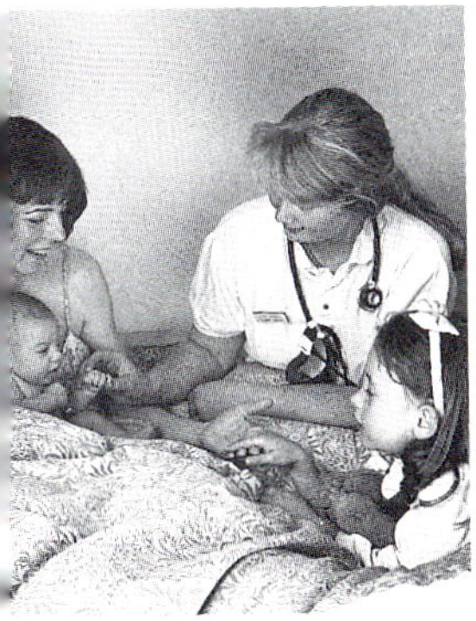

In manchen schweren Fällen von Niedergeschlagenheit wird eine Wochenbettpsychose diagnostiziert. Sie tritt bei tausend Geburten ein bis zweimal auf. Nur ein Drittel der Frauen, die nach einer Geburt psychotisch werden, haben vorher psychiatrische Probleme gehabt, Frauen, die bereits unter manischen Depressionen leiden, sind jedoch besonders gefährdet.
Oft leidet die betroffene Frau schon in den ersten zwei Wochen nach der Geburt unter so starken Gefühlsschwankungen, daß sie nicht mehr schlafen kann. Sie ist verwirrt, hat Halluzinationen und Wahnvorstellungen.
Sie leidet unter Unruhe, Angst und Panik, durchlebt aber auch Hochstimmungen, in denen sie sich wie unter Drogen »high« fühlt. Manchmal treten zwanghafte Handlungen wie Händewaschen oder Putzen auf, die Unheil von ihr oder ihrem Kind abwenden sollen. Auf der anderen Seite

»Ich wollte nur noch sterben. Ich erinnere mich, daß ich alle Tabletten, die ich finden konnte, die Toilette hinunterspülte, weil ich fürchtete, ich würde mich umbringen.«

vergißt sie vielleicht ganz, daß sie ein Baby hat. Sie löscht die Existenz des Kindes aus ihrem Gedächtnis und glaubt, es gehöre jemand anderem oder sei gestorben. Es ist, als fühle sie sich von der Verantwortung für das Kind so sehr überfordert, daß sie es lieber aus ihrem Bewußtsein streicht.

Die meisten Frauen genesen von der Wochenbettpsychose wieder vollständig. Viele werden in eine psychiatrische Klinik eingewiesen, die manchmal auch Mütter mit ihren Kindern aufnehmen. Im Durchschnitt dauert die Psychose elf Wochen, machmal auch länger. Sie wird normalerweise mit Antidepressiva und anderen Psychopharmaka, manchmal auch mit einer Elektroschocktherapie behandelt, anschließend mit Psychotherapie und Familientherapie.[18] In 50 Prozent der Fälle tritt die Wochenbettpsychose bei einer weiteren Geburt nicht mehr auf.[19]

In Nottingham in England gibt es eine ambulante psychiatrische Einrichtung für Mütter. Dort entwickelte Dr. Margaret Oakes Anfang der achtziger Jahre ein Betreuungssystem, das die Behandlung der betroffenen Frauen zu Hause ermöglichte. In der Folge mußten nur noch 40 Prozent der Patientinnen stationär aufgenommen werden, und einige von ihnen nur deshalb, weil sie das Krankenhaus der ambulanten Betreuung vorzogen. Dr. Oakes glaubt, daß lange Krankenhausaufenthalte den Heilungsprozeß behindern können und daß die von ihrem Kind getrennte Mutter hinterher zum Teil Schwierigkeiten hat, ihr Kind anzunehmen.

Oft wird als selbstverständlich vorausgesetzt, daß eine geistig kranke Frau nicht mit ihrem Kind zusammen sein sollte. Bei intensiver häuslicher Einzelbetreuung besteht diese Möglichkeit jedoch.[20] Eine Familie ist mit der Aufgabe allerdings überfordert; es muß eine Psychiatrieschwester zur Verfügung stehen, die sich acht Stunden am Tag ausschließlich der Patientin widmen und sie im Notfall jederzeit ins Krankenhaus bringen kann. Die ambulante Pflegerin hilft der Frau, ihr Selbstwertgefühl wieder aufzubauen, den Alltag zu bewältigen und Freude an ihrem Kind zu haben.

Eine Frau, die zutiefst unglücklich ist, braucht die Hilfe des Partners und anderer Frauen. Eine Psychotherapeutin, die ihren Patientinnen sehr gut zuhören konnte, schreibt, eine Frau, die die übliche Psychosebehandlung bereits hinter sich hatte, habe ihr gesagt: »In der Psychotherapie bin ich zum ersten Mal seit neun Jahren gefragt worden, was ich empfinde. Sonst wurde mir das immer gesagt. Die Psychiater haben immer meinen Mann gefragt, wie es mir geht, als sei ich überhaupt nicht da. Sie behandeln die Krankheit, als sei vor allem er davon betroffen.«[21]

Eine psychisch gestörte Frau wird von anderen Menschen abgeschnitten. Sie schämt sich für ihr Verhalten und ihre Verwirrtheit und ist oft sehr ängstlich und eingeschüchtert. Medikamente allein können sie von ihrem

Leiden nicht erlösen. Sie braucht liebevolle menschliche Beziehungen, die sie in ihrer Persönlichkeit bestätigen und ihr helfen, nach und nach wieder Selbstvertrauen, Zuversicht und Lebensfreude zu gewinnen.

9

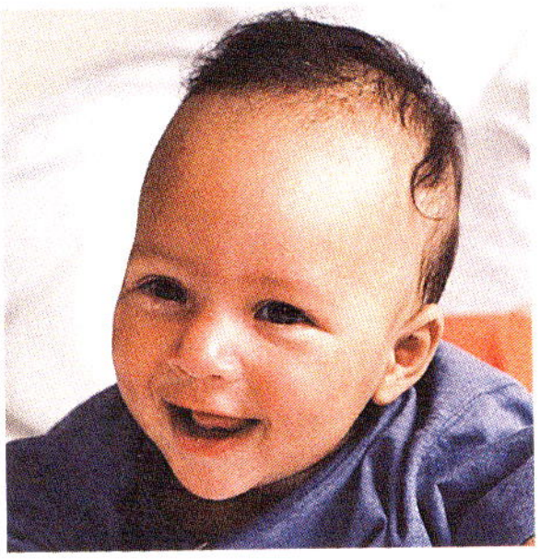

Die Persönlichkeitsentwicklung des Kindes

Noch vor einigen Jahrzehnten wurden Neugeborene als nur vegetativ dahinlebende Bündel von Reflexen angesehen, die die Mutter noch nicht als eigenständige Existenz wahrnehmen konnten. Erst das erste »soziale Lächeln« im Alter von fünf bis sechs Wochen galt als Anzeichen einer eigenen Persönlichkeit.

Während dieser ersten Wochen kam es demnach lediglich darauf an, das Kind zu füttern, zu waschen, zu wickeln und warmzuhalten. Eine persönliche Beziehung galt als unmöglich, und die Kommunikation beschränkte sich auf die Beachtung der Hungersignale.

Man ging davon aus, daß Neugeborene noch keinen Schmerz empfinden können, zumindest nicht so wie erwachsene Menschen. Operationen wurden oft ohne Betäubung durchgeführt. Kinder in Krankenhäusern mußten deshalb viel Leid ertragen, vor allem die Frühgeburten und die untergewichtigen Babys, die auf Intensivstationen liegen mußten. Ärzte und Krankenschwestern mißachteten Schmerzsignale selbst dann, wenn es einem Baby gelang, einen Katheter oder eine Spritze wegzustoßen. Leider wird in vielen Ländern sogar heute noch so verfahren. Die Mutter kennt ihr Kind natürlich besser und merkt genau, wann es Unbehagen oder Schmerzen empfindet. Zwischen Ärzten und Müttern besteht offensichtlich eine Kluft. Ärzte, die keine eigenen Kinder haben oder ihre eigenen Kinder nicht gut kennen und ihr Wissen nur aus Lehrbüchern beziehen, sagen oft Dinge, die aus der Sicht der Mutter nicht stimmen können.

Neben der Auffassung, Neugeborene seien empfindungslos, herrschte auch die Vorstellung, man dürfe sich vom Kind nicht »übervorteilen« lassen, Kinder bräuchten eine harte Hand. Sie sollten wie dressierte Hunde spüren, wer der »Herr« im Haus war. Auf die Bedürfnisse des Kindes einzugehen und ein weinendes Kind etwa aufzunehmen und zu füttern, galt bereits als »Verwöhnung«.

Obwohl Benjamin Spock seine liberalen Thesen bereits in den fünfziger und sechziger Jahren in Büchern und Zeitschriften veröffentlichte, blieb der Umgang mit Säuglingen restriktiv und dogmatisch und unsensibel gegenüber ihren Bedürfnissen. Kinderpflegerinnen behandelten die Babys oft wie Gegenstände und empfahlen den Müttern, sie die meiste Zeit in einen Kinder- oder Stubenwagen zu legen. Erst mit drei Monaten wurde ihnen eine halbe »Strampelstunde« zugestanden, in der sie ohne Windel auf einer Decke liegen durften.

Damals bekam ich mein erstes Kind. In einem als fortschrittlich geltenden Ratgeber für Kinderpflege wurde mir empfohlen, das Kind von 10.30 Uhr bis 13.30 Uhr und von 14.30 Uhr bis 16.30 Uhr im Kinderwagen zu lassen. Danach durfte es dreißig Minuten lang »bemuttert« werden, und nach dem Füttern sollte es von 18.30 Uhr bis zur nächsten Mahlzeit um 10.00 Uhr schlafen. »Ein wohlgenährter, gepflegter und gesunder Säugling hat einen regelmäßigen, tiefen Schlaf. Schläft er wenig oder mit Unterbrechungen, entwickelt er sich nicht vorschriftsmäßig.«[1] Wenn sich ein Kind nicht diesem Rhythmus anpassen ließ, konnte es dem Ratgeber zufolge also Schaden an Leib und Seele nehmen.

Eine der wichtigsten Neuerungen der sechziger Jahre war wahrscheinlich nicht die sogenannte sexuelle Befreiung durch die Pille, sondern die Erkenntnis, daß auch Kinder Menschen sind. Mütter trauten sich jetzt zu, besser als andere zu wissen, was ihrem Kind guttat. Vielleicht wußten die Kleinen doch am besten, wann sie Nahrung oder Schlaf brauchten, auch wenn es sehr schwer war, die Signale des Kindes richtig zu deuten, und unbequem, auf seine Wünsche und Bedürfnisse einzugehen.

Die Wut auf das Baby

Auch heute noch gibt es Erwachsene, die kleinen Kindern mit Mißtrauen begegnen. In einer seriösen Sonntagszeitung schrieb eine Journalistin, Kindern müsse rechtzeitig beigebracht werden, weniger »egoistisch« und »selbstbezogen« zu sein, deshalb sollten Mütter nicht allen ihren »Forderungen« nachkommen. Als das Kind dieser Journalistin ein Jahr alt war, verbrannte die Mutter im Garten sämtliche Babybücher. »Monatelang hatte ich mein Kind von vorne bis hinten bedient ... Es wollte nichts davon wissen, daß man zu bestimmten Zeiten ins Bett gehen muß oder daß es in einer zivilisierten Gesellschaft feste Essenszeiten gibt ... Heute wächst eine Generation kleiner Zaren heran, ... die ihre schlechten Gewohnheiten womöglich das ganze Leben beibehalten.« Im Fall unserer Journalistin waren die ständigen Anforderungen des Kindes deshalb so unerträglich, weil sie ihrem Partner »zur Verfügung« stehen wollte. Das Kind, schrieb sie, »taucht einfach auf und drängt sich dazwischen«.[2]

Etwa zur gleichen Zeit schrieb eine Frau in einer anderen Zeitung: »Schon einige der Kleinsten haben einen schlechten Charakter. Manche Kinder zeigen schon als Baby eine geradezu erschreckende Roheit.«[3]

Es gibt also nach wie vor sehr widersprüchliche Einstellungen zu Kindern. Mütter, die ihr Kind zwar lieben, aber befürchten, von ihm beherrscht zu werden, und glauben, den Wünschen des Kindes zu entsprechen, sei Verwöhnung, tendieren dazu, ihr Kind zu disziplinieren und einem festen Zeitplan zu unterwerfen.

Natürlich werden Babys manchmal wütend und verhalten sich völlig irrational. Es wäre jedoch Selbstbetrug, die zerstörerischen Gefühle, die wir als Erwachsene haben, auf das Baby zu projizieren und sich von ihm bedroht zu fühlen. Anstatt sich der Wut in uns zu stellen und die Eigenschaften zu erkennen, die wir an uns selbst nicht ausstehen können, übertragen wir sie nur auf das Kind, und das Kind wird zum Objekt, an dem die eigene Wut ausgelebt werden darf. Doch Eltern dürfen keine Angst vor ihren Kindern haben und keine Rachegefühle gegen sie hegen. Kinder brauchen die Gewißheit, daß sie uns nicht zerstören können, egal wie wütend sie sind. Eltern, die dieses Gefühl der Sicherheit in ihrer eigenen Kindheit nicht erfahren durften, sehen in ihrem unruhigen Kind viel eher einen »Feind«.

Das begabte Kind

Für mich sind Babys etwas ganz anderes. Sie sind außerordentlich empfindungsfähige Wesen und imstande, intensiv Freude und Schmerzen zu erleben, hell und dunkel, heiß und kalt, rauh und weich, leise und laut zu unterscheiden und in unserem Verhalten und unseren Beziehungen Zustimmung und Mißbilligung zu erkennen. Sie sind sehr lernfähig und erfassen die sie umgebenden Dinge und Menschen mit einer Schnelligkeit, die sie später nie mehr erreichen werden. Jedes Kind ist von Anfang an eine eigenständige Persönlichkeit mit einem großen Potential an Lebensfreude und Liebesfähigkeit. Schon lange bevor es sprechen kann, ist es äußerst kommunikationsfreudig.

Es ist erst zwanzig Jahre her, daß Kinderschwestern und sogar Hebammen behaupteten, Neugeborene könnten weder sehen noch hören. Mit diesem Argument wurde Müttern ausgeredet, ihr Neugeborenes noch im Kreißsaal in den Arm zu nehmen und kennenzulernen. »Wozu denn? Es kann Sie ja doch nicht sehen.« Und selbst wenn sie hätten sehen können: Ihre Augen waren doch wie bei jungen Kätzchen geschlossen. In einem englischen Hebammenbuch wurde die Geburtsmethode Leboyers abgelehnt,

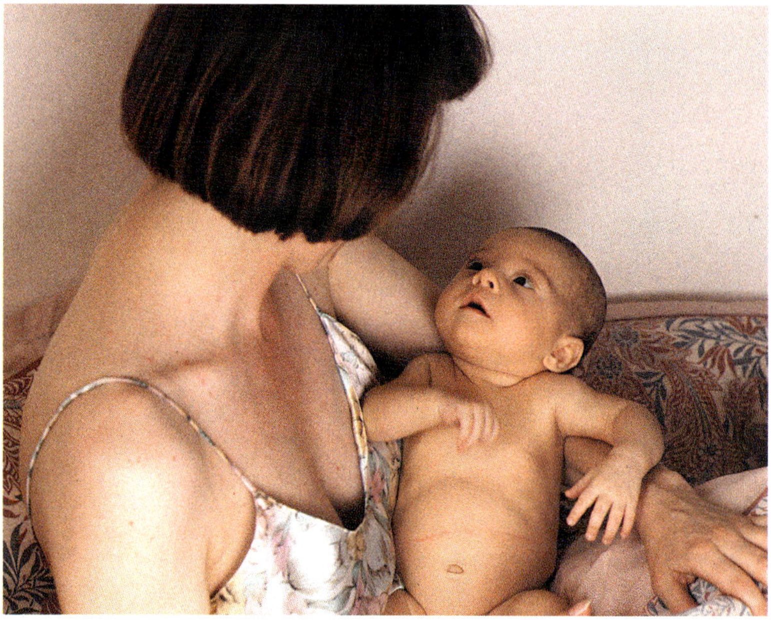

weil, wie die Autorin schrieb, die Augen der Babys ja sowieso geschlossen seien und die Babys ihre Mütter also auch nicht ansehen könnten.[4]
Das Neugeborene wurde wie eine Fertigware vom Fließband behandelt. Es wurde inspiziert, auf Qualität geprüft, gereinigt und verpackt und erst dann der Mutter gezeigt. Da es ja noch keinen Schmerz empfinden konnte, wurde die Haut kräftig abgerubbelt, die Wirbelsäule gewaltsam geradegebogen und der Körper gestreckt, um ausgemessen zu werden. Dann wurde das Kind wie ein toter Fisch in eine Metallschale geworfen und gewogen. Die Hüftstellung wurde überprüft, indem man mit einem raschen Griff die Beine nach außen und innen bog. Es wurde unter gleißend helle Neonlampen gelegt, und da es ja nichts hören konnte, machte es auch nichts aus, wenn sich im selben Raum noch ein Dutzend anderer, laut schreiender Babys befand und wenn die Säuglingsschwestern sich laut unterhielten, mit Instrumenten klapperten oder das Radio laufen ließen. Neugeborene waren einem Sperrfeuer von Geräuschen ausgesetzt. In vielen Ländern wurde ihnen eine ätzende Flüssigkeit in die Augen geträufelt, um einer eventuellen Gonorrhöeansteckung durch die Mutter vorzubeugen, die zu Blindheit führen kann. In manchen Ländern ist das heute noch üblich. Die Augentropfen haben zur Folge, daß das Kind alles nur noch verschwommen sieht und die Augen vor Schmerzen nach oben verdreht und schließt. In manchen Ländern werden Neugeborene immer noch an den Füßen hochgehalten und bekommen einen Klaps, um sicherzugehen, daß die At-

mung funktioniert. In Moskau habe ich beobachtet, wie Babys unmittelbar nach der Entbindung unter kaltes Wasser gehalten wurden.

Die sinnliche Wahrnehmungsfähigkeit des Kindes

Die Sinne des Neugeborenen sind voll entwickelt. Auf geringe Entfernung können sie gut sehen; am besten sehen sie Dinge in 23 cm Entfernung, was dem Abstand zu Ihrem Gesicht entspricht, wenn Sie das Kind auf dem Arm halten. Der Psychologe David Chamberlain, der sich vor allem mit dem Verhalten von Neugeborenen und Feten beschäftigt, schreibt, diese eingeschränkte Sehfähigkeit sei durchaus ausreichend, da Babys ihre Eltern sehen und »nicht Mikrofilme oder Straßenschilder lesen« müßten.[5]
Das lebhafte, wache Neugeborene schützt die Augen vor blendendem Licht, indem es zwinkert, die Augen verdreht oder schließt. Wird das Licht so eingestellt, daß das Kind nicht geblendet ist, sucht es sein Blickfeld nach interessanten Formen ab, wie zum Beispiel Vertiefungen und Erhebungen, Kreisen und Kurven, sich bewegenden Schatten und vor allem Gesichtern. An Ihrem Gesicht ziehen Ihr Kind vor allem der Glanz der Augen und die Lippenbewegungen an. Neugeborene können auch Farben wahrnehmen und sich daran freuen.
Mit Hilfe von Videos wurde festgestellt, daß bereits Neugeborene den Gesichtsausdruck von Erwachsenen nachahmen können. Ein entspannter,

wacher Säugling kann, wenn er Sie aus der richtigen Entfernung sieht, nachmachen, wie Sie Ihren Mund öffnen oder die Zunge herausstrecken. Wir wissen allerdings nicht, woher das Kind weiß, daß es selbst auch einen Mund hat, den es entsprechend bewegen kann. Wenn Sie traurig oder sorgenvoll aussehen, sieht Ihr Kind womöglich auch traurig und sorgenvoll aus. Sehen Sie überrascht oder glücklich aus, spiegelt sich derselbe Ausdruck auf dem Gesicht Ihres Kindes wider. Mit einem älteren Baby läßt sich das Nachahmen zu einem wunderbaren Spiel entwickeln.

Babys können einen Gegenstand, der sich langsam durch ihr Blickfeld bewegt, mit den Augen verfolgen. Versuchen Sie es mit einer Rassel, einem kleinen Teddybär oder mit Ihrem Gesicht. Das Baby bewegt die Hände, als wolle es den mit den Augen erfaßten Gegenstand nun auch mit Händen ergreifen und befühlen. Das ist der Beginn der Koordination von Händen und Augen.

Babys können von Geburt an riechen und schmecken, wahrscheinlich genausogut wie Erwachsene. Schon im Alter von wenigen Tagen erkennen sie den Geschmack der Muttermilch und die Form der Mutterbrust im Unterschied zu Brüsten anderer Mütter, und sie erkennen die Mutter am Geruch des Achselschweißes.[6]

Babys haben ein sehr gutes Gehör. Besonders aufmerksam hören Neugeborene Geschichten zu, die sie während der Schwangerschaft wiederholt gehört haben.[7] Sie nehmen außerdem hochfrequente Geräusche wahr, die Erwachsene nicht mehr hören können. Bei Ultraschalluntersuchungen in der Schwangerschaft kann beobachtet werden, daß der Fetus sich besonders lebhaft bewegt, obwohl kein Ton zu hören ist. Hohe, schrille Töne können sehr störend für das Kind sein. Es hört schärfer als ein Erwachsener und nimmt vor allem Veränderungen von Sprechrhythmen und Phonemen, den kleinsten sprachlichen Einheiten, wahr. Ab der zwanzigsten Schwangerschaftswoche hört der Fetus die Geräusche im Mutterleib und die Stimme der Mutter. David Chamberlain berichtet, durch ausgiebige Tonspektrogramme habe man festgestellt, daß Babys bereits im Mutterleib »Sprachunterricht« nehmen, also buchstäblich die charakteristische Sprechweise ihrer Mutter erlernen.[8]

Neugeborene weinen, wenn sie andere Neugeborene weinen hören, reagieren jedoch weder auf Nebengeräusche wie ein undefiniertes Zischen noch auf computersimuliertes Weinen, das Weinen eines Schimpansenbabys oder das Weinen eines fünf Monate alten Babys.[9]

Babys reagieren in jedem Alter sehr lebhaft auf Erwachsene. Sie sind neugierig und lernen ununterbrochen. Sie kommunizieren mit uns, lange bevor sie sprechen können, und imitieren unseren Gesichtsausdruck und unsere Bewegungen. Sie besitzen eine geradezu geniale Wahrnehmungsfähigkeit.[10]

Ungehindertes Bewegen

Bei der Geburt kann das Neugeborene hauptsächlich die Muskeln im Kiefer-, Mund- und Halsbereich kontrollieren, die für das Ansaugen der Brust, das Saugen und das Schlucken wichtig sind. Irgendwann zwischen dem neunten und achtzehnten Monat beherrscht das Kind den Muskelapparat so gut, daß es in der Lage ist zu laufen. Die Muskelkoordination beginnt mit den Augen, dann folgen die Muskeln, die durch die optischen Reize zum Erforschen der Umwelt animiert werden.

»Mit zehn Monaten begann sie zu klettern. Am liebsten klettert sie Treppen hinauf; sie klettert überhaupt auf alles, was sich irgendwie erklettern läßt.«

Ein Kind, das genug Platz hat, sich ungehindert zu bewegen, bewegt sich im Kreis. Legt man ein drei Wochen altes Kind unbekleidet auf eine Decke, läßt sich beobachten, wie es sich beim Strampeln um die eigene Achse dreht. Dr. Montanaro von der Montessori-Schule in Rom weist darauf hin, daß Kinder in ihrem Bewegungsfreiraum eingeschränkt werden, wenn sie mobiler werden: »Erst kommen sie in den Stubenwagen, dann in den Kindersitz, in den Kinderwagen, in den Buggy und ins Laufgitter.«[11] Das geschieht in der Regel aus Sicherheitsgründen, aber auch, weil wir uns von den Kindern gestört fühlen und weil sie mit zunehmender Mobilität auch mehr Unordnung schaffen.

Bewegung ist für die kindliche Entwicklung sehr wichtig. Dabei werden nicht nur Muskeln und Koordinationsfähigkeit trainiert, sondern das Kind lernt auch bei jeder Bewegung, daß es selbständig etwas verändern kann, ob es nun ein Mobile zum Schwingen oder ein Glöckchen zum Klingen bringt. Das trägt wesentlich zur Persönlichkeitsentwicklung bei und regt die Entdecker- und Lernfreude an.

Konzentration

Babys besitzen eine enorme Konzentrationsfähigkeit. Beobachten Sie, wie Ihr Kind seine Hände vor dem Gesicht aneinanderpatscht. Es unterbricht sich, scheint erstaunt und versucht aufs neue, die Hände zu finden. Schauen Sie genau hin, wie es sich bemüht, beide Hände gleichzeitig ins Blickfeld zu bringen, bis sie sich berühren. Es untersucht die Hände, spielt mit ihnen, greift nach Gegenständen, packt sie und bringt sie in Bewegung oder zum Klingen. Das Kind entdeckt, daß es mit Konzentration und koordinierten Bewegungen in seinem Umfeld Veränderungen bewirken kann.

Ein Baby oder auch ein älteres Kind sollte bei solchen konzentrierten Tätigkeiten niemals unterbrochen werden. Es sollte auf keinen Fall durch Fragen, Loben oder gar Aufnehmen und Schmusen von seiner wichtigen Arbeit abgelenkt werden. Wir sind Zeugen, wie das Kind durch unablässiges Entdecken und konzentriertes Lernen seine Welt verändert.

Körperkontakt

In traditionellen Kulturen berühren Mütter ihre Kinder viel mehr als bei uns im Westen. Die Art der Berührung ist auch intimer. Der Körperkontakt zwischen Ihnen und Ihrem Baby ist für die Entwicklung der gegenseitigen Beziehung wichtig. Einige Mütter erkennen ihr Baby schon da-

durch, daß sie seinen Handrücken berühren. Bei einer Untersuchung in Jerusalem fanden sieben von zehn Müttern, denen die Augen verbunden worden waren und die seit der Geburt nur eine Stunde mit ihrem Kind verbracht hatten, allein durch Berühren ihr Kind unter vielen anderen Kindern heraus.[12]

»Polly ist nach der Massage immer sehr hungrig und bekommt die Brust. Danach baden wir zwei vergnügt miteinander, und anschließend schläft sie fest ein.«

Bei der Berührung geht es aber um viel mehr. Durch Berührung wird Zärtlichkeit und Zuneigung ausgedrückt, was ein unruhiges Kind beruhigt und Sie als Mutter bestätigt. Läßt sich das Kind nicht beruhigen, probieren Sie andere Arten der Berührung aus. Wenn es Ihnen schließlich gelingt, ist das ein schöner Erfolg.

Berührung dient der Kommunikation zwischen Mutter und Kind. Es ist eine wortlose Sprache, die für den Menschen genauso wichtig ist wie für andere Säugetiere. Viele Erwachsene wissen diese Sprache nicht mehr zu benutzen. Freuen Sie sich daran, sie zusammen mit dem Kind wieder zu erlernen.

Bestimmte Arten der Berührung wirken sich positiv auf das Körperbewußtsein des Kindes aus und fördern Muskelkoordination und Bewegung.

In traditionellen Kulturen werden Babys häufig mit Öl einmassiert, was früher auch in Europa üblich war.[13] Babys reagieren auf Massage sehr unterschiedlich. Manchmal entspannen sie sich dabei und schlafen beinahe ein, manchmal nehmen sie aber auch lebhaft daran teil, fuchteln mit den Armen und strampeln mit den Beinen wie bei einem Tanz. Wenn Sie Ihr Kind massieren, beobachten Sie seine Reaktionen, und achten Sie darauf, welche Massagebewegungen ihm am meisten Spaß machen.

Die Hände werden für die Babymassage besonders geschmeidig, wenn Sie ein pflanzliches Öl benutzen, zum Beispiel Mandelöl. Mit einem Tropfen Lavendelöl vermischt, wirkt es entspannend und riecht wohltuend, ohne dabei die Haut zu reizen.

Babymassage

Entkleiden Sie das Baby in einem warmen Zimmer, setzen Sie sich mit angewinkelten Beinen auf den Boden und legen Sie das Kind so auf Ihre Schenkel, daß sein Kopf Ihnen zugewandt ist. Jetzt gießen Sie sich ein wenig Öl über die Hände und beginnen mit streichelnden Bewegungen das Öl zu verteilen, bis die Haut weich ist und glänzt.

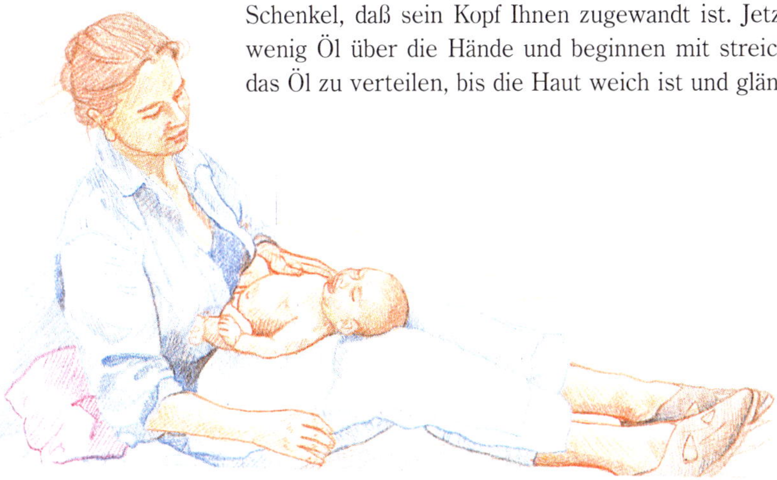

Zuerst streichen Sie mit beiden Händen über die Brust und an den Körperseiten nach unten, dann wieder hinauf zur Brust.

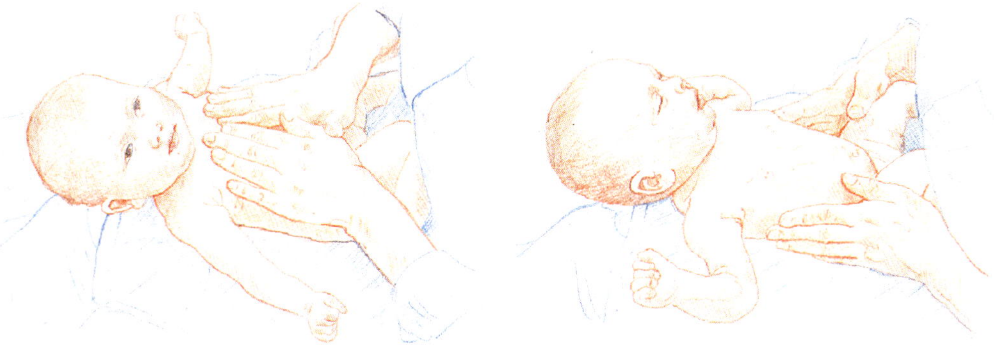

Nun legen Sie die Handflächen zu beiden Seiten des Beckens auf und streichen zuerst zur einen Schulter hinauf und wieder hinunter, dann zur anderen Schulter.

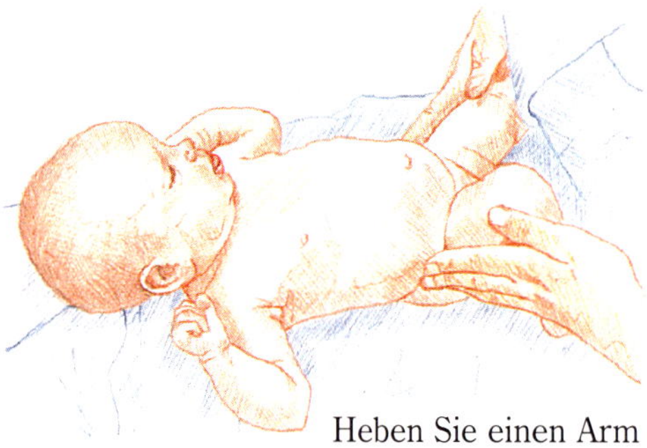

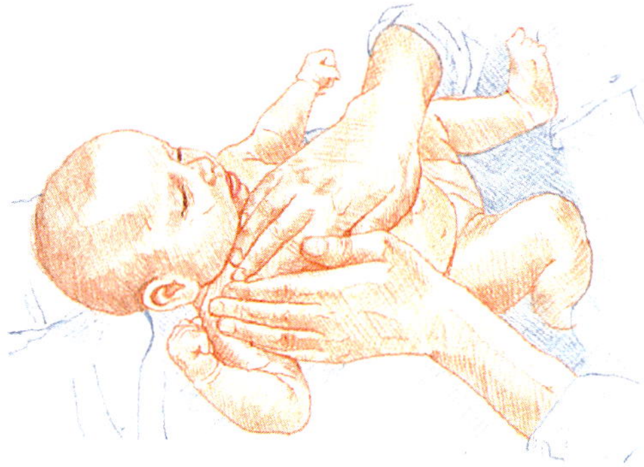

Heben Sie einen Arm des Babys hoch, und halten Sie ihn mit einer Hand fest. Mit der anderen Hand kneten Sie den Arm sanft von der Schulter bis zum Handgelenk.
Wiederholen Sie die Massage, diesmal aber mit einer leichten Drehbewegung.

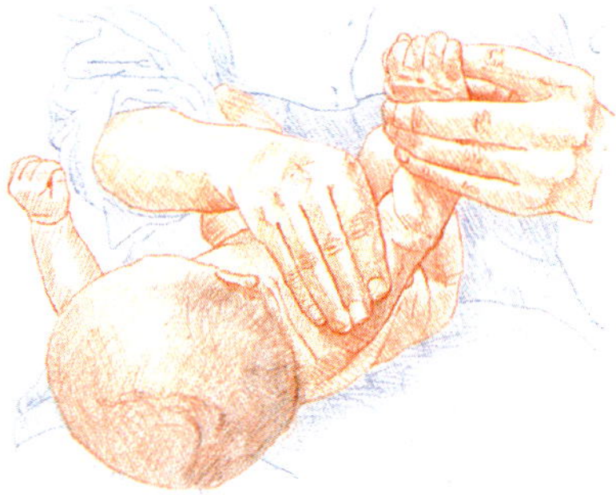

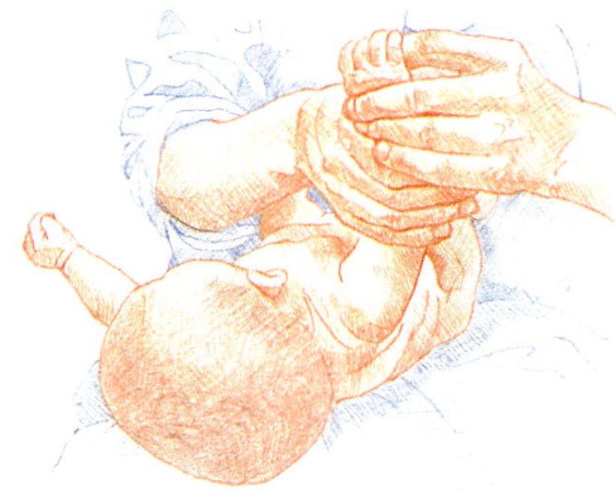

Drücken Sie sanft gegen den Daumen des Babys, damit sich seine Hand öffnet. Streichen Sie die Hand bis zu den Fingerspitzen aus. Ein sehr kleines Kind, bei dem der Greifreflex noch funktioniert, wird bei dieser Handmassage Ihre Hand umklammern. Ein älteres Baby wird die Hand weit öffnen. Wiederholen Sie die Hand- und Armmassage jetzt auf der anderen Seite.

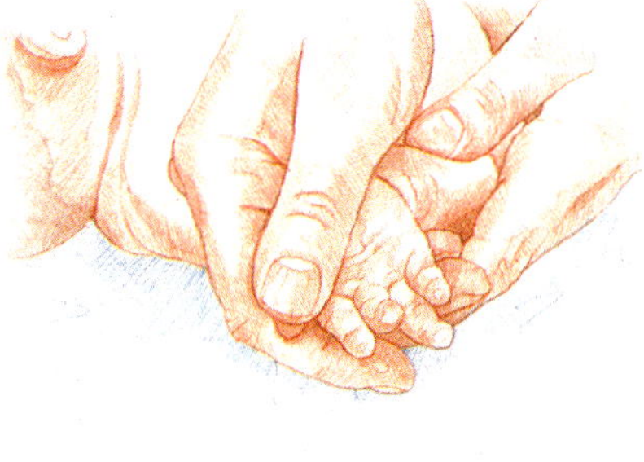

Legen Sie eine Hand auf den Oberschenkel des Babys, die andere unter die Achsel derselben Seite. Streichen Sie mit fortlaufend abwechselnden Handbewegungen abwärts.

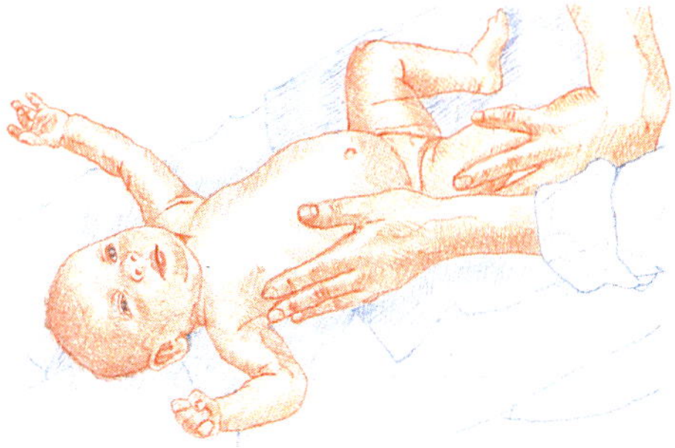

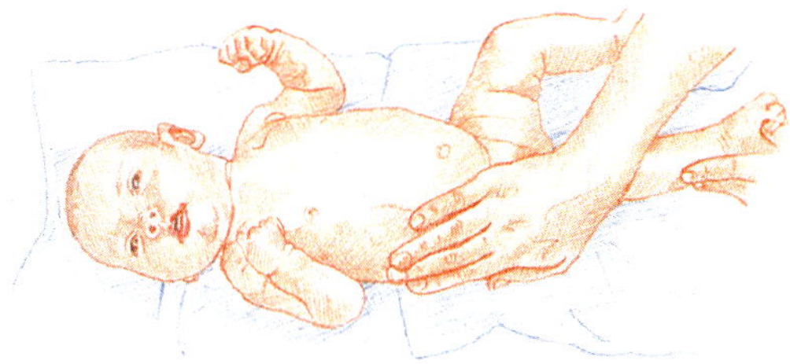

Massieren Sie quer über den Bauch zur anderen Seite des Körpers und wieder zurück.

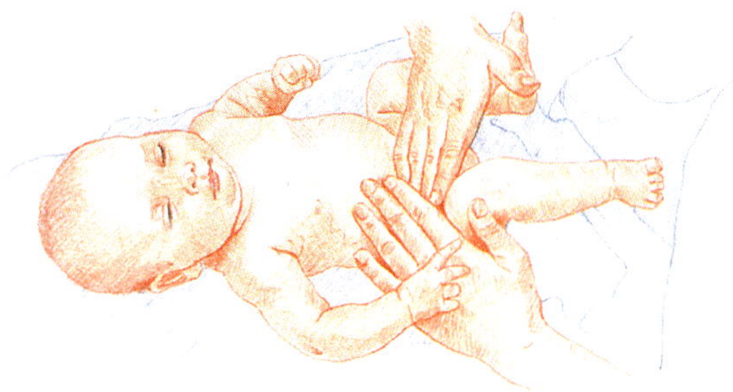

Nehmen Sie das Kind bei den Füßen, halten Sie die Beine hoch und massieren mit dem Unterarm den Bauch bis hinunter zu den Knien und wieder herauf. Machen Sie dasselbe mit dem anderen Unterarm.

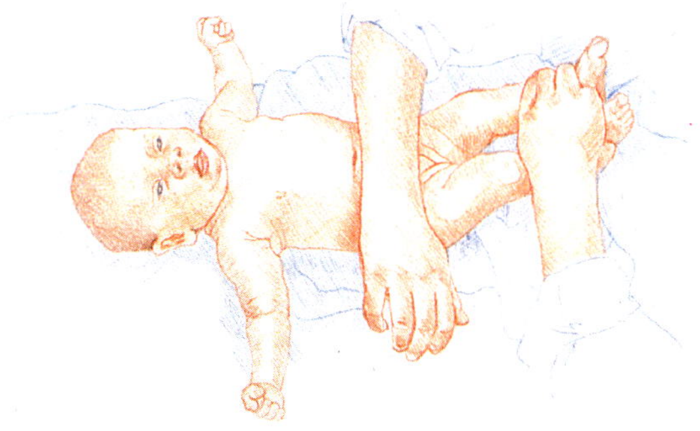

Massieren Sie Beine und Füße auf dieselbe Weise wie Arme und Hände.

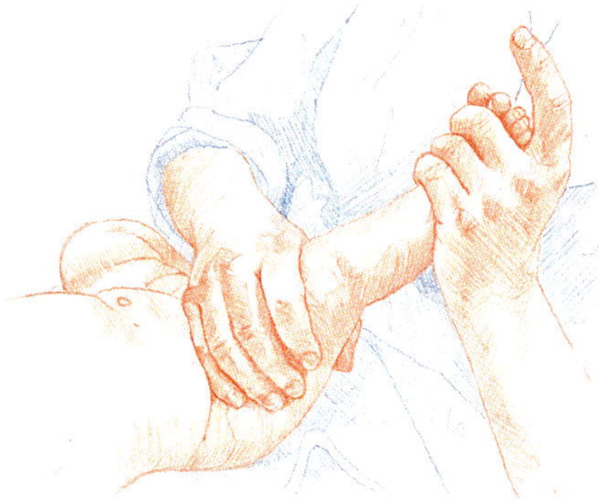

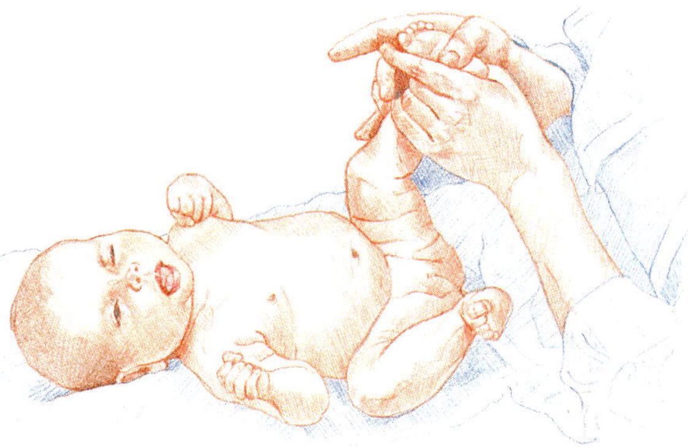

Nun legen Sie das Kind quer über Ihre Schenkel auf den Bauch. Eine Hand legen Sie auf die Ihnen abgewandte Körperseite, die andere auf den Po; dann massieren Sie den Rücken in gegenläufigen Bewegungen bis hinauf zu den Schultern und wieder hinunter zum Po.

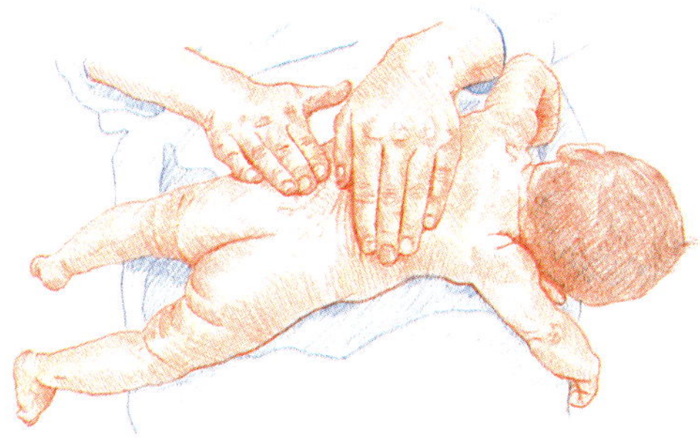

Nun legen Sie eine Hand auf die Schultern, die andere hält den Po. Massieren Sie mit kräftigen Bewegungen von den Schultern den Rücken hinunter bis zum Po.

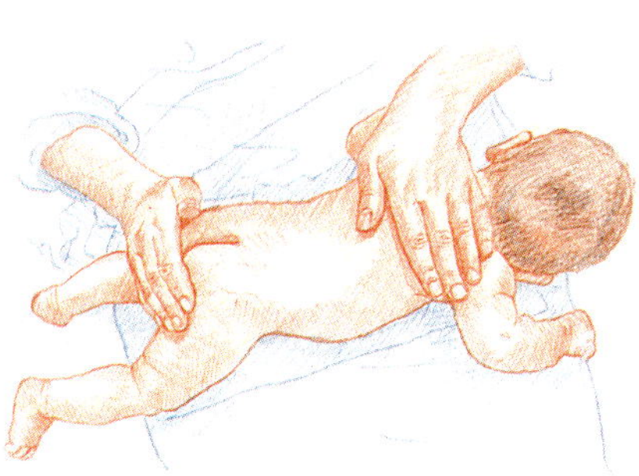

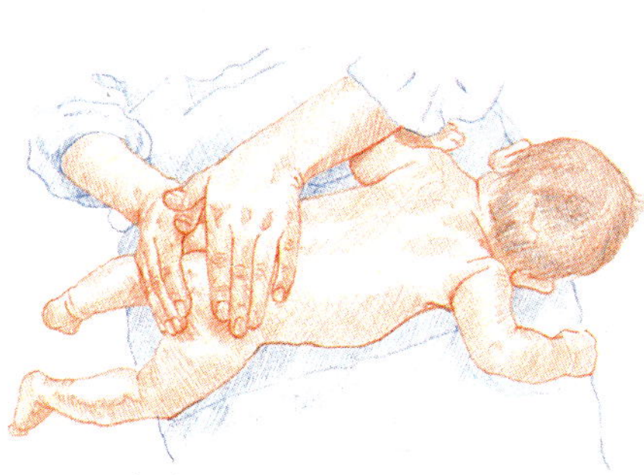

Wiederholen Sie die Massage von den Schultern über die Beine bis hinunter zu den Fußgelenken, wobei eine Hand das Kind an den Fußgelenken hält.

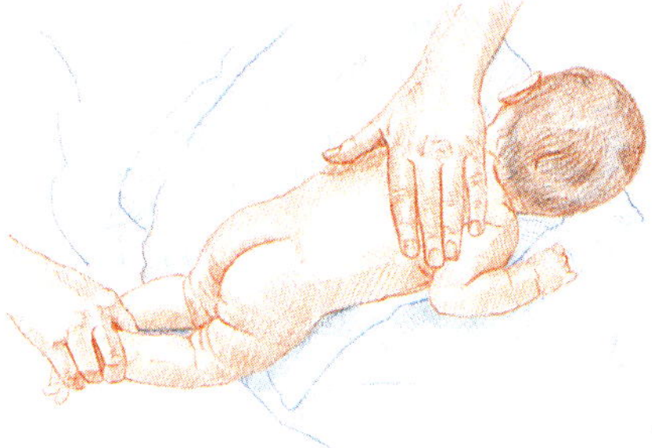

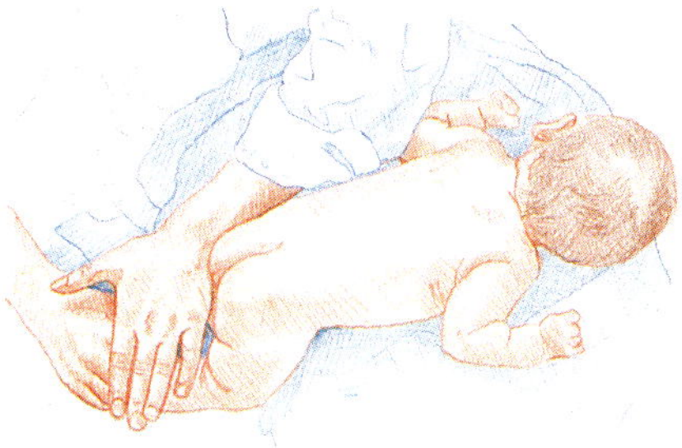

Drehen Sie das Kind jetzt wieder auf den Rücken, und massieren Sie sanft sein Gesicht, ohne dabei die Augen zu berühren. Legen Sie ihm die Finger auf die Stirn, und streichen Sie sanft nach rechts und links bis zu den Ohren.

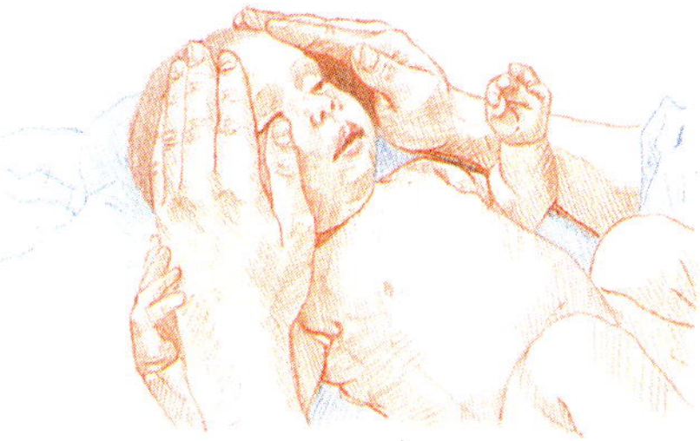

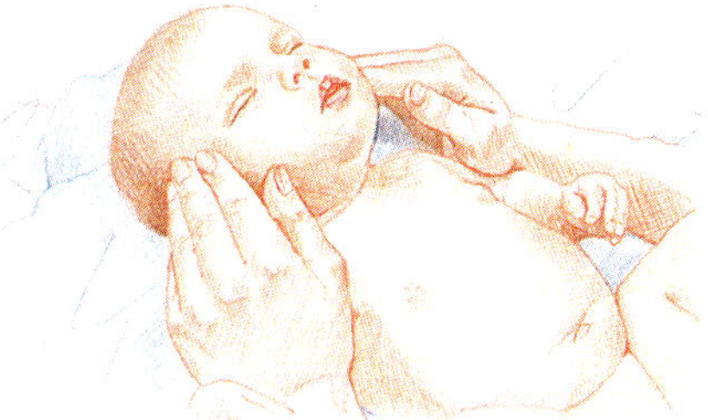

Legen Sie ihm dann die Finger an die Nasenwurzel, und streichen Sie das Gesicht sanft bis unter die Ohren aus.
Mit den Daumen streichen Sie jetzt leicht von den Nasenflügeln zum Kinn. (Diese Massage sollte nur bei älteren Kindern angewandt werden, da Babys unter drei Monaten die Bewegung als Nahrungsangebot mißdeuten, unruhig werden und beginnen, die Brust zu suchen.)

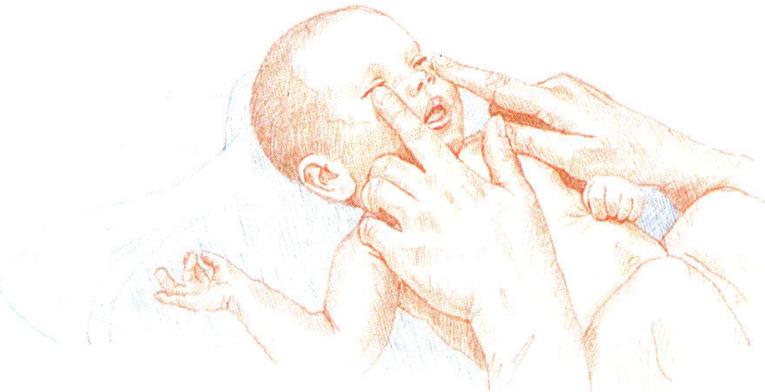

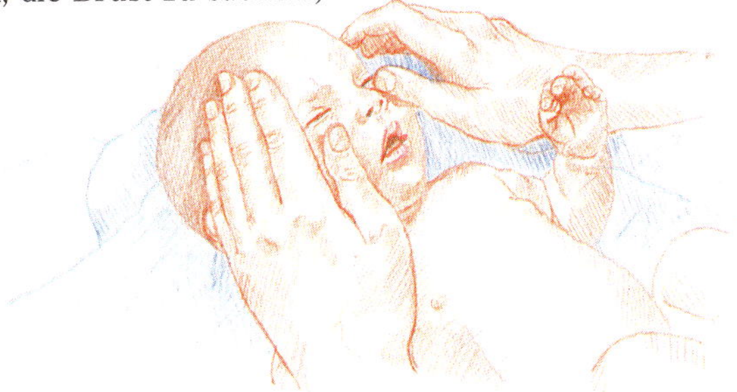

Während der Massage sprechen Sie mit dem Kind oder singen ihm etwas vor. Lassen Sie sich von seinen Reaktionen leiten, und setzen Sie die Massage so lange fort, wie es dem Kind Spaß macht.

Körperliche Nähe

Es ist für Mutter und Kind gleichermaßen schön, wenn das Kind vor dem Bauch getragen wird. Arme und Hände der Mutter sind frei, der Körper ist im Gleichgewicht. Wichtig ist, das passende Tragemodell zu finden. Ältere Babys sind schwerer und werden besser in eine Rückentrage gesetzt. Die Schaukelbewegungen des Körpers beim Gehen und Arbeiten haben eine beruhigende Wirkung auf das Kind. Das am Körper getragene Kind fühlt sich sicher und hat zudem einen guten Aussichtsplatz, von dem es das Geschehen um sich herum beobachten und aufnehmen kann.

Die körperliche Nähe verhilft auch zu einem besseren Nachtschlaf. Das Atmen, der Herzschlag, die Körperwärme und die Gegenwart der Mutter verleihen dem Kind ein Gefühl der Sicherheit. Mit einiger Routine kann das Kind auch nachts jederzeit gestillt werden, ohne daß die Mutter dabei voll wach sein muß.

Die räumliche Isolierung von Kindern während des Nachtschlafs ist in unserer Kultur noch nicht lange verbreitet, und wir wissen noch wenig darüber, wie sich diese Gewohnheit auf die Kinder auswirkt. Sie dient jedenfalls nicht unbedingt der Sicherheit des Kindes. In den meisten traditionellen Kulturen schlafen Mutter und Kind zusammen in einem Bett oder dicht beieinander in einem Zimmer. Man vermutet, daß die Schlafgeräusche und die Bewegungen der Mutter die Atmung des Kindes stimulieren.[14]

Viele Mütter sagen, sie könnten neben dem Kind aufgrund von dessen Schlafgeräuschen und Bewegungen nicht so tief schlafen, sie würden aber trotzdem besser schlafen als in einem anderen Zimmer, wo sie ständig lauschen müßten, ob das Kind weint, und sich sorgten, ob es noch atmet.

Spielen und Berühren

Die ersten Spiele mit dem Kind bestehen aus gegenseitigen Berührungen. Es macht Mutter und Kind immer Spaß, einander zu streicheln, zu kitzeln und zu küssen und miteinander zu hüpfen, zu rutschen und zu schmusen.

Die Bedeutung des Tragens

Die Beziehung zu einem frühgeborenen oder leichtgewichtigen Kind, das im Wärmebett der Neugeborenen-Intensivstation war, läßt sich leichter entwickeln, wenn das Kind direkt am Körper getragen wird und Hautkontakt mit der Mutter hat. Dafür eignet sich ein unter weiten Oberkleidern umgebundenes Tragetuch.

Diese »Känguruh«-Methode wurde erstmals in einem kolumbianischen Krankenhaus eingeführt. Indiofrauen in Südamerika wickeln ihre Babys gewöhnlich in ein Tuch oder *ribozo.* Die Methode war also nicht neu, sondern knüpfte an eine uralte Tradition an.

Im San-Juan-Dios-Krankenhaus in Bogota muß das Tragetuch leichtgewichtigen Frühchen oft den Brutkasten ersetzen. In technisch höher entwickelten Ländern sind die Neugeborenen-Intensivstationen meist besser für die Rettung leichtgewichtiger oder frühgeborener Kilder ausgerüstet.[15] Für die Zeit nach dem Krankenhaus ist das Tragetuch jedoch durchaus sinnvoll. Zum einen schafft es einen Ausgleich für die zurückliegende Trennung, zum andern wirkt sich die körperliche Nähe auch beruhigend auf die Mutter aus, die nach dem Überlebenskampf Ihres Kindes immer noch große Ängste hat.

»Sie sah aus wie ein gehäutetes Kaninchen, so daß ich mich kaum traute, sie anzufassen. Doch sobald sie nicht mehr im Wärmebett lag und ich sie tragen konnte, gehörte sie zu mir.«

Behandeln Sie Ihr Kind wie ein Känguruhbaby im Beutel der Mutter, und beruhigen Sie es durch Ihre ständige Nähe. Ihre Körperwärme hält das Kind warm. Ihr Kontakt zum Kind ist eng und liebevoll, was auch dazu beitragen mag, Schuldgefühle gegenüber dem Kind besser zu bewältigen, die entstanden sein mögen, weil Sie meinen, das Kind zu früh in die Welt hinausgestoßen oder es in Ihrem Leib nicht ausreichend ernährt zu haben. Sie können das Kind im Tragetuch auch problemlos stillen.

Im folgenden beschreibe ich eine Tragetechnik, die von einer Frau stammt, die drei Jahre lang in Westafrika gelebt hat. Als sie dort ein Kind bekam, übernahm sie bald viele der entspannenden und zweckmäßigen Techniken der dortigen traditionellen Babypflege.[16] Die westafrikanischen Mütter tragen ihre Kinder zwar gewöhnlich auf dem Rücken, um dic Armc frci bewegen zu können, ich beschreibe Ihnen jedoch eine Tragetechnik, bei der Sie das Kind vor den Bauch binden. Sie benötigen dazu einen leichten, 180 cm langen und 114 cm breiten Baumwollstoff. Wenn Sie sehr groß sind, geben Sie etwas Länge zu. Das Tuch sollte so lang sein, daß Sie es problemlos an beiden Enden zusammenknoten können. Die beschriebene Tragetechnik eignet sich besonders für Kinder bis zu einem halben Jahr, für Frühchen und für leichtgewichtige Kinder, und man nennt sie auch den »Herz-an-Herz-Sitz«.

Binden Sie sich das Tuch fest um die Hüfte und knoten Sie es vorne zusammen. Dann setzen Sie das Kind auf die Hüfte, das Gesicht Ihnen zugewandt. Nehmen Sie jetzt das unter dem Kind hängende Stoffende und ziehen Sie es von hinten nach vorn unter den Achseln des Kindes hindurch. Halten Sie Kind und Stoffende mit einer Hand fest, und greifen Sie mit der anderen Hand das zweite Stoffende und ziehen Sie es sich von hinten über die Schulter.

Die beiden Enden werden nun über der Brust zusammengeknotet. Das Kind sollte in Hüfthöhe sitzen und einen Fuß im Tragetuch haben; der andere Fuß darf heraushängen. Ein kleines Kind kann ganz von dem Tuch eingehüllt sein, so daß der Kopf vom Tuch abgestützt wird und lediglich einige Haare und Zehen zu sehen sind. Ein größeres Kind kann weiter herausschauen, und ein Bein darf heraushängen.

Wollen Sie das Kind abnehmen, beugen Sie sich nach vorn, umfassen das Kind mit einem Arm und knoten mit der anderen Hand beide Knoten auf. Ein schlafendes Kind kann im Tragetuch hingelegt werden.

Träumen

Viele Menschen behaupten, Babys würden noch nicht träumen. Die perinatale Psychologie stellt jedoch fest, daß Neugeborene ungefähr die halbe Schlafenszeit über träumen.[17] Im Schlaf lächeln sie und zucken zusammen, und sie verziehen das Gesicht, machen Saugbewegungen, atmen schneller, sehen überrascht oder mißmutig aus, piepsen, brummen und schmatzen.

Kinder träumen sogar schon vor der Geburt. Bereits beim 23 Wochen alten Fetus lassen sich REM-Phasen messen. Nach der Geburt häufen sich äußere Reize wie Hunger- und Sättigungsgefühl, Unwohlsein und Wohlbefinden, Schmerz und Nachlassen von Schmerz, was zu einer verwirrenden Reizflut und komplexeren Träumen führt.
Sollte Ihr Kind im Schlaf aufschrecken, zusammenzucken, sich hin- und herbewegen oder etwas brabbeln, wecken Sie es bitte nicht auf. Nehmen Sie Rücksicht auf die Träume des Kindes. Träume sollten niemals unterbrochen werden, solange es keine Alpträume sind. Das Kind erlebt in ihnen die Eindrücke des Tages noch einmal, stellt sie in einen Zusammenhang und ordnet sie ein. Träume sind für Kinder und Erwachsene gleichermaßen wichtig.

Schlafrhythmus

Kinder können unter allen erdenklichen Umständen schlafen. Wie alte Menschen können sie bereits nach einem kurzen Nickerchen erfrischt aufwachen. Oft schlafen sie mit einem gleichmäßigen, beruhigenden Geräusch im Hintergrund, etwa gedämpftem Sprechen, besonders gut. Im Mutterleib waren sie an den Herzschlag der Mutter und ihre eigenen

»Mein Kind hört gern zu, wenn Dan Gitarre spielt. Abends sitzen die beiden meist beisammen, während ich nach dem anstrengenden Tag ein Entspannungsbad nehme.«

Verdauungsgeräusche gewöhnt. Bei völliger Stille fühlen sie sich manchmal allein und verlassen.

Wenn Sie herausfinden, welche Geräusche besonders einschläfernd auf Ihr Kind wirken, nehmen Sie sie auf Kassette auf und spielen Sie sie ihm vor. Solche Geräusche können das entfernte Brummen des Staubsaugers sein, die Wäscheschleuder, das Ticken einer Uhr, die Brandung am Meer, entfernter Verkehrslärm oder sogar die Toilettenspülung.

Auf der ganzen Welt singen Eltern und Großeltern kleinen Kindern Schlaflieder vor, die durchaus auch auf Erwachsene beruhigend wirken können. Schlaflieder können Sie natürlich auch auf Kassette singen oder als fertige Kassette kaufen.[18]

Nach Lehrbuchmeinung schläft ein Neugeborenes sechzehn bis achtzehn Stunden täglich, ein drei Monate altes Baby fünfzehn Stunden täglich und ein sechs Monate altes Baby zwölf Stunden nachts. Ihr Kind hat vielleicht aber ganz andere Schlafgewohnheiten. Ein Kind läßt sich nicht zum Schlafen zwingen, wenn es nicht müde ist. Denken Sie daran, daß die oben genannten Stundenzahlen Durchschnittswerte sind und daß es große individuelle Unterschiede gibt, was Schlafdauer- und -rhythmus anbetrifft.

Kinder haben oft Schwierigkeiten, in den Schlaf zu finden; oft schrecken sie auf und sind wieder wach und schlafen erst wieder ein, wenn sie beruhigt worden sind. Sie wachen sogar aus dem Tiefschlaf plötzlich auf und wollen sich vergewissern, daß Sie in der Nähe sind und alles in Ordnung ist. In den ersten sechs Wochen schnalzen sie dann oder geben merkwürdige kleine Schreie von sich. Läßt man sie gewähren, finden sie meist nach fünf bis zehn Minuten wieder in den Schlaf. Wenn nicht, hilft es, sie aufzunehmen, ruhig zu tätscheln und in den Armen zu wiegen oder ihnen Wange an Wange ein Lied vorzusummen.

In den ersten Lebenswochen fällt es den Kindern schwer, nach dem Schlaf wieder in die Wirklichkeit zurückzufinden. Sie verhalten sich, als seien sie in einer fremden, angsterregenden Welt gefangen, geplagt von schrecklichem Hunger. Sie beruhigen sich wieder, wenn sie liebevoll in die Arme genommen werden und etwas zu saugen bekommen.

Von anderen Müttern, der eigenen Mutter oder der Schwiegermutter erfahren Sie, wie diese ihre Kinder zum Schlafen bringen oder gebracht haben. Das mag interessant sein, läßt sich aber nicht unbedingt auf die Schlafbedürfnisse und den Schlafrhythmus Ihres eigenen Kindes übertragen. Vermeiden Sie, regelmäßige Schlafgewohnheiten des Kindes zum Gegenstand von Konkurrenzdenken mit anderen Müttern zu machen.

Ab einem Alter von ungefähr sechs Wochen nehmen Kinder ihre Umwelt fasziniert und mit ungestümem Entdeckerdrang wahr. Das kann dazu führen, daß sie lange Zeit nicht einschlafen wollen. Ihr Kind kann es vielleicht kaum erwarten, mit all seinen Sinnen die aufregende und begeisternde

Vielfalt der Welt mit ihren immer neuen Farben und Formen zu erforschen. Um fünf oder sechs Uhr abends ist das Kind dann aufgeregt und überdreht – die Eindrücke des Tages waren einfach zu viel, es kann deshalb unmöglich schlafen. Jetzt braucht es Ihre liebevolle, wohltuende Gegenwart, um wieder zur Ruhe zu kommen; es braucht die Sicherheit und Wärme Ihres Körpers und eine ruhige Atmosphäre, um sich von den berauschenden Eindrücken der Wachzeit ablösen zu können.

Verhält sich ein Kind so, entwickelt es sich gewöhnlich zu einer aufgeweckten Persönlichkeit. Für Sie ist diese Phase allerdings sehr anstrengend. Hilfreich sind Einschlafrituale, die ungefähr eine Stunde vor dem Schlafengehen beginnen: Versuchen Sie es mit einem schönen warmen Bad bei gedämpftem Licht oder einer Massage mit Duftölen, wiegen Sie Ihr Kind auf den Armen und singen Sie ihm leise Schlaflieder vor.

Weinen

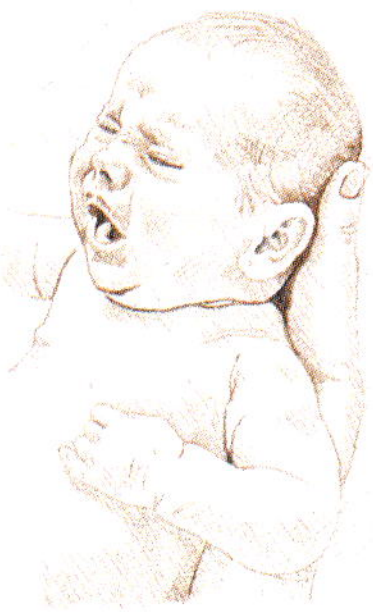

Alle Babys weinen, um Aufmersamkeit auf sich und ihre Bedürfnisse zu lenken. Weint Ihr Kind, vor allem in den Abendstunden, tragen Sie es eng am Körper. Die Nähe und das gleichmäßige Schaukeln werden ihm guttun; beides ist erwiesenermaßen ein wirksames Mittel gegen das Weinen, vor allem während der nervenaufreibenden abendlichen Schreistunden, die oft im Alter von sechs Wochen beginnen. Kinder, die ab der vierten Lebenswoche zusätzlich zwei Stunden täglich herumgetragen werden, weinen einer Untersuchung zufolge weniger als andere Kinder.[19] Vielleicht wirft man Ihnen dann vor, Sie verwöhnten Ihr Kind, und Sie entwickeln Schuldgefühle, weil Sie zu sehr »nachgeben«, doch wenn Sie hinterher ein zufriedeneres Kind haben, hat sich die Mühe gelohnt. Mißachten Sie also wohlgemeinte Warnungen wie die, Ihr Kind müsse lernen, wer das Sagen habe, sonst werde es ein »Diktator«.

Manche Eltern verbringen Stunden damit, das weinende Kind mit allen möglischen Tricks zu beruhigen, vor allem gegen Abend, wenn Eltern und Kind gleichermaßen erschöpft sind. Manchmal ziehen sich solche Bemühungen bis spät in die Nacht. Ständig einem schreienden Kind zuhören zu müssen belastet die Nerven zum Zerreißen. Die Eltern machen sich gegenseitig Vorwürfe, weil es ihnen nicht gelingt, das Kind zu beruhigen. Sie brechen selbst in Tränen aus, verlieren die Geduld oder versuchen, der Situation zu entfliehen. Das Kind schreit, als würde es gefoltert, und die Eltern fühlen sich durch das Schreien gefoltert.

Eine Ursache des Weinens sind häufig Schmerzen, die durch verdauungsbedingte Koliken oder Hunger hervorgerufen werden. Es ist nicht immer leicht, die Ursache herauszufinden. Ein hungriges Stillkind etwa nuckelt manchmal nahezu ununterbrochen an der Brust und nimmt dadurch viel dünne, laktosereiche Milch zu sich, was schmerzhafte Koliken eher noch fördert. Stillkinder wie Flaschenkinder können Schmerzen aufgrund einer

Allergie gegen Kuhmilch oder Unverträglichkeit von Kuhmilch haben. Stillkinder sind insofern betroffen, als ihre Mütter Kuhmilch beziehungsweise Milchprodukte zu sich nehmen. Davon betroffen ist jedes fünfte Kind, das besonders ausdauernd schreit.[20] Wenn Sie Ihr Kind stillen, verzichten Sie eine Zeitlang auf Milchprodukte und beobachten Sie, was passiert. Wenn Ihr Kind Fertigmilch bekommt, probieren Sie es einmal mit Sojamilch. Es gibt leider Kinder, die auch gegen Sojaeiweiß allergisch reagieren. Zum Glück gibt sich diese Nahrungsunverträglichkeit meist innerhalb weniger Wochen.

Kinder weinen oft, weil sie sich einsam und verlassen fühlen. Kaum werden sie aufgenommen, hören sie auf zu weinen, sobald sie wieder abgelegt werden, fangen sie wieder an. Es ist, als ob sie sagen wollten, daß sie für ihre Entwicklung der Anregung, Bewegung und Körpernähe bedürfen, auch wenn es Ihnen gerade ganz ungelegen ist.[21] Ab ungefähr der siebten Lebenswoche weint das Kind auch, wenn es sich langweilt und Abwechslung möchte. Es liegt immer in derselben Position und starrt an die Decke, und niemand spricht mit ihm. Es kann sich noch nicht selber unterhalten und die interessanten Formen, Farben und Gewichte der Spielsachen untersuchen, und es kennt auch die beruhigende Wirkung des Daumenlutschens noch nicht. Also hat es nur die Möglichkeit zu weinen.

Ein Baby weint aber auch, wenn es zuviel Anregungen bekommt. Vielleicht will es sich in einem ruhigen, abgedunkelten Zimmer ausruhen, aber ständig macht jemand an ihm herum oder versucht, es durch Füttern zu beruhigen.[22] Ein »überdrehtes« Kind läßt sich am besten beruhigen, wenn es sanft auf dem Arm gewiegt wird, oder durch Summen und Singen und leichtes Klopfen auf den Hintern. Haben Sie selbst nicht die innere Ruhe

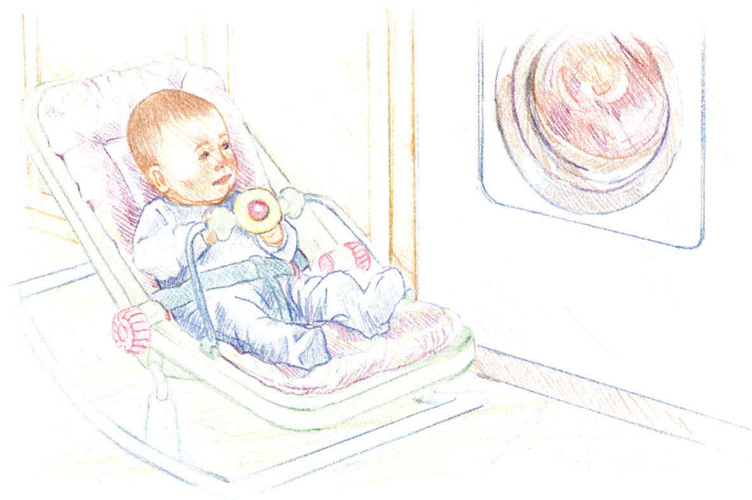

dazu, legen Sie das Kind in ein anderes Zimmer und stellen Sie einen laut tickenden Wecker dazu; lassen Sie die Waschmaschine oder den Geschirrspüler laufen, oder finden Sie sonst ein Geräusch, das Ihr Kind beruhigt.
Ein unausgereiftes Nervensystem kann eine weitere Ursache für Weinen sein. Manche Kinder weinen auch nach einer schwierigen Geburt; bis heute wird nicht genügend berücksichtigt, daß ein Kind dabei nicht nur körperlich, sondern auch seelisch verletzt werden kann und daß ein Neugeborenes durchaus in der Lage ist, sich zu erinnern, zu lernen und Gefühle auszudrücken. Wer das nicht anerkennt, versagt dem Kind ein individuelles Geburtserlebnis.[23]
Das Kind braucht einige Zeit, um sich dem Wechsel von Tag und Nacht anzupassen und um zu merken, daß die Nacht zum Schlafen da ist. Viele Kinder begreifen den Unterschied bereits zwischen ihrem vierten und fünften Lebensmonat, brauchen aber manchmal Wochen mühsamer Übung, bis sie nachts durchschlafen können.
Unabhängig davon, wie Sie persönlich mit dem weinenden Kind zurechtkommen, muß klar sein, daß ein Kind *niemals* weint, um Sie zu ärgern, anzugreifen oder zu gängeln oder um Ihnen zu trotzen oder gar vorzuwerfen, eine schlechte Mutter zu sein. Es weint aufgrund seiner eigenen Nöte, und Sie können nur versuchen, diese Nöte zu erkennen, indem Sie das Kind genau beobachten und kennenlernen.
Eine Möglichkeit, wie Sie herausfinden können, was dem Kind fehlt und wie es zu beruhigen ist, besteht darin, genau Buch zu führen, wann, wie lange und wie das Kind weint und welche Erlebnisse dem Weinen unmittelbar oder früher am Tag vorausgegangen sind. Schon deshalb lohnt es sich, Tagebuch zu führen. Einige der besten Untersuchungen über Kleinkinder beruhen auf Tagebuchaufzeichnungen. Gewöhnlich reichen schon die Aufzeichnungen von sechs Tagen, um herauszufinden, wie dem Kind am besten zu helfen ist.[24]
Ein untröstlich weinendes Kind wird oft mit etwa vier Monaten ruhiger und zufriedener. Manchmal passiert das über Nacht.

Im Gleichklang

Mit fortschreitender Entwicklung und durch den Kontakt mit Mutter und Vater lernt das Kind, sein Verhalten deren Erwartungen anzugleichen. Es hat eine bestimmte Vorstellung von uns und erschrickt vielleicht, wenn eine erwachsene Betreuungsperson plötzlich anders aussieht oder sich anders als sonst verhält. Zieht die Mutter zum Beispiel eine Maske auf, trägt sie zum ersten Mal eine Brille oder schweigt sie, anstatt wie üblich mit dem Kind zu plaudern, bekommt das Kind Angst.
Das Kind richtet sich ganz auf die vertrauten Formen des mütterlichen Körpers ein. Erwartungsvoll wendet es sich den Brüsten zu, sobald die Mutter die Bluse aufknöpft. Es erkennt die Mutter sogar im Dunkeln am

Schritt und an den Körperbewegungen, ebenso am Körpergeruch, an den Gesichtszügen, am Spiel von Licht und Schatten auf dem Gesicht und an der Stimme. Kümmert sich auch der Vater um das Kind, erkennt es auch ihn bald an seiner Gestalt und seinem Verhalten. Dasselbe gilt für ältere Geschwister.

Im Halbschlaf gleicht das hungrige Kind manchmal einem kleinen Tier, das mit geballten Fäusten, fest geschlossenen Augen und offenem Mund nach der Mutterbrust sucht. Vielleicht fühlen Sie sich dabei ausgeschlossen, weil das Kind nicht nach Ihnen, sondern nach Ihrer Milch verlangt. Sie kommen sich vor wie eine Melkmaschine, sehen immer wieder auf das Kind an Ihrer Brust und denken: »Warum mache ich das bloß? Es ist so langweilig.« Auf der anderen Seite fühlen Sie eine tiefe Befriedigung, weil Sie die existentiellen Bedürfnisse Ihres Kindes erfüllen können. Alle Selbstzweifel, die Sie vor der Geburt gehabt haben mochten, lösen sich auf. Entspannt lauschen Sie dem gleichmäßigen Saugrhythmus, fühlen die körperliche Nähe und Empfänglichkeit Ihres Kindes und wissen, daß Sie die elementaren Bedürfnisse eines anderen Menschen restlos befriedigen.

Ein anderes Mal ist das Kind hellwach und fordert die Brust mit großen, glänzenden Augen und gierigem Gesicht, gerade so, als ob es mit Ihnen spräche. Im Alter von zwei bis drei Monaten schlägt, streichelt und drückt es die Brust. Die Hände sind jetzt geöffnet, während sie in den ersten Wochen noch zu Fäusten geballt waren. Das Kind schaut zu Ihnen auf und sucht Ihren Blick. Es knabbert und beißt an den Brüsten und lächelt. Manchmal protestiert es auch mit schmollend vorgeschobener Unterlippe. Ein zufriedenes Kind gibt gurrende Laute von sich und moduliert seine Stimme ähnlich der Sprechweise, die es um sich herum hört, es möchte sich unterhalten. Mit der Hand berührt es Ihr Gesicht, oder es läßt die Hand auf der Brust liegen oder steckt einen Finger in Ihren Mund. Neu-

gierig sieht es sich um, sucht Blickkontakt und lächelt. Es erforscht Stoffmuster, Rasseln und Knöpfe, Bilder, die Rundung eines Bechers, den Glanz eines Wasserkessels oder die Ecke eines Tisches und gurrt zufrieden.

Das Kind verbringt immer längere Zeitspannen damit, mit Ihnen zu kommunizieren und seine interessante Umwelt aufmerksam zu erforschen. Sie können sich jetzt aktiver an Ihrem Kind freuen; es macht Sie auf Dinge aufmerksam, die es interessant findet, teilt Ihnen seine Wünsche mit und beteiligt sich an kleinen Spielen. Der individuelle Charakter des Kindes zeigt sich immer deutlicher, und Sie lernen es immer besser als eigenständige Persönlichkeit kennen.

Berauscht von seinem Erfolg, wippt das sechs Monate alte Kind auf und ab, wenn Sie es Ihnen zugewandt aufrecht auf dem Schoß halten. Es sieht sich aufmerksam farbenfrohe Bilderbücher an, reibt mit den Händen auf den Bildern herum und muß erstaunt feststellen, daß diese sich nicht entfernen lassen. Wenn es aufwacht, wartet es eine Weile zufrieden auf die kommende Mahlzeit, spielt mit seinen Zehen, den Fingern oder einer Rassel, beschäftigt sich mit dem Mobile über seinem Bett oder spielt mit einem am Bett befestigten Glöckchen, dem es durch Arm- oder Beinbewegungen Töne entlocken kann.

Jetzt müssen Sie nicht mehr in Sekundenschnelle auf die Bedürfnisse Ihres Kindes reagieren. Früher mögen Sie Selbstzweifel geplagt haben, doch jetzt wissen Sie, daß Sie eine gute Mutter sind und sich mit Ihrem Kind im Gleichklang befinden, als tanzten Sie mit denselben Schritten zur selben Melodie.

Wachsen, erforschen und lernen

Kinder wachsen und entwickeln sich unterschiedlich schnell. Wenn Sie die kindliche Entwicklung in Leistungszielen messen, werden Sie stolz sein, wenn Ihr Kind anderen Kindern voraus ist; bleibt es dagegen hinter anderen zurück, geraten Sie zwangsläufig in Sorge. Hier treten große Abweichungen von Entwicklungstabellen auf, und Ihr Kind kann manches vielleicht Monate früher oder später als vorgegeben.[25]

»Bei einem Treffen der Schwangerschaftsgruppe waren unsere Kinder ein Jahr alt. Alle konnten schon laufen, bloß Alice nicht. Es war schrecklich.«

Fasziniert beobachten Sie, wie Ihr Kind etwas zum ersten Mal macht. Für Sie ist das ein ungeheures Erfolgserlebnis, und Sie sehen in Ihrem Kind ein kleines Genie; das Kind wird von Ihrer Begeisterung angesteckt und ermutigt. Umgekehrt überträgt die Mutter, die befürchtet, ihr Kind sei in seiner Entwicklung zurückgeblieben, ihre Ängste auf das Kind. Gerade beim ersten Kind ist das oft der Fall.

Etwa 1 Monat Hebt den Kopf kurz an. Nimmt Gegenstände in seinem Blickfeld in ungefähr 25 cm Entfernung wahr. Wird ein interessanter Gegenstand in diesem Abstand langsam hin- und herbewegt, folgt das Kind ihm mit den Augen, bis er aus seinem Blickfeld verschwindet.

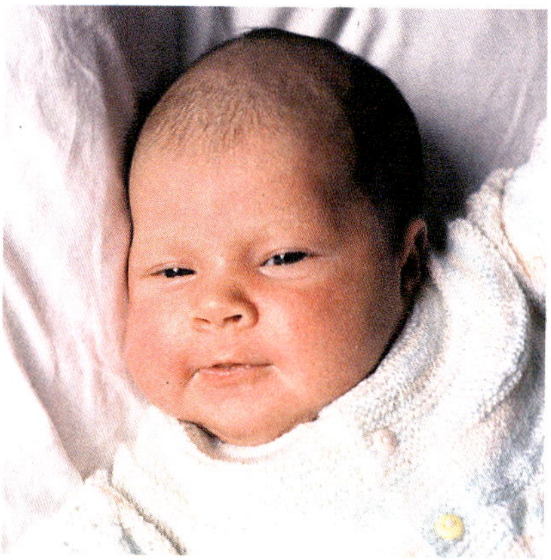

Etwa 6 Wochen Das Kind hebt den Kopf, wenn es um den Bauch gefaßt und hochgehoben wird. Wenn Sie es an den Händen fassen und langsam aus der Rückenlage hochziehen, versucht es, den Kopf in einer Linie mit dem Körper zu halten.
Entdeckt die eigenen Hände.
Betrachtet gern bunte Bilderbücher.
Lächelt Sie an.
Gurrt und gluckst.

Etwa 3 Monate Patscht mit den Handflächen gegen Dinge, die sich vor seinen Augen befinden.
Beobachtet die Mutter; verfolgt Ihre Bewegungen.
Sitzt gern abgestützt. Der Rücken ist bis auf die Krümmung des Kreuzbeins gestreckt.
Beim Hochziehen aus der Rückenlage hält das Kind den Kopf in einer Linie mit dem Körper. In Bauchlage kann es den Kopf hochhalten und bewegen und mit aufgestützten Unterarmen Brust und Schultern hochheben, als wolle es gleich loskrabbeln.
Dreht den Kopf nach Ihrer Stimme.
Spielt mit Händen und Fingern, befühlt und untersucht sie und hält sie sich vor das Gesicht.
Erforscht mit den Händen unterschiedliche Materialien und Strukturen.

Behält ein Spielzeug kurze Zeit in der Hand. Sieht es an, wenn es Töne von sich gibt.

Kann Gegenstände nicht hinlegen, läßt sie deshalb fallen.

Strampelt viel.

Ist neugierig.

Weiß, wann es gefüttert oder gebadet werden soll, und wird aufgeregt.

Lacht.

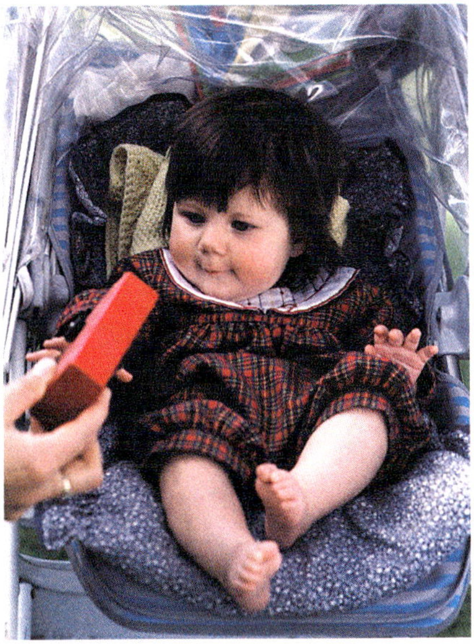

Etwa 4 Monate Greift nach interessanten Gegenständen: Sieht erst auf die Hände, dann auf den Gegenstand, dann bewegt es die Hände. Versucht den Gegenstand zu erreichen. Trainiert auf diese Weise die Koordination von Händen und Augen.

Verschwindet das Gesicht der Mutter, wartet es, bis das Gesicht wieder auftaucht.

Erkennt gute Freunde.

Etwa 5 Monate Sitzt auf Kissen gestützt.

Planscht gern mit Wasser.

Badet gern im Schwimmbad, vorausgesetzt, das Wasser ist warm, und es ist nicht zu voll und laut.

Untersucht fasziniert Gegenstände und Gesichter mit Hilfe von Fingern und Mund.

Einige Kinder beginnen in diesem Alter schon zu fremdeln.

Etwa 6 Monate Sitzt manchmal schon kurze Zeit aufrecht. Richtet sich auf und schaut sich um. Kann sich an Ihren Händen fast schon aus der Rückenlage hochziehen.

Sieht ebensogut wie ein Erwachsener.

Rollt sich vom Bauch auf den Rücken. Strampelt kräftig in Rücken- und Bauchlage. In der Bauchlage stützt es die Hände auf, hebt Kopf und Schultern an und schaukelt vor und zurück.

Streckt die Arme aus, um aufgenommen zu werden. Die ersten Zähne brechen durch. Das Kind kaut an den Fäusten und sabbert. Zuerst kommen die zwei vorderen Schneidezähne der unteren Zahnreihe.

Schläft vielleicht nachts schon durch.

Schreit enttäuscht, wenn es einen begehrten Gegenstand nicht erreichen kann.

Lacht, ruft und schreit laut.

Spielt mit seinen Zehen.

Greift nach einem Spielzeug, das sich in 23 cm Entfernung in seinem Blickfeld befindet. Ergreift Gegenstände, hält sie fest, läßt sie fallen oder legt sie von einer Hand in die andere. Hat Freude an Spielsachen, untersucht Form, Struktur, Größe, Gewicht, Farbe und Töne, bewegt die Spielsachen hin und her, dreht sie mit einer Drehbewegung des Handgelenkes um, betrachtet sie genau und kaut auf ihnen herum.

Ergreift eßbare Dinge, die es kennt, wie Zwieback und Äpfel, und kaut sie.

Weiß bei vertrauten Tätigkeiten wie Baden oder Anziehen im voraus, was Sie tun werden. Kostet neugierig unbekannte, feste Nahrung.

Etwa 7 Monate Rollt sich vom Rücken auf den Bauch. Bewegt sich manchmal rollend vorwärts.

Wird das Kind aufrecht auf einer festen Unterlage gehalten, hüpft es mit seinen kräftigen Beinen auf und ab.

Kann sich in der Bauchlage auf Hände und Knie aufstützen. Schaukelt vor und zurück als Vorübung zum Krabbeln. Manche Kinder bewegen sich jetzt stoßweise rückwärts, andere beginnen zu krabbeln.

Machen Sie Ihre Wohnung kindersicher: Räumen Sie Kabel, Flaschen, Gläser, Tabletten, giftige Substanzen, Messer und andere scharfe oder spitze Gegenstände aus der Reichweite des Kindes, und versehen Sie Steckdosen mit Kindersicherungen. Heiße Flüssigkeiten oder Geräte und offenes Feuer gehören ebenfalls nicht in die Nähe des Kindes.

Das Kind untersucht alles, was es in die Finger bekommt, mit Augen, Ohren, Händen und Mund.

Reagiert auf seinen Namen.

Trinkt manchmal schon mit beiden Händen aus der Lerntasse. Patscht mit den Händen im Essen und stopft es sich begeistert in den Mund.

Schmeißt Gegenstände auf den Boden, wenn es sie nicht mehr will, und wiederholt das, um zu sehen, was passiert (solange Sie mitmachen).

Etwa 8 Monate Kann Stimmlagen unterscheiden.

Kommuniziert gelegentlich schon mit einem anderen Kind.

Beobachtet Sie konzentriert und versucht, Sie nachzuahmen.

Möchte am Geschehen teilnehmen, zum Beispiel imitiert es Haarekämmen.

Beteiligt sich gern an Nachahmungsspielen.

Greift beim Füttern nach dem Löffel.

Etwa 9 Monate Steckt die Finger überall hinein.

Erkennt kleine Gegenstände, die in ungefähr drei Metern Entfernung bewegt werden, zum Beispiel einen rollenden Ball.

Wählt aus, hat bestimmte Vorlieben bezüglich Essen oder Kleidung.

Spielt begeistert mit Wasser, wirft Bauklötze um, spielt mit Spiegeln, Knetteig, Sand, mit tönenden Spielsachen und überhaupt allem, was Geräusche erzeugt, und malt mit Wachskreiden Tupfer aufs Papier.

Schlägt Seiten im Bilderbuch um.

Begeistert sich an Spielen wie Backe-backe-Kuchen oder Guck-guck.

Sagt »Mama« oder etwas ähnliches und brabbelt ununterbrochen vor sich hin.

Etwa 10 Monate Kann oft schon selber essen.
Ist ständig in Bewegung und erkundet alles. Öffnet Schränke, zieht Bücher aus dem Regal, macht Unordnung.
Manche Kindern klammern sich jetzt stark an die Mutter.
Nimmt anderen Kindern Sachen weg.
Winkt »auf Wiedersehen«.
Sagt manchmal schon einzelne kleine Worte wie »weg«.

Etwa 11 Monate Kennt Personen und Dinge beim Namen, zum Beispiel Katze, Blume, Schuhe, Buch, versteht Worte wie »gib her«, »setz dich« und »wo?«
Bewegt sich krabbelnd, kriechend, rutschend oder seitlich fort und wird immer schneller. Hangelt sich an Möbeln entlang und hält sich an Ihrer Hand fest, um das Gleichgewicht zu halten.
Erste Kletterversuche.

Etwa 12 Monate Kann manchmal schon allein stehen und macht erste Gehversuche.
Beginnt möglicherweise, die linke oder rechte Hand zu bevorzugen.
Beobachtet interessiert andere Menschen und Tiere.
Zeigt deutlich, was es will und was nicht.
Versteht immer mehr Wortbedeutungen. Nickt bejahend.
Kritzelt mit Wachskreiden.
Ist mit vertrauten Personen sehr kommunikativ.
Bewegt sich einerseits unternehmungslustig fort, kehrt andererseits aber schnell wieder in die Arme der Mutter zurück.

Die altersgemäßen Entwicklungsschritte sind von Kind zu Kind sehr verschieden. Wenn Sie sich um die Entwicklung Ihres Kindes Sorgen machen, sprechen Sie mit dem Kinderarzt.

Hat Freude an Sing- und Bewegungsspielen wie Hoppe-Hoppe-Reiter.
Erkennt einen Kreis.
Zerbricht oder zerreißt Dinge.
Betrachtet sich gern im Spiegel und scheint sich darin auch zu erkennen.
Schichtet zwei Bauklötzchen übereinander und schmeißt sie wieder um.
Hat inzwischen schon bis zu acht Zähne.

Ihr Kind entwickelt sich vielleicht nicht genau in den oben genannten Schritten. Die meisten Kinder entwickeln sich schubweise. Wichtig ist allein, daß Sie Ihr Kind in den jeweiligen Phasen so annehmen, wie es ist.

10

Die Beziehung der Mutter zu ihrem Kind

Bei der Geburt wird die Frau von den Wehen wie von einem Orkan geschüttelt. In Wellen folgt eine Kontraktion nach der anderen, sie wird in einen Strudel hinabgezogen, aus dem sie nach überstandener Geburt in eine Stille auftaucht, die dem ruhigen Wasser des Hafens gleicht. Und dann ist da ein Kind! So ausgeliefert war sie den Wehen, die durch ihren Körper auf und ab wogten, daß sie vielleicht das Ziel der schmerzhaften Mühe, des Pressens, Streckens, Schiebens und des sich Öffnens ganz vergessen hat: das Ziel, ein Kind zu gebären.
Viele Frauen empfinden deshalb zunächst Erstaunen, wenn sie ihr Kind sehen und berühren können.
Was dann geschieht, hängt vom weiteren Verlauf der Geburt ab: ob die Geburtshelfer möglichst schnell fertig werden und die Plazenta herausholen, das Kind untersuchen und wiegen und die Mutter nähen wollen, ob Mutter und Kind also möglichst zügig durch die Maschinerie des Krankenhauses geschleust werden sollen oder ob beiden kostbare Zeit gewährt wird, einander in einer ruhigen Atmosphäre kennenzulernen.

Bonding

In den siebziger Jahren untersuchten die Kinderärzte Marshall Klaus und John Kennell die nach der Geburt sich entwickelnde Liebesbeziehung zwischen Mutter und Kind und nannten diesen Vorgang *Bonding*.[1] Mütter wußten davon natürlich schon seit Jahrtausenden, aber nun war er auch wissenschaftlich anerkannt. Klaus und Kennell untersuchten die Bedingungen, unter denen sich das Bonding am besten entwickelt, und stellten

fest, daß sich die im Krankenhaus übliche Trennung von Mutter und Kind darauf ungünstig auswirkt.
Nach und nach fanden ihre Erkenntnisse Anerkennung, und in den westlichen Ländern gingen viele Krankenhäuser dazu über, in den organisatorischen Ablauf Zeit für das Bonding mit einzuplanen. Sogar das Pflegepersonal wurde geschult, den Bondingprozeß zu beobachten – das erste Mutterschaftsexamen, das die Mutter fünf Minuten nach der Geburt ablegen muß.

Kaum fester Bestandteil der medizinischen Praxis, war das Bonding wie viele gute Ideen Verzerrungen ausgesetzt. Von Krankenhausverwaltungen war zu hören: »Wir gewähren Mutter und Kind eine Bondingphase«, oder: »Bei uns darf die Mutter ihr Kind zehn Minuten im Arm halten, bevor sie auf die Wöchnerinnenstation und das Kind auf die Säuglingsstation kommt.« Bonding wurde wie ein Schnellkleber behandelt, den die gehetzten Krankenschwestern nun auch noch verabreichen mußten. Verfehlte der Kleber seine Wirkung, entwickelte sich die Mutter womöglich zur Rabenmutter, die ihr Kind vernachlässigte, mißhandelte oder ablehnte.
Mütter hatten nun Angst, beim Bonding zu versagen. Viele fühlten sich verunsichert und blockiert, das Bonding unter genauer Beobachtung zu vollziehen. Wurde ihnen das Kind weggenommen, weil es wiederbelebt,

beobachtet oder einer speziellen Behandlung unterzogen werden mußte, machten sie sich Sorgen, weil ihnen gesagt worden war, daß das Bonding zu einem späteren Zeitpunkt schwieriger sein würde. Manchmal wurde das Kind der Mutter nach einer schweren Geburt auf den Bauch geklatscht, und sie wurde angewiesen, es an die Brust zu nehmen, obwohl sie innerlich noch gar nicht dazu fähig war. In manchen asiatischen und anderen Ländern war es üblich, daß Frauen aus der Familie das Kind nach der Geburt versorgten, es wuschen, ölten, massierten und in Tücher wikkelten, bevor es der Mutter in den Arm gelegt wurde. Dort wurde es als Demütigung und Herabsetzung empfunden, wenn die Hebamme darauf bestand, daß die Mutter das schleimverschmierte, mit Käseschmiere und Blut besudelte Kind in den Arm nahm.

Spätere Untersuchungen stellten das Bonding wieder in Frage, was zur Folge hatte, daß sich die offizielle Einstellung dazu wieder änderte.[2] Manche Krankenhäuser beriefen sich auf diese neuen Untersuchungen und gingen wieder zu den alten Methoden über: Die Kinder kamen nach der Geburt gleich auf die Säuglingsstation, den Müttern wurde empfohlen, sich erst einmal auszuschlafen. Trotzdem sind die Erkenntnisse von Klaus und Kennell für uns auch heute noch wichtig. Nur die Art und Weise, wie sie umgesetzt wurden, war falsch. Adoptivmütter, Mütter mit Schnittentbindung unter Vollnarkose, Mütter, deren Kind manchmal wochenlang auf der Intensivstation liegen muß, und Mütter, die ihr Kind nach der Geburt nicht gleich sehen können, weil sie selbst krank sind, wissen, daß Bonding auch zu einem späteren Zeitpunkt stattfinden kann. Ihnen wurde jedoch vermittelt, sie seien Ausnahmen von der Regel. Mütter sind aber keine Ziegen oder Schafe, die ihr Junges nicht annehmen, wenn sie es nach der Geburt nicht gleich beschnuppern und ablecken können. Der Bondingprozeß muß nicht sofort einsetzen, sondern kann durchaus auch über einen längeren Zeitraum stattfinden.

Der Anspruch, das Bonding müsse innerhalb der ersten zehn Minuten nach der Geburt stattfinden, sonst könne die Mutter ihr Kind nicht richtig lieben und würde niemals eine gute Mutter werden, ist genauso absurd wie die Behauptung, nur Liebe auf den ersten Blick befähige Partner, sich jemals richtig zu lieben. Menschen können sich wochen-, monate- oder jahrelang kennen, bevor sie einander lieben lernen. Genauso ist es mit dem Neugeborenen. Die Liebe ist ein unerklärlicher Vorgang, der tief in unserem Unterbewußtsein stattfindet und nicht auf Befehl abgerufen werden kann. Wir können höchstens Bedingungen schaffen, in denen Liebe gedeihen kann, und dann abwarten, was weiter geschieht.

Klaus und Kennell haben mit ihrer Untersuchung auf das eklatante Versagen unserer Krankenhäuser aufmerksam gemacht, in denen Müttern nicht die Möglichkeit gegeben wurde, beliebig viel Zeit mit ihrem Kind zu verbringen und es nach seinen eigenen Bedürfnissen statt nach den organisatorischen Vorgaben des Krankenhauses zu stillen. Sie haben auf die Bedürfnisse besonders betroffener Mütter aufmerksam gemacht – Mütter, deren Kind auf der Intensivstation lag und denen nicht gestattet wurde, ihr Kind zu sehen, zu berühren, zu streicheln und zu halten.

Sie haben darauf hingewiesen, wie wichtig es für die Mutter ist, das Kind anzusehen und jeden Zug seines Gesichtes genau zu studieren, und daß dies in besonderem Maß für Mütter gilt, deren Kind im Brutkasten liegt. Ihre Erkenntnisse haben die medizinische Praxis auf der ganzen Welt revolutioniert.

Widerstreitende Gefühle

Keine Mutter liebt ihr Kind ununterbrochen. Zumindest gibt es viele Gelegenheiten, wo die Mutter, obwohl sie weiß, daß sie und das Kind zusammengehören, am liebsten die Fesseln abwerfen würde, die sie an das zornige, eigensinnige, unvernünftige kleine Wesen bindet. Doch schon eine Minute später, wenn sich das Kind beruhigt hat und eingeschlafen ist, empfindet sie nur noch leidenschaftliche Zärtlichkeit. Die meisten Mütter denken irgendwann einmal: Warum nur habe ich dieses Kind gewollt? Anschließend drücken sie das Kind voller Schuldgefühle und Liebe an sich.

Das Kind hat vielleicht ebenso widerstreitende Empfindungen für die Mutter, obwohl es sie nicht differenziert in Worte fassen kann. Einmal ist die Mutter eine Göttin, dann wieder eine böse Hexe. Einmal ist sie die gute Fee aus dem Märchen, die alle Wünsche mit einem Wink ihres Zauberstabes erfüllen kann, dann wieder die böse Stiefmutter, die den Apfel vergiftet. Märchen sind Spiegel kindlicher Mutterphantasien.

Manches Kind macht es der Mutter schwer, geliebt zu werden, so als paßten die unterschiedlichen Persönlichkeiten von Mutter und Kind nicht zusammen. Die Mutter empfindet vielleicht für das eine Kind liebevolles

Verständnis, weil es ihr so ähnlich ist, und hat beim anderen Kind das Gefühl, ein Kuckucksei ins Nest gesetzt bekommen zu haben.

Manchmal ärgert sich die Mutter besonders über Eigenschaften ihres Kindes, die sie auch an sich selbst nicht mag. Die eine Mutter mag lieber Jungen, die andere lieber Mädchen. Eine Mutter ist besonders glücklich, wenn ihr Kind groß, ungestüm und »aggressiv« ist. Wieder eine andere mag sanfte, zurückhaltende, hübsche und adrette kleine Babys, die alles mit sich machen lassen, sich ankuscheln und auf das Schmusen und Spielen der Mutter eingehen. Manche Mütter haben mit einem solchen ruhigen Kind Probleme; sie haben Angst, das Kind könnte in seiner Entwicklung hinterherhinken und unselbständig bleiben. Andere Mütter führen einen ständigen Kampf mit ihrem selbstbewußten Kind, das genau weiß, was es will, und seine Bedürfnisse durchzusetzen versteht. Bei Zwillingen gilt oft ein Kind als »einfach« und das andere als »schwierig«, eines als aktiv und extrovertiert, das andere als passiv und eher in sich gekehrt.

Während der ersten Lebenswochen lernen Sie Ihr Kind kennen und stellen sich auf die sich entwickelnde Persönlichkeit ein. Zur aufregendsten Erfahrung des ersten Lebensjahres gehört, das Kind in seiner Andersartigkeit zu erkennen und eine Beziehung zu dieser ganz eigenen Persönlichkeit aufzubauen. Das ist oft ein steiniger Weg, aber trotzdem ein spannendes Abenteuer für Mutter und Kind.

Der Akt der Geburt ist ein erster Schritt, um das Kind als eigenständige Person zu erfassen, die losgelöst vom Körper der Mutter existiert. Diese Entwicklung setzt sich mit fortschreitendem Alter und zunehmender Selbständigkeit des Kindes fort. Sie sind immer aufs neue von der Andersartigkeit des Kindes überrascht – die witzige Art, wie es mit den Augen zwinkert, die Augenbraue hebt, niest, rülpst oder im Schlaf leise lächelt wie über ein nur ihm bekanntes Geheimnis.

Mütter können ihr Kind stundenlang anschauen und jedes kleinste Detail genau studieren. Auch Väter, die geglaubt haben, mit dem Kind erst etwas anfangen zu können, wenn sie mit ihm spielen können, entdecken auf einmal, wie faszinierend es ist, das Kind zu beobachten.

Eltern, die ihr Kind genau beobachten, lernen es nicht nur besser kennen, sondern eignen es sich an und nehmen es als Mitglied in die Familie auf. Sie entdecken Ähnlichkeiten bezüglich Aussehen und Verhalten mit sich oder anderen Familienmitgliedern. »Es hat dein Kinn.« Oder: »Hat es nicht die Finger vom Großvater?« Und die Großeltern sagen: »Genauso hast du als Baby ausgesehen.« Auch Adoptiveltern suchen nach Ähnlichkeiten in Aussehen und Verhalten und entdecken oft begeistert welche.
Dieses Spiel wird in jeder Familie gern gespielt. Manchmal bezieht es sich aber auch auf negative Eigenschaften. »Er hat ein Temperament wie mein Vater!« Oder: »Er ist immer so weinerlich. Das kann ich nicht leiden. Meine Schwester war auch so.« Wir neigen dazu, schon wenige Tage alte Kinder auf diese Weise einzuordnen und abzustempeln. Das führt unter Umständen zu völlig falschen Erwartungen und Vorstellungen darüber, wie sich das Kind verhalten wird.

Geschlechtliche Prägung

Die geschlechtliche Prägung, das heißt die unterschiedliche Behandlung von Jungen und Mädchen, beginnt bereits bei der Geburt. Männliche Babys sind angeblich lebhafter und strampeln kräftiger. Selbst im Mutterleib wird ein lebhafter Fetus schon als Junge diagnostiziert. In einer Studie sollten Eltern ihr Neugeborenes nach achtzehn verschiedenen Kriterien charakterisieren. Alle Kinder waren etwa gleich groß und schwer, alle gesund und lebhaft. Die Mädchen wurden von ihren Eltern als sanft, zartgliedrig, klein, schwach und zerbrechlich beschrieben, die Jungen dagegen als stramm, kräftig, geschickt, aufgeweckt, stark und zäh.[3]
In einem »Baby X« genannten Experiment wurde ein dreimonatiger, gelb gekleideter Säugling Studenten vorgeführt. Einigen Studenten wurde gesagt, er sei ein Mädchen, anderen, er sei ein Junge. Die Studenten spielten mit dem Kind auf ganz unterschiedliche Weise, je nachdem, welches Geschlecht vorgegeben worden war.[4] In einem anderen Experiment wurde Studenten ein Video vorgeführt, in dem ein neun Monate altes Kind beim

Spielen gezeigt wurde. Die Studenten sollten die Empfindungen des Kindes interpretieren. Einer Gruppe Studenten war gesagt worden, es handle sich um einen Jungen, der anderen, es handele sich um ein Mädchen. Der »Junge« zeigte nach Meinung der Studenten seine Freude und Wut offener, das »Mädchen« wurde als ängstlich beschrieben.[5]
In vielen Kulturen werden Jungen besser ernährt als Mädchen. In Italien ergab eine Untersuchung, daß Mädchen durchschnittlich 25 Minuten lang gestillt werden, Jungen dagegen 45 Minuten. Mädchen werden auch drei Monate früher abgestillt als Jungen.
Väter flirten oft mit ihren Töchtern, gehen mit ihren Söhnen dagegen viel rauher um, spielen robustere Spiele mit ihnen und toben mehr mit ihnen herum. Viele sehen im Sohn den Kameraden und verbünden sich sogar mit ihm gegen die Forderungen der Mutter.

Eßverhalten

Die Vorstellungen, die wir uns von unserem Kind machen, tragen stark zur Formung seines Charakters bei. Ebenso wie Schulversuche zeigen, daß Kinder bessere Leistungen erbringen, wenn dem Lehrer vorher gesagt wird, sie seien außergewöhnlich intelligent (obwohl sie in Wirklichkeit nur durchschnittlich begabt sind), spielen vorgefertigte Vorstellungen, die Eltern von ihrem Kind haben, eine wichtige Rolle bei der Ausbildung der Persönlichkeit.[6]
Während der ersten sechs bis neun Monate spielt Essen im Leben eines Kindes die zentrale Rolle. Die Art, wie das Kind ißt, was sich nach der Mahlzeit abspielt und wie sich das Kind zwischen den Mahlzeiten verhält, prägen die mütterlichen Gefühle für das Kind ganz entscheidend.
Kinder werden als »gute« oder »schlechte« Esser bezeichnet, je nachdem, wie sie sich beim Füttern verhalten. Während der ersten Lebensmonate gibt es kaum ein emotionsgeladeneres Thema, weil vom Eßverhalten auch der Schlaf-Wach-Rhythmus abhängt.
Ein Kind kann nur gut schlafen, wenn es satt und zufrieden ist und nicht von nagendem Hunger oder Koliken geplagt wird. Würden Babys, wenn sie nicht schlafen können, einfach nur ruhig daliegen, vor sich hingurren und mit den Fingern spielen, wäre alles nicht so schlimm. Bis zum Alter von drei Monaten können sie sich aber noch nicht selbst beruhigen, und wenn sie es dann können, gelingt es nur für kurze Zeit, und es gibt Kinder, die anscheinend nie lernen, allein zu sein. Sie liegen wach und heulen verzweifelt nach Milch, Trost und menschlicher Nähe. Dann stürzen sie die Milch hinunter, und manche schreien noch beim Schlucken weiter. Dann endlich sinkt der Kopf zur Seite, die Augen schließen sich – doch kaum schleichen Sie aus dem Zimmer, geht das Geschrei wieder los.

»Sie hat einen sechsten Sinn. Sie schläft tief und fest, doch kaum gehe ich zur Tür, wacht sie wieder auf.«

Merkt die Mutter, daß ihre Milch dem Kind Schmerzen verursacht, empfindet sie Mitleid und Hilflosigkeit, manchmal aber auch Zorn über den

schrecklichen, schreienden kleinen Tyrannen in ihren Armen, der sie als schlechte Mutter erscheinen läßt.

In einem solchen Fall haben Sie womöglich Angst, daß Ihr Kind sich bis ins Erwachsenenalter so unkontrolliert verhält. Untersuchungen haben jedoch gezeigt, daß, unabhängig von der Ursache des Weinens, ein weinender Säugling, der eng am Körper getragen wird und mit dem man viel schmust, am Ende des ersten Lebensjahres mehr Selbstsicherheit besitzt und selbständiger spielt als ein Kind, das man schreien läßt und nicht tröstet.[7]

Wenn das Kind unruhig und gereizt ist, bekommen Sie gewöhnlich viele gutgemeinte Ratschläge zu hören, die die Situation für Sie vielleicht nur noch verschlimmern. Solche Einmischungen bewirken oft, daß Sie das Kind, das Sie eben noch gehaßt haben, beschützen wollen. Wenn Sie es zum zwanzigsten Mal aufnehmen und an die Brust legen, fühlen Sie sich mit ihm gegen eine feindliche Welt verbündet.

Das zweite Kind

Beim zweiten oder dritten Kind sind Sie viel entspannter, weil Sie wissen, daß die Welt nicht untergeht, wenn Sie nicht beim ersten Schrei des Kindes aufspringen oder wenn Sie Ihr fünf Monate altes Kind ein paar Minuten warten lassen, bis es gefüttert wird. Sie erklären ihm, daß Sie erst noch die Bügelwäsche fertigmachen wollen. Sie wissen, daß Babys nicht täglich gebadet werden müssen. Es macht Ihnen nichts aus, dem Kind abgelegte Kleidung anzuziehen anstatt der modischen Baumwollstrampler, die Sie Ihrem ersten angezogen haben.

Mütter von zweiten Kindern betrachten die Ängste und Sorgen neuer Mütter mit einer gewissen Nachsicht: etwa wenn das Kind zum ersten Mal aus dem Bett fällt oder sich am Ohr blutig kratzt und die Mutter gleich eine Gehirnblutung befürchtet, wenn auf der zarten Babyhaut zum erstenmal ein blauer Fleck oder eine Schnittverletzung zu sehen ist und die Mutter auch noch schuld daran ist, wenn die Milch explosionsartig wieder erbrochen wird oder wenn die Mutter sich ängstigt, weil sie das Kind fiebrig und verschwitzt vorfindet. Sie und Ihr Kind haben das alles überlebt und haben Vertrauen daraus geschöpft. Sie haben gelernt, daß es nicht nur eine richtige Methode für das Aufziehen eines Kindes gibt, sondern verschiedene, und daß die meisten auch gut funktionieren.

Wahrscheinlich fragen Sie sich, ob Ihr zweites Kind wirklich freundlicher, umgänglicher und glücklicher ist als das erste oder ob Sie als Mutter erfahrener, sicherer und entspannter sind. Beides mag richtig sein. Es gibt keine sichere Antwort auf diese Frage, denn Sie und das Kind sind so eng miteinander verbunden wie Schote und Erbse, Nußschale und Kern, so daß Sie kaum den nötigen Abstand gewinnen können, um die sich ständig entwickelnde und verändernde Beziehung objektiv zu analysieren.

Das behinderte Kind

Besonders schwierig ist es, die Vorstellungen, die Sie sich von Ihrem Kind im Bauch gemacht haben, mit der Wirklichkeit in Einklang zu bringen, wenn das Kind eine Behinderung hat, die nicht nur Ihr Bild vom Kind als vollständigem Menschen beeinträchtigt, sondern auch vom Kind, das bei anderen Freude hervorruft.

Viele Schwangere werden von schrecklichen Ängsten heimgesucht, ihr Kind könnte nicht normal sein. Immer wieder träumen sie während der Schwangerschaft, sie seien nicht imstande, in ihrem Körper ein vollkommenes Kind zu erschaffen. »Ein vollkommenes Kind übertrifft alle Erwartungen, aber auch das unvollkommene Kind kommt nicht völlig unerwartet.«[8]

Natürlich sind Sie schockiert. Oft haben Sie aber auch das Gefühl, das Kind schon immer gekannt zu haben. Es ist Ihr Kind, es ist in Ihrem Körper entstanden, und Sie wissen, daß es trotz seiner Behinderung zu Ihnen gehört.

»Ich werde dem Kind meine ganze Liebe geben.«

Viele Frauen müssen sich nun mit dem Gefühl der eigenen Wertlosigkeit auseinandersetzen. Sie haben ein Kind zur Welt gebracht, daß besondere Bedürfnisse hat, das schwach oder unterentwickelt ist, das eine vererbte Behinderung hat oder krank ist. Beugt sich ein Fremder über den Kinderwagen, können Sie an seinen angespannten Schultern die Reaktion auf das große, dunkelrote Feuerzeichen beobachten, auf die Gaumenspalte oder auf die für das Down-Syndrom typischen Gesichtszüge, die Schlitzaugen und das breite, flache Gesicht.

Hat das Kind eine Mißbildung, die während der Schwangerschaft entstanden ist, macht die Mutter sich Vorwürfe. Sie kommt sich häufig anormal und für die Fortpflanzung ungeeignet vor. Sie überlegt, was sie falsch gemacht hat. Vielleicht war es das leichte Fieber damals am Wochenende, als ich im zweiten Monat war? Oder die Tablette, die ich gegen die Kopfschmerzen genommen habe? Oder die Party, auf der ich zuviel Alkohol getrunken habe? Oder die Aufregung, als Vater starb? Wahrscheinlich hat keines dieser Vorkommnisse die Behinderung verursacht. Trotzdem versuchen wir verzweifelt, die Ursache genau zu benennen. Und gerade dann, wenn eine Frau vor der größten Herausforderung ihres Lebens steht – mit einem behinderten Kind zurechtzukommen –, wird sie von Schuldgefühlen überwältigt. Ständig Schuldgefühle mit sich herumzutragen, ist eine der schlimmsten Behinderungen.

»Ich fühlte mich unrein. Ich hatte in mir ein behindertes Kind getragen, bevor ich überhaupt wußte, daß ich schwanger war.«

Bei einem zerebral gelähmten Kind fühlt sich die Mutter oft schuldig, weil sie meint, während des Geburtsvorgangs etwas getan oder unterlassen zu haben, was zur Unterversorgung mit Sauerstoff geführt hat. Vielleicht hat sie eine natürliche Geburt geplant, wollte das Kind nicht mit einer Kopfschwartenelektrode elektronisch überwachen lassen und sich bei der Geburt frei bewegen. Die Gehirnlähmung wird jedoch nur selten durch Sau-

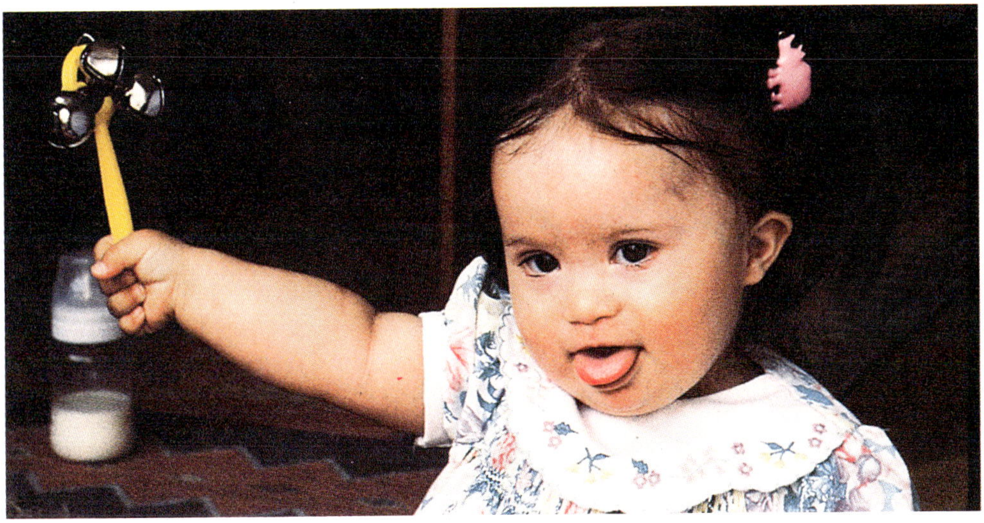

»Der Arzt sagte, sie hätte einen Hirnschaden. Ich war wie vor den Kopf gestoßen.«

erstoffmangel bei der Geburt hervorgerufen. Untersuchungen in Australien haben ergeben, daß nur acht Prozent der betroffenen Kinder während der Geburt geschädigt wurden.[9] Viel wahrscheinlicher ist eine Schädigung während der Schwangerschaft. Manchmal lassen die Ärzte die Frauen mit ihren Schuldgefühlen allein. Sie erzählen ihnen zum Beispiel nicht, daß in England und Irland Untersuchungen gemacht wurden, wonach die Überwachung mit einer Kopfschwartenelektrode die zerebrale Lähmung nicht verhindern kann, und daß die vielen anderen technischen Hilfsmittel, die seit den siebziger Jahren üblich sind, genausowenig ausrichten. Obgleich der Einsatz der Technik in der Geburtshilfe immer stärker und vielfältiger wird, hat die Zahl der Gehirnlähmungen sogar zugenommen.

Mutter sein bedeutet, das Leid eines anderen Menschen uneingeschränkt mitzutragen. Leidet das Kind an einer chronischen Erkrankung oder einer Behinderung, leidet die Mutter Tag für Tag mit ihm und fühlt sich für sein Leid verantwortlich.

Eltern eines behinderten Kindes verbringen im ersten Lebensjahr viel Zeit bei Fachärzten und in Kliniken, um sich über die Möglichkeiten einer medikamentösen oder chirurgischen Therapie beraten zu lassen. Das Kind wird vielleicht schmerzhaften Tests und Untersuchungen unterzogen, und die Eltern müssen schwerwiegende Entscheidungen treffen.

Oft ist es schwierig, das Vorgehen der Ärzte richtig einzuschätzen und herauszufinden, was dem Kind noch alles bevorsteht. Die Mutter fühlt sich übergangen, ist unfähig, die vielen Informationen aufzunehmen, und muß sich manches mehrmals erklären lassen. Doch viele Kinderärzte haben ihren Beruf erwählt, weil sie Kinder gern haben und gut mit Eltern umgehen können. Ärzte, Sozialarbeiter und Psychologen haben die Aufgabe,

»Die Ärzte behandeln uns als verantwortungsvolle, intelligente Menschen. Sie haben uns genau darüber informiert, was warum geschieht.«

den Eltern alle zugänglichen Informationen zu vermitteln und sie an allen Entscheidungen teilhaben zu lassen.

Die Mutter eines stoffwechselkranken Kindes im Krankenhaus erzählt: »Tagsüber übernehme ich das Füttern und Baden, und ich kann mit Emily viel schmusen. Niemand schaut mir dabei über die Schulter oder wirft mir vor, ich würde das Kind verwöhnen.« Diese Mutter traut sich zu, mit der Krankheit ihres Kindes zurechtzukommen, weil sie bei ihm im Krankenhaus sein kann und als für die Pflege wichtigste Bezugsperson anerkannt wird. Sind andere Kinder in der Familie, entstehen natürlich organisatorische Schwierigkeiten. Wollen Sie sich ganz der Pflege des Kindes im Krankenhaus widmen, benötigen Sie eine zuverlässige Hilfe für die anderen Kinder.

Für Frauen, denen vermittelt wird, daß nur Fachärzte wissen, was gut für ihr Kind ist und welche Entscheidungen getroffen werden müssen, ist es nicht einfach, mit der neuen Situation umzugehen, auch wenn sie sich vor der Geburt stark und zuversichtlich fühlten. Letztlich erleben sie aber auch nur die Hilflosigkeit der Experten. Ein Arzt für Allgemeinmedizin beobachtete einmal in einer Fachklinik für Körperbehinderte folgende Szene:

Mutter: »Ich bin sehr unglücklich über die ganze Situation, Herr Doktor.« (Der Facharzt blättert in seinen Unterlagen.)
Mutter (lauter): »Ich bin wirklich sehr deprimiert.« (Der Arzt blättert weiter.)
Mutter (zum Ehemann gewandt): »Ich habe solche Depressionen bekommen, daß mir mein Hausarzt Antidepressiva verschrieben hat, nicht wahr, Dave?«
Arzt (nach einer längeren Pause): »Nach Rücksprache mit meinen Kollegen kann ich Ihnen leider nicht versprechen, daß ich die Operation persönlich durchführen werde, obwohl ich das normalerweise tue.«[10]

Vielleicht treffen Sie nicht auf einen Arzt, der so ausweichend und unnahbar reagiert, sie sollten jedoch darauf vorbereitet sein. Üben Sie, was Sie in einer solchen Situation, in der Sie nicht als gleichberechtigt behandelt werden, sagen würden. Dafür eignen sich Rollenspiele, bei denen einer die Rolle des Arztes übernimmt. Auch aus den Erfahrungen anderer Eltern behinderter Kinder können Sie lernen, wie Sie sich in dieser schwierigen Situation am besten verhalten.

Ärzte, die auf ihrem Gebiet Kapazitäten und vielleicht hervorragende Chirurgen sind, sind nicht unbedingt einfühlsame Psychologen. Sie verstehen die Ängste der Eltern und die praktischen Probleme, die ein schwerbehindertes Kind mit sich bringt, oft nicht. Als Mutter müssen Sie deshalb bestimmt und freundlich auftreten, wichtige Fragen wiederholen und darauf bestehen, daß Sie genügend Zeit bekommen, Entscheidungen mit Dritten zu besprechen.

»Ich habe mich zuerst sehr isoliert gefühlt und war erleichtert, als ich andere Mütter und deren Kinder kennenlernte.«

Setzen Sie sich mit Eltern in Verbindung, die sich in einer ähnlichen Situation befinden. Um vernünftig entscheiden und planen zu können, brauchen Sie unendlich viele Informationen und müssen wissen, wie andere Familien zurechtkommen.

Selbsthilfeorganisationen können Druck auf die Sozial- und Gesundheitsbehörden ausüben, um den Kindern die notwendige Pflege, Ausrüstung und Unterstützung zu gewährleisten. Der Kinderarzt kann Sie mit anderen betroffenen Müttern bekanntmachen und Ihnen die Adressen von lokalen Selbsthilfeorganisationen nennen. Sie müssen den Kampf nicht allein durchstehen.

Die HIV-positive Mutter

Die Zahl der HIV-infizierten Mütter und Kinder nimmt derzeit schneller zu als die HIV-Infektionen in anderen Bevölkerungsgruppen. Die Ansteckung des Kindes erfolgt gewöhnlich über die Plazenta. Eine HIV-positive Frau hat ihrem Kind, aber auch ihrem Partner und ihrer eigenen Zukunft gegenüber besonders widersprüchliche Gefühle. Sie lebt in der ständigen Angst, daß die Aids-Erkrankung zum Ausbruch kommt und sie dann aufgrund von Sekundärinfektionen nicht mehr in der Lage ist, ihr Kind zu versorgen, oder daß sie stirbt.

Ungefähr fünf von sechs HIV-positiven Müttern übertragen den Virus nicht auf das Kind. Die Chancen, ein gesundes Kind zu bekommen, sind also nicht schlecht. Endgültige Sicherheit besteht aber erst nach achtzehn Monaten, weil das Kind bei der Geburt mütterliche Antikörper nachweist, die sich ungefähr zehn bis achtzehn Monate im Blut halten.

In Ländern, in denen problemlos Fertignahrung gegeben werden kann, weil sauberes Wasser, Kühlmöglichkeiten und erschwingliche Fertigmilchprodukte vorhanden sind, sollten sich HIV-positive Mütter gegen das Stillen entscheiden, denn auch durch das Stillen kann, wenn auch selten, der HIV-Virus übertragen werden. Ganz anders sieht es für Frauen aus, die in Gegenden leben, wo Fertignahrung ein Risiko darstellt. Dort ist die Gefährdung durch Fertignahrung größer als das Ansteckungsrisiko.[11] Man vermutet, daß ein HIV-positives Kind durch die Muttermilch einen teilweisen Schutz gegen das Fortschreiten der Krankheit erhält.

Das Flaschenkind kann fast dieselbe körperliche Nähe zur Mutter erfahren wie das Stillkind. Die HIV-positive Mutter kann ihr Kind genauso küssen, streicheln und knuddeln, sie kann ihm in dem vielleicht nur kurzen gemeinsamen Leben ihre ganze Liebe geben. Im Angesicht des möglichen Todes wird das Leben besonders kostbar.

Für die HIV-positive Mutter bieten sich einige praktische Vorkehrungen an, die ihre Ängste bezüglich der Zukunft des Kindes mildern können. Sie kann mit nahestehenden Verwandten oder Freunden absprechen, daß diese im Fall ihres Todes die Verantwortung für das Kind übernehmen. Sie kann dafür Sorge tragen, daß ihr Kind Vertrauen zu diesen anderen Eltern faßt. In manchen Ländern gibt es inzwischen Organisationen, die HIV-positive Mütter mit potentiellen Pflege- oder Adoptiveltern bekannt machen; diese potentiellen Eltern nehmen Anteil am Leben des Kindes, werden Freunde und nehmen das Kind in ihre Familie auf, falls die Mutter zu krank wird, um es zu versorgen, oder stirbt.

Die Angst vor Aids ist sehr groß. Menschen, von denen bekannt wird, daß sie HIV-positiv sind, werden oft wie Aussätzige behandelt, als übertrage sich die Krankheit allein durch die Berührung; dabei wird Aids nur durch den Kontakt mit Körpersäften übertragen. Trotzdem können durch diese Seuche auch neue zwischenmenschliche Beziehungen und Verantwortlichkeiten entstehen, zum Beispiel durch die gerade angesprochenen »Patenschaftsmodelle« und durch die Beziehung zwischen Pflegemutter und aidskrankem Kind.

Wenn ein Kind stirbt

Zuerst will man es nicht wahrhaben: »Das kann nicht sein. Das ist nicht wahr.« Sie sind wie gelähmt. Dann, mit dem allmählichen Begreifen, tauchen Fragen auf wie: »Warum mein Kind? Was habe ich getan? Warum passiert das nicht anderen Müttern mit ihren Babys?« Sie fühlen sich vielleicht schuldig, sehen, was Sie alles falsch gemacht haben. Sie meinen, Ihr Kind nicht genug geliebt zu haben, seinen Zustand nicht früh genug erkannt, nicht rechtzeitig gehandelt zu haben. Sie machen sich Vorwürfe. Es erscheint Ihnen unbegreiflich, daß Ihr Baby stirbt, während andere Menschen weiterleben, als sei nichts passiert. In Ihrer Verlassenheit und Ihrem Schmerz erleben Sie, wie der Alltag weitergeht, als lebten diese Menschen in einer anderen Welt. Der Schmerz umgibt Sie wie eine Gefängnismauer, Sie finden nicht mehr zu den anderen. Doch gerade jetzt brauchen Sie einen Menschen, der Sie hält, jemanden, der Sie liebt und in die Arme schließt, selbst wenn Sie innerlich so kalt sind, daß Sie keine Liebe mehr empfinden können.

Sie suchen nach einem Schuldigen: einem Arzt, Ihrem Partner, sich selbst oder sonst jemand. Damit beginnen Sie, den Schmerz aus sich herauszulassen. In dieser Trauerphase werden zwischenmenschliche Beziehungen gerade zu denen, die Ihnen am nächsten stehen, stark belastet. Der Tod eines Kindes – selbst eines Frühgeborenen auf der Intensivstation – wirkt sich auf die Partnerbeziehung oft katastrophal aus.[12] Unter Ehepaaren, die den Tod eines Kindes erleben mußten, ist die Scheidungsrate besonders hoch. Dem hinterbliebenen Vater fehlt oft jegliche emotionale Unterstützung oder die Möglichkeit, seinen Schmerz zum Ausdruck zu bringen. Er kommt sich wie ein Anhängsel der trauernden Mutter vor. Ein Arzt, dessen einjähriger Sohn starb, erzählt: »Etwas wie die schwesterliche Unterstützung, die meine Frau von anderen Frauen erfuhr, wurde mir von anderen Männern nicht zuteil.« Meist wurde er auf dem Flur oder an anderen öffentlichen Orten nach seinem Befinden gefragt. Ein Arbeitskollege

meinte, er sei froh, daß er »den Zwischenfall« offensichtlich überwunden habe. »Unterstützung von anderen Männern«, so der Vater, »scheint nur in alkoholisiertem Zustand möglich.«[13]

Wenn Sie wissen, daß Ihr Kind vielleicht sterben wird, ist es besser, entweder bei ihm im Krankenhaus zu bleiben oder es zu Hause in Frieden sterben zu lassen, ohne Katheter, elektronische Überwachungsapparate und das ganze technische Zubehör einer Intensivstation. Sind Sie im Augenblick des Todes bei ihm im Krankenhaus, ist es gut, wenn diese Situation vorher mit den Ärzten besprochen wurde, so daß Sie Ihr Kind in die Arme nehmen, es an sich drücken, zu ihm sprechen und ihm im Sterben Ihre ganze Liebe geben können. Das Kind hat die Reise ins Leben gemeinsam mit Ihnen gemacht, nun begleiten Sie es auf seiner Reise in den Tod.

Eine Mutter, deren Kind mit einer Anenzephalie zur Welt gekommen war (angeborenes Fehlen des Gehirns), versorgte ihr Kind zu Hause, bis es starb. Sie erzählte: »Er hatte es sehr gern, wenn er gestreichelt wurde, und er lächelte jedesmal, wenn sich jemand über ihn beugte oder zu ihm sprach. Er folgte der Person auch mit den Augen. Wir wußten, daß er nicht lange bei uns sein würde und haben ihm all unsere Liebe gegeben. Die Erinnerung an ihn ist uns kostbar.«

Eine Kinderärztin, die den Eltern freistellt, ihr sterbendes Kind im Krankenhaus oder zu Hause zu pflegen, hat beobachtet, daß zu Hause gepflegte Kinder länger leben als Krankenhauskinder. Die Eltern der Krankenhauskinder haben die Zeit mit ihrem Kind in schlechterer Erinnerung und bewerten die Lebensqualität ihres Kindes negativer. Dagegen bewerten Eltern, die ihr todkrankes Kind zu Hause pflegen, die Lebensqualität des

Kindes positiver. Die Ärztin schreibt: »Wenn die Lebenserwartung des Kindes auf Tage, Wochen oder Monate beschränkt ist, ist es umso wichtiger, Eltern und Kind Zeit füreinander zu geben. Sterbepflege sollte auch bei Neugeborenen die ganze Person einbeziehen und nicht nur dem Körper gelten.«[14]

Geschwister sollten in den Prozeß der Trauer einbezogen werden und ihre eigene Form der Trauer finden können. Viele Erwachsene, die in ihrer Kindheit einen Todesfall in der Familie erlebt haben, erinnern sich, wie sie davon ausgeschlossen wurden. Ihnen fällt es bis heute schwer, mit dem Tod eines geliebten Menschen umzugehen, weil sie damals an den Rand gedrängt und isoliert wurden. Während die Erwachsenen ihren Schmerz offen zeigen konnten, wurde von den Kindern angenommen, sie verstünden und empfänden nichts. Manchmal wurden sie einfach mit Erklärungen abgespeist wie, die Schwester sei auf eine lange Reise gegangen, sie sei bei Jesus oder im Himmel oder schlafe. Die Folge davon war, daß sie Angst hatten, Gott oder Jesus könnte eines Tages auch sie wegholen, oder wenn sie einschliefen, würden sie womöglich nicht mehr aufwachen, oder Mutter oder Vater könnten von einer Reise einmal nicht mehr zurückkehren.[15]

Der plötzliche Kindstod

Der plötzliche Kindstod oder Krippentod trifft Eltern immer völlig unvorbereitet. Er ist die häufigste Todesursache bei Kindern im Alter zwischen zwei Wochen und einem Jahr. Eines von fünfhundert Kindern stirbt diesen unerwarteten, stillen Tod. Bei einem kranken Kind, das langsam dahinsiecht, oder bei einem Frühchen, das tage- oder wochenlang auf der Intensivstation liegt und nach Atem ringt, können die Eltern sich auf den Tod einstellen. Der plötzliche Kindstod dagegen ist wie ein Verkehrsunfall. Ein eben noch gesundes Kind wird plötzlich und lautlos dahingerafft. Dann müssen der Totenschein ausgestellt und Fragen der Polizei beantwortet werden. Für die Hinterbliebenen steht vor allem der *Schock* des Verlustes im Mittelpunkt.

Seitdem in England offiziell empfohlen wird, Kinder auf dem Rücken oder, von einem zusammengerollten Handtuch gestützt, auf der Seite schlafen zu lassen, damit sie nicht mit dem Gesicht nach unten zu liegen kommen, und sie nicht länger als sechs Monate zu stillen, Überhitzung zu vermeiden und in Gegenwart des Kindes nicht zu rauchen, haben sich die Fälle von plötzlichem Kindstod um die Hälfte verringert.

Trotzdem gibt der plötzliche Kindstod immer noch Rätsel auf. Aus diesem Grund wird die Schuld oft bei den Müttern gesucht. Ihnen wird vorgeworfen, Anzeichen einer Erkältung mißachtet zu haben, das Kind zu warm oder zu kalt eingepackt zu haben oder es bei sich im Bett schlafen gelegt zu haben. Manchmal wird ihnen sogar vorgeworfen, das Kind absichtlich erstickt zu haben. Gelegentlich kommt es auch vor, daß ein älteres Kind beim Versuch, den Tod des kleinen Bruders oder der kleinen Schwester zu verarbeiten, in dieselbe Kerbe schlägt und Aggressionen gegen die Mutter entwickelt, weil sie das Baby nicht am Leben erhalten konnte. So fragte ein Dreijähriger seine Mutter: »Warum hast du nicht besser auf das Baby aufgepaßt? Warum hast du es sterben lassen?«

Die Mutter macht sich selbst Vorwürfe, weil sie im entscheidenden Moment nicht bei ihrem Kind war. Sie fühlt sich furchtbar ausgeschlossen, weil der Tod ganz unbemerkt eingetreten ist. Vielleicht saß sie in diesem Moment vor dem Fernseher, schlief friedlich oder telefonierte. Eine Ärztin, die ihren zehn Wochen alten Sohn tot vorfand, als sie ihn für die Abendmahlzeit aus dem Stubenwagen holen wollte, schreibt verbittert, wie ihr Psychologen immer und immer wieder zuredeten, sich nicht schuldig zu fühlen.: »Das ist ungefähr so sinnvoll, wie einem Kind, das sich ein Bein gebrochen hat, zu sagen, es solle nicht mehr daran denken, und es gleichzeitig ständig mit Fragen wie ›Tut es noch weh?‹ an die Verletzung zu erinnern.« Die Ärztin erzählt, wie sie von Freunden gemieden wurde und diese sogar die Straßenseite wechselten, um ihr auszuweichen. Von anderen wurde sie immer wieder gefragt, ob sie jetzt alles überstanden hätte, als sei die Tragödie nichts weiter als eine unbedeutende Erkältung gewesen.

Geht eine Frau aus, die ihr Kind verloren hat, wird sie gefragt: »Wo haben Sie denn heute Ihr Baby gelassen?« In solchen Situationen braucht sie jemanden an ihrer Seite, sonst traut sie sich womöglich gar nicht mehr aus dem Haus. Sie benötigt jetzt praktische Unterstützung im Alltag, denn in ihrer Trauer ist sie kaum noch in der Lage, die einfachsten Hausarbeiten zu verrichten.

Häufig tun sich Eltern, die das gleiche Schicksal erlitten haben, zusammen, um sich gegenseitig zu helfen, zu trösten und das Weiterleben zu erleichtern. Sie haben Verständnis füreinander, weil sie denselben Alptraum durchlebt haben, der sich als bittere Wirklichkeit erwiesen hat.

Betroffene Väter zeigen oft weniger Interesse an solchen Gruppen. Sie scheuen sich, ihrem Schmerz nachzugeben, und haben Angst, sich vor Dritten schwach zu zeigen. Ihre Art, aber auch die mancher Frauen, mit dem Verlust fertig zu werden, besteht darin, sich in die Arbeit oder sonstige Aktivitäten zu stürzen. Jeder Mensch findet seine eigene Form der Trauer.

Die Gefühle einer Mutter zu ihrem Kind, ob es nun gesund und glücklich ist, krank und leidend oder tot, gehören zu den stärksten menschlichen Gefühlen überhaupt. In der Vergangenheit empfundene intensive Gefühle werden nicht zu bloßen Erinnerungen. Selbst nach vielen Jahren kann die Wucht dieser Gefühle noch körperlich empfunden werden: das Einschießen der Milch, wenn das Baby schreit, das beklommene Gefühl im Magen,

wenn die Mutter alarmiert zu seinem Bettchen eilt, die Freude, wenn sie das Kind eng an sich preßt, und die Sehnsucht, wenn sie unfreiwillig von dem Kind getrennt ist.

Muttersein bedeutet nicht nur, Sorge für ein Kind zu tragen, neue Aufgaben und Verantwortungen zu übernehmen und den komplizierten Alltag zu organisieren. Es heißt auch, von starken Gefühlen geprägt zu werden, die sich tief in die Persönlichkeit eingraben und die eigene Weltsicht und die Beziehung zu anderen Menschen grundlegend verändern.

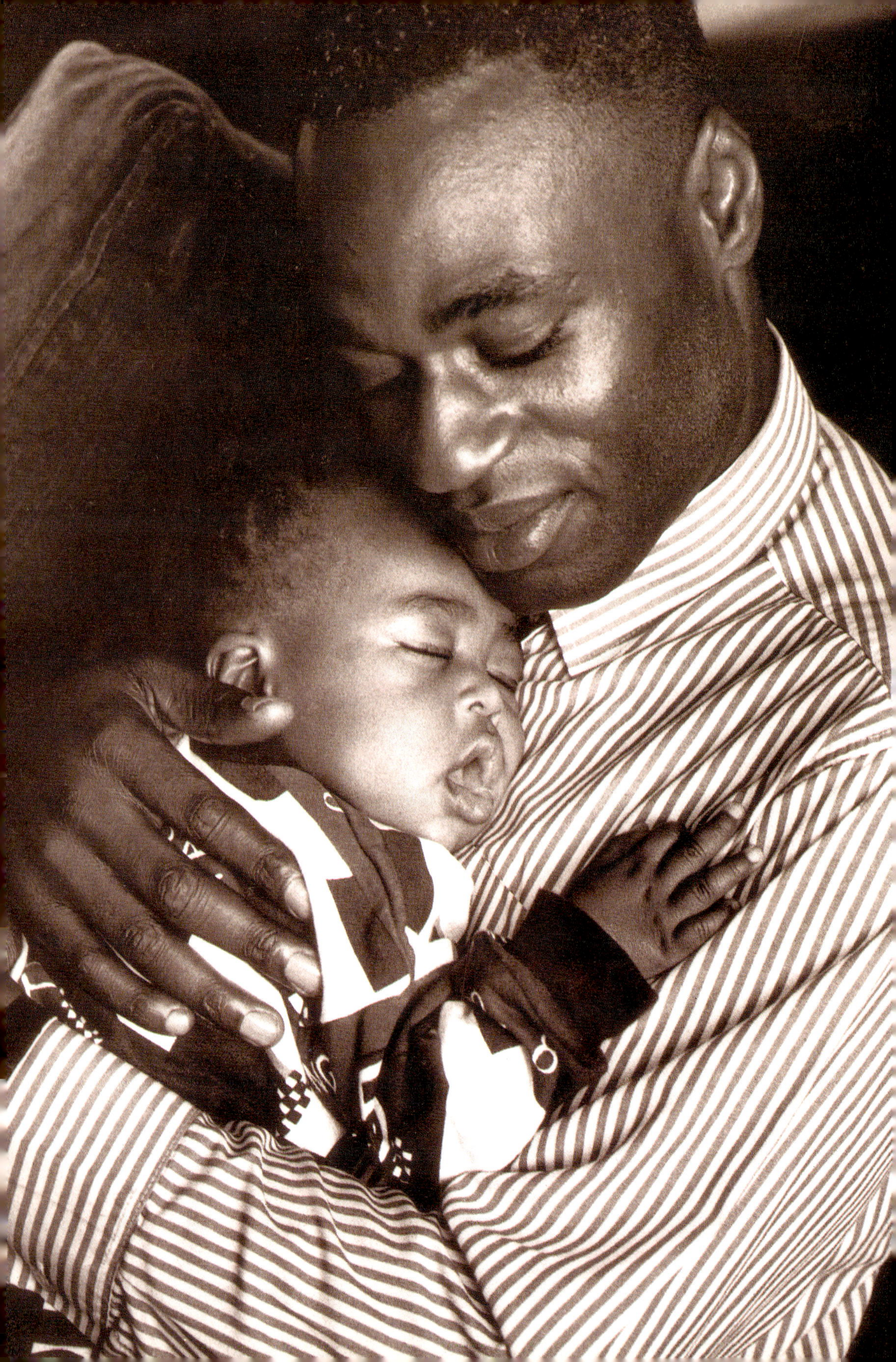

11

Väter

»Ich bin beruflich stark gefordert. Die Arbeit ist mein Beitrag zum Familienleben. Oft möchte ich die Kinder ganz meiner Frau überlassen, weil ich so müde bin.«

Die Frau wird Mutter, weil sie ein Kind zur Welt bringt. Der biologische Akt der Geburt definiert ihren Status als Mutter. Der Mann dagegen wird nicht aufgrund eines biologischen Vorgangs, des Samenergusses, Vater, sondern weil er die väterliche Verantwortung für ein Kind annimmt. Ein Vater zu werden ist eher eine Frage des bewußten Willens als der Biologie. Manche Männer durchwandern gefühlsmäßig erst einen langen Weg, bevor sie sich wirklich als Vater empfinden.
Die Geburt eines Kindes ist wie eine Hochzeit oder ein Polterabend oft Anlaß, mit Freunden etwas trinken zu gehen. Vom neuen Vater wird erwartet, daß er mit anderen Männern feiert und so die männliche Solidarität stärkt.
Traditionell wird vom Vater immer noch erwartet, daß er seiner Arbeit nachgeht, während die Mutter für die tägliche Versorgung des Kindes zuständig ist. Der Vater darf ihr dabei natürlich helfen und wird auch dafür gelobt. Es gehört jedoch nicht zu seinen Pflichten, eher ist es ein spielerisches Experimentieren des Mannes in der weiblichen Domäne.
Ein Vater, der sein Kind selbständig versorgt, zum Beispiel mit dem Baby vor dem Bauch einkauft oder mit dem Kinderwagen im Park spazierengeht, gilt oft als Außenseiter. Er wird mißtrauisch beäugt, obwohl er gleichzeitig von anderen Frauen auch dafür gelobt wird, daß er sich in Aufgaben versucht, die dem vorherrschenden Rollenbild widersprechen.
Viele Elternpaare stellen heute die herkömmliche Vaterrolle in Frage und versuchen, die elterlichen Aufgaben partnerschaftlich aufzuteilen. Dabei

stoßen sie aber auf organisatorische Hindernisse und auf die Schranken einer Gesellschaft, die den Vater immer noch als Ernährer der Familie sieht, der am Familienleben keinen aktiven Anteil hat. Vom Vater wird nicht erwartet, daß er zu Hause engagierte Elternarbeit leistet, sondern daß er dort Muße und Entspannung findet. In Schweden können Väter achtzehn Monate Erziehungsurlaub beanspruchen und bezahlte Krankheitstage nehmen, wenn das Kind krank ist. In den meisten Ländern jedoch soll der Status als Vater die Berufsausübung möglichst nicht behindern. Väter häufen sich nach der Geburt oft noch mehr berufliche Verpflichtungen auf, um den gestiegenen finanziellen Anforderungen der Familie gerecht zu werden.

»Ich bin sicher, daß mein Vater mich geliebt hat, er konnte es mir nur nicht zeigen.«

Männer, deren einziges Rollenvorbild der eigene Vater ist, tun sich oft schwer, sich intensiv um ihr Kind zu kümmern. Der eigene Vater hat die Versorgung des Kindes gewöhnlich ganz der Frau überlassen und war für das Kind ein Außenstehender, dessen Kontakt zum Kind sich darauf beschränkte, es anzuspornen, mit ihm zu spielen oder es zu disziplinieren. Dem Kind seine Gefühle zu zeigen, fiel ihm oft schwer.

Väter in anderen Kulturen

In vielen traditionellen Kulturen wird die Vaterschaft durch Rituale eingeleitet, die die Bindung des Vaters zu seinem Kind betonen. In einem zeremoniellen Akt wird ihm die Verantwortung für Frau und Kind übertragen. Im Westen gibt es keine vergleichbaren Bräuche.

Der Vater ist nach der Geburt oft dafür zuständig, durch Wahrung bestimmter Tabus das Kind vor unsichtbaren bösen Einflüssen zu schützen, die sein Leben bedrohen könnten. Bei den Yurok-Indianern in Nordamerika müssen Väter strenge Speisetabus einhalten. Die Nahrungsaufnahme bleibt eingeschränkt, bis die gefährliche Übergangszeit um ist.

In manchen Kulturen hat der Vater die Aufgabe, die Seele des Kindes zu ernähren, wie die Mutter für die körperliche Ernährung mit Muttermilch zuständig ist. In Ghana wird die Schuld für Krankheit oder Tod des Kindes dem Vater angelastet, wenn dieser seine spirituelle Verantwortung nicht angenommen hat. In Südafrika muß der Vater den Göttern der Vorfahren Opfer für sein Kind darbieten. Wenn bei den Hopi-Indianern ein Kind stirbt, wird den Eltern die Schuld angelastet, weil sie sich möglicherweise gestritten haben oder der Vater untreu war. Obwohl bekannt ist, daß Kinder durch Ansteckung erkranken, gehen die Hopi davon aus, daß es sich nicht ansteckt, wenn es ein glückliches Zuhause hat.

Bei den Mbuti-Pygmäen wird die Nabelschnur mit dem Messer beziehungsweise der Pfeilspitze des Vaters durchtrennt. Nach der Geburt bleibt der Vater normalerweise bis zu zwei Monaten zu Hause und trägt das Kind bei jeder Gelegenheit stolz herum.[1] Wie in vielen Kulturen üblich, ist der Vater nach der Geburt zusammen mit seiner Frau eine Zeitlang unrein. Er

darf nicht außerhalb seines Hauses arbeiten, jagen, fischen oder den Garten bestellen.
Auf der zu den Admiralitätsinseln gehörigen Insel Manus kümmert sich ein Vater nach der Geburt eines neuen Kindes um die älteren Geschwister. Das machen auch Väter im Westen, allerdings fällt es ihnen schwerer, weil sie beruflichen Verpflichtungen außerhalb des Hauses nachgehen müssen, die sich den akuten Belangen der neuen Situation nicht anpassen lassen. Auf Manus kann sich der Vater dagegen ganz dieser Aufgabe widmen, denn er darf während dieser Zeit mit den anderen Männern, mit denen er sonst arbeitet, keinen Kontakt haben. Als Folge davon wird die Bindung zwischen dem älteren Kind und dem Vater gestärkt.[2]
Auch in traditionellen Gesellschaften unterscheiden sich die Verhaltensweisen von Vätern stark voneinander. Anthropologen fällt aber immer wieder auf, wie zärtlich und fürsorglich in manchen Kulturen die Väter mit ihren Kindern umgehen, ohne daß sie irgendwelche Ratgeber gelesen hätten. Männern im Westen dagegen wird oft die Möglichkeit vorenthalten, mit ihren Kindern engen Kontakt zu pflegen und eine befriedigende Vaterschaft zu haben.

Die Entwicklung zum Vater

Der Weg in die Vaterschaft wird erleichtert, wenn Sie gemeinsam überlegen, welche Erwartungen Sie an sich als Mutter oder Vater haben, ob Sie zum Beispiel so werden wollen wie Ihre eigenen Eltern. Der Mann merkt jetzt vielleicht, daß sein eigener Vater in seiner Beziehung zu ihm die zärtlichen, intimen Aspekte vernachläßigt hat und daß er nie gelernt hat, das Kind im Alltag zu pflegen, etwa es zu wickeln.
Leichter wird es für den Mann auch, wenn er sich für die erste Zeit mit seiner Partnerin und dem Kind frei nehmen kann. Ich nenne diese Zeit »Flitterwochen mit dem Baby«.[3] Die Eltern können zum Beispiel genügend Vorräte einkaufen, die Tür hinter sich zumachen und mit dem Neugeborenen einige Tage im Bett verbringen. Viele Paare haben mir geschrieben, daß diese Zeit trotz organisatorischer Schwierigkeiten für sie kostbar und lohnenswert gewesen sei. Schon bei der Geburtsvorbereitung können Sie eine solche Phase einplanen und Hebamme, Großeltern, engste Freunde und Angehörige davon unterrichten. Der Mann bekommt auf diese Weise die Möglichkeit, sein Kind richtig kennenzulernen. Er sollte in den nächsten Monaten immer wieder einen solchen Babyurlaub einschieben, da sich das Kind ständig entwickelt und verändert.
Die Beziehung zu einem Kind aufbauen heißt nicht nur, ein sauberes, lächelndes, sattes Baby im Arm zu halten, sondern auch mit einem schreienden Baby umzugehen, das gewickelt werden muß, das nicht einschlafen will oder eine Rotznase oder Fieber hat. Das Kind muß beruhigt und getröstet, ermuntert und angeregt werden, man muß ein Wehweh-

chen heilen und sich auf die jeweilige Stimmung des Kindes einstellen können. Und man muß sich den prosaischen Aufgaben des Alltags stellen, wie Aufwischen, Zimmer aufräumen und das Chaos in der Wohnung wieder in Ordnung bringen.

Männer schrecken vor solchen Tätigkeiten oft zurück. Sie glauben, dafür nicht geeignet zu sein. Sie sehen dafür andere Dinge, die wichtig sind und dringend erledigt werden müssen. Wenn dem Mann vorgeschrieben wird, was wie zu tun ist, fühlt er sich in seiner Selbständigkeit eingeschränkt und ist versucht, die Dinge nur halb zu erledigen und den Rest der Frau zu überlassen. Manchmal dagegen will ein Mann so detaillierte Arbeitsanweisungen, daß Sie es vorziehen, die Arbeit schnell selbst zu erledigen. Roberta Israeloff, die in einem Buch über Elternschaft auch über die Beziehung zu ihrem Mann David schreibt, beschreibt eine Szene, in der sie ihn bittet, das Kind zu wickeln.[4] Er lehnt mit der Begründung ab: »Du kennst Ben doch viel besser als ich.« Die Autorin erinnert ihren Mann daran, daß dieses Kennen nicht vom Himmel gefallen, sondern das Ergebnis langer, harter Arbeit sei. Ihr Mann versucht daraufhin, die Aufgabe intellektuell zu erfassen, und macht sich, ihrer Meinung nach sehr umständlich, daran, sie beim Wickeln zu beobachten und sich Notizen zu machen – er kommt auf einundzwanzig Arbeitsschritte.

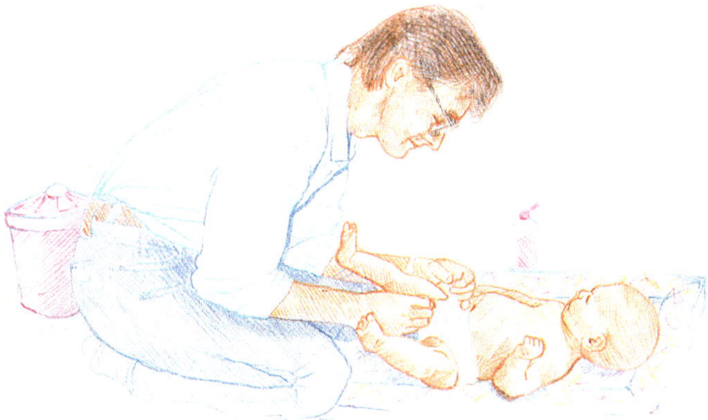

Oft meinen Frauen, sie müßten ihre Männer erziehen. Deren Verhalten ist jedoch kein persönliches Versagen, sondern Ausdruck einer Gesellschaft, die hauptsächlich von Männern und für Männer organisiert ist, in der die Arbeit von Frauen viel weniger gilt als die von Männern und obendrein als unwichtig und langweilig angesehen wird.
Ein Kind bedeutet ein Mehr an Hausarbeit. Dabei geht es aber nicht nur um die Versorgung des Kindes. Ein Ehepaar, das bisher gemeinsam geputzt und gekocht hat, führt nach der Geburt des ersten Kindes gewöhnlich ein neues Beziehungsmuster ein, das auf die herkömmliche Arbeitsteilung zwischen Männern und Frauen zurückgreift. Manchen Paaren kommt das sehr zupaß. Die Frau ist für die Hausarbeit und die Versorgung des Kindes zuständig, während der Mann ihr gelegentlich beim Abwaschen und Einkaufen hilft. »Einkaufen« heißt für den Mann häufig nur, die Frau vor dem Supermarkt abzusetzen und zu warten, bis sie fertig ist. Putzen, Wäsche waschen und Bügeln kommen für viele Männer nicht in Frage. Charlie Lewis zeigt in einer Untersuchung über die Auswirkungen der Vaterrolle auf Männer, daß Väter normalerweise Gehilfen für die Frau sind – meist recht unzuverlässige –, doch keine Partner. Von hundert befragten Männern bereiteten sechs regelmäßig das Essen für das Kind zu, nachdem dieses feste Nahrung erhielt, achtundzwanzig mehr als einmal in der Woche, die übrigen so gut wie nie. Vierzig Väter hatten selten oder noch nie die Windel gewechselt, dreiundfünfzig hatten noch nie allein das Kind versorgt, und zweiundsechzig hatten noch nie oder selten das Kind gebadet. Selbst wenn die Mutter außer Haus arbeitete, wickelten 37 Prozent das Kind nicht ein einziges Mal am Tag.[5]
Das traditionelle Männerbild beschränkt Männer auf die Vermittlerrolle zwischen Außenwelt und Mutter mit Kind. Frauen reagieren deshalb oft überrascht, wenn ihr Partner sich engagiert und aktiv Anteil nimmt, sich als zärtlicher, sensibler und geschickter Kinderpfleger erweist. Manchmal

»Oliver und ich haben ungefähr eine halbe Stunde zusammen, bevor die Sonne aufgeht. Das ist ›unsere Zeit‹.«

sind Frauen geradezu fassungslos darüber, daß ihr Mann solche Fähigkeiten besitzt. Sie beginnen, ihn mit neuen Augen zu sehen, und die Beziehung zwischen den Partnern wird um diesen Aspekt bereichert. Der Mann kann seine Liebe auch durch das Baby zum Ausdruck bringen, was neue Bereiche des intimen Zusammenseins eröffnet.

Es macht Kindern nichts aus, wenn der Vater manche Arbeiten anders erledigt als die Mutter. Er muß es nicht unbedingt auf genau dieselbe Weise baden; Hauptsache, er hält es sicher. Fühlt er sich dabei jedoch die ganze Zeit beobachtet, wird er vielleicht verunsichert und verhält sich ungeschickt. Er braucht Zeiten, in denen er mit dem Kind allein ist, um selbst herauszufinden, wie er am besten zurechtkommt.

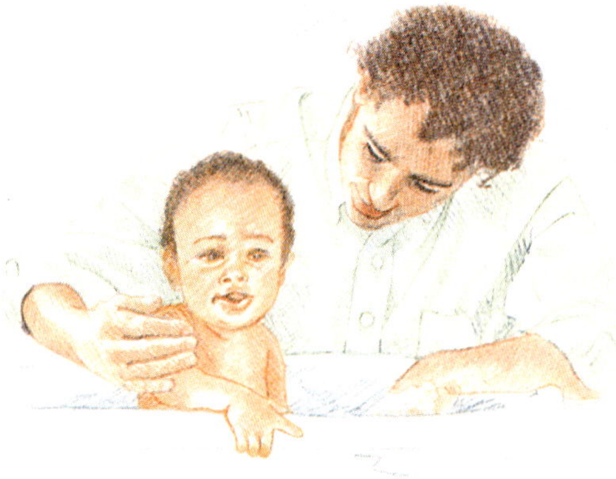

Väterliche Gefühle

»Ich fühlte mich ganz benommen und begriff kaum etwas. Ich war wie erstarrt.«

Starke Gefühlswallungen ergreifen den neuen Vater oft unvorbereitet. Zunächst steht er wie unter Schock. Er kann gar nicht alles aufnehmen, was um ihn herum geschieht: die hektische Betriebsamkeit bei der Geburt, seine eigenen Gefühle und vor allem die Tatsache, daß da ein Baby ist und er sich in der Rolle des Vaters wiederfindet. Plötzlich scheint die ganze Welt verändert. Die vertrauten Orientierungspunkte seines Lebens haben sich verschoben, Beziehungen haben sich unwiderruflich verändert, alles ist durcheinandergeraten. Er hat die Kontrolle verloren.

In diesem Zustand empfindet der Mann womöglich den Wunsch, sich vom Geschehen zurückzuziehen. Er braucht Zeit, sich an alles zu gewöhnen und muß mit widersprüchlichen Gefühlen fertigwerden.

Die Geburt des ersten Kindes markiert jedoch gleichzeitig den Punkt, an dem sich der Mann endlich erwachsen fühlt. Er sieht sich jetzt selbst als Erwachsenen, der das Recht hat, in die Fußstapfen des Vaters zu treten. Das ist nicht in allen Gesellschaften gleich. In ehemaligen Sklavengesellschaften zum Beispiel übernimmt der Mann nur selten die Verantwortung für das erste Kind, das er gezeugt hat. Er entzieht sich seiner Pflicht und läßt Frau und Kind im Stich. Die Frau versorgt das Kind mit Hilfe ihrer

»Ich verkaufte mein Motorrad und kaufte ein Auto. Ich war eher ein Rabauke, aber als Vater wird man plötzlich erwachsen.«

Mutter oder überläßt es ganz deren Pflege, um Großmutter und Kind durch ihre Arbeit zu ernähren. In der Karibik verschwindet der Mann häufig unmittelbar vor oder nach der Geburt. Die Frau versucht meist vergeblich, ihn wenigstens durch regelmäßige Unterhaltszahlungen in die Pflicht zu nehmen. Erst wenn der Mann bereit ist, für ein Kind Verantwortung zu übernehmen, gründet er einen Hausstand und beginnt erwachsen zu werden.[6]

Das neuerwachte Gefühl der Reife löst beim Mann manchmal auch Bedauern über den Verlust der Jugend aus. Er trauert um sein verlorenes Selbst und hat Angst davor, das langweilige, sinnlose Leben seines Vaters zu wiederholen und »ein Spießer in den besten Jahren« zu werden, wie ein Mann es formulierte.

Gleichzeitig bringt ihm der neue Lebensabschnitt die positive Gewißheit, daß er in der Lage ist, Verantwortung zu übernehmen, daß Partnerin und Kind sich auf ihn verlassen können und daß er ein Mann unter seinesgleichen ist. Dieses Gefühl ähnelt dem Stolz, den die Männer eines ostafrikanischen Stammes bei der Initiation zum Krieger empfinden.

Wenn der Mann sich um sein Kind kümmert und das Kind ihm zeigt, daß es ihn erkennt, bekommt er das Gefühl, persönlich etwas geleistet zu haben und gereift zu sein. Das Kind reagiert auf ihn, indem es aufhört zu schreien, seiner Stimme lauscht, den Kopf nach ihm dreht, seinen Blick sucht oder die Arme nach ihm ausstreckt, wenn er zur Tür hereinkommt.

»Das Wissen, daß er von mir abhängig ist, daß er mir vertraut, tut mir gut. Ich bin dadurch reifer geworden.«

In der Falle

Oft befürchtet der Mann aber auch, seine Freiheit zu verlieren. Er und seine Partnerin haben bisher vielleicht unbeschwert dahingelebt, jeder ist seinen eigenen Wegen nachgegangen, die Beziehung hat ihnen nur geringe Einschränkungen auferlegt, eine Lebensplanung in die Zukunft war kaum notwendig. Sie konnten ungestört zusammensein, Vergnügungen nachgehen und spontane Entscheidungen treffen. Sie konnten sich auch ohne Rücksicht auf andere wieder trennen.

»Es stört mich, daß das Baby immer zuerst kommt. Es gibt keine Spontaneität mehr in unserem Leben.«

Jetzt muß plötzlich auf ein Kind Rücksicht genommen werden. Ein Kind ist nicht »irgendwer«, sondern ein verletzliches menschliches Wesen, dessen Überleben davon abhängt, daß es von den Eltern gefüttert und beschützt wird, ein Mensch, den die Eltern keinen Augenblick lang vergessen dürfen.

Das Kind ist im Leib der Mutter gewachsen und hat sich in den letzten Schwangerschaftsmonaten energisch bemerkbar gemacht. Die Mutter hat sich neun Monate lang auf das Kind vorbereiten können, für sie ist es deshalb selbstverständlicher, daß nun das Kind ihr Leben verändert und bestimmt.

Der zukünftige Vater hofft vielleicht, genauso wie vorher weiterleben zu können. Natürlich weiß er, daß der Alltag anders organisiert werden muß, daß das Kind versorgt sein will. Er gibt sich große Mühe mit dem Kinderzimmer und meint, das Kind lasse sich vielleicht dort abstellen. Gerade in der Einrichtung des Kinderzimmers kommt manchmal die Vorstellung der Eltern zum Ausdruck, man könne ein Kind so verwahren, daß es das Leben der Eltern möglichst wenig störe.

Nach der Geburt stellt sich jedoch schnell heraus, daß das Kind sich nicht auf einen bestimmten Bereich beschränken läßt, sondern sich *überall* aufhält. Das Kind und die Sachen des Kindes nehmen immer mehr Platz ein und sind in der ganzen Wohnung verstreut: da eine Rassel, dort ein Strampler, der gerade trocknet, eine saubere oder schmutzige Windel, ein Kinderwagen oder Buggy, ein Babyschuh oder ein Schal.

Bedrohlicher ist für den Vater allerdings, wie das Kind die Gedanken der Partnerin bestimmt. Bei allen Vorhaben muß er das Kind mitberücksichtigen, muß überlegen, wie sich etwas auf das Kind auswirkt, wie das Kind untergebracht werden soll. Die Folge ist, daß er Ablehnung und Zorn auf das Kind verspürt, was wiederum Schuldgefühle bei ihm auslöst.

Neid

Freud glaubte, Mädchen wünschten sich einen Penis und fühlten sich benachteiligt, weil sie keinen hätten. Mütter dagegen wissen, daß kleine Jungen sich oft benachteiligt fühlen, wenn sie erfahren, daß sie keine Kinder in ihrem Bauch wachsen lassen können, daß sie nie gebären und stillen werden können.

»Ich fühlte mich überflüssig und allein.«

Der Mann beneidet die Fähigkeit der Frau, zu gebären und das Kind mit ihrem Körper zu ernähren. In der Schwangerschaft schwillt sie an wie eine reife Frucht, ein äußerliches Zeichen dafür, daß die Gebärmutter den wachsenden Fetus ernährt. Bei der Geburt wird er Zeuge einer unglaublichen Energie und weiblichen Kraft. Er sieht, wie die Frau das Kind in die Arme schließt, wie ihre ganze Aufmerksamkeit den strahlenden Augen, dem weichen Haar, dem festen, pummeligen Körper des Neugeborenen gilt. Dann legt sie das Kind an die Brust und nährt es auf wundersame Weise mit ihrem eigenen Körper.

Mancher Mann ist auf die besondere, vertraute Beziehung zwischen Mutter und Kind eifersüchtig. Er fühlt sich unerwünscht und ausgestoßen und der mütterlichen Zuwendung von seiten der Frau beraubt, die vor der Ankunft des Kindes ein wichtiger Bestandteil der Liebesbeziehung zwischen den Partnern war. Manchmal ist er auch enttäuscht und wütend oder konkurriert mit der Mutter um die Aufmerksamkeit des Kindes.

Vielleicht für solche Männer hat eine amerikanische Firma den *Baby Bonder* entwickelt, ein Paar weicher künstlicher, mit warmem Wasser gefüllter Brüste zum Umschnallen. Sie enthalten Milchfläschchen, die es dem Mann erlauben, das Kind selbst an die künstliche Brust zu nehmen und zu stillen. Ein Produkt dieser Art läßt allerdings unberücksichtigt, daß die Vater-Kind-Beziehung nicht einfach eine Kopie der Mutterrolle ist. Das Kind profitiert von der Verschiedenartigkeit der Beziehungen, die jede ihren eigenen Wert hat. Das Ziel kann nicht sein, dem Kind künstliche Latexbrüste zu bieten, sondern ihm Zeit zu widmen, auf seine Bedürfnisse einzugehen, sich an ihm zu freuen und ihm bedingungslose Liebe entgegenzubringen.

»Wenn sie zu gestreßt ist, gelingt es manchmal mir, das Baby zu beruhigen.«

In Stillbüchern werden Mutter und Kind manchmal »stillendes Paar« genannt. Dieser Begriff drückt aus, wie sich eine solche Beziehung dem Mann darstellt. Er sieht ein neues Paar mit einer ganz eigenen Vertrautheit vor sich, von der er ausgeschlossen ist. Wenn er dann wieder arbeiten, pünktlich im Büro sein, Leistungen erbringen und in einer Welt funktionieren muß, die die Bedürfnisse der Familie ignoriert, fühlt er sich um so mehr von dieser Liebesbeziehung ausgeschlossen, die in seiner Abwesenheit blüht und gedeiht.

Viele Frauen, die mit dem Kind zu Hause sind, bemühen sich, dem Mann nach der Arbeit einen schönen Empfang zu bereiten. Sie rackern sich ab, um rechtzeitig geduscht und angekleidet zu sein, um das Essen auf dem Tisch, die Wohnung aufgeräumt und Zeit für den Mann zu haben. Doch dann kommt das Baby dazwischen, es muß gestillt und gewickelt werden und schreit in einem fort. Es spürt die Anspannung, macht Ärger und schreit den ganzen Abend lang.

»Ich habe unseren Sohn immer an meine entblößte Brust gelegt und zu ihm gesprochen. Habe ihm gesagt, daß ich sein Papa bin und er ein toller Kerl ist. Da wurde er still und hörte mir zu.«

Der Mann erfährt nirgends deutlicher, daß er gebraucht wird, als wenn er jetzt nach Hause kommt und die Frau erschöpft und aufgelöst vorfindet. Das Kind schreit ununterbrochen, außer es wird aufgenommen und beruhigt, in den Armen gewiegt und umhergetragen, oder es wird ihm vorgesungen.

Jetzt kann der Mann sich selbst beweisen, daß auch er mit einem Kind umzugehen versteht. So erfährt er das Kind nicht als Bedrohung für die Paarbeziehung, sondern im Gegenteil als Brücke zu größerem gegenseitigem Verständnis.

Zärtlichkeit

Der neue Vater ist von der Zerbrechlichkeit des Babys oft überwältigt, vor allem, wenn er es nicht unmittelbar nach der Geburt in den Armen halten konnte. Er hat Angst, etwas falsch zu machen, ihm wehzutun oder es fallen zu lassen. Womöglich hält er den Umgang mit dem Kind für »Frauensache«. Er weiß nicht, daß eine erstgebärende Mutter dieselben Ängste empfindet, daß auch sie befürchtet, das Kind fallen zu lassen oder es zu ersticken oder zu ertränken. Er glaubt, Männer verstünden eben nichts von Babys. Viele Männer haben von Kind auf gelernt, Frauen wüßten instinktiv richtig mit einem Baby umzugehen.

Das Gefühl mangelnder Kompetenz wird verstärkt, wenn die Frau dem Mann ängstlich Anweisungen gibt, wie er das Baby zu halten hat, wenn sie seine Bemühungen mitleidig belächelt oder wenn das Baby in seinen Armen anfängt zu weinen.

Wird dem Mann vermittelt, andere wüßten über Kinderpflege besser Bescheid als er, zieht er sich zurück. Er erkennt keinen Aufgabenbereich für sich und fühlt sich nutzlos und ungeschickt. Trotz des neuen Rollenbildes in der Werbung, wo flotte junge Männer ihr Baby knuddeln, mit Kleinkin-

»Ich fürchtete mich davor, sie anzufassen, als sei sie zerbrechlich wie Glas. Ich hatte Angst, ihr wehzutun.«

dern am Strand herumtollen oder mit dem zufriedenen Säugling an der behaarten Brust beschaulich daliegen, ist Zärtlichkeit noch immer ein starkes Tabu in der Erziehung von Jungen und im Selbstbild der Männer. Dieses Selbstbild kann dazu führen, daß sich ein Mann aus Angst vor der eigenen Zerstörungskraft aus der täglichen Verantwortung für das Kind zurückzieht.

Paradoxerweise findet der Mann schneller in seine Vaterrolle, wenn die Geburt schwierig verläuft oder gesundheitliche Probleme beim Kind auftreten. Wird das Kind zum Beispiel mit Kaiserschnitt entbunden, hält er es in den Armen, solange die Frau noch betäubt oder durch Infusionsschläuche daran gehindert wird. Sein Zärtlichkeitspotential kann sich in einer solchen Situation leichter entfalten, als wenn das Kind gleich der Mutter in die Arme gelegt wird.

Auch wenn das Kind auf die Intensivstation muß und er das Kind besucht und über Berührung einen Kontakt zu ihm aufbaut, weil die Mutter dazu noch zu geschwächt ist, fällt es ihm leichter, seine Empfindungen und sein Zugehörigkeitsgefühl zum Ausdruck zu bringen, vielleicht weil er sich jetzt allein für das Kind zuständig sieht.

Der Dichter Vernon Scammell schildert, wie er in das Krankenhaus kommt, um seinen neugeborenen Sohn zu besuchen, der unter einer schweren Schädigung des zentralen Nervensystems leidet. Sein Sohn hat eine Meningozele, einen Vorfall der Hirnhäute mit Flüssigkeitsansammlung. Scammell hat Schreckensbilder von »menschlichen Monstern« vor Augen und fürchtet, beim Anblick des Babys in Ohnmacht zu fallen. Statt dessen »fühlte ich eine Woge der Erleichterung, als ich ihn sah, und gleich darauf durchströmte mich Freude und Verwunderung angesichts der Schönheit dieses Kindes. Niemals zuvor hatte ich solche Schönheit erblickt. Er lag auf der Seite, die Augen waren geschlossen, und das winzige Gesicht war so fein ziseliert und von solcher Zartheit und Menschlichkeit, daß es mich an die Kinderdarstellungen flämischer Maler des sechzehnten Jahrhunderts erinnerte.« Scammell beschreibt, wie er anschließend auf die Wöchnerinnenstation kommt, wo seine Frau ihm den zweiten Zwilling zeigt, einen gesunden Jungen, der neben ihr im Bett liegt. Er sieht ihn an und erblickt nur ein »ganz gewöhnliches Baby«.[7]

Männer unterschätzen ihre Liebesfähigkeit, ihre Fähigkeit, Mitleid und Feingefühl zu entwickeln. »Ein Junge weint nicht«, hat man ihnen gesagt, oder: »Sei keine Heulsuse.« Ihre Zärtlichkeit muß Anerkennung und Wertschätzung finden. Das geschieht häufig erst, wenn die Frau krank ist, mit der Situation nicht zu Rande kommt oder mit anderen Dingen beschäftigt ist. Viele Männer entdecken nie, wie zärtlich sie sein können, entwickeln also auch nie die Fertigkeiten für den Umgang mit einem Säugling.

Sich auf das Kind einlassen

Der neue Vater stellt fest, daß das Kind wie ein Magnet seine ganze Aufmerksamkeit auf sich zieht. Auch wenn ein Mann sich gefühlsmäßig weniger auf das Kind einläßt, ist er oft überrascht, mit welcher Macht es ihn in Besitz nimmt. Manche Männer machen diese Erfahrung nie, weil sie sich nicht genügend Zeit für das Kind nehmen und ihren Gefühlen keinen Raum geben, sondern sie im Gegenteil unterdrücken, sich ihnen entziehen. Doch wenn der Vater sich nicht auf das Kind einläßt, besteht die Gefahr, daß die Partnerschaft die Belastungen der ersten Lebensjahre, in denen die Beziehung auf eine nie dagewesene Härteprobe gestellt wird, nicht übersteht.

Der Psychiater Martin Greenberg hat seine Erfahrungen als Vater analysiert und beschreibt die verschiedenen Elemente, die die Bindung zwischen einem engagierten Vater und seinem Kind ausmachen.[8]

> Das Kind zieht den Vater optisch an. Er findet sein Kind attraktiver als andere Babys.
> Der Vater möchte das Kind im Arm halten und mit ihm spielen. Er ist beeindruckt davon, wie »unglaublich weich« sich die Haut des Babys anfühlt.
> Er kann viele Körpermerkmale seines Kindes wie Augen, Kinn, Ohren, Hände, Füße und Haare genau beschreiben. Sein Kind ist einzigartig und unverwechselbar.
> Er ist von der Vollkommenheit des winzigen Wesens begeistert.

Er fühlt sich zum Kind hingezogen, möchte es betrachten und berühren und aufpassen, daß alles in Ordnung ist.
Er ist von seinem Kind begeistert und fühlt sich wie im Rausch oder im siebten Himmel. Sein Selbstbewußtsein wird gestärkt, er kommt sich größer, reifer und älter vor.

Das Kind als Spiegel

Die Wahrnehmung des eigenen Kindes kann einem Mann neue Aspekte seiner eigenen Persönlichkeit eröffnen. »Es ist, als leite die Geburt des Kindes die Geburt des Mannes als Vater ein und als bilde er sich dadurch erst zu einem vollständigen Menschen heraus.«[9]
Männer sind von der Macht ihrer Gefühle überrascht. »Das Kind ist wie ein Spiegel, der den Mann immer wieder mit seinen eigenen Gefühlen konfrontiert.«[10] Das zornige Schreien des Kindes spiegelt seinen eigenen Zorn wieder. Der Drang des Kindes nach der beruhigenden Mutterbrust wird zum Ausdruck seiner eigenen Sehnsucht. Das Angst- und Verlassenheitsgefühl des Kindes, wenn es nicht aufgenommen und besänftigt wird, spiegelt seine eigene Angst vor dem Ausgeschlossenwerden.
Er empfindet die Intensität dieser Gefühle und vor allem die Liebe, die das Kind ihm entgegenbringt, oft als unerwartetes Geschenk des Kindes. Der Mann erlebt, daß es Spaß macht, sich mit dem Baby zu beschäftigen. Es macht ihm große Freude, immer neue Spiele zu erfinden, das Kind zu kitzeln und zum Lachen zu bringen oder Spielsachen und Bilderbücher herbeizuschaffen, die das Kind begeistern.

»Meine Frau wollte unbedingt ein Kind. Ich überließ die Entscheidung ihr. Aber ich möchte diese Erfahrung um nichts in der Welt missen.«

Ist der Mann schon älter, erlebt er diese Erfahrung, die ihm in einer früheren Beziehung vielleicht nicht vergönnt war, als Jungbrunnen. Männer verhalten sich mit Kindern aus späteren Verbindungen oft ganz anders als mit ihren ersten Kindern und übernehmen zum ersten Mal eine aktive Vaterrolle. Das ist eine harte Erfahrung für die Frau aus erster Ehe, die ihre Kinder unter Mühen allein großgezogen hat und einen Partner hatte, der sich nur um die finanzielle Versorgung der Familie kümmerte und es nicht für nötig befand, sich darüber hinaus auf das Familienleben einzulassen. Jetzt muß sie erleben, daß ihr Ex-Mann doch noch ein guter Vater geworden ist.
Die starken Empfindungen haben allerdings auch eine bedrohliche Seite, denn nicht immer handelt es sich dabei um positive Gefühle. Der Mann erschrickt womöglich über seinen heftigen Zorn, wenn das Kind Schwierigkeiten macht oder untröstlich weint. Er ist vielleicht überrascht, wie sehr ihm die Befürchtung zusetzt, das Kind könnte ihn nicht mögen, oder was für ein starkes Gefühl der Unzulänglichkeit er empfindet, wenn das Kind nicht ihn, sondern die Mutter verlangt. Auch die Ängste, die ihn

»Ich bin zum zweiten Mal verheiratet. Ich hätte nie geglaubt, daß dieses Kind mir so viel Freude bereiten würde. Ich fühle mich wieder jung.«

überwältigen, wenn das Kind krank ist, sind ihm vielleicht unbekannt, desgleichen die Sorgen, die er sich um das Leben des Kindes und über die Zukunft der Welt macht.

Eine Beziehung aufbauen

Folgende Verhaltensweisen haben Vätern geholfen, eine eigene Beziehung zu ihrem Kind aufzubauen.

»Morgens wachte er auf und sagte: ›Prima, er hat wieder durchgeschlafen.‹ Schön wär's! Fünfmal mußte ich nachts raus, und er hat einfach weitergeschlafen. Ich war ziemlich sauer auf ihn.«

Stehen Sie nachts auf, wenn das Baby sich meldet. Gehen Sie mit ihm herum, beruhigen Sie es, geben Sie ihm die Flasche mit ausgedrückter Muttermilch oder mit Fertigmilch, wenn Ihre Partnerin ab und zu durchschlafen möchte.

Beim Spazierengehen oder beim Hausputz tragen Sie das Baby an der Brust oder auf dem Rücken. Es genießt die körperliche Nähe und die schaukelnde Bewegung.

Singen Sie Ihrem Kind vor, oder erzählen Sie ihm Geschichten – es können Nonsensverse oder unsinnige Geschichten sein, Hauptsache, Sie erzählen ihm irgend etwas. Verzückt wird es Ihrer Stimme lauschen.

Schlafen Sie zusammen in einem Bett, das allen dreien Platz bietet, in dem das Baby seinen eigenen Bereich hat und nicht zu warm liegt. Sollte Ihr Bett zu klein sein, tut es auch eine große Matratze auf dem Boden. Es ist erwiesen, daß Rauch die Atmung des Kindes beeinträchtigt. Sie sollten deshalb niemals in Gegenwart des Kindes rauchen und darauf achten, daß es in einer rauchfreien Umgebung schläft.[11]

Üben Sie sich im Wickeln, Baden und Umziehen des Kindes.

Lernen Sie das Schreien des Kindes richtig zu deuten. Dafür brauchen Sie Erfahrung, Sie können aber schon bald unterscheiden zwischen schrillen Schmerzensschreien, den plötzlichen Rufen, um Aufmerksamkeit zu erregen, dem mächtigen Hungergeschrei und dem beinahe melodischen Weinen, wenn das Kind müde ist.

Machen Sie sich klar, daß Kinderversorgung eine anstrengende Arbeit ist. Viele Männer meinen, sie erledigten regelmäßig viel mehr Hausarbeit, als sie tatsächlich tun. Gehen Sie bei der Arbeit systematisch vor. Hausarbeit ist kein zusätzliches Extra, das man tun kann oder nicht. Helfen Sie nicht, sondern übernehmen Sie Verantwortung. Dann haben Sie und Ihre Partnerin mehr Zeit, sich am Baby zu freuen.

»Durch das Kind fing ich an, über mich selbst nachzudenken, darüber, was ich ihm geben kann und was ich vom Leben erwarte.«

Kinder bringen Ihr Leben völlig durcheinander. Es ist schwer zu begreifen, wie ein so kleiner Mensch so viel Chaos und Arbeit verursachen und beide Elternteile gefühlsmäßig so aufwühlen kann. Das Kind zerstört Ihre Selbstzufriedenheit, Sie lernen sich durch das Kind völlig neu kennen. Es zwingt Sie, die Welt mit anderen Augen zu sehen. Jeder Tag bringt neue Herausforderungen mit sich. Das Kind bietet dem Mann die Chance, sein Leben zu verändern und sich zu einem Menschen zu entwickeln, der Fürsorge und Verantwortung für ein Kind übernehmen kann.

12

Die Beziehungen verändern sich

Ein Kind ist geboren. Auf einmal ist das Erstgeborene eine ältere Schwester oder ein älterer Bruder, Eltern sind Großeltern, Schwestern sind Tanten und Brüder sind Onkel; neue Freundschaften entstehen und alte zerbrechen. Daran läßt sich nichts ändern. Die Geburt eines Kindes bedeutet Veränderung »auf ganzer Linie«.

Ihre neue Rolle und Ihr neuer Status als Mutter verändern alle Beziehungen. Ihre Mitmenschen betrachten Sie aus einer anderen Perspektive, und Sie sehen sich selbst und die anderen anders. Auch Ihr Verhalten zu anderen ändert sich – manchmal von Grund auf, manchmal kaum spürbar. Nur bei Menschen, die nicht wissen, daß Sie ein Kind haben, bleibt wahrscheinlich alles beim alten. Doch selbst diese Bekannten erscheinen Ihnen in einem anderen Licht, denn Sie nehmen sich selbst anders wahr und haben andere Prioritäten.

Einige Menschen ignorieren einfach, daß Sie die wundervolle Erfahrung gemacht haben, ein Kind zur Welt zu bringen, daß Sie jetzt Mutter sind und daß sich Ihr gesamtes Leben verändert hat. Das ärgert Sie vielleicht. Viele Frauen wollen über ihr Geburtserlebnis und das Baby reden, doch Arbeitskollegen und Bekannte machen oft nur einige höfliche Bemerkungen; offensichtlich langweilt sie das Thema. Ihre Bekannten verhalten sich, als seien Sie nur kurz im Krankenhaus gewesen und als sei eine Geburt ein so belangloses Ereignis wie eine Blinddarmoperation. Das gibt Ihnen vielleicht das Gefühl, daß sie einer für Ihr Leben sehr wichtigen Erfahrung keine Beachtung schenken und damit auch Sie als Person geringschätzen.

»Sie erwarteten von mir, daß ich dieselbe bin wie vorher, und gingen einfach zur Tagesordnung über.«

»Mama« werden

Am stärksten verändert sich die Beziehung zu den Menschen, die Sie jetzt ausschließlich in der Rolle der Mutter sehen. Manchmal scheint es geradezu, als habe es Ihr früheres Selbst nie gegeben. Das wirkt sich natürlich darauf aus, wie die anderen Ihr Denkvermögen, Ihre Intelligenz, Ihre Gesprächsinteressen, Ihre Arbeit und Ihre Hauptsorgen einschätzen.

Die Folgen dieser neuen Identität spüren vermutlich vor allem berufstätige Frauen.

»Bei der Betriebsfeier waren wir zum ersten Mal zusammen ohne das Kind aus. Alle redeten mit mir nur über das Baby – dabei war ich doch Betriebsrätin.«

Immer mehr Frauen bekommen das erste Kind nach dem 35. Geburtstag. Viele sind berufstätig. In den achtziger Jahren stieg die Geburtenrate bei Frauen zwischen 35 und 39 Jahren in England und Wales um 44 Prozent. In den Vereinigten Staaten stieg sie bei Frauen dieses Alters um 41 Prozent; zugleich fiel sie bei Frauen Anfang zwanzig um 19 Prozent. Auch in der Vergangenheit bekamen viele Frauen über dreißig und sogar über vierzig noch Kinder, aber das waren die letzten Kinder in großen Familien, während es heute oft die ersten sind.

Schon in den ersten Stunden nach der Geburt sagt bestimmt irgend jemand zu ihnen »Mama« oder »Mutti«. Vielleicht spricht man Sie nicht direkt so an, sondern redet mit dem Baby über seine »Mama«. Sie sind plötzlich eine ganz andere Frau geworden. Zeitschriften, Zeitungen und Fernsehwerbung geben Ihnen eine Vorstellung davon, was man von Ihnen erwartet. Bilder der »guten Mutter« sind allgegenwärtig: Sie opfert sich für ihre Kinder auf, sie wischt den Küchenboden makellos rein, ihre Wäsche an der Leine ist weißer als die Wäsche der Nachbarin, sie kocht nahrhafte Gerichte für entzückende Kinder, die sie freudig umarmen, weil ihnen ihr Lieblingsessen vorgesetzt wird. Mama ist immer da. Sie streicht die richtige Salbe auf einen Kratzer und nimmt für Babys zarte Haut die mildeste Seife. Wir lachen zwar über diese Vorstellungen, aber sie sind in unserer Kultur allgegenwärtig. Sie gehen auf noch ältere Bilder einer Mutter zurück, die Brot bäckt, den Fußboden scheuert, Konserven einkocht und die Kranken pflegt.

»Mamas« lassen sich mehr vom Instinkt leiten als vom Intellekt. Sie schmusen nicht nur gerne mit Babys, sondern säubern auch gerne kleine Popos, putzen laufende Nasen und wischen Schmierereien weg. Sie rücken jeder Form von Schmutz zu Leibe, um ihr Kind davor zu bewahren, und schöpfen daraus eine tiefe Befriedigung. Sie haben erreicht, was jede Frau sich wünscht.

Mütter sorgen für Kinder, schieben oben Nahrung hinein und entsorgen, was unten wieder herauskommt. Sie schleppen eine Menge Utensilien mit sich herum, die schon das kleinste Kind für seine Pflege braucht. Oft sehen sie mehr wie Lasttiere aus als wie Frauen.

Auch die Kleidung einer Mutter zeugt von ihrer Rolle. Sie ist normalerweise fleckig und verschmiert mit aufgestoßener Milch, zermatschten

Pflaumen, Haferflocken und Obstsaft. Wenn sich eine Mutter eine neue Bluse kauft, achtet sie darauf, etwas in diesen Farben zu bekommen, den Farben der Mutterschaft.

Und auch wenn sie noch so viel zu tun hat, sorgt sie dafür, daß sich ihr Partner wohl fühlt und daß er wegen der Kinder nicht zu kurz kommt. »Jede Mutter«, schreibt ein Arzt in seinem Ratgeber für Mütter, »sollte sicherstellen, daß sie ihrem Mann wegen des neuen Familienmitglieds nicht weniger Liebe, Zeit und Zuneigung schenkt.«[1]

Sie und Ihr Partner

Wir haben bereits gesehen, daß es einem Mann schwerfallen kann, sich an die Elternschaft zu gewöhnen. Die umfassenden Veränderungen vollziehen sich jedoch unabhängig vom Geschlecht. Auch wenn ein Mann keine Angst hat, in die weibliche Welt der Liebe und des persönlichen Engagements einzutauchen, wenn er sich an dem Baby freut, auf die Bedürfnisse der Frau eingeht und seinen Teil der Elternschaft voll übernimmt, findet ein dramatischer Szenen- und Tempowechsel statt. Bei lesbischen Paaren oder bei Paaren, die ein Kind adoptieren, ist das nicht anders. Die neue Situation bietet einem Paar die Möglichkeit, sich weiterzuentwickeln, stellt die Beziehung aber auch vor neue Herausforderungen. Die Veränderungen sind keine psycho-biologischen Folgen der Mutterschaft, Auswirkungen des endokrinen Systems der Frau oder der Laktation. Sie vollziehen sich auch, wenn Eltern ein Kind bekommen, das eine Leihmutter zur Welt gebracht hat. Und sie vollziehen sich, wenn sich ein Paar noch so gut auf die Elternschaft vorbereitet, Bücher gelesen und Kurse besucht hat. Allerdings hilft die Vorbereitung, Probleme zu identifizieren, besser miteinander zu kommunizieren und die guten Zeiten mehr zu genießen.

»Ich glaube nicht, daß man auf die Elternschaft vorbereitet werden kann. Auf die Geburt waren wir gut vorbereitet, aber danach herrschte nur noch Chaos.«

Mit der Geburt eines Kindes vollziehen sich tiefgreifende Veränderungen in der Beziehung eines Paares. Diese Veränderungen können die Partner auseinanderbringen und die Beziehung schließlich zerstören, aber sie bieten auch Möglichkeiten für Wachstum und Reife.

Häuslich werden oder ausbrechen?

Bevor Sie ein Kind hatten, haben Sie vielleicht nicht viel im voraus geplant. Sobald das Baby da ist, kommt man um Planung nicht mehr herum. Schon für einen Einkaufsbummel muß man herausfinden, ob das Baby zu dieser Zeit eher schläft oder wach ist, ob es zuerst noch gewickelt werden muß, ob es richtig angezogen ist und wann es wieder gefüttert werden muß. Man muß wichtige Entscheidungen treffen, die mit Wohnort, Arbeitsplatz und Einkommen zusammenhängen – das sich mit der Geburt eines Kindes zumindest für eine gewisse Zeit deutlich verringern kann –, und sich um die Betreuung der Kindes und seine schulische Ausbildung kümmern. Dazu kommen so immaterielle Dinge wie gemeinsame und gegensätzliche Wert-

vorstellungen, die Frage der Religion und unterschiedliche Ansichten über Kindererziehung. In manchen Kulturen spielt die Beschneidung von Jungen eine Rolle; afrikanische Paare haben vielleicht unterschiedliche Ansichten, was die »Beschneidung« von Mädchen betrifft (die eigentlich gar keine Beschneidung ist, sondern die Entfernung eines Teils oder der ganzen Klitoris und Schamlippen). Außerdem müssen sich Eltern womöglich auch Konflikten mit älteren Familienmitgliedern stellen. Es gibt Familienloyalitäten und Fragen der ethnischen Zugehörigkeit, der gesellschaftlichen Schicht und sogar der Staatsbürgerschaft, die Anlaß zum Streit geben können. Das gilt besonders für Paare, die unterschiedlichen Rassen, Religionen oder Nationen angehören. Wenn nicht von vornherein klar ist, daß ein Elternteil zu Hause bleibt, während der andere weiter seinem Beruf nachgeht, muß ein Paar auch herausfinden, wieviel Zeit jeder für Hausarbeit, Kind und Broterwerb aufwenden kann.

Umbruchszeit

Der Zwang, planen zu müssen, verändert das Leben eines Paares. Eine Beziehung, die bisher von Überraschung und Flexibilität gelebt hat, ge-

»Er hat keine Ahnung, wie mein Tag gewesen ist. Er kommt rein und fragt: ›Was gibt's zu essen?‹ Er versteht nicht, warum ich keine Zeit für Dinge habe, die er für wichtig hält.«

deiht vielleicht nicht, wenn alles im voraus geplant werden muß und gesellschaftliche Zwänge bestehen, sich einem vorgegebenen Muster anzupassen. Vielleicht zeigen sich die Eltern eines Paares zufrieden über die neue Situation, weil die jungen Menschen jetzt »häuslich werden«. Aber bei diesen löst das zuweilen Alarm aus: »Werden wir jetzt wie unsere Eltern?« Wenn ein junges Paar in einer Beziehung gelebt hat, die als kühner Aufbruch in die Freiheit und Unabhängigkeit von elterlicher Überwachung begann, könnte es jetzt den Eindruck haben, die Beziehung werde zum genauen Abbild der elterlichen Ehe.

Wenn das Verhältnis eines Paares zu den Eltern schlecht ist, weil die Eltern die Beziehung mißbilligen, kann die Geburt eines Kindes die Situation noch verschlechtern. Zuweilen finden sich Eltern oder Schwiegereltern dann freilich auch mit dem Unvermeidlichen ab. Das passiert zum Beispiel oft bei Mischehen. Die Großeltern zeigen Interesse an dem Kind, und die Brücke der Verständigung ist geschlagen. Sobald sie sich allerdings auf das Kind einlassen, wollen sie sich vielleicht auch in seine Erziehung einmischen, was sehr lästig sein kann.

Wenn ein Paar schon eine ganze Weile zusammengelebt hat, bevor ein Kind kommt, ergibt sich wieder ein anderes Bild. Das bisher vielleicht wohlgeordnete Leben versinkt im Chaos. Wenn beide berufstätig sind, brauchen sie einen geordneten Rahmen, um am Arbeitsplatz etwas zu leisten und den Haushalt ordentlich zu führen. Eine reibungslose Organisation war für die Frau notwendig, um im Beruf gewisse Ziele zu erreichen. Wenn sie dann mit Ende dreißig ihr erstes Kind bekommt, braucht sie einen ähnlichen Zeitplan, um zwischen Kind und Beruf vermitteln zu können. Der Umbruch, den ein Kind bedeutet, erschreckt sie und erschüttert ihr Selbstvertrauen. Tag und Nacht verschmelzen miteinander, die Zeit ist nicht mehr strukturiert. Wie kann es sein, daß ich mittags immer noch im Morgenmantel bin? Wie können wir zu Abend essen, wenn nichts im Kühlschrank ist, weil ich einfach nicht zum Einkaufen gekommen bin? Wie soll ich mich auf etwas konzentrieren, wenn das Baby die ganze Zeit schreit? Wie schaffe ich es, pünktlich zu diesem Termin zu kommen? Ist noch eine saubere Bluse da? Hast du deine Mutter angerufen? Den Klempner bestellt? Nach den Autoreifen geschaut? Die Telefonrechnung bezahlt? Die Frau glaubt, sie hätte die Kontrolle über ihr Leben verloren und das Kind zerstöre ihre Beziehung.

Neue Prioritäten

Die Prioritäten verändern sich dramatisch, wenn ein Kind geboren wird, allerdings nicht immer für beide Partner gleichermaßen. Sie verlagern sich von der Welt außerhalb des Hauses auf die Welt im Haus, von beruflichen Zielen und Beziehungen zu Arbeitskollegen auf die Sorge für das Kind und seine Entwicklung und den Aufbau von Beziehungen zu Frauen mit gleichaltrigen Kindern. Für viele Frauen ist die Folge eine Art »Inseldasein«, als liege ein ganzer Ozean zwischen der häuslichen Welt der Familie und dem, was in der Welt draußen geschieht, einschließlich der ehemaligen gesellschaftlichen und beruflichen Kontakte. Man kann diesen Ozean überqueren, aber das erfordert erstaunlich viel Mühe und eine bewußte Interessenverschiebung, die sehr schwierig ist.

Die Isolation ist freilich nicht unbedingt unangenehm oder unerwünscht. Viele Paare genießen sie und sind so damit beschäftigt, ihr Nest zu bauen, daß sie den Verlust früherer Beziehungen und Interessen gar nicht bedauern. Oft ist jedoch nur die Frau betroffen. Der berufstätige Mann kommt abends nach Hause zurück und bringt Nachrichten von der Welt draußen mit. Vielleicht freut sich die Frau darüber, vielleicht aber verstärkt das nur ihr Gefühl der völligen Abgeschnittenheit. Wenn der berufstätige Partner aller häuslichen Aufgaben entbunden ist, entfernen sich die Partner voneinander. Der Riß in ihrer Beziehung wird immer größer, je mehr sich die

Mutter auf das Kind konzentriert und sich dadurch isoliert. Vielleicht gefällt der Frau das zurückgezogene Oasenleben eine Weile, aber sie muß aufpassen, daß sie den Kontakt zur »Realität« draußen nicht ganz verliert.

Ein neues Zuhause

Viele Paare ziehen kurz vor oder nach der Geburt um, oft in eine ihnen unbekannte Gegend, weit weg von ehemaligen Freunden. Dort sind sie dann ohne Ende mit der Aufgabe beschäftigt, das neue Heim einzurichten. Der Umzug war notwendig, weil in der alten Wohnung nicht genug Platz für das Baby war oder weil nach dem Mietvertrag keine Kinder geduldet wurden. Jetzt scheint es tausend Dinge zu geben, die getan werden müssen. Doch das hat auch seine positiven Seiten. Es ist aufregend, gemeinsam auszuwählen und einzurichten, Farben und Formen von Möbeln und sonstiger Ausstattung auszuprobieren, Musterkataloge zu wälzen und einkaufen zu gehen. All diese schönen Begleiterscheinungen und gemeinsamen Aktivitäten des »Nestbaus« schmieden ein Paar zusammen. Sie kosten allerdings auch Geld und bringen, da sie Zeit und Energie erfordern, neue Spannungen in die Beziehung eines Paares, das mit der Sorge für den Säugling ohnehin schon ausgelastet ist. Wenn die Mutter den größten Teil dieser Aufgaben übernehmen muß, trägt das sicherlich nicht unwesentlich zu ihrer Erschöpfung im ersten Lebensjahr des Kindes bei. Zu Schlafmangel, Sorge um das Kind und dem Auf und Ab der Gefühle kommt dann noch die Arbeit am »Nest«, und das macht sie chronisch müde.

Disziplin und Abhängigkeit: strittige Themen

Sobald das Kind etwa sechs Monate alt ist, geht es in vielen Gesprächen zwischen den Partnern, aber auch in Gesprächen zwischen der Mutter und ihrer Mutter oder Schwiegermutter oder Freundinnen mit gleichaltrigen Kindern offen oder versteckt um gemeinsame und gegensätzliche Ansichten über Kindererziehung. Ich bin diesem Thema in Gesprächen mit Eltern und Großmüttern in verschiedenen Ländern nachgegangen. Dabei fiel mir auf, wie oft zwei Fragenkomplexe im Vordergrund stehen: Disziplin und Freiheit beziehungsweise Abhängigkeit und Unabhängigkeit.

»Ich will, daß mein Kind entscheidet. Es soll nicht etwas tun, nur weil ich es ihm sage.«

»Das Kind hat die Mutter völlig in der Hand: Sie nimmt es beim ersten Mucks auf den Arm. Sie macht sich selbst das Leben schwer.«

Mütter von Vierjährigen wollen oft, daß ihr Kind sich »einfügt«, daß es sich gut benimmt und gehorsam ist und daß sie nicht »mit ihm auffallen«.[2] Einige wünschen auf keinen Fall blinden Gehorsam, sondern erklären ihren Kindern alles und diskutieren mit ihnen. Andere verlangen, daß ihre Kinder aufs Wort gehorchen. Die Frage der Disziplin ist für Eltern schon im ersten Lebensjahr ihres Kindes wichtig. Das Thema kann zu Konflikten zwischen den Partnern oder zwischen einem Paar und seinen Eltern führen.

In welchem Alter ein Kind zu Selbstdisziplin fähig sein sollte, beurteilen verschiedene Menschen in verschiedenen Kulturen ganz unterschiedlich. In China galt ein Kind als fähig, Gut und Böse zu unterscheiden, wenn es einen Wasserkrug tragen konnte, ohne etwas zu verschütten. Behaviouristische Psychologen und Kinderärzte der zwanziger und dreißiger Jahre lehrten, Mütter müßten die Kinder von Geburt an disziplinieren, damit gutes Benehmen ein bedingter Reflex werde. Truby King und andere Kinderärzte meinten, Kinder müßten dazu erzogen werden, zu schlafen, wann sie schlafen sollten, nicht zu schreien und ihre Milch zu bestimmten Zeiten und innerhalb eines bestimmten Zeitraums zu trinken. Schmusen und Spielen sollten auf eine halbe Stunde zu einer bestimmten Zeit am Tag beschränkt bleiben. In jüngster Zeit haben Spock, Bowlby, Brazelton und Leach betont, wie wichtig Flexibilität und Einfühlungsvermögen seien. Die Mutter müsse sich in das Kind hineinversetzen und seinen Rhythmus respektieren; das Kind müsse als Individuum mit eigenen Rechten und Gefühlen anerkannt werden.[3]

Die meisten Mütter schwanken zwischen diesen beiden Extremen hin und her. Sie versuchen es mit der zweiten Methode, greifen dann aber doch wieder auf die alte Methode zurück, wenn sie es mit der Angst zu tun bekommen, weil das Verhalten ihres Kindes sich scheinbar jeder Regelmäßigkeit entzieht, oder wenn sie in dem erbarmungslosen 24-Stunden-Tag der Säuglingspflege eine Nische für sich selbst schaffen wollen. Eines ist freilich sicher: Der Alltag einer Mutter läßt kein methodisch konse-

quentes Handeln zu. Dem Partner, der sich bei der Versorgung des Kindes weniger engagiert, ist das vielleicht gar nicht bewußt.
Ein weiterer konfliktträchtiger Punkt ist die Abhängigkeit oder Unabhängigkeit, die Kinder in unterschiedlichen Altersstufen haben sollen. In Nordamerika, England und Australien sind Eltern heute bestrebt, das Baby- und Kleinkindalter möglichst schnell hinter sich zu bringen und ein unabhängiges Kind zu präsentieren. In vielen anderen Kulturen, beispielsweise in Indien oder in den mediterranen Ländern, ist Unabhängigkeit bei weitem nicht so wichtig, und die Bindung an die Mutter ist nicht nur für Kinder, sondern auch für Erwachsene sehr wichtig. Eine englische Mutter aus der Mittelschicht gibt ihrem weinenden Kind nur im Notfall einen Schnuller. In Italien dagegen zählte ich in einer kleinen Apotheke einmal sechzehn verschiedene Schnullersorten auf einem Regal, und daneben lagen noch Ketten und Klipse zum Befestigen der Schnuller an der Kleidung, damit sie für das Kind immer greifbar sind. Draußen auf der Piazza hatte jedes Kind, das in einem Kinderwagen vorbeigefahren wurde, einen Schnuller im Mund. In Spanien nuckeln noch viele Drei- und Vierjährige an einem Schnuller, wenn sie mit ihrer Mutter einkaufen gehen.
Britischen und amerikanischen Müttern ist es peinlich, wenn ihr Kind sich an sie hängt; sie sind froh, wenn es auf andere Kinder zugeht und Kontakte knüpft. Wer in England ein Kind »Mamakind« nennt, stellt damit die erzieherischen Fähigkeiten der Mutter in Frage. In mediterranen Ländern drückt dieselbe Bezeichnung lediglich zustimmend die enge Bindung zwischen Mutter und Kind aus.
Es gibt jedoch nicht nur kulturelle Unterschiede. Auch innerhalb einer Kultur haben die Partner oft recht verschiedene Vorstellungen darüber, wie unabhängig ihr Kind sein sollte. Außerdem gibt es generationsbedingte Meinungsunterschiede zwischen den Eltern und den Großeltern eines Kindes.
Solche moralischen Vorstellungen und Annahmen entstehen, lange bevor ein Kind auf der Welt ist. In den ersten zwölf Lebensmonaten werden sie dann thematisiert, und sie bleiben ein strittiges Thema, solange das Kind zu Hause lebt, und manchmal sogar noch länger.[4]

Wie soll es weitergehen?

Wie immer Sie als Paar zusammenleben, es ist auf jeden Fall hilfreich, mit dem Partner über persönliche Überzeugungen und Erwartungen zu reden. Vermeiden Sie Vorwürfe. Sie mögen Ihrem Partner zu Recht Vorwürfe machen, aber auf diese Weise finden Sie keine Lösung – auch wenn ein offener Streit oft die Atmosphäre reinigt. Unterstellen Sie dem anderen keine Beweggründe, und ziehen Sie auch keine Schlüsse aus seinem Verhalten. Sagen Sie nur: »Ich habe das Gefühl …«, und äußern Sie dann offen ihre Gefühle. Ihre Gefühle kann Ihnen niemand absprechen; strittiger kann

sein, wie Sie die Fakten interpretieren. Dann fragen Sie: »Wie können wir das ändern?« und finden gemeinsam eine Lösung.
Reden Sie auch mit anderen Paaren, die sich in der gleichen Situation befinden. Gesprächskreise für Eltern nach der Geburt bieten ein Forum, um Beziehungsprobleme auszuloten und zu klären. Es gibt Behindertengruppen, Gruppen in kommunalen und kulturellen Einrichtungen, Kirchen oder anderen religiösen Institutionen, Gruppen für lesbische Mütter und Eheberatungsstellen. Vielleicht haben Sie kein Interesse an gemeinsamem Kaffeetrinken oder sonstigen Treffen, bei denen nur über die körperliche und geistige Entwicklung der Kinder gesprochen wird und Kinder miteinander verglichen werden. Wenn Sie nichts finden, das Ihnen zusagt, gründen Sie doch mit Freunden – zum Beispiel mit Paaren, die sie bei der Geburtsvorbereitung kennengelernt haben – eine eigene Gruppe, die sich privat trifft.

Sie und Ihre Mutter

Mutter zu werden bedeutet, daß Sie Ihre Mutter, die jetzt Großmutter ist, von ihrem Platz verdrängen.
Vielleicht glauben Sie, daß Sie niemals eine so gute Mutter werden, wie Ihre Mutter es war, oder daß Sie nicht so viel Zeit für Ihre Kinder haben werden. Wenn Sie berufstätig sind oder neben Haushalt und Kind noch andere Verpflichtungen haben, fällt Ihnen vielleicht ein, daß bei Ihrer Mutter immer das Essen auf dem Tisch stand, daß die Wäsche immer sauber war und daß Ihre Mutter immer Zeit hatte, Ihnen zuzuhören. Sie haben das Gefühl, Sie könnten das nie schaffen. Der Maßstab, den Ihre Mutter setzt, erscheint Ihnen unglaublich hoch.
Großmutter zu werden gibt Ihrer Mutter die Gelegenheit, in der Erinnerung noch einmal eine glückliche Zeit zu durchleben. Sie freut sich an dem Enkelkind um so mehr, als sie nicht mehr rund um die Uhr dafür zuständig ist. Das ist eine gute Basis für eine positive Beziehung zu Ihrer Mutter.
Der Übergang verläuft jedoch nicht immer reibungslos. Aus der Tochter wird manchmal so schnell selbst eine Mutter, daß die ältere Frau, vor allem beim ersten Enkelkind, fürchtet, ihre Tochter könne unmöglich wissen, wie man mit einem Säugling umgeht. Ihre Besorgnis äußert sich in häufigen Kontrollen – Telefonanrufen oder Besuchen – und ungebetenen Ratschlägen. Oder sie bemüht sich, sich nicht einzumischen, aber ihre Gleichgültigkeit ist nicht echt.
Erstgebärende sind oft entschlossen, vieles anders zu machen als ihre Mütter. Sie fühlen sich in einer Konkurrenzsituation und wollen zeigen, daß sie damit nicht nur genausogut, sondern besser fertig werden. Sie lesen Zeitschriften und Bücher und bekommen von Ärzten und anderen Mitmenschen Ratschläge, die mit dem Rat ihrer Mutter keineswegs übereinstimmen. Aber die jungen Mütter folgen nicht nur Fachleuten oder

hören auf Ratschläge aus den Medien. Oft erinnern sie sich an ihre eigene Kindheit oder beobachten, wie andere Frauen mit ihren Kindern umgehen, um dann einen eigenen Weg zu finden.

Auch wenn Sie ganz andere Vorstellungen haben als Ihre Mutter, muß es nicht unbedingt zum Streit kommen. Geben Sie Ihrer Mutter einige Artikel und Bücher zu lesen, die Sie hilfreich finden, und sprechen Sie mit ihr darüber. Wenn sie ein gutes Verhältnis zu Ihrer Mutter haben und diese flexibel und aufgeschlossen ist, können Sie sich gemeinsam darüber amüsieren, was sich in der Säuglingspflege und Kindererziehung verändert hat.

»Ich mußte dich nach der Uhr füttern. Die Regeln waren streng, und die Mütter durften nicht schummeln. Aber ich hielt es nicht aus, dich schreien zu lassen, und habe dir heimlich zwischendrin etwas gegeben.«

Frauen, die heute fünfzig oder sechzig sind, wurden oft zu einem autoritären Umgang mit ihren Kindern angeleitet. Man brachte ihnen bei, daß sie den Säugling nicht aufnehmen sollten, wenn er schrie, um ihn nicht zu »verwöhnen«, und daß ein Kind nie lernte, sich selbst zu beherrschen, wenn man es bei jeder Unmutsäußerung mit mütterlicher Aufmerksamkeit belohnte. Auch im Hinblick auf das Stillen wurden die Mütter dieser Generation oft falsch beraten. So sollten sie ihr Kind zum Beispiel nur alle vier Stunden anlegen. Dabei nahm das Kind nicht zu, die Milchproduktion bei den Müttern ging zurück, und schließlich konnten sie gar nicht mehr stillen. Deshalb hatten sie oft Schuldgefühle und schämten sich.

Wenn ihre Töchter und Schwiegertöchter dann ein Kind bekommen, stellen sie fest, daß sich alles geändert hat. Statt sich das Schreien des Kindes anzuhören und sich zusammenzureißen und das Kind nicht hochzuneh-

men, dürfen die jungen Frauen ihre Kinder heute nahe bei sich haben und mit ihnen schmusen, ohne befürchten zu müssen, daß sie den Charakter des Kindes verderben. Und wenn das Baby den Rhythmus der Stillmahlzeiten bestimmen darf, hat die Mutter viel eher ausreichend Milch und kann das Stillen genießen.

Die ältere Frau ist vielleicht neidisch auf die junge Mutter: Diese darf ihrem Gefühl folgen und braucht sich nicht an strenge Regeln zu halten, und sie hat wegen des Staubes unter den Betten und dem ungespülten Geschirr in der Küche kein schlechtes Gewissen, weil sie davon überzeugt ist, daß die Zeit, die sie mit ihrem Kind verbringt, viel wichtiger ist. Wenn es Ihrer Mutter oder Schwiegermutter so geht, fragen Sie sie doch einmal nach ihren Erfahrungen als Mutter, und versuchen Sie zu verstehen, in welcher Situation Ihre Mutter damals war. So helfen Sie, die Seelenqualen zu heilen, die sie all die Jahre gequält haben.

Wenn Ihre Mutter nur selten zu Besuch kommt, wollen Sie vermutlich, daß bei Ihnen zu Hause alles in Ordnung ist: Das Baby schläft zufrieden in einer einladenden Atmosphäre. Aber genau dann geht alles schief. Das Kind spürt Ihre Anspannung. Statt zu schlafen, ist es unruhig und schreit, und Sie können deshalb nicht kochen und die Wohnung aufräumen. Planen Sie im voraus, und bereiten Sie alles schon einen Tag früher vor, dann sind Sie entspannt und haben Zeit für Ihr Baby. Offen gesagt funktioniert auch das nicht immer. Denken Sie daran, daß Sie ein anderes Leben haben als Ihre Mutter. Sie sind womöglich Zwängen ausgesetzt, mit denen Ihre Mutter nicht fertig werden mußte. Auch wenn Sie auf die Besuche Ihrer Mutter vor der Geburt des Kindes bestens vorbereitet waren: Jetzt ist alles anders und nicht mehr so wie früher.

Manchmal fürchtet die Mutter oder Schwiegermutter, ihr Sohn oder Schwiegersohn engagiere sich zu sehr zu Hause. Sie sorgt sich, daß seine Gesundheit oder sein berufliches Fortkommen darunter leiden könnten. Vielleicht hat sie ein etwas verklärtes Bild von ihm als gutem Ehemann und Vater. Sie sieht, wieviel Arbeit er einbringt, und denkt dann daran, wie sehr sie sich abgestrampelt hat, um ihrem Mann zu Hause Behaglichkeit und Ruhe zu bieten.

Auch darüber muß man reden. Sprechen Sie solche Probleme an, *bevor* die ersten Vorwürfe erhoben sind und solange Sie Ihre Vorstellungen noch ruhig vorbringen können. Wenn Sie sich mit Ihrem Partner besprochen haben und übereingekommen sind, daß Sie sich möglichst in allen Bereichen gemeinsam um das Kind kümmern wollen, können Sie sich gemeinsam überlegen, wie Sie diese Absicht seiner Mutter nahebringen und ihr zeigen können, daß Sie gerne Eltern sind.

»Ich kann es nicht ertragen! Immer sagt sie ›mein Kind‹. Dabei ist es doch ›unser Kind‹.«

Wenn die Großmutter unglücklich ist – vielleicht ist sie einsam, hat Probleme mit ihrem Partner oder ist mit ihrem Leben unzufrieden –, sucht sie vielleicht in dem neuen Baby Erfüllung. Sie kommt zu oft zu Besuch und überschüttet das Kind mit Spielzeug, das es nicht braucht, und mit Süßigkeiten, die ihm schaden.

Stellen Sie in einem solchen Fall einfach einen Besuchsplan auf. Die Großmutter darf etwa nur sonntags kommen oder zu einer Mahlzeit pro Woche. Regeln Sie genau, was für Geschenke das Kind erhalten soll und was es essen darf. Wenn Sie Schokolade und Süßigkeiten ablehnen, schlagen Sie der Großmutter vor, Äpfel und Bananen mitzubringen. Wenn die Wohnung mit Plüschtieren voll ist, reden Sie mit ihr über das nächste Entwicklungsstadium des Kindes, und überlegen Sie gemeinsam, welche Spielsachen dann geeignet sind.

Wenn Sie mit Ihrem Kind Probleme haben und durch Ausprobieren und Fehler lernen, eine bessere Mutter zu sein, verstehen Sie vielleicht, welche Schwierigkeiten Ihre Mutter überwinden mußte und wie schwer sie es hatte. Manchmal sind wir noch als Erwachsene tief im Innersten auf unsere Mütter zornig. Mit dem ersten Kind ist der Zeitpunkt gekommen, wo man sich gegenseitig besser verstehen und sich wieder näherkommen kann. Eine Frau muß ihrer Mutter verzeihen können, daß sie nicht perfekt war.[5]

Oft ist eine Großmutter so sehr mit ihrem eigenen Leben beschäftigt oder wohnt so weit weg, daß sie nicht da ist, wenn Sie Ihr Baby bekommen. Vielleicht ist Ihre Mutter auch schon tot. Sie sehnen sich schrecklich nach ihr und wünschen sich, daß sie da wäre, denn dann könnten Sie ihr das Kind zeigen und bei ihr Rückhalt und Unterstützung finden. Vielleicht sehen Sie in dem Baby auch ein genaues Abbild Ihrer Mutter; in diesem Fall verweigern Sie ihm jedoch eine eigene Identität und behandeln es nicht als eigenständige Persönlichkeit. Man kann sich jedenfalls sehr allein fühlen, wenn keine Mutter da ist oder die Beziehung zu ihr abstirbt, obwohl Sie jetzt selbst Kinder haben und ihr dadurch näherkommen könnten. Gelegentlich füllt die Mutter des Partners die Lücke wunderbar aus. Vielleicht ist sie aber auch der letzte Mensch, der den Platz Ihrer Mutter einnehmen kann, und Sie ärgern sich, daß sie noch lebt, während Ihre Mutter schon tot ist. Es ist schwer, sich diese Wut einzugestehen, aber Sie müssen es tun. Nur dann können Sie sich öffnen, die Verletzlichkeit der älteren Frau verstehen und mit ihr Freundschaft schließen.

»Das Traurigste war, daß sie ihr Enkelkind nicht mehr kennengelernt hat. Ich trauerte darüber genauso wie über ihren Tod.«

Es können auch Konflikte zwischen Ihrer Familie und der Familie Ihres Partners entstehen. In einigen Kulturen gibt es bestimmte Rituale, wie man mit den Spannungen zwischen Familien, zwischen einer Mutter und ihren Eltern oder zwischen Eltern und Schwiegereltern umgeht. In Frankreich versammelt sich die Drei-Generationen-Familie sonntags zum Mittagessen im Restaurant. In Japan kehrt eine Frau traditionsgemäß in das Haus ihrer Mutter zurück, um ihr Kind zur Welt zu bringen. Dort treffen sich dann die beiden Großelternpaare, wenn das Kind ungefähr sieben Tage alt ist. Ungefähr einen Monat nach der Geburt wird das Kind erstmals zum Schrein gebracht. Auch dieser Zeremonie sollten beide Großmütter beiwohnen. Dann gibt es ein gemeinsames Essen mit *sake* (Reiswein). Die Familie des Vaters bedankt sich offiziell bei der Familie der Mutter dafür, daß sie sich bis jetzt um das Neugeborene gekümmert hat. Die Familie der Mutter bedankt sich bei der Familie des Vaters, daß sie ihr das Kind überlassen hat. Nach hundert Tagen findet am Schrein eine weitere Zeremonie statt, an der ebenfalls beide Großelternpaare teilnehmen. Jeder kennt diese Rituale, und man richtet sich nach ihnen, statt sich Gedanken darüber zu machen, ob die eine Großmutter sich zurückgesetzt fühlt, wenn man die andere einlädt, oder wie oft man die Großeltern überhaupt zum Essen einladen muß.[6]

In schwierigen Lebenssituationen helfen ritualisierte Verhaltensregeln einzelnen und Gruppen. Wenn die familiären Beziehungen zumindest potentiell schwierig sind, schaffen Sie sich doch einfach Ihre eigenen Rituale, Zusammenkünfte und Feiern, um die Beziehungen zu verbessern.

Freunde

»Sie will immer nur über den neuen Mann in ihrem Leben reden und nie über das Baby. Wir liegen nicht mehr auf der gleichen Wellenlänge.«

»Sie denkt nur an das Baby. Das ist ihr einziges Thema. Es ist schrecklich langweilig.«

»Meine Schwester hat ihr Kind verloren. Wir standen uns sehr nahe, aber jetzt kann sie es nicht ertragen, mich mit meinem Baby zu sehen.«

Freundschaften verändern sich, wenn Sie ein Kind haben. Einige Freunde verschwinden, aber dafür finden Sie neue.

Freundinnen ohne Kind leben wahrscheinlich ganz anders als Sie, und deshalb haben Sie nicht mehr viel gemein. Es fällt Ihnen schwer, Ihr Leben so zu organisieren, daß Sie wie früher an Freizeitaktivitäten teilnehmen können. Sie haben kaum freie Zeit, es gibt Probleme mit dem Transport, und bei vielen Dingen, die Sie früher gemeinsam gemacht haben – essen gehen, Tennis spielen, schwimmen –, stören Kinder oder sind sogar ganz offiziell unerwünscht. Man kann ein Baby nicht ins Theater, ins Kino, auf den Fußballplatz oder ins Konzert mitnehmen. Vielleicht sind Sie auf solche Unternehmungen aber ohnehin gar nicht erpicht, weil sich Ihre Interessen verlagert haben.

Wenn Sie an die Wohnung gebunden sind, beneiden Sie vielleicht Freunde und Freundinnen, die noch nicht Eltern sind, um ihre Freiheit und Flexibilität. Wer selbst kein Kind hat, versteht kaum, welchen Einschränkungen Eltern unterworfen sind und welche fast übermenschliche organisatorische Meisterleistung erforderlich ist, um überhaupt aus dem Haus zu kommen und rechtzeitig am verabredeten Ort zu sein. Ihre Freunde sind vielleicht nicht bereit, Zugeständnisse zu machen, und helfen und unterstützen Sie nicht so, daß Sie mitmachen können. Sie fühlen sich ausgeschlossen, und Ihr Ärger vergrößert die Kluft zwischen Ihnen noch.

Ihre Freundinnen beneiden Sie aber auch. Viele wünschen sich vielleicht ein Kind, haben aber noch keinen Lebenspartner gefunden; vielleicht versuchen sie auch schon lange vergeblich, schwanger zu werden, oder sie leben mit einem Partner zusammen, der noch keine Familie gründen will, oder sie haben eine Fehlgeburt gehabt. Für diese Freundinnen ist es womöglich schmerzhaft, mit Leuten wie Ihnen zusammenzusein, die ein Kind haben. Deshalb leben Sie sich auseinander.

In Frauengruppen gibt es oft nur wenige Mütter, und Frauen, die aktiv feministische Politik betreiben und sich an direkten Aktionen beteiligen, erwarten gar nicht, daß Mütter mit Babies in ihrem Kreis auftauchen. Sie heißen Sie zwar willkommen, wenn Sie es zu einem Treffen schaffen und das Baby ruhig ist, verstehen aber nur mit Mühe, daß sich Ihr Leben verändert hat und das Kind nun an erster Stelle steht. Bei einem Jungen reagieren sie sehr empfindlich und kritisch auf jedes aggressive oder gewalttätige Verhalten, und Sie haben das Gefühl, daß sie Ihnen die Schuld daran geben. Angesichts solcher moralischer Mißbilligung und Verurteilung haben freundschaftliche Beziehungen nur schwer Bestand.

Auch die Beziehungen zu männlichen Freunden verändern sich. Einige Männer fühlen sich in Anwesenheit eines Babys unbehaglich, vor allem wenn Sie gerade stillen oder die Möglichkeit besteht, Sie könnten es gleich tun. Oder sie ziehen gar nicht in Betracht, daß Sie Freunde bleiben

»Ich habe multiple Sklerose. Da ich mich mit Krücken oder im Rollstuhl fortbewege, bin ich sehr isoliert. Die Treffpunkte der anderen Mütter sind für mich unerreichbar.«

könnten, nachdem Sie Mutter geworden sind. Vielleicht etikettieren Sie sie auch als »Mama«, und das geht Ihnen zu weit.
Eine körperlich behinderte Frau ist in ganz extremer Weise ans Haus gebunden. Sie braucht jemanden, der sie zu Besorgungen fährt und ihr bei der Pflege des Kindes hilft, und sie benötigt Sozialleistungen, über die möglichst sie selbst und nicht ihre Pfleger bestimmen, und zusätzliche Geldmittel, um mit dem Leben als behinderte Mutter fertigzuwerden. Sie will mehr noch als andere Mütter zeigen, daß sie, wenn auch langsam und unter großen Schwierigkeiten, für ihr Kind sorgen kann. Durch das Kind findet sie neue Freunde. Wenn sie mit dem Kind unterwegs ist, nehmen andere Menschen über das Kind Kontakt zu ihr auf, auch wenn sie vielleicht meinen, es sei gar nicht ihr Kind, weil sie im Rollstuhl sitzt.

Babys bringen Menschen zusammen. Fremde Frauen, die niemals mit Ihnen Kontakt aufgenommen hätten, sprechen Sie plötzlich an – an der Supermarktkasse, im Bus, im Park oder in der Klinik. Oder Sie fangen einfach an, mit einer Frau zu plaudern, die ein gleichaltriges Kind hat.
Einige neue Freunde sind vielleicht ältere Frauen, die sich daran erinnern, wie es war, ein so kleines Baby zu haben, und die vielleicht ihre Enkelkinder vermissen. Andere sind Frauen wie Sie, die sich einsam fühlen und gerne mit anderen Müttern Freundschaft schließen.

Das entthronte Kind

Mit der Geburt eines zweiten Kindes wird das erste Kind von seinem Platz verdrängt. Eifersucht ist die natürliche Folge, egal, was Sie tun, um sie zu verhindern. Psychologen haben Geschwisterpaare über Zeiträume von zwei Stunden beobachtet und dabei durchschnittlich pro Stunde vier Konfliktsituationen festgestellt. Mütter fragten oft: »Zanken sich andere Kinder auch so oft wie meine?« Wenn Sie mehr als zwei Kinder haben, müssen Sie die Zahl der Konflikte verdrei- oder vervierfachen.
Ein zwei- oder dreijähriges Kind versteht noch gar nicht richtig, was ein Baby ist. Es denkt, ein Baby sei ein neuer Spielkamerad. Vielleicht haben andere auch gesagt: »Du kannst dann mit deiner kleinen Schwester oder deinem kleinen Bruder spielen.« Und wenn das ältere Kind dann mit seinem Spielzeuglaster über das Baby fährt oder in seiner Nähe Ball spielt, heißt es gleich: »Tu dem Baby nicht weh!« oder »Bleib von dem Baby weg!«
Ihr erstgeborenes Kind glaubt vielleicht, Sie hätten das Baby bekommen, weil es unartig war und Sie es loswerden wollten. Wenn Sie sich vorstellen, welche Gedanken einem kleinen Kind durch den Kopf gehen können, dann verstehen Sie seine Zerstörungswut oder sein rückfälliges Verhalten und können einfühlsamer damit umgehen. Wenn schon zwei oder mehr Kinder in der Familie sind, wissen die älteren, daß sie wegen des neuen

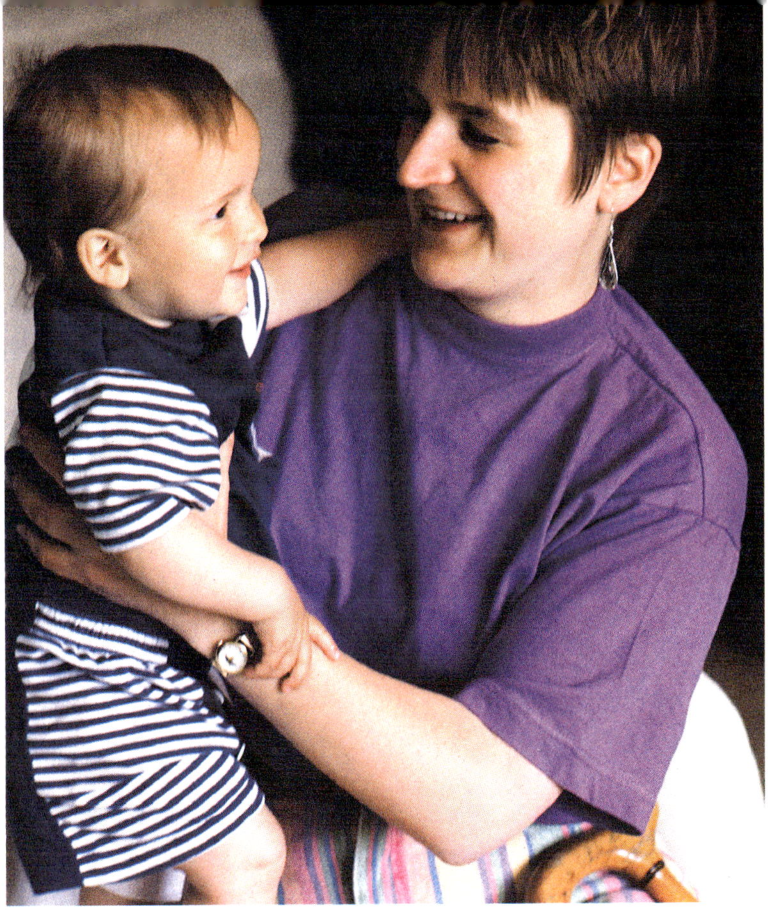

Babys nichts zu befürchten haben. Ein Kind jedoch, das bis dahin Einzelkind war, fürchtet vielleicht, gestraft oder zurückgesetzt zu werden. Für Erwachsene ist das schwer zu verstehen, denn sie erinnern sich nicht mehr daran, wie es für sie damals war.

»Ich weiß noch, wie es war. Ich fühlte mich betrogen.«

Kinder alleinerziehender Eltern hatten ihre Mutter – manchmal auch ihren Vater – ganz für sich allein. Wenn die Mutter oder der Vater dann eine neue Beziehung eingeht und mit dem neuen Partner ein zweites Kind bekommt, kann das auf das erste Kind sehr bedrohlich wirken. Zuerst mußte es den neuen Erwachsenen akzeptieren, der die Zeit und Aufmerksamkeit des geliebten Elternteils in Anspruch nimmt, und dann kommt auch noch ein neues Kind, das die Bindung der Erwachsenen stärkt und zum Mittelpunkt der Familie wird.

Eine Zwanzigjährige beschrieb ihre Gefühle, als ihre Mutter nach neunzehn Jahren noch ein Kind bekam. Als sie von der Schwangerschaft der Mutter erfuhr, fragte sie entsetzt: »Hast du mich dann immer noch am meisten lieb?« Im Rückblick schreibt sie: »Wie konnte ich diese Eifersucht, diesen Groll gegen den ungeborenen Usurpator erklären, die schreckliche Angst, daß ich, das Kind aus erster Ehe, durch die neu entstehende Familie außen vor bleiben würde?« Ihre Mutter versuchte, ihr

Interesse an dem Baby zu wecken. »Ich merkte, daß mein Problem nicht darin bestehen würde, daß ich ausgeschlossen wurde. Es war noch schlimmer: Sie wollten offenbar, daß ich mich *engagierte*.«[8] Das Kind, ein Junge, kam zu früh zur Welt und war krank. Sie besuchte es auf der Intensivstation. Es war »unglaublich klein und zerbrechlich. Die Gefühle, die mich durchströmten, waren erschreckend liebevoll. Da lag schließlich mein Bruder.«

Inzwischen ist er drei, und sie ist froh, daß sie nicht zu Hause wohnt und ihre Sachen mit ihm teilen muß. Dennoch ärgert sie sich, daß er mehr von ihrem Freund spricht als von ihr. Sie will ihn deshalb mit einem Bilderbuch bestechen.

Auch jüngere Geschwister durchleben die von ihr beschriebenen Gefühle: zunächst die Angst, zurückgewiesen zu werden, und der Schock, wenn dem Kind klar wird, daß es nicht mehr der Mittelpunkt der mütterlichen Welt ist; dann die Erkenntnis, daß es immer noch geliebt wird, die Bindung an das Baby und der Wunsch, die Liebe des Babys zu gewinnen.

Die Wut auf das Baby zeigt sich nicht unbedingt gleich nach der Geburt. Aber spätestens wenn ein zehn Monate altes Baby den mühsam gebauten Klötzchenturm oder das Legoflugzeug des Dreijährigen zerstört, verschafft sie sich unweigerlich Luft.

Eine Hausgeburt hat nicht zuletzt den großen Vorteil, daß das Kleinkind nicht von der Mutter getrennt werden muß. Die Geburt wird in das normale Familienleben integriert und ist nicht eine Krankheit, die in der Klinik behandelt werden muß. Das ältere Kind lernt das Baby kennen, wenn es direkt nach einer Geburt ohne Medikamente noch wach und aufmerksam ist.

Frauen, die zu Hause entbunden haben, haben die erste Begegnung ihrer älteren Kinder mit dem Baby oft in guter Erinnerung. Eine Mutter, deren vierjährige Tochter bei der Geburt dabei war, beschrieb, wie das Mädchen das Baby schon küßte, als erst der Kopf geboren war.

»Ich sage ›nein‹ und halte ihn zurück, tue das aber liebevoll. Nur so geht es. Gewalt kommt nicht in Frage.«

Sie machen es dem entthronten Kind leichter, wenn Sie Situationen, in denen das neue Baby im Mittelpunkt stehen wird, vorhersehen. Verringern Sie die Eifersucht des größeren Kindes, indem Sie ihm besondere Aufmerksamkeit schenken und ihm irgend etwas geben, auf das es sich in dieser Zeit besonders freuen kann. Sie müssen es von Ihrer Liebe überzeugen. Seien Sie fest, wenn das Baby vor Gefahr beschützt werden muß. Erklären Sie dem älteren Kind, daß Sie es auch nie zugelassen hätten, daß ihm jemand weh tut, als es ein Baby war. Das ältere Kind fühlt sich sehr schuldig, wenn es dem Baby absichtlich oder »aus Versehen« weh tut. Es muß vor seinem eigenen aggressiven Verhalten beschützt werden, so wie das Baby vor den Folgen dieses Verhaltens beschützt werden muß.

Einige Psychologen raten davon ab, in Konflikte zwischen Geschwistern einzugreifen, weil man damit nur Öl in die Flammen gieße. Andererseits sind Konflikte gute Gelegenheiten, Kindern eine Vorstellung davon zu geben, was Menschenrechte und Verantwortung bedeuten, und ihnen zu erklären, daß man Rücksicht auf andere nehmen und sich um die kümmern muß, die schwächer sind. Eine Mutter, die mit ihrem Kind darüber spricht, bringt ihm in einer für das Kind realen Situation bei, wie man in der Gesellschaft miteinander umgeht. Dabei geht es nicht einfach darum, die Eifersucht des älteren Kindes im Zaum zu halten. Wenn die Mutter mit

dem Kind über sein Verhalten spricht, erkennt sie es als gesellschaftliches und moralisches Wesen an. Das fördert seine weitere soziale Entwicklung. P. Munn bemerkte zur Interaktion von Müttern und Geschwistern: »Das Eingreifen der Mutter in Geschwisterkonflikte diente entgegen der Annahme vieler Psychologen nicht dazu, die Kinder zu trennen und den Streit für sie zu schlichten, sondern trug dazu bei, die Stellung des Kindes zu den anderen zu ermitteln und zu definieren.«[9]

»Neben dem zarten Baby erschien er mir riesig, fast grob.«

Sie können zwei Geschwister nicht gleich behandeln. Babys haben andere Bedürfnisse als Kleinkinder oder noch ältere Kinder. Aber Sie können auf die Bedürfnisse und Wünsche eines jeden Kindes einfühlsam reagieren. Im Vergleich zu einem Neugeborenen erscheint Ihnen ein Zweijähriges schon recht erwachsen, und vielleicht neigen Sie dazu, zu viel von einem Kind zu verlangen, das eigentlich selbst noch ein Baby ist.

Lassen Sie das ältere Kind beim Füttern des Babys dabeisitzen, und schenken Sie auch ihm Ihre volle Aufmerksamkeit. Mütter können sich auf zwei Dinge zur gleichen Zeit konzentrieren. (Ein kleines Kind zeichnete seine Mutter einmal als Oktopus mit vier Paar Händen, die alle beschäftigt waren.) Legen Sie ein paar Spielsachen und Bücher bereit, die nur benutzt werden, wenn das Baby gefüttert wird. Dann wird jede Mahlzeit ein Vergnügen, auf das sich das ältere Kind freut, denn es darf sich ein Spielzeug oder ein Bilderbuch aussuchen, mit dem Sie sich dann gemeinsam beschäftigen.

Sie haben für das ältere Kind nicht mehr so viel Zeit wie vorher, doch es braucht jetzt mehr und nicht weniger Aufmerksamkeit, um mit seinem

Haß und seiner Eifersucht fertigzuwerden. Es ist eine große Hilfe, wenn andere liebevolle Erwachsene in der Nähe sind, die das Kind gut kennt. Hier ist der Einsatz Ihres Partners und auch Ihrer Eltern, sofern sie in der Nähe wohnen, unschätzbar. Richten Sie feste Zeiten zum Spielen und Vorlesen ein. Backen Sie mit Ihrem Kind. Es soll ruhig auf den Teig einschlagen und so seinen Zorn an einem unbelebten Objekt ablassen. Spielen Sie gemeinsam mit Puppen Szenen aus dem Leben einer Familie, in der es eine Mutter und ein Baby gibt, damit das Kind seine wahren Gefühle ausdrücken kann. Machen Sie Spaziergänge und tauchen Sie mit dem Kind in eine aufregende Welt ein, die erforscht sein will. Ausflüge zu einem Teich, in den Park oder zu einem Wildgehege bieten sich an. Das ältere Kind entwickelt erstaunlich schnell neue Fähigkeiten, als ob die Geburt des Babys es befreit und angeregt hätte.

Rückfälliges Verhalten

Vielleicht weicht das ältere Kind aber auch nicht mehr von Ihrer Seite. Viele Kinder fallen in ein babyhaftes Verhalten zurück und verarbeiten so die Ankunft des neuen Babys. Schlafstörungen, Babysprache, Daumenlutschen und unkontrollierte Wutausbrüche sind bekannte Verhaltensweisen. Ein Zweijähriges, das schon auf den Topf gegangen ist, muß vielleicht wieder eine Zeitlang gewickelt werden. Es ist besser, das gutwillig zu akzeptieren, als dauernd Kämpfe wegen nasser Betten und voller Hosen auszustehen. Einige Kinder wollen wieder aus der Flasche trinken, obwohl sie sehr gut mit einer Tasse umgehen können, oder wollen an die Brust, obwohl sie schon monatelang abgestillt sind.
Je jünger das Erstgeborene ist, desto eher wird es sich aufregen, wenn Sie den Raum verlassen. Vielleicht will es auch in den Arm genommen werden, wenn Sie das Baby auf der anderen Seite stillen. Das Kind ist nicht absichtlich unartig. Sein Verhalten ist Ausdruck des schmerzlichen Verlustes, den es empfindet.
Stellen Sie sich vor, Ihr Partner würde eine Frau nach Hause bringen, die von nun an in Ihrer Familie leben soll. Freunde und Bekannte würden kommen, sie bewundern und dauernd betonen, wie schön sie sei, und Ihr Mann würde fast die ganze Zeit nur mit ihr schmusen. Die Frau müßte nicht einmal selbst essen; er wäre immer zur Stelle und würde sie füttern. Sie würde viel schlafen, und Sie müßten ruhig sein und dürften sie nicht stören. Im Wachzustand würde sie entweder schreien oder essen, oder Ihr Mann würde sie in den Arm nehmen. Er würde Ihnen sagen, Sie müßten lieb zu ihr sein, weil die Frau ihm viel bedeute. Sie dürften ihr nicht die Augen auskratzen, aber Sie dürften helfen, für sie zu sorgen. Er würde nicht mehr viel Zeit für Sie haben, weil er so beschäftigt wäre. Die Frau würde auch nachts aufwachen und seine Aufmerksamkeit fordern, so daß er müde und gereizt wäre. Sie würde dauernd Dinge tun, die Sie nicht

dürften, und wäre manchmal schrecklich laut und schmutzig und würde stinken. Aber *alle* würden sie liebhaben.

Kein Wunder, daß das ältere Kind verwirrt ist und sich ausgestoßen fühlt. Es hilft zwar oft, zu betonen, wie groß und verantwortungsbewußt das größere Kind schon sei – »Du kannst schon in einem eigenen Bett schlafen« –, aber daraus wird schnell ein Vorwurf gegen das Kind: »Du bist zu groß, um an Mamas Brust zu trinken, um die Flasche zu bekommen, um Windeln zu tragen.«

Am besten reagiert man auf dieses rückfällige Verhalten ganz ruhig und nimmt es als unvermeidliches Übel einfach hin. Warum sollte das ältere Kind nicht gestillt werden oder aus der Flasche trinken? Es macht auch nichts, wenn es noch eine Weile Windeln trägt. Das ältere Kind muß sich

»Er klammert sich an meine Beine, so daß ich nicht gehen kann. Auch in der Küche weicht er mir nicht von der Seite. Nicht einmal auf die Toilette kann ich ohne ihn gehen.«

Ihrer Liebe sicher sein und muß wissen, daß Sie seine Wut und seine Einsamkeit verstehen.

Reden Sie mit ihm darüber, wie Sie sich als Kind gefühlt haben, als Ihr Bruder oder Ihre Schwester geboren wurde, und erfinden Sie Geschichten, die sich um ein Kind drehen, dessen Familie Zuwachs bekommen hat. Es gibt auch viele Bilderbücher für Zwei- bis Dreijährige, die dieses Thema behandeln.

Erzählen Sie Ihrem älteren Kind, wie es selbst als Baby war, wie Sie für es sorgten, wie Sie sich als Eltern fühlten, was Sie taten, wenn es weinte, und wie es sich entwickelte – wie es zum ersten Mal lächelte, wie es Laufen lernte, wie es im Schwimmbad herumplanschte und wie es zum ersten Mal beim Essen mit den Erwachsenen am Tisch saß. Basteln Sie mit ihm zusammen ein Bilderbuch mit Bildern aus seiner Babyzeit und erklären Sie ihm, wie es größer und klüger geworden ist. So zeichnen Sie die Entwicklungsgeschichte des Kindes auf und zeigen ihm, daß Sie sich über seine Fortschritte freuen.

Sagen Sie dem Kind nicht, daß es sich benehmen soll wie ein großes Kind, sondern unternehmen Sie etwas Altersgemäßes mit ihm, am besten etwas, das das Baby ganz offensichtlich noch nicht kann. Das Kind soll selbst merken, welche Vorteile das Größerwerden hat, und das kann es, wenn es stolz ist auf seine Leistung, seine manuelle Geschicklichkeit oder seine körperliche Kraft, wenn es Dinge macht und Spiele spielt, zu denen das Baby noch nicht in der Lage ist. Das Baby kann nicht einen Ball fangen oder in ein Baumhaus klettern oder zu einer Pantomimevorstellung gehen. Es ist zu klein, um sich ein Feuerwerk anzusehen oder um einen Schneemann zu bauen.

Sie helfen Ihrem Kind, *durch* die Eifersucht zu wachsen, wenn Sie sie als etwas Normales akzeptieren, sich über seine Erlebnisse und Leistungen freuen und sein Selbstvertrauen stärken.

Ältere Geschwister sind großartige Lehrmeister. Das ältere Kind kann dem Baby viele Dinge beibringen, die es selbst schon kann. Es kann reden oder singen, eine Spieluhr aufziehen, das Guck-guck-Spiel oder andere Spiele spielen und so auf sein eigenes Repertoire an Fähigkeiten zurückgreifen, um das Baby aufzumuntern. Wenn Sie es dann loben und sich sichtlich darüber freuen, daß das Baby reagiert – »Schau, es dreht den Kopf, wenn es deine Stimme hört … es lächelt dich an … was du da machst, gefällt ihm« –, stärken Sie die Beziehung des älteren Kindes zum Baby.

Die alleinerziehende Mutter

Die Zahl der alleinerziehenden Eltern hat sich in England in den vergangenen zwanzig Jahren verdoppelt. In fast zwanzig Prozent aller Familien gibt es nur ein Elternteil – meist die Mutter.[10]

Trotzdem werden alleinlebende Frauen mit Kindern oft pauschal unter die Kategorie »alleinerziehende Mutter« subsumiert und gelten als sozialer Problemfall, als eine Art sozial benachteiligter Teenager, die keine Ahnung von Empfängnisverhütung haben.

Viele Mütter im Teenageralter gehen – unabhängig davon, unter welchen Umständen sie schwanger geworden sind – aus der Erfahrung von Schwangerschaft und Geburt gestärkt hervor; sie haben sich zwischen Alternativen entschieden, und man hat ihnen geholfen, Selbstvertrauen zu entwickeln. Sie sind nicht einfach »Opfer« oder »Überlebende«. Die Mutterschaft ist eine großartige Erfahrung, durch die eine junge Frau an Reife gewinnen und sehr viel lernen kann, vielleicht mehr, als sie jemals in der Schule gelernt hat.

Unter den Begriff »alleinerziehende Mutter« fallen Frauen, deren Beziehung in der Schwangerschaft oder nach der Geburt in die Brüche gegangen ist, weil der Mann sie verlassen hat, Frauen, deren Partner gestorben sind, Frauen jeden Alters, die ungewollt schwanger geworden sind und sich aus unterschiedlichen Gründen gegen einen Abbruch entschieden haben, Frauen, die nach reiflicher Überlegung beschlossen haben, ihr Kind alleine aufzuziehen, lesbische Frauen, die sich zu Selbstbefruchtung entschlossen oder Kinder aus einer früheren Beziehung haben, unverheiratete Frauen, die vergewaltigt worden sind und das Kind ausgetragen haben, und Frauen bestimmter Kulturen – etwa vieler afrikanisch-karibischer Gesellschaften –, in denen akzeptiert wird, daß eine Frau ein Kind bekommt und mit Hilfe der Mutter aufzieht. Diese Frauen haben außer ihrer Schwangerschaft nicht viel miteinander gemein.

Das Hauptproblem der meisten Alleinerziehenden ist nicht der fehlende Partner, sondern das Geld. Alleinerziehende gehören meist zur untersten Einkommensklasse. In Großbritannien sind acht von zehn Alleinerziehenden von staatlichen Finanzhilfen abhängig, in den armen Ländern gehören Alleinerziehende zu den Ärmsten.

»Für mich als Alleinerziehende sind am schlimmsten die Isolation, die permanenten Geldsorgen und das Bewußtsein, daß die Mutterrolle keine gesellschaftliche Bedeutung hat.«

Eine alleinstehende Frau, die niemanden hat, der sie liebt und unterstützt – niemanden, der sich um sie sorgt –, hat als Mutter ganz besondere Bedürfnisse. Die erstaunlichen Veränderungen in ihrem Leben alleine zu erfahren und die Verantwortung der Elternschaft ganz allein zu tragen ist eine überwältigende Aufgabe. Und doch stellen sich viele Frauen dieser Aufgabe, und oft fällt sie ihnen leichter als Frauen, die mit Männern zusammenleben, die gewalttätig sind, trinken, mit dem Baby um die Mutterliebe konkurrieren oder einfach nicht verstehen, was in der Frau vorgeht. Eine Alleinerziehende braucht wie jede andere Frau, die keine emotionale Unterstützung und praktische Hilfe von ihrem Partner erfährt, eine ganze Schar von Hilfskräften. Wer keine engen Freunde hat, mit denen er offen reden kann, hat es viel schwerer. Die Untersuchung von Brown und Harris zu den gesellschaftlichen Ursachen von Depressionen ergab, daß Menschen ohne eine enge, vertrauensvolle Beziehung eher unglücklich sind. Die entspannte, spontane Kommunikation mit einem Menschen, der Zeit zum Zuhören hat, Sie versteht und schätzt, hilft Ihnen, den Streß des Mutterseins zu relativieren.[11]

Wenn eine Frau keine solche Beziehung hat, muß sie unbedingt – und seien es nur ein paar Stunden pro Woche – aus dem Haus und etwas unternehmen, das mit ihren Mutterpflichten nichts zu tun hat. Frauen mit kleinen Kindern werden oft auch deshalb depressiv, weil sie keiner bezahlten Tätigkeit nachgehen. Für eine Frau ohne enge Beziehung reduziert sich die Gefahr, depressiv zu werden, um die Hälfte, wenn sie eine Arbeitsstelle hat.[12] Das wiederum hängt davon ab, ob ihr Kind gut und zuverlässig betreut wird. Ein gut ausgebautes Netz von Hilfskräften ist von entscheidender Bedeutung, wenn Sie sich an Ihrem Kind freuen und sich selbst wohl fühlen wollen.

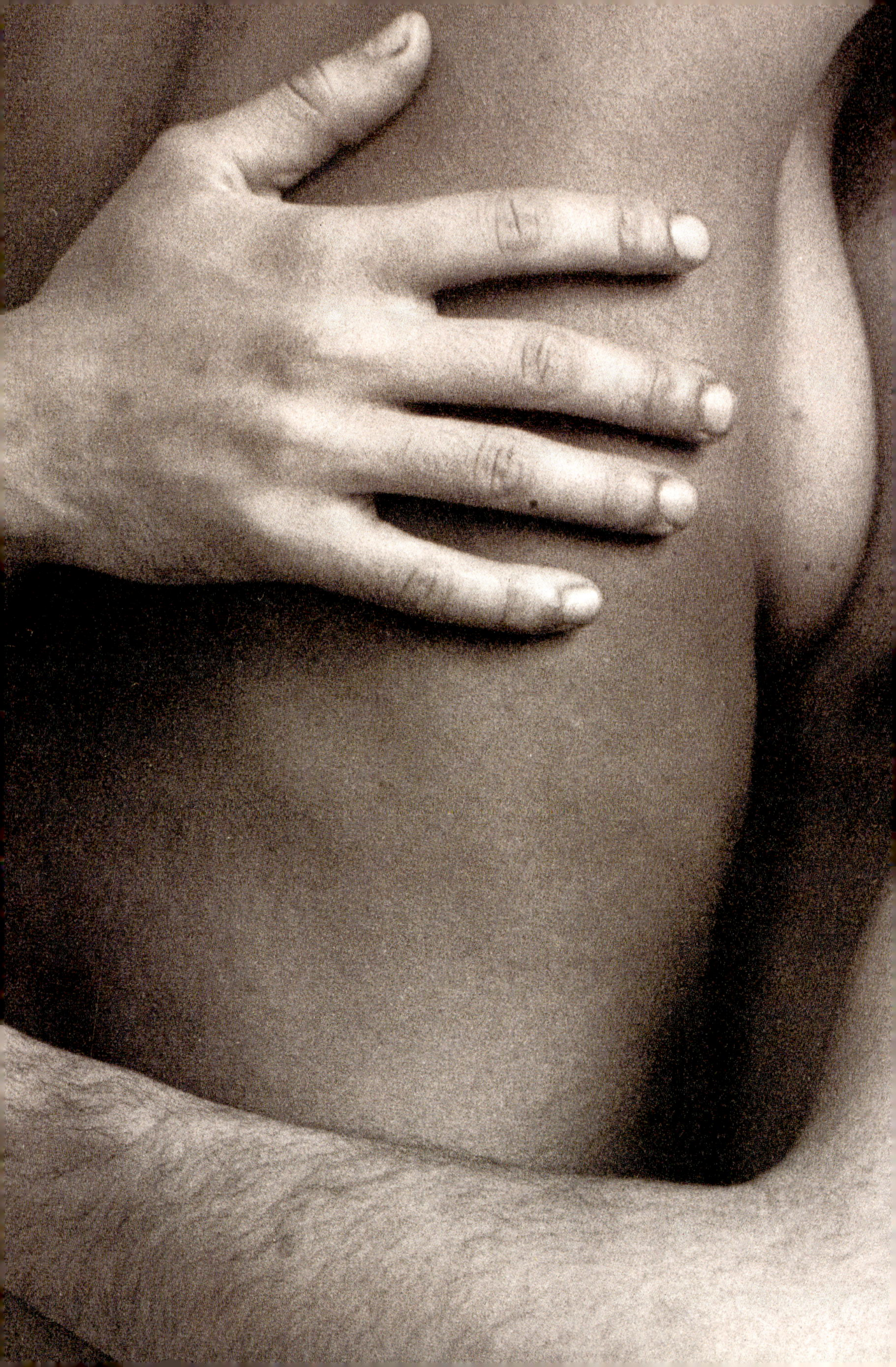

13

Sex

Bei einigen Frauen kehrt die sexuelle Energie schon wenige Tage nach der Geburt wieder zurück, und sie sehnen sich nach körperlicher Liebe. Andere brauchen viel länger – zuweilen so lang, daß sie schon befürchten, nie wieder zu einer glücklichen, spontanen sexuellen Beziehung zu finden. Doch vorerst wollen sie nichts als schlafen, bis das Baby wieder schreit. Einer Studie zufolge benötigten zwölf von fünfundzwanzig Kindern, deren Mütter über ihr Sexualleben Buch führten, noch mit sechs Monaten eine nächtliche Mahlzeit. Ihre Mütter hatten erst später Verkehr als die Mütter der Kinder, die durchschliefen.[1] Aber auch wenn Ihr Baby die ganze Nacht durchschläft, sind Ihre Energie, Ihre kreative Phantasie und Ihre Gefühle im ersten Lebensjahr Ihres Kindes vermutlich ganz auf Ihre Rolle als Mutter bezogen.

»Körper dick, schlaff und müde – Beziehung zum Mann schrecklich – Baby schreit.«

Viele Frauen machen sich Sorgen oder haben sogar Angst vor dem Geschlechtsverkehr, weil sie Schmerzen haben, geschwächt und ausgelaugt sind oder nicht ertragen können, wie ihr Körper nach der Entbindung aussieht und wie er sich anfühlt. Es ist geradezu, als sei ihnen ihre Sexualität genommen worden. Nach einem Kaiserschnitt ist der Unterleib vielleicht noch so empfindlich, daß eine Frau vor leidenschaftlichen Liebesspielen auch ohne genitalen Verkehr zurückschreckt, weil sie sich so verletzlich fühlt.

Ihre Einstellung zur körperlichen Liebe in den ersten Wochen und Monaten nach der Entbindung hängt wesentlich davon ab, wie Sie die Geburt erlebt haben (ob Sie dabei Verletzungen davongetragen haben), wie Sie sich als Mutter fühlen und wie Ihr Partner Sie in dieser neuen Rolle sieht, was Sie Ihrem Partner gegenüber empfinden, wie müde Sie beide sind, wie Ihr Partner seinerseits auf die Geburt reagiert und wie Sie beide diesen wichtigen Lebensabschnitt erfahren, in dem Sie Eltern geworden sind.

Einige Frauen haben keine Freude am genitalen Verkehr, solange sie stillen. Sie meinen, ihr Körper gehöre dem Baby, und der erhöhte Prolaktinspiegel während der Laktation verstärkt dieses Gefühl.[2]

»Ich habe das Gefühl, daß meine Brüste dem Baby gehören. Ich mag es nicht, wenn er sie anfaßt oder an ihnen saugt, obwohl ich es früher sehr gern gehabt habe.«

Eine junge Mutter findet es vielleicht wichtig, die Empfindungen beim Stillen des Babys und die Empfindungen, die sie in ihrer sexuellen Beziehung hat, zumindest gedanklich zu trennen. Für inzestgeschädigte Frauen ist das unbedingt notwendig. Eine Frau beschrieb, daß sie sehr heftig reagierte und ihren Mann schlug, als er mit dem Mund ihre Brust berührte. »Meine Brüste gehören zu meinem Mutterdasein, und für mich bedeutet das, Sex mit Mutterschaft zu vermischen ... das ist fast wie Inzest«, erklärte sie. »Ich brauche eine feste Grenze.« Und weiter: »Opfer von sexuellem Mißbrauch müssen Regeln festlegen, Grenzen setzen und ›Sicherheitszonen‹ definieren, um ein normales sexuelles Leben führen und genießen zu können.«[3]

Es gibt keine Norm für sexuelles Verhalten, keine Ziele, die Sie erreichen müssen, wie es auch kein Rezept für sexuelle Erfüllung gibt.

»Ich wollte, daß er meine prallen Brüste liebkost. Aber er sträubte sich.«

Wenn die Entbindung ein bereicherndes und befriedigendes Erlebnis ist, das in einer ruhigen und vertrauten Umgebung stattfindet, könnte sie geradezu den Höhepunkt der Liebe eines Paares darstellen. Das geschieht am ehesten bei einer Hausgeburt, in einem Geburtshaus oder in einem der wenigen Krankenhäuser, in denen die Pflegekräfte die Autonomie der Frau respektieren, eine positive, unterstützende Atmosphäre schaffen, unnötige Eingriffe vermeiden und sich zurückhalten, damit die Frau zu ihrem eigenen Rhythmus finden kann.[4] Die emotionsgeladene Atmosphäre nach der Geburt eines Kindes führt oft ganz natürlich schon einige Tage nach der Entbindung zu körperlicher Liebe.

»Wir schliefen miteinander, und das löste die Wehen aus. Unsere Tochter kam zweieinhalb Stunden später zur Welt. Fünf Nächte später haben wir wieder miteinander geschlafen. Auch das war wunderbar.«

Wenn eine Frau die Geburt unbeschadet überstanden hat, sich dabei im Einklang mit ihrem Körper befand und das Erlebnis der Wehen genießen konnte, gibt es, sobald der Wochenfluß aufgehört hat, keinen *physischen* Grund mehr, auf Geschlechtsverkehr zu verzichten. Aber das muß ganz ihr überlassen bleiben. Wichtig ist, daß sie es wirklich will, daß ihr Partner zärtlich und rücksichtsvoll ist und daß er auch akzeptiert, wenn sie keine Penetration möchte.

Die meisten Entbindungen verlaufen jedoch weniger harmonisch. Viele Frauen tragen, vor allem beim ersten Kind, einen Schock davon und leiden an Wunden und Verletzungen. Geschlechtsverkehr ist das letzte, an das sie denken, wenn sie versuchen, mit dem ungeheuerlichen Erlebnis fertig

zu werden, und sich durch die schmerzvollen Tage und Wochen nach der Geburt kämpfen. Sie suchen Linderung für schmerzende Dammrisse und Rückenschmerzen und sehnen sich nach Trost, Zärtlichkeit, Verständnis und Schlaf, nicht nach Sex.

»Ich hatte nie Probleme mit meiner Sexualität, aber jetzt habe ich Angst davor, mit meinem Partner zu schlafen.«

Medizinische Untersuchungen des Sexualverhaltens nach einer Entbindung sagen wenig über die Gefühle der Frau. Die befragten Frauen werden in Kategorien eingeteilt, je nachdem, ob sie ihr Sexualleben im ersten, zweiten, dritten oder vierten Monat nach der Entbindung oder noch später wieder aufgenommen haben. Oder sie sollen angeben, ob es »schmerzfrei«, »eher schmerzhaft« oder »schmerzhaft« war, oder anhand einer abgestuften Ziffernskala abschätzen, wie »angenehm« oder »unangenehm« es war. Sie werden nicht gefragt, ob sie den Geschlechtsverkehr überhaupt wollten oder was sie danach empfanden. Wir erfahren auch nichts über das Vorspiel, in welcher Position der Geschlechtsverkehr ausgeübt wurde, ob die Frau einen Orgasmus hatte und ob sie Schmerzen hatte, während der Mann in sie eindrang, oder erst danach. Die meisten Umfragen gehen wie selbstverständlich davon aus, daß Sex gleichzusetzen sei mit Geschlechtsverkehr. Die Erfahrungen lesbischer Frauen und die Erfahrungen heterosexueller Frauen, die nicht wollen, daß der Partner in sie eindringt, oder die sich selbst befriedigen, werden einfach ignoriert.

Nach einer unerfreulichen Geburt hat eine Frau eher ein negatives Verhältnis zu ihrem Körper. Vielleicht willigt sie aber in den Geschlechtsverkehr ein, weil sie fürchtet, ihr Mann könnte sich sonst abgewiesen oder ungeliebt fühlen und sich einer anderen Frau zuwenden, oder weil sie meint, es sei ihre Pflicht. Viele Frauen versuchen Geschlechtsverkehr in den ersten zwei oder drei Monaten zu vermeiden. Sie sind erschöpft, und sie fürchten sich, weil sie Schmerzen haben. Sie haben Angst, der Dammschnitt oder die Narbe des Kaiserschnitts könnte reißen. Sie können sich nicht vorstellen, jemals wieder an körperlicher Liebe Freude zu finden. Sie haben Angst vor einer neuen Schwangerschaft und davor, alles noch einmal durchmachen zu müssen. Für einige Frauen bedeutet der Geschlechtsakt, noch einmal die gewaltsame Handlung zu erleben, die die Geburtshelfer an ihnen verübt haben. Und selbst wenn eine Frau sehr erregt ist, kann sie mitten im Geschlechtsakt feststellen, daß es zu weh tut, um weiterzumachen.

Männer und Sex nach der Geburt

Männer haben sehr unterschiedliche Einstellungen zu Sex nach der Geburt. Einige fordern ihr »Recht«, egal, ob die Frau erregt ist oder nicht. Andere halten sich von ihr fern, weil ihre Religion lehrt, daß die Frau durch die Geburt unrein geworden ist oder sich in einem heiligen Zustand befindet, der sexuellen Verkehr ausschließt. Einige sind auf das Baby eifersüchtig. Andere ertragen es nicht, mitanzusehen, wie das Kind an der Brust trinkt. Auch ein Mann kann am Körper der Frau mehr die mütterlichen Funktionen wahrnehmen als die Sexualität. Der Körper gehört dem Baby. Wieder andere Männer hat das Erlebnis der Geburt tief bewegt, und sie freuen sich daran, daß der Körper der Frau so weich und offen ist.

Einige halten sich auch zurück, weil sie eine Entbindung mit geburtshelferischen Maßnahmen erlebt haben und Angst haben, der Frau weh zu tun; das ist vor allem der Fall, wenn sie einen Dammschnitt und die nachfolgende Versorgung gesehen haben.

»Meinem Mann geht das Stillen auf die Nerven. Er arbeitet oft 120 Stunden in der Woche und will mich für sich allein haben, wenn er zu Hause ist.«

Es wird oft übersehen, wie sehr sich ein traumatisches Geburtserlebnis auch auf den Partner auswirkt, der die Geburt miterlebt hat. Dabei muß nicht unbedingt eine aus medizinischer Sicht schwierige Geburt vorliegen. Es genügt, wenn die Frau behandelt wurde, als sei sie Teil einer Maschinerie, die Babys produziert.

Ein Vater schreibt in seinem Bericht über ein Geburtserlebnis, das sechs Jahre zurückliegt: »Es gibt immer noch Zeiten ... in denen wir mit uns und unserer Sexualität oder mit unserem gegenseitigen Vertrauen als Liebespaar nicht zufrieden sind ... Wir haben all diese Jahre der Gewissenskämpfe, des Stresses, der nächtelangen Gespräche und vieler Tränen auf beiden Seiten gebraucht, um zu einem einigermaßen kontinuierlichen und befriedigenden Sexualleben zu finden.«[5] Er beschreibt, wie seine Frau das Baby als »Schutzschild« benutzte: »Wir schlichen umeinander herum wie Katzen und schreckten beide fast ein halbes Jahr lang davor zurück, miteinander ins Bett zu gehen, denn dort erwarteten uns ohnehin nur Tränen, Frust und viel Trauer.« Er fühlte sich unter Druck gesetzt, tüchtig und stark zu sein, brauchte aber selbst Hilfe. Erst später sah er ein, daß er selbst für viele der gemeinsamen Schwierigkeiten verantwortlich war. Er erwartete von seiner Partnerin, daß sie pro Woche soundso oft mit ihm schlief und einen Orgasmus hatte. Wenn diese Erwartung nicht erfüllt wurde, hatten beide das Gefühl, versagt zu haben.

Aber das war nicht das einzige Problem. Seine Frau hatte die Geburt wie eine Vergewaltigung erlebt. Sie hatte das Vertrauen in sich verloren, und sobald sie mit ihm schlief, wurde sie von dem Gefühl erfaßt, ausgenutzt und mißbraucht zu werden. Sie konnte es nicht ertragen, daß ihr Partner sie berührte.

In vielen Kulturen ist der Geschlechtsverkehr bis vierzig Tage nach der Geburt verboten.[6] Mexikanische Frauen zum Beispiel dürfen keinen Verkehr haben, bis sie nach einer einundvierzigtägigen Pause das erste Mal wieder ihre Periode hatten.[7] Solche religiösen und kulturellen Verbote bedeuten oft ein absolutes Tabu. Die Menschen glauben, ein Verstoß ziehe automatisch eine göttliche Strafe in Form von Krankheit, Unfruchtbarkeit oder Tod nach sich. Das Baby könnte von den Geistern der Vorfahren zurückgefordert oder der Mann impotent werden, sein Penis eintrocknen und abfallen. Viele glauben auch, die Milch der Frau werde vergiftet, wenn sie während der Stillzeit Verkehr habe. Dieser Glaube war in England im 16. und 17. Jahrhundert verbreitet, doch in vielen traditionellen Kulturen findet man ihn heute noch.

Da sich die Sitten inzwischen gewandelt haben und Tabus weltweit in allen Gesellschaften ihre Bedeutung verlieren, sind die Frauen heute hohen Risiken ausgesetzt. Sie können zum Beispiel leicht an einer Infektion erkranken, denn Gebärmutterschleimhaut und Vaginalgewebe sind kurz nach der Entbindung noch sehr empfindlich. Oft hindert nichts den Mann daran, den Geschlechtsakt durchzuführen, egal, ob die Frau will oder nicht, und sie regelrecht zu vergewaltigen. Wenn das Gewebe durch eine gewaltsame Penetration reißt, ist für die Frau das Risiko hoch, sich etwa mit dem Aidsvirus oder einer anderen, sexuell übertragbaren Krankheit anzustekken. Überdies sind die Frauen dem Risiko ausgesetzt, schon wenige Wochen nach der Entbindung wieder schwanger zu werden. Wenn das Stillen durch künstliche Nahrung ersetzt wird, fehlt jeglicher Empfängnisschutz.

Vaginale Feuchtigkeit

Die gewöhnliche Feuchtigkeit in der Scheide stellt sich erst einige Wochen nach der Entbindung wieder ein. In der Zwischenzeit fühlen Sie sich trokken, obwohl das Scheidengewebe durchaus feucht wird, wenn Sie erregt sind. Trockenes Gewebe ist schnell wund, wenn es gerieben wird. Sorgen Sie mit einem löslichen Vaginalgel aus der Apotheke oder Drogerie für mehr Feuchtigkeit. Das Auftragen des Gels kann in das Liebesspiel miteinbezogen werden.

»Erst sieben Monate nach der Entbindung hatte ich keine Schmerzen mehr beim Sex. Aber dann haben wir die verlorene Zeit aufgeholt!«

Sie werden feuchter und erregter, wenn Sie oder Ihr Partner Ihre Scheide außen und am Scheideneingang bis hinunter zum Ansatz der Klitoris sanft mit zarten Strichen massieren.

Achten Sie genau darauf, wo Sie gern massiert werden und welche Form der Berührung Sie am liebsten mögen und *sagen Sie es Ihrem Partner.* Nach einer Entbindung muß Ihr Partner Ihren Körper neu entdecken. Ihr Körper hat sich verändert, deshalb sollte nichts als selbstverständlich gelten. Sie müssen neue sexuelle Techniken ausprobieren und alte Gewohnheiten an die neuen Gegebenheiten anpassen. Vor der Schwangerschaft wurden Sie vielleicht durch andere Berührungen erregt als in den ersten Monaten der Schwangerschaft, und wenige Wochen vor dem Geburtstermin war es dann wieder anders. Jetzt wollen Sie vielleicht auf eine ganz bestimmte Art berührt und gehalten werden, und Ihr Partner weiß gar nicht, nach was Sie sich sehnen. Berührungen und Bewegungen, die Sie früher genossen haben, sind unangenehm, unbequem oder schmerzhaft, oder erregen Sie einfach nicht.

Sie müssen nicht in anatomische Details gehen, und Sie brauchen auch keine medizinischen Fachausdrücke oder lateinischen Wörter, um über diese Wünsche zu reden. Sagen Sie nur »ja« oder »nein«, und geben Sie Ihrem Partner durch die Laute, die Sie äußern, zu verstehen, was Sie mögen. So lernt Ihr Partner Ihren nicht mehr schwangeren Körper kennen und kann sich auf ihn einstellen.

Wenn Sie wissen, daß Ihre Scheide ohnehin eher trocken ist, baden Sie nicht vor dem Geschlechtsakt, denn dadurch trocknet das Gewebe noch weiter aus. Wenn Sie Massage mögen, hilft auch sie Ihnen, zu entspannen und Ihren Körper sinnlich zu entdecken. Sagen Sie, wo Sie massiert werden wollen, und konzentrieren Sie Ihre gesamte Aufmerksamkeit auf diesen Bereich, etwa die Kniekehlen, den Hals, die Armbeugen, die Füße, das Gesäß oder die Seiten. Sobald Sie auf diese Weise erotisch stimuliert sind, ist Ihre Scheide viel eher weich und feucht.

Ihr Partner sollte niemals in Sie eindringen, bevor Sie in diesem Stadium der Erregung sind.

Die Wurzel der Klitoris

Die Klitoris ist mehr als die Scheide das eigentliche Geschlechtsorgan der Frau. Sie muß stimuliert werden, damit die Frau erregt ist.

Es ist jedoch ein großer Fehler zu meinen, die Klitoris sei ein magischer Knopf, der bei Berührung Ekstase auslöse. Wenn der sichtbare Teil der Klitoris, der wie eine kleine runde Knospe oder eine Erbse aus den oberen Falten der Schamlippen herausragt, länger gerieben wird, kann das ausgesprochen unangenehm sein. Ein bemühter Liebhaber reibt das kleine Organ vielleicht sehr lange und hofft auf ein Wunder – wie Aladin, der die Lampe reibt. Leider funktioniert es so nicht. Der sehr empfindliche Teil

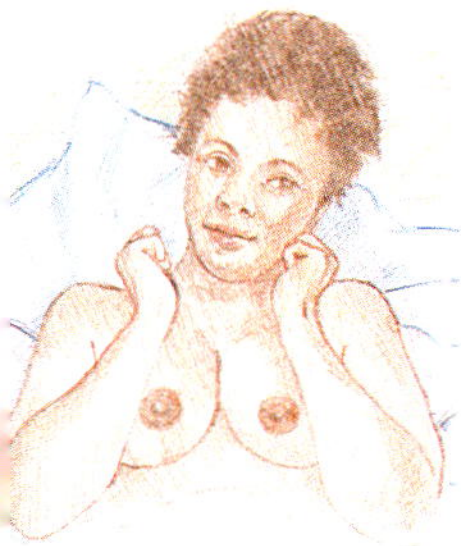

der Klitoris, der auf Reibung und Druck reagiert, ist nicht sichtbar. Er liegt tiefer und ist die *Wurzel* der Klitoris.

Sex, wurde einmal gesagt, setze sich aus »Reibung und Phantasie« zusammen.[8] Doch dabei hängt alles davon ab, welche Phantasien eine Frau hat und wo sie gerieben wird. Die Phantasien, die einer Frau nach einer Entbindung durch den Kopf gehen, sind oft eher destruktiv, und ein übereifriger Liebhaber reibt sie vielleicht an der falschen Stelle.

Unterbrochener Geschlechtsverkehr

Es gibt mehr als eine Form des »Koitus interruptus«. Auch wenn Sie sich beide nach körperlicher Liebe sehnen und sie genießen, haben Babys ein geradezu unheimliches Talent dafür, aufzuwachen und trinken zu wollen, wenn Sie gerade angefangen haben. Auch das zählt zu den Faktoren, die den Geschlechtsverkehr nach der Geburt erschweren. Es ist fast, als hätten Säuglinge einen sechsten Sinn. Sie spüren die Energie, die Sie durchströmt, wachen auf und sind neugierig.

Füttern Sie das Baby also möglichst schon eine Weile, bevor Sie sich lieben. Dann haben Sie die größte Chance, eine ungestörte Stunde zu verbringen. Stellen Sie das Baby in ein anderes Zimmer oder hinter einen Paravent. Vielleicht genügt schon leise Musik als Geräuschteppich, um das Baby ruhigzuhalten.

Wenn Ihre Brüste mit Milch gefüllt sind, können Sie sich beim Liebesspiel vielleicht nicht ungezwungen bewegen. Jeder Druck auf die Brust schmerzt, Milch tropft heraus, wenn Ihr Partner Ihre Brüste streichelt, und wenn Sie einen Orgasmus haben, spritzt sie nur so. Das ist, wenn Sie stillen, ganz natürlich. Oxytocin ist auch das Hormon der Liebe und wird in Ihr Blut ausgeschüttet, wenn Sie sexuell erregt sind. Legen Sie ein kleines Gästehandtuch oder eine Windel bereit, so daß Sie die Milchflut eindämmen können. Wenn Sie die Unterarme fest an die Seiten der Brust pressen, hört der Milchfluß langsam auf.

Geburt und neuer Spaß am Sex

Einige Frauen, die vor der Geburt ihres Kindes nicht wirklich Spaß am Sex hatten, sehen ihre Sexualität jetzt positiv und sind nach einem guten Geburtserlebnis sexuell munterer – als hätten sie auf einmal bemerkt, wozu ihr Körper fähig ist. Wenn der Partner am Geburtserlebnis aktiv teilgenommen und nicht nur zugeschaut hat, ist vielleicht auch er von der Energie und Kraft beeindruckt, die seine Frau bei der Entbindung freigesetzt hat. Statt des alten Spiels von Dominanz und Unterwerfung zwischen Mann und Frau finden die Partner zu einer Harmonie, Zärtlichkeit und Gefühlstiefe, die in ihre Beziehung eine neue Dimension bringt. Der gesamte Rhythmus des Geschlechtsaktes verändert sich. Der Mann wird einfühlsamer und zärtlicher, er richtet sich mehr nach den Bedürfnissen und Wünschen der Frau.

Männer stellen sich unter der Scheide ein Organ vor, das den Penis aufnimmt und umschließt. Das lateinische Wort *vagina* bedeutet tatsächlich »Scheide«, und viele Generationen lang haben männliche Ärzte in Büchern über den Körper der Frau geschrieben, daß die Scheide nur empfängt und festhält, als sei sie lediglich ein Gefäß, das gefüllt werden will. Sogar William Masters, in vieler Hinsicht der Vater der Sexualtherapie, der mit großem Einfühlungsvermögen über den weiblichen Orgasmus schreibt, spricht von einem »Vaginalrohr«, als sei die Scheide ein Gewehr, das darauf wartet, vom Mann geladen zu werden.[9]

Oft entdeckt eine Frau erst beim Gebären, daß die Scheide aktiv sein kann und voller Kraft steckt. Ein Penis wird steif, spritzt ab und erschlafft dann wieder. Die Scheide kann viel mehr. Sie empfängt nicht nur oder nimmt auf und umschließt, sondern sie kann sich wie die großen fleischigen Blütenblätter der Pfingstrose aktiv öffnen und gebären. Bei einer Frau, die in Ruhe und ohne geburtshelferische Eingriffe gebären kann, sieht man auf dem Höhepunkt jeder kraftvollen Preßwehe, wie sich das Gewebe von Damm und Scheide sanft auffächert und ausbreitet. Während der Kopf des Kindes mit jeder starken Kontraktion der Gebärmutter durch die Scheide hinuntergepreßt wird und in den Wehenpausen wieder zurückrutscht, spürt sie vielleicht, wie die Muskeln um ihre Scheide herum zittern. Daraus entsteht ein wellenartiger Rhythmus ähnlich einer psycho-sexuellen Erregung. In meinen Büchern über die Geburt habe ich dieses Gefühl »Erregung bei der Geburt« genannt.[10]

Solchen Frauen offenbart sich ihr Körper plötzlich in ganz neuer Weise. Einige können nach der Geburt erstmals ihre Liebe und ihre Sehnsüchte zeigen und haben zum ersten Mal im Leben echten, befriedigenden Spaß am Sex mit einem Partner.

Sex nach einer Naht

»Mich verfolgte die Vorstellung einer riesigen, klaffenden Wunde. Ich glaubte, sein Penis würde mich wieder aufreißen, wenn er in mich eindrang.«

Wenn Sie nach einem Riß oder Schnitt genäht worden sind, haben Sie vielleicht Angst vor dem Geschlechtsverkehr. Nach der Entbindung hatten Sie wahrscheinlich fast eine Woche lang Schmerzen beim Wasserlassen, und in den ersten paar Tagen konnten Sie nur watschelnd gehen. Wenn Sie Jeans tragen, reibt die Schrittnaht an der wunden, empfindlichen Stelle. Sie haben das Gefühl, niemals wieder weit genug für den Penis eines Partners zu sein, nicht einmal für einen Finger. Sie wollen überhaupt nicht berührt werden.

Die medizinische Bezeichnung für schmerzhaften Geschlechtsverkehr lautet Dyspareunie. Frauen, bei denen nur Gewebe gerissen ist, nehmen den Geschlechtsverkehr rund einen Monat früher auf als Frauen, die einen Dammschnitt hatten. In meiner Untersuchung über die Erfahrungen von Frauen mit Dammschnitt sagten 40 Prozent der Frauen mit natürlichen Riß- und Schürfwunden, daß der Geschlechtsverkehr nach der Entbindung nie

»Mein Körper kam mir so ausgenutzt vor und gar nicht mehr wie mein Körper.«

»Immer wenn wir versuchten, miteinander zu schlafen, mußten wir mittendrin aufhören. Wir versuchten es immer seltener, weil wir Angst hatten, daß es nicht klappen würde.«

schmerzhaft gewesen sei. Dieser Aussage schlossen sich nur 21 Prozent der Frauen mit Dammschnitt an. Von diesen Frauen hatten viele bis zu zwei oder drei Monate nach der Geburt noch gar nicht versucht, mit ihrem Partner zu schlafen. 19 Prozent der Frauen mit Dammschnitt gaben an, mehr als drei Monate lang Schmerzen beim Geschlechtsverkehr gehabt zu haben, verglichen mit 11 Prozent der Frauen, die nur Risse hatten.[11]

Auch wenn eine Frau sich schließlich mit der Vorstellung anfreundet, daß ihr Partner in sie eindringt, ist der Geschlechtsverkehr möglicherweise immer noch schmerzhaft. Sie muß sich langsam und vorsichtig daran herantasten und sicher sein, daß ihr Partner wartet oder ganz aufhört, wenn sie es ihm sagt. Sie muß sich darauf verlassen können, daß er nicht zu erregt ist und zu stoßen beginnt, sondern einfühlsam auf ihre Gefühle reagiert.

Viele Frauen finden es hilfreich, in einem Spiegel zu sehen, wo genau die Naht verläuft und wie sie aussieht, auch wenn sie zunächst davor zurückschrecken und Angst davor haben, was sie entdecken könnten. Zunächst ist der Bereich um die Naht dick und geschwollen. Ein solches Ödem entsteht immer nach einer Verletzung. Dadurch schützt und heilt sich der Körper selbst. Je empfindlicher die verletzte Stelle ist, desto größer ist das Ödem. Wenn Sie Probleme mit der Naht haben, lesen Sie noch einmal den Text über den Dammschnitt in Kapitel 4. Bis sich die Fäden aufgelöst haben oder gezogen sind, sehen die Stiche groß und häßlich aus, und Sie glauben, auf Dornen zu sitzen. Die Naht gibt Ihnen das Gefühl, dieser Teil Ihres Körpers sei Teil eines medizinischen Experiments und gehöre nicht mehr zu Ihnen. Schauen Sie noch einmal in den Spiegel, sobald die Fäden draußen sind, und tasten Sie die Stelle mit den Fingerspitzen ab. Manchmal ist ein Stückchen Faden, das sich aufgelöst haben oder gezogen sein sollte, in das Narbengewebe eingewachsen. Sie sehen es als schwarze oder grüne Linie, wie einen Splitter, und so fühlt es sich auch an. Weisen Sie Ihre Hebamme oder Ihren Arzt darauf hin, denn der Faden muß entfernt werden. Danach werden Sie sich bedeutend wohler fühlen.

Tasten Sie den Rand der Narbe ab. Es darf kein Eiter austreten, und das Gewebe um die Narbe sollte nicht entzündet sein. Gelegentlich kommt es zu einer Infektion, die mit Antibiotika behandelt werden muß. Wenn bei einem Dammschnitt Nervenenden beschädigt wurden, gibt es eine bestimmte Stelle, die auf Berührung sehr empfindlich reagiert. Der Schmerz erinnert an Zahnschmerzen und ist auf einen Punkt begrenzt. Bis zur vollständigen Heilung kann es Monate dauern.

Es ist Ihr Körper, deshalb ist es wichtig, daß Sie ihn kennen und verstehen. Ihre Scheide ist nicht einfach eine Öffnung, in die ein Mann mit seinem Penis eindringt. Und sie ist ebensowenig ein Durchgang, durch den ein Baby hindurchgedrückt wird. Sie ist ein lebendiger, empfindsamer Teil von Ihnen, den Sie jetzt zurückfordern müssen.

Wenn Sie Ihren Damm, Ihre Vulva, Ihre Vagina und Ihre Klitoris durch Berührung kennengelernt haben, nehmen Sie die Hand Ihres Partners in Ihre und spüren mit ihr diesen Stellen nach. Erklären Sie Ihrem Partner, wo Sie gerne berührt werden, wo es Ihnen weh tut, wo eine Berührung keine besonderen Gefühle auslöst und wie Sie am liebsten liebkost werden. Legen Sie einfach schützend die Hand über empfindliche Stellen, die bei Berührung oder Reibung schmerzen. Das gibt Ihnen ein Gefühl der Sicherheit. An anderen Stellen werden Sie vielleicht gerne sanft gestreichelt, während intensives Massieren Ihnen Schmerzen bereitet.[12]

Sehr oft haben Frauen das Gefühl, zu fest genäht worden zu sein. Das liegt daran, daß sich der Arzt an komplizierten Stichen auf bereits ödematösem Gewebe verkünstelt hat. In britischen Kliniken wollen die Hebammen den diensthabenden Arzt nachts oft nicht wecken, deshalb wird erst am nächsten Morgen oder Stunden nach der Geburt genäht. Eine Infektion ist bei einem Dammschnitt eine bekannte Komplikation, und das Risiko wird größer, wenn das Nähen länger als eine halbe Stunde hinausgeschoben wird. Die meisten Ärzte wissen nur wenig über Sex nach der Geburt. Ein männlicher Arzt stützt seine Ansichten zu diesem Thema vermutlich auf Statistiken aus medizinischen Fachzeitschriften und darauf, wie sich seine Frau verhalten hat. Aus diesen Informationen zieht er vage allgemeine Schlüsse. In der Literatur über Geburtshilfe findet man über schmerzhaften Geschlechtsverkehr wenig. Es wird zwar oft erwähnt, wie häufig dieses Problem auftritt, aber es wird nicht detailliert beschrieben. Wir erfahren nicht, welche Erfahrungen die Paare gemacht haben oder wann und wo genau die Frauen Schmerzen hatten. Aus diesem Grund sind Ärzte nicht besser informiert als Laien. Viele Frauen haben das Gefühl, ihren Arzt bei sexuellen Problemen nicht um Rat fragen zu können.[13]

»Er wollte mir nicht weh tun, und ich wollte ihn nicht enttäuschen.«

Nach einem Dammschnitt spüren viele Frauen ein empfindliches, festes Gewebestück an der Hinterwand ihrer Scheide. Wenn es Ihnen auch so geht, vermeiden Sie Druck oder Reibung an dieser Stelle und legen Sie sich so hin, daß Ihr Partner in einem Winkel in Ihre Scheide eindringt und die schmerzende Stelle nicht berührt. Ein paar Kissen unter Gesäß oder Becken sind dabei hilfreich. Vielleicht liegen Sie auch, gestützt von Kissen, in einer Haltung, in der Sie die manuelle Stimulation durch Ihren Partner genießen können oder in der der Penis am oberen Rand der Scheide oder an der Wurzel der Klitoris reibt. Das ist nicht nur bequemer, sondern auch erregender.

Vielleicht sind Sie entspannter und genießen den Sex mehr, wenn Sie die aktive Rolle übernehmen und Ihr Partner Ihrer Führung folgt. Setzen Sie Ihre Beckenbodenmuskeln ein, um Ihren Partner in sich hineinzuziehen. Dann haben Sie nicht das Gefühl, er dringe in Ihren Körper ein.

Einige Frauen haben tief in der Scheide Schmerzen. Vielleicht wurden bei der Entbindung die Bänder am Gebärmutterhals gezerrt, oder die Risse reichen bis in die Scheide hinein. In einem solchen Fall kann das tiefe Eindringen des Penis sehr schmerzhaft sein. Versuchen Sie es erst, wenn die Wunden vollständig abgeheilt sind.

Die meisten Frauen, die den Geschlechtsverkehr als schmerzhaft empfinden, sagen jedoch, es sei der Schmerz *beim Eindringen,* der ihnen die ganze Sache verleide. Wenn der Penis sanft, mit Hilfe zusätzlicher Gleitmittel, in die Scheide eingedrungen ist, fühlen Sie sich viel wohler, es sei denn, Sie werden gedrängt. Bitten Sie Ihren Partner, sanft in Sie hineinzugleiten und dann einfach zu warten, bis Sie ihm durch Küsse mit Ihren Beckenbodenmuskeln zu verstehen geben, daß Sie weitermachen möchten. Oft ist es erstaunlich, wie der Schmerz nachläßt und Sie die Liebe genießen können, wenn der Finger Ihres Partners oder sein Penis in Ihnen steckt und Sie sich sicher fühlen.

Stellungen

Die »Missionarsstellung«, bei der Ihr Partner auf Ihnen liegt, ist nach einer Entbindung oft unbequem. Ihre Brüste sind prall mit Milch gefüllt, empfindlich und schmerzen, so daß sie keinen Druck ertragen. Wenn Ihr

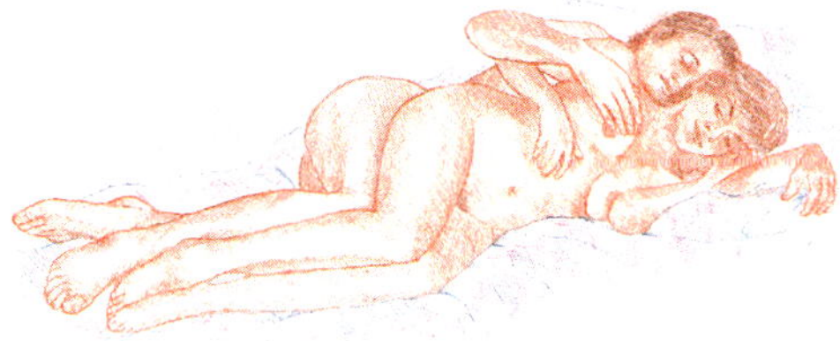

Damm verletzt wurde, sind Druck und Reibung an der hinteren Scheidenwand vermutlich sehr schmerzhaft. Nach einem Kaiserschnitt ertragen Sie keinen Druck auf dem Unterleib.
Eine Frau fürchtet oft, daß ihr Partner ihr weh tun könnte, wenn er die Stellung gedankenlos wechselt oder zu erregt wird. Deshalb liegt sie steif da, immer bereit, die empfindlichen Stellen ihres Körpers zu schützen. Sie muß die Situation im Griff haben, sonst fühlt sie sich nicht sicher.
Die Zeit nach der Geburt eines Babys eignet sich also sehr gut dazu, neue Formen der körperlichen Liebe zu erkunden und verschiedene Stellungen auszuprobieren. Am besten ist es, wenn Sie Ihr Becken frei bewegen können: Sie knien oder kauern über Ihrem Partner oder Sie liegen mit dem Rücken zu Ihrem Partner und schmiegen sich in der »Löffelstellung« an ihn.

Phantasie und Erinnerung

Die Phantasie spielt bei sexueller Erregung eine wichtige Rolle. Sie sind nicht einfach ein Körper in einem zerwühlten Bett in einem Zimmer mit ungeputzten Fenstern, an dem der Stadtbus vorbeibrummt und in dem Sie den zu laut gestellten Fernsehapparat der Nachbarn hören. Sie lieben sich vielmehr in einem Wald auf blauen Glockenblumen, und die Sonne scheint durch Buchenblätter auf Sie herunter. Oder Sie sind allein auf Sanddünen und hören nur die Wellen, die an den Strand schlagen, und die Schreie der Seevögel.
Viele Frauen haben jedoch schlechte Erfahrungen gemacht und können sich deshalb ihren Phantasien nicht frei hingeben. Wenn jemand seine Macht über Sie als Kind oder erwachsene Frau mißbraucht hat oder Sie sich bei der Entbindung ausgeliefert gefühlt haben, wenn Sie angeschnallt und physisch verstümmelt wurden, können häßliche, destruktive Phantasien über Sie hereinbrechen und Ihre glücklichen Erfahrungen wegschwemmen. Sie verschließen sich gegen alle Gedanken und beschränken den Sex auf die Ebene des Körperlichen. Das geht, wenn eine Frau sehr

leidenschaftlich und leicht erregbar ist, wie die meisten jungen Menschen oder Liebhaber zu Beginn einer neuen, aufregenden Beziehung. Wenn Sex jedoch nichts Neues mehr bietet, wenn er zu einem eintönigen Akt geworden ist, der in aller Eile und am Ende eines mit Hausarbeit, einem schreienden Baby, Einkaufen, Kochen, schmutzigem Geschirr und schmutzigen Windeln angefüllten Tages vollzogen wird, wenn die Frau müde und vielleicht ängstlich ist, wenn ihr Damm pocht und schmerzt – dann kann die leiseste Andeutung von Sex jedes Gefühl in ihr erstarren lassen.

»Ich hatte mich erfolgreich darauf programmiert, ganz unbeteiligt zu sein. Dieses Programm nach der Geburt wieder abzustellen war sehr schwer.«

Nach einer Schwangerschaft und einer Geburt, in der Sie anderen ausgeliefert waren, haben Sie vielleicht das Gefühl, daß Ihr Körper nicht mehr Ihnen gehört. Einige Frauen schalten von der Taille an ab und empfinden darunter nichts mehr.

Die Stellungen, in denen Sie gewöhnlich mit Ihrem Partner schlafen, lösen vielleicht lebhafte und schmerzliche Erinnerungen an die Wehen und die Entbindung aus – an einen Arzt, der Sie grob untersuchte, an Geburtshelfer, die versuchten, den Muttermund zu weiten oder den Kopf des Babys zu drehen, an Ihre Füße, die für eine Zangengeburt in Fußhaltern festgeschnallt waren, an einen Dammschnitt, an die Tortur des Nähens danach. Solche »Flashbacks« sind überaus konkret. Es ist geradezu, als laufe ein Geschehen aus der Vergangenheit noch einmal in aller Intensität ab. Flashbacks haben auch körperliche Auswirkungen: Atmung, galvanischer Hautwiderstand, Muskeltonus, Puls und Blutdruck verändern sich.

»Wenn er meine Scheide berührte, mußte ich an die Geburt denken, an die Ärzte und die Untersuchungen, und dann regte ich mich schrecklich auf.«

Sobald Sie mit gespreizten Beinen auf dem Rücken liegen, fühlen Sie sich kalt und krank, und Sie brechen in Schweiß aus und zittern. Wenn Sie durch das Gewicht Ihres Partners in irgendeiner Weise hinuntergedrückt werden und Arme und Beine nicht bewegen können oder wenn Ihr Partner wie ein Arzt bei einer Vaginaluntersuchung in Ihnen herumbohrt, ist nicht nur Ihre Erregung sofort wie weggeblasen, sondern Sie stoßen vielleicht auch Ihren Partner weg oder brechen hilflos in Tränen aus.

Wenn Sie die Geburt negativ erlebt haben und feststellen, daß Sie von solchen Flashbacks heimgesucht werden, suchen Sie Hilfe bei einer Beratungsstelle für vergewaltigte Frauen. In vielen Städten bieten solche Beratungsstellen Telefondienste an. Sie sprechen dann anonym über Telefon mit einer Frau, die versteht, was Sie durchmachen. Sie können aber auch bei einer solchen Beratungsstelle oder bei einer Sexualtherapeutin einen Termin vereinbaren.

Vaginismus

In der Medizin versteht man unter Vaginismus die Verkrampfung der Muskeln um die Scheide herum. Dabei zieht sich die Scheide oft so eng zusammen, daß Geschlechtsverkehr nicht möglich ist. Für die Frau ist das sehr schmerzhaft, und der Mann empfindet es vielleicht als endgültige Form der Zurückweisung. Nach einer Entbindung sind diese Muskeln durch den Durchtritt des Kindes gedehnt, und nach einem Dammschnitt sind sie oft durchtrennt, deshalb ist ein echter Vaginismus sehr unwahrscheinlich. Dennoch können sich diese Muskeln unwillkürlich zusammenziehen und ein Eindringen des Penis verhindern. Das ist keine Krankheit. Man könnte es vielleicht als Behinderung begreifen, allerdings oft eher eine Behinderung des Mannes, denn die Frau liebt ihren Partner und schläft gerne mit ihm, will aber beim Verkehr nicht bis zum Letzten gehen. Es liegt nicht an ihr. Viel wichtiger als eine Therapie ist für sie, daß der Mann *sein* Verhalten ändert.
Gynäkologen behandeln Vaginismus zunächt einmal damit, daß sie den männlichen Partner veranlassen, Gummihandschuhe anzuziehen und unter ihrer Anleitung eine Vaginaluntersuchung durchzuführen, während die Frau unter Tüchern auf einem gynäkologischen Untersuchungsstuhl liegt. Der Mann wird »ermuntert, sich selbst und seiner Frau zu demonstrieren, welches Ausmaß die unwillkürliche Verengung im äußeren Drittel der Vagina hat«.[14] Wieder zu Hause, »beginnt die eigentliche Erweiterung der Scheidenöffnung durch den Mann mit physischer Hilfe der Frau«. Dabei werden unterschiedlich große Instrumente zum Weiten verwendet, um die Frau zu überzeugen, daß in ihrer Scheide Platz für einen erigierten Penis ist. Darauf folgen Übungen, die den bedingten Reflex verändern und die Muskeln anregen sollen, so zu reagieren, daß Geschlechtsverkehr möglich wird. In Verbindung damit absolviert die Frau noch allgemeine Entspannungsübungen. Außerdem kann sie sich zusätzlich noch einer Psychotherapie unterziehen. Viele Frauen lehnen eine solche grobe Form der »Heilung« ab, wenngleich Masters und Johnson dieser Methode eine hundertprozentige Erfolgsaussicht bescheinigen.
Der Körper reagiert auch auf sexuellen Mißbrauch mit einer Verkrampfung der Scheidenmuskulatur. Viele Frauen verdrängen die Erinnerung an solche Erfahrungen. Doch ihr Körper vergißt nicht. Das ist eine andere

Form des Flashback. Vaginismus kommt auch nach schwierigen Geburten vor, wenn eine Frau das Gefühl hatte, auf Gedeih und Verderb den Geburtshelfern ausgeliefert zu sein, die sie untersuchten, an ihr herumfummelten, ihre Geschlechtsorgane verstümmelten, ihr Schmerzen zufügten und das Baby gewaltsam aus ihrem Körper zerrten. Wie bei anderen Flashbacks kann hier sowohl ein Zusammenhang mit der Geburt als auch ein Zusammenhang mit früherem sexuellem Mißbrauch bestehen.

Wenn Sie es nicht ertragen, daß Ihr Partner in Sie eindringt, und Ihre Muskeln sich zusammenziehen, reden Sie mit einer Therapeutin darüber, mit einer Frau, die versteht, welche Nachwirkungen ein Dammschnitt haben kann, und die körperliche Liebe nicht mit Penetration und Geschlechtsverkehr gleichsetzt. Wahrscheinlich ist es klug, keinen männlichen Therapeuten zu nehmen. Weisen Sie jede Hilfe zurück, die Ihren Bedürfnissen nicht entspricht.

Eisprung

Der Eisprung, mit dem die Möglichkeit verbunden ist, wieder schwanger zu werden, findet höchstwahrscheinlich erst wieder einige Wochen nach der Entbindung statt, aber sicher ist das nicht. Wenn eine Frau nach Bedarf stillt und das Kind keine zusätzliche Nahrung oder zusätzliche Flüssigkeit erhält, findet der erste Eisprung meist erst statt, wenn das Kind ungefähr im Vier-Stunden-Takt gestillt wird oder wenn es nachts durchschläft. Stillen ist jedoch eine sehr unzuverlässige Empfängnisverhütung, nicht zuletzt weil die Frauen unserer Gesellschaft über ein sehr reichhaltiges Nahrungsangebot verfügen.

Das erste Ei entwickelt sich, *bevor* die Frau nach einer Geburt ihre erste Regelblutung hat. In einem ihrer Eierstöcke reift eine kleine Knospe heran, löst sich und wird in den Eileiter eingesogen. Das nennt man den Eisprung, und wenn die Frau in den folgenden Tagen ungeschützten Verkehr hat, kann sie schwanger werden.

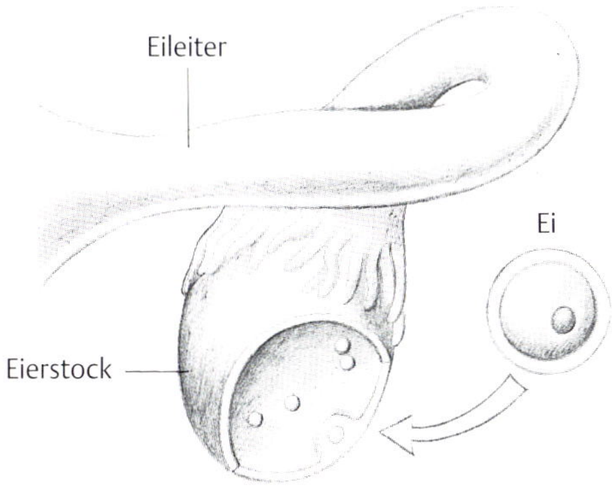

Ein Ei reift im Eierstock heran

Ein reifes Ei bewegt sich den Eileiter hinunter

Es ist also ratsam, möglichst schnell nach der Geburt über eine Methode der Empfängnisverhütung nachzudenken; die Art und Weise, wie Sie vor dem Kind verhütet haben, ist jetzt vielleicht nicht mehr die beste für Sie.

Empfängnisverhütung

Die Anti-Baby-Pille nehmen Sie besser erst, wenn Sie wieder regelmäßig eine monatliche Blutung haben. Auch mit Verhütungsmitteln, die in die Gebärmutter eingesetzt werden, sollten Sie warten, bis alle Verletzungen an Damm, Scheide oder Muttermund vollständig ausgeheilt sind. Vergessen Sie nicht, daß Sie schon wenige Wochen nach der Entbindung den ersten Eisprung haben können, es sei denn, Sie stillen Ihr Kind ohne Einschränkung nach Bedarf. Wenn Sie voll stillen (mit mindestens einer Nachtmahlzeit) und Ihre Periode noch nicht eingesetzt hat, werden Sie in den ersten sechs Monaten nach der Entbindung mit 98prozentiger Wahrscheinlichkeit nicht schwanger werden.[15] Andere in den ersten Monaten praktikable Möglichkeiten der Verhütung sind Sex ohne Penetration, Koitus interruptus, bei dem der Mann den Penis vor der Ejakulation aus der Scheide zieht – was sehr riskant ist – und Kondome.

Kondome für Männer und Frauen

»Kondome machen Spaß. Es gibt inzwischen so viele verschiedene Sorten.«

Es gibt eine solche Vielzahl von Kondomen für Männer, daß es unmöglich ist, sie alle hier zu beschreiben. Erwähnenswert ist allerdings, daß wundes Gewebe sehr schmerzhaft auf Latex reagieren kann; verwenden Sie deshalb großzügig ein auf Wasserbasis hergestelltes Gleitmittel (kein Öl).
Das Kondom für die Frau wurde 1991 eingeführt. Es besteht aus einer weichen, anpassungsfähigen Polyurethantüte, die ungefähr fünfzehn Zentimeter lang ist und einen Durchmesser von sieben Zentimetern hat. Diese Tüte paßt genau in die Scheide und bedeckt die Schamlippen.[16] Die im Handel erhältlichen Femidome sind bereits mit einem Gleitmittel versehen. In den Vereinigten Staaten gibt es zwei Arten von Femidomen: Die eine sieht aus wie ein schlauchartiger Sack mit Riemen, die sich die Frau um die Oberschenkel bindet, die andere ähnelt eher einem Kinderstrumpf. Diese Version ist auch in Großbritannien gebräuchlich.

»Mir gefällt, daß ich damit verhüten kann und daß es keine Nebenwirkungen hat.«

Das Risiko, schwanger zu werden, ist beim Femidom ungefähr ebenso groß wie beim Kondom für Männer. Bei sorgfältiger Handhabung werden zwei von hundert Frauen nach einem Jahr schwanger, bei nachlässiger Handhabung sind es schon zwei von fünfzehn.

Der Schwamm

»Er ist weich und leicht einzuführen.«

Wenn Sie sich wohler fühlen, wollen Sie vielleicht noch andere Möglichkeiten ausprobieren. Da gibt es beispielsweise den mit Spermiziden getränkten Schwamm. Sie führen ihn vor dem Geschlechtsverkehr ein und lassen ihn mindestens noch sechs Stunden danach an Ort und Stelle. Bei sorgfältiger Handhabung werden neun von hundert Frauen nach einem Jahr schwanger, bei nachlässiger Handhabung sind es neun von fünfundzwanzig.

Das Diaphragma oder Pessar

Wenn Sie vor Ihrer Schwangerschaft ein Diaphragma oder Pessar in Verbindung mit einem spermiziden Mittel benutzt haben, brauchen Sie nach der Entbindung vermutlich eine andere Größe. Das gilt auch, wenn Sie sehr stark abgenommen haben. Bei dieser Form der Empfängnisverhütung führen sie eine weiche Gummikappe, die Sie mit einem spermiziden Gleitmittel bestrichen haben, tief in die Scheide ein und stülpen Sie über den Muttermund. Das Einlegen des Diaphragmas müssen Sie genau lernen. Auch das Diaphragma darf frühestens sechs Stunden nach dem Verkehr entfernt werden. Leider reizen das Gummi des Diaphragmas und das spermizide Mittel oft das Gewebe. Außerdem erhöht sich das Risiko einer Blasenentzündung, vermutlich weil der Ring am Blasenhals scheuert. Bei sorgfältiger Handhabung werden acht von hundert Frauen nach einem Jahr schwanger, bei nachlässiger Handhabung sind es zwei von fünfzehn. Einige Frauen finden das Pessar weniger umständlich und angenehmer als das größere Diaphragma. Manchmal ist es jedoch schwierig, das Pessar einzusetzen, weil es zu lang oder zu kurz für Ihren Muttermund ist oder weil es einfach nicht die richtige Form hat.[17]

»Ich mag das Diaphragma, weil ich es auch während der Periode benutzen kann.«

Die Pille

Hat sich Ihr normaler Zyklus wieder eingestellt, wollen Sie vielleicht die Pille nehmen. Doch wenn Sie rauchen oder noch stillen, sollten Sie kein kombiniertes Präparat nehmen, das Östrogen und Gestagen enthält. Es ist ohnehin klüger, eine niedrig dosierte Pille zu wählen, die nur Gestagen enthält, die sogenannte Minipille. Nach der Einnahme dieser Pille verringert sich die Milchmenge möglicherweise ein paar Tage lang, sie normalisiert sich dann aber schnell wieder. Wenn Sie zwei Jahre lang stillen und während dieser Zeit die niedrig dosierte Pille schlucken, nimmt das Kind in der ganzen Zeit nur die Menge an Hormonen auf, die in einer einzigen Pille enthalten sind.[18] Die Minipille muß jeden Tag zur gleichen Zeit genommen werden. Der Einnahmezeitpunkt darf höchstens drei Stunden überschritten werden. Wenn Sie einmal eine Pille vergessen haben, nehmen Sie am nächsten Tag zwei. Mit der Pille wird weniger als eine von hundert Frauen schwanger, wenn man die Pille jedoch nicht regelmäßig nimmt und einzelne Tage einfach ausläßt, dann hat man mit der Minipille eine Chance von eins zu vier, daß man schwanger wird, bei einem kombinierten Präparat eine Chance von eins zu sieben. Einige Frauen machen sich Sorgen, daß die tägliche Einnahme künstlicher Hormone auf die Dauer ihrer Gesundheit schaden könnte. Dazu gibt es widersprüchliche Untersuchungen; einige lassen sogar positive Effekte vermuten.

»Die Pille ist genau richtig für mich. Sie garantiert Freiheit und Spontaneität, und das ist wichtig.«

Die Spirale

Die Spirale ist eine Schlaufe oder Öse aus Kupfer oder Plastik von der Größe eines dünnen Ohrrings, die von einem Arzt eingelegt wird und mit etwas Glück liegen bleibt, bis Sie noch ein Kind wollen oder bis sie nach

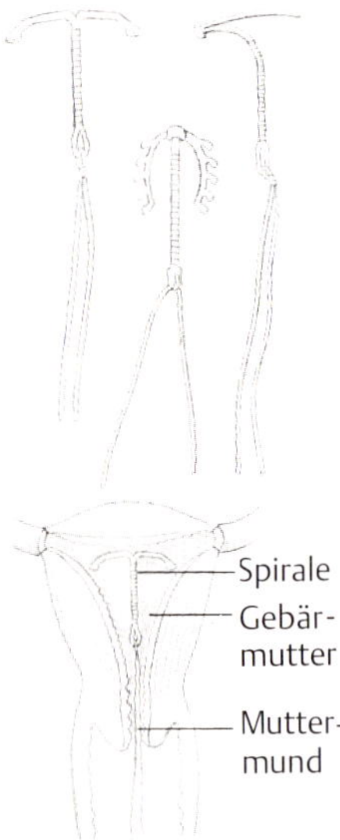

Verschiedene Spiraltypen

fünf Jahren entfernt wird, damit der Arzt prüfen kann, ob alles in Ordnung ist. Die Spirale wird am besten während des Eisprungs eingesetzt. Zu diesem Zeitpunkt geht es am einfachsten und ist meist nicht so schmerzhaft. Nach einer Entbindung sollte eine Spirale erst dann eingesetzt werden, wenn die Gebärmutterwand wieder dick und elastisch ist, sonst besteht die Gefahr, daß die Spirale die Gebärmutter perforiert. Bei vielen Frauen, die noch nicht geboren haben, stößt die Gebärmutter die Spirale ab – sie zieht sich zusammen, und die Spirale fällt heraus. Wenn eine Frau bereits ein Kind zur Welt gebracht hat, ist das jedoch eher unwahrscheinlich.

Ein Nebeneffekt der Spirale ist ein erhöhtes Risiko für die Frau, an einer Unterleibsentzündung zu erkranken. Das führt zuweilen zu einer Eileiterschwangerschaft. Dann muß sich die Frau einer Notoperation unterziehen, bei der ein Teil des Eileiters entfernt wird. Eine Entzündung hat oft auch Unfruchtbarkeit zur Folge. Heftige Blutungen und Rückenschmerzen sind ebenfalls mögliche Nebenwirkungen. Die Spirale kann im Körper wandern, und Sie wissen dann nicht, ob Sie sie verloren haben oder nicht. Einige Frauen werden trotz Spirale schwanger und sollten dann abtreiben, weil ein Fremdkörper in der Gebärmutter die Gefahr einer Fehlgeburt oder frühzeitiger Wehen erhöht. Das Risiko, schwanger zu werden, ist eins zu hundert. Eine neue Spirale, die Hormone abgibt, steht in Aussicht. Sie kann mindestens sieben Jahre im Körper bleiben. Bei dieser Spirale ist die Gefahr einer Eileiterschwangerschaft sehr gering, Menstruationsbeschwerden werden gelindert, und sie bietet Schutz vor Unterleibsentzündungen.[19]

Periodische Enthaltsamkeit

Für diese Form der Empfängnisverhütung findet man zuweilen die Bezeichnung »natürliche Familienplanung« oder Kalendermethode. Sie wird oft von Katholiken bevorzugt. Die Methode besteht darin, den Zeitpunkt des Eisprungs zu erkennen und in dieser Zeit keinen Geschlechtsverkehr zu haben. Es gibt verschiedene Variationen: die Kalendermethode, die Basalkörpertemperatur-Methode, die Gebärmutterhalsschleim-Methode und die symptothermale Methode.

»Ich mag die natürliche Methode, weil sie keine Gesundheitsrisiken mit sich bringt und ich meinen Körper nicht mit Chemikalien vollstopfen muß.«

Bei der Kalendermethode müssen Sie die »sichere« Zeit ermitteln, indem sie mindestens ein halbes Jahr lang beobachten, wie lang Ihr monatlicher Zyklus ist. Erst dann können Sie abschätzen, wann der Eisprung stattfindet. Mit der Basaltemperatur können Sie den Zeitpunkt des Eisprungs genauer feststellen. Messen Sie jeden Morgen vor dem Aufstehen Ihre Temperatur. Der Eisprung zeigt sich an einer leichten Temperaturerhöhung über drei Tage hinweg. Die Gebärmutterschleim-Methode hieß früher Billings-Methode. Der Schleim wird während des Eisprungs dünn und läßt sich wie rohes Eiweiß zwischen zwei Fingern auseinanderziehen. Nach dem Ei-

sprung wird er wieder trüb, dick und klumpig. Sie müssen den Schleim zwischen Daumen und Zeigefinger auseinanderziehen, um seine Beschaffenheit festzustellen. Bei der symptothermalen Methode kombiniert man diese verschiedenen Techniken. Es ist schwierig, die fruchtbare Zeit genau einzugrenzen, deshalb müssen Sie bei den verschiedenen »natürlichen« Methoden oft den größten Teil des Zyklus über enthaltsam leben. Das erfordert von beiden Partnern ein hohes Maß an Motivation.
Bei der Gebärmutterschleim-Methode werden 25 Prozent der Frauen innerhalb eines Jahres schwanger, mit der symptothermalen Methode immerhin noch 20 Prozent. Es ist sehr wichtig, sich von einem Arzt oder einer Krankenschwester, die sich mit diesen Formen der Empfängnisverhütung auskennen, genau anleiten zu lassen. Auch wenn die natürlichen Methoden problematisch sind, haben sie den Vorteil, daß Sie ein Bewußtsein für Ihre fruchtbare Zeit entwickeln und Ihren Körper kennenlernen. Das ist nützlich, wenn Sie schwanger werden wollen. Einige Paare verwenden eine Kombination aus dieser Methode und mechanischen Verhütungsmitteln während der fruchtbaren Zeit.[20]

Es gibt noch andere Methoden, darunter Hormonspritzen oder Implantate und neue Verhütungsmittel für Männer, die sich noch im Entwicklungs- und Experimentierstadium befinden. Viele haben unerwünschte Nebeneffekte. Das alles mag ein wenig deprimierend klingen, aber es gibt keinen perfekten Empfängnisschutz und keine Methode, die für alle Paare geeignet ist.

Wenn Sie vor der Geburt Ihres Kindes eine gute sexuelle Beziehung hatten, spricht alles dafür, daß Sie diese Beziehung nach der Geburt fortsetzen können oder sogar noch mehr Befriedigung und Erfüllung finden als zuvor. Doch geschieht das gewöhnlich nicht sofort. Die meisten Paare brauchen mindestens ein halbes Jahr, bis sie sich an die neue Situation gewöhnt haben. Sie müssen einen neuen Rhythmus finden und sich ganz neu auf den anderen einstellen. Der Körper der Frau hat sich verändert, und der Gedanke an das Baby steht an erster Stelle. Nach einem Dammschnitt kann es fast ein ganzes Jahr dauern, bis eine Frau unbefangen und entspannt mit ihrem Mann schlafen kann. Während dieser ganzen Zeit mag sie vielleicht keinen Geschlechtsverkehr, aber sie genießt andere Formen von Zärtlichkeit, wenn sie weiß, daß ihr Partner das nicht nur als »Vorspiel« zum eigentlichen Geschlechtsverkehr betrachtet. Dieses erste Jahr nach der Entbindung kann eine Möglichkeit sein, das sexuelle Repertoire erheblich zu erweitern und den Körper des anderen noch intimer kennenzulernen.
Auf diese Weise eröffnen die sexuellen Probleme nach der Geburt eines Kindes einem Paar zugleich neue Möglichkeiten; sie regen eine offenere Kommunikation an und bringen die Partner enger zusammen.

14

Atem holen

Das erste Lebensjahr des ersten Kindes ist für viele Mütter wie ein unerforschter Ozean. Wie viele Bücher eine Frau auch gelesen und von wie vielen Seiten sie Hilfe erhalten hat – das erste Jahr ist ein Abenteuer, das ganz allein ihr gehört.

Ein neuer Mensch ist aus Ihrem Körper geschlüpft, und im Handumdrehen hat sich Ihr ganzes Leben verändert. Zunächst war das vielleicht angsterregend, aber Sie hatten keine andere Wahl, als sich in diese Erfahrung hineinzustürzen wie ein Taucher, der unter Wasser eine neue Welt wundersamer, erstaunlicher Farben und Formen entdeckt. Vielleicht hatten Sie das Gefühl, keinen Kontakt zum Festland mehr zu haben und von jeder Gewißheit und Sicherheit und von Ihrem Leben davor abgeschnitten zu sein. Zuweilen mußten Sie gegen starke Strömungen anschwimmen, vielleicht sogar mit Ungeheuern kämpfen. Diese intensive, lebendige Erfahrung hat Ihre Fähigkeit zu leiden und sich zu freuen vergrößert; vielleicht hat Sie Ihnen auch bewußt gemacht, wieviel innere Kraft Sie besitzen.

Jetzt, am Ende dieses ersten Jahres, tauchen Sie auf, um Atem zu holen. Sie verschaffen sich Klarheit über Ihre Situation, Sie verbinden die Bilder, die Sie sich von sich selbst als Mutter und von der Beziehung zu Ihrem Kind gemacht haben, zu einem Gesamtbild, und Sie planen die Zukunft.

Welche Fehler Sie auch gemacht haben, wie sehr Sie sich als Mutter kritisieren, wie schwer alles gewesen sein mag – Sie sind irgendwie mit allem fertig geworden. Das ist ein Anlaß zum Feiern!

Raum für Sie allein

Ihr Leben wurde völlig umgekrempelt, und Sie fühlen sich wahrscheinlich ein wenig benommen. Überdies weiß ein Neugeborenes nichts von Zivilisation, guten Manieren und den Grenzen, die auch die Forderungen an eine Mutter haben. Zunächst kann der Säugling nicht einmal Tag und Nacht unterscheiden. Und wenn er hungrig ist und sich allein fühlt, möchte er *jetzt gleich* gefüttert werden. Babys sind niemals nur kleine Bündel, die in einer Wiege liegen. Sie kommen auf die Welt und dulden keinen Aufschub; sie beharren auf ihren Wünschen und bersten fast vor ungezähmter Energie. Ein Baby zieht wie ein Magnet unsere tiefste Anteilnahme auf sich; es macht uns Sorgen und weckt in uns das Verlangen, die dringenden Bedürfnisse dieses hilflosen Wesens zu erfüllen und es sicher und zufrieden zu wissen. Ein Baby übernimmt das Kommando über Ihr Leben.

Zugleich kämpft die Mutter damit, dem Chaos eine Struktur zu geben, einen Rahmen zu schaffen, in den auch noch andere Aufgaben hineinpassen, und zugleich *alle* glücklich zu machen. Mutter zu werden bedeutet für viele Frauen, in einen Wirbelsturm zu geraten.

Dann kommt eine Zeit, in der Sie versuchen, einen Schritt zurückzutreten und auch an Ihre eigenen Bedürfnisse zu denken. Mutter zu sein ist eine aufreibende Aufgabe. Aber jetzt überlegen Sie, wie Sie mit dem Streß umgehen und ob Sie wirklich die effektivsten Methoden einsetzen. Streßmanagement gehört zu den wichtigsten Fähigkeiten einer Mutter.

Mütter versuchen auf die verschiedensten Arten, mit dem Streß fertig zu werden. Was für die eine der abendliche Gin Tonic ist, ist für die andere die Vormittagszigarette oder der Fernsehabend auf der Couch. Wieder andere joggen vor dem Frühstück, schwatzen mit Freundinnen, spielen in einem Streichquartett mit oder bringen die Kinder zu ihrer Mutter, um einmal durch die Geschäfte zu bummeln.

»Ich schließe mich im Bad ein und hebe für eine Viertelstunde in eine Traumwelt ab.«

Nur Sie selbst können entscheiden, was angesichts Ihrer Lebensumstände und der Zwänge, denen Sie ausgesetzt sind, am besten funktioniert. Es gibt allerdings auch Formen von Streßmanagement, die nichts zu Ihrem Energiepotential beitragen und die Sie – wie Rauchen – sogar krank machen und Ihnen einige Jahre Ihres Lebens nehmen. Andere geben Ihnen ein gutes Gefühl und erhöhen Ihr Wohlbefinden.

Wir alle wissen, was wir tun *sollten.* In jeder Frauenzeitschrift werden wir ermahnt abzunehmen, uns am Riemen zu reißen und etwas Sinnvolles mit unserer Zeit anzufangen. Mütter kleiner Kinder reagieren auf einen solchen Kommandoton oft nicht gerade erfreut. Sie sind Experten auf anderen Gebieten: Sie müssen sich durchwursteln, Kompromisse schließen, auf die Forderungen des Augenblicks reagieren und unendlich anpassungsfähig sein. Sie sind gut in Disziplinen, die keine ersten Preise einbringen: Wehwehchen lindern, strategische Ablenkungmanöver ersinnen, wenn ein

»Ich gehe schwimmen. Mama paßt auf das Baby auf.«

Krabbelkind auf die Steckdose fixiert ist, und wissen, wann ein Baby Freiraum braucht, seine Umgebung zu erkunden und sich auf die Entdeckung neuer Dinge zu konzentrieren, die man berühren, hören, sehen oder tun kann, oder wann es auf den Arm genommen und beruhigt werden muß, wann man einschreiten und wann man zurücktreten muß, wann man festhalten und schmusen und wann loslassen muß.

Dennoch meinen die meisten Frauen, als Mutter nicht gut genug zu sein. Zuweilen werden sie von Schuldgefühlen geradezu überwältigt.[1] Von vielen nahestehenden Menschen, von zufälligen Beobachtern und von den Medien hören sie ferner jede Menge Kritik. Das wichtigste Element im Umgang mit Streß ist die Fähigkeit, sich selbst zu achten.

Streß-management

Stillen

Stillen ist, wenn es klappt, ein hervorragender Weg, mit Streß fertig zu werden. Wenn die Milch fließt, setzt der Körper in Ihrer Blutbahn natürliche Opiate frei, und Sie entspannen sich. Außerdem haben Sie die Befriedigung zu sehen, wie Ihr Baby durch Ihre Milch wächst und gedeiht. Die Stillmahlzeiten gewährleisten, daß Sie sich alle paar Stunden hinsetzen, das schmutzige Geschirr stehen lassen und Zeit für sich und das Baby haben.

Schnelle Entspannung

Ein anderer einfacher Weg, schnell zu einem Zustand der Ruhe zu finden und Energie zu tanken, besteht darin, lange auszuatmen, die Schultern fallenzulassen und zu entspannen. Es ist erstaunlich, wie diese Übung Sie davon abhalten kann, Dinge zu sagen, die Sie lieber nie gesagt hätten, und

Dinge zu tun, die sie lieber nie getan hätten. Der simple Akt des Ausatmens und Fallenlassens der Schultern bringt Sie wieder auf den »Boden«. Das ist viel besser, als bis zehn zu zählen oder sich in wachsender Anspannung auf die Lippen zu beißen.

Bewußtes Atmen

Bewußtes Atmen ist eine Weiterentwicklung dieser Übung. Wenn Sie schnelle Entspannung suchen, atmen Sie aus, lassen Sie die Schultern fallen und entspannen Sie sich. Lassen Sie den Atem dann ohne Anstrengung durch die Nasenlöcher wieder hereinströmen. Wenn Sie bereit sind, atmen Sie noch einmal lange aus und lauschen dem Geräusch Ihres Atems. Konzentrieren Sie sich auf das Gefühl und auf das Geräusch des austretenden Atems. Machen Sie eine Pause, bis der Wunsch kommt, wieder einzuatmen. Der Atem fließt wieder durch Ihre Nasenlöcher, die Rippen gehen auseinander, und die Bauchdecke drückt nach oben. Wieder eine kleine Pause, und wieder strömt der Atem.

Wenn Ihr Baby schreit, streichen Sie bei jedem langen Ausatmen über seinen Rücken, so daß Sie zugleich Ihr Baby trösten und durch bewußtes Atmen sich selbst helfen. Sie können auch den Po des Babys tätscheln, während Sie ausatmen, oder sich beim Ein- und Ausatmen langsam mit dem Kind im Arm hin und her wiegen.

10-Minuten-Yoga

Wenn Sie die Möglichkeit haben, die Schlafzimmertür hinter sich zuzumachen, können Sie einige einfache Yogaübungen absolvieren. Sie lassen sich auch im Büro oder in der Küche machen oder in Anwesenheit anderer Menschen, allerdings müssen Sie sich konzentrieren können. Ziel dieser Art des Yoga ist, daß Sie Ihre Lebensenergie steigern und harmonisch durch Ihren Körper fließen lassen. Sie lassen Spannungen los, bauen Energie auf und atmen tiefer. Wichtig ist dabei vor allem, daß Sie an den gegenwärtigen Augenblick denken und sich auf die Atmung und die Vorgänge in Ihrem Körper konzentrieren. Einer in Oxford durchgeführten Studie zufolge, die verschiedene Entspannungs- und Visualisierungstechniken und Yoga verglich, steigert Pranayama-Yoga in der Form, in der es von Sissel Fowler, einem erfahrenen Yogalehrer, gelehrt wird, mentale und physische Energien sowie die Konzentrationsfähigkeit effektiver als andere Entspannungs- und Visualisierungstechniken.[2]

Beginnen Sie damit, daß Sie mit geradem Rücken auf dem Boden oder auf einem Stuhl sitzen. Entspannen Sie sich und lauschen Sie Ihrem Atem. Achten Sie auf die Atembewegung in Ihrem Unterbauch. Dort befindet sich nach dieser Yogalehre Ihr Schwerezentrum. Beim Ein- und Ausatmen durch die Nase konzentrieren Sie sich auf das Ausatmen. Das Einatmen lassen Sie einfach geschehen. Lassen Sie sich Zeit, und halten Sie nach jedem Einatmen inne.

Brummen wie eine Hummel Bei dieser Übung brummen Sie beim Ausatmen. Atmen Sie langsam. Das Brummen kommt aus der Tiefe, ohne jede Anstrengung. Während Sie brummend ausatmen, spannen Sie die Bauchmuskeln an. Beim Einatmen lassen Sie sie wieder locker.

Anspannen des Beckenbodens Diese Rückbildungsübung kennen Sie bereits. Ziehen Sie die Muskeln um die Scheide und den Damm hoch und atmen Sie dabei ein. Dann lösen Sie die Spannung und atmen dabei langsam aus. Achten Sie darauf, was in Ihrem Bauch passiert.

Strecken auf den Zehenspitzen Strecken Sie im Stehen erst den einen und dann den anderen Arm kräftig nach oben und gehen Sie dabei auf die Zehenspitzen hoch. Während Sie sich strecken, lassen Sie grunzende Laute zu. Achten Sie auch bei dieser Übung darauf, was in Ihrem Bauch passiert.

Brustdehnung mit Drehung Verschränken Sie stehend die Hände hinter dem Rücken. Wölben Sie die Brust nach vorn und drücken Sie die Schulterblätter zusammen. Drehen Sie den Körper nach rechts und atmen Sie auf die Silbe »Ha« aus. Lassen Sie das Einatmen geschehen, und kehren Sie dabei in die Ausgangsposition zurück. Dann drehen Sie sich in gleicher Weise auf die andere Seite. Wiederholen Sie diese Übung fünf- bis siebenmal.

Halbmond Falten Sie die Hände hinter dem Kopf und biegen Sie Ihren Körper zur Seite. Dabei atmen Sie auf ein leises »Ha« aus. Während Sie langsam wieder einatmen, kehren Sie wieder zur Ausgangsposition zurück. Wiederholen Sie diese Übung fünf- bis zehnmal.

Schultern schütteln Laufen Sie auf der Stelle und schütteln Sie die Schultern aus. Beim Ausatmen geben Sie den Laut »A-a-a« von sich.

Armkreisen Beschreiben Sie mit dem rechten Arm von vorn nach hinten einen Kreis und schauen Sie dabei immer Ihre Hand an. Atmen Sie ein, wenn Sie den Arm heben, und atmen Sie aus, wenn Sie die Hand hinter sich senken. Geben Sie beim Ausatmen den Ton »O-oo« von sich. Wenn Sie diese Übung fünf- bis siebenmal gemacht haben, kehren Sie die Bewegung um. Dann kommt die andere Seite dran.

Diese simplen Yogaübungen haben den großen Vorteil, daß sie am Schreibtisch, in der Küche, kurz überall ausgeführt werden können, wo genügend Platz ist, die Arme kreisen zu lassen. Auch Babys finden sie sehr unterhaltsam.

Kopf-, Schulter- und Fußmassage

Jeder Mensch mit großen, einfühlsamen Händen kann massieren. Kopf-, Schulter- und Fußmassage können durchgeführt werden, ohne daß der Massierte sich ausziehen muß, und lindern Spannungen sofort. Dabei kann das Baby sogar an der Brust oder auf dem Schoß bleiben.

Kopfmassage Der Massierende fährt langsam mit den Fingerspitzen beider Hände kreisförmig über Ihren Kopf und bewegt dabei die Kopfhaut auf dem Schädelknochen. Dann verändert er die Bewegung leicht, indem er die eine Hand auf Ihre Stirn legt, während die andere Hand weiterhin mit kreisförmigen Bewegungen über den Hinterkopf gleitet.

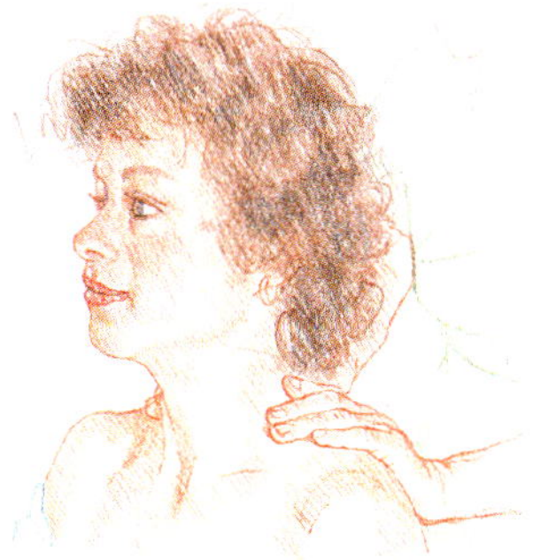

Nacken- und Schultermassage Wenn Sie die Möglichkeit haben, sich an Hals und Schultern freizumachen, ist diese Massage noch wirkungsvoller. Der Massierende hebt Ihre Haare hoch und streicht mit den Handflächen beider Hände in einer fließenden Bewegung von der Mitte des Nackens nach außen über Ihre Schultern und Oberarme bis zu den Ellbogen hinunter.

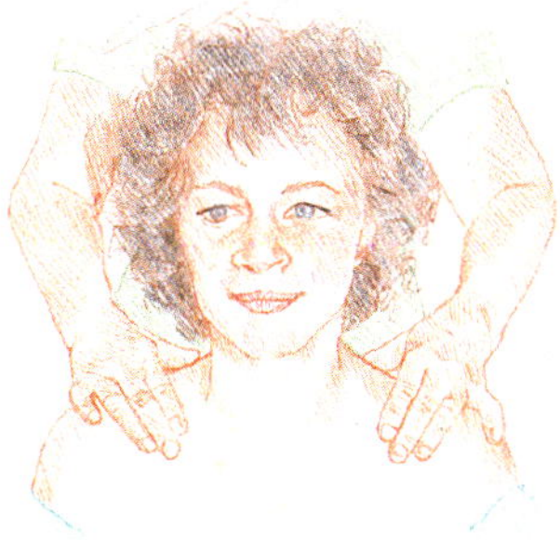

Jetzt legt der Massierende die Finger auf Ihre Schultern und massiert mit dem Daumen die kleinen Vertiefungen an beiden Seiten Ihrer Wirbelsäule.

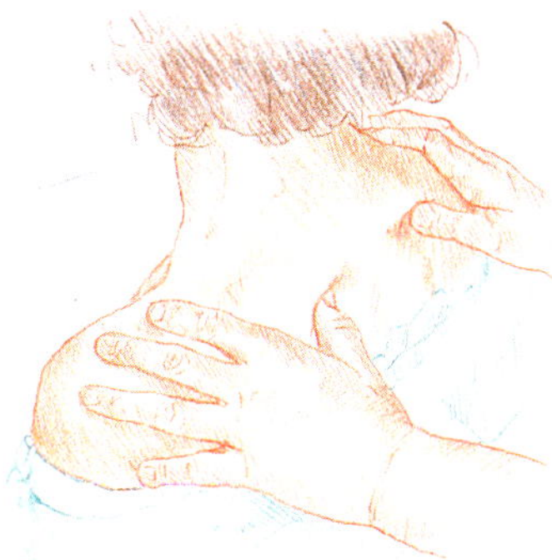

Anschließend bewegt sich der Daumen kreisförmig über die Schulterblätter.
Führen Sie dem Massierenden die Hand, und zeigen Sie ihm, wo die Massage besonders guttut.

Fußmassage Sie sitzen auf einem niedrigen Stuhl, der Massierende auf dem Fußboden. Ihre Füße ruhen auf einem Kissen auf dem Schoß des Massierenden. Zunächst streicht der Massierende mit beiden Händen in einer fließenden, kontinuierlichen Bewegung vom Knöchel über die Ferse entlang der Sohle bis zu den Zehen und wieder zurück über den Fußrücken zum Knöchel.

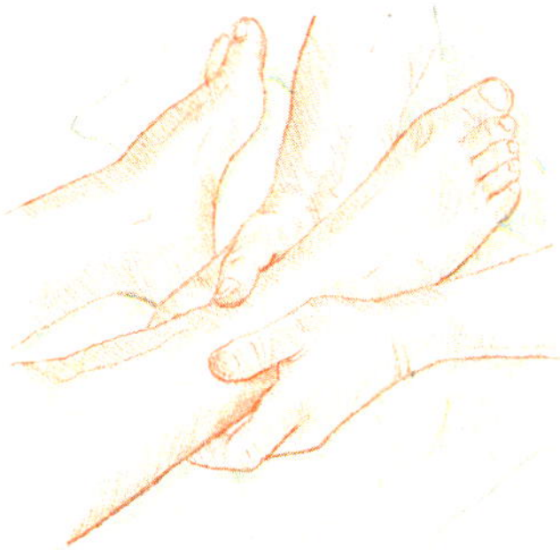

Jetzt packt der Massierende einen Knöchel mit beiden Händen. Dann drückt er jeweils abwechselnd mit einer Hand von der Seite auf Ihren Fuß und arbeitet sich so vom Knöchel hinunter zur Ferse und weiter zu den Zehen. Ihr Fuß wackelt dabei hin und her.

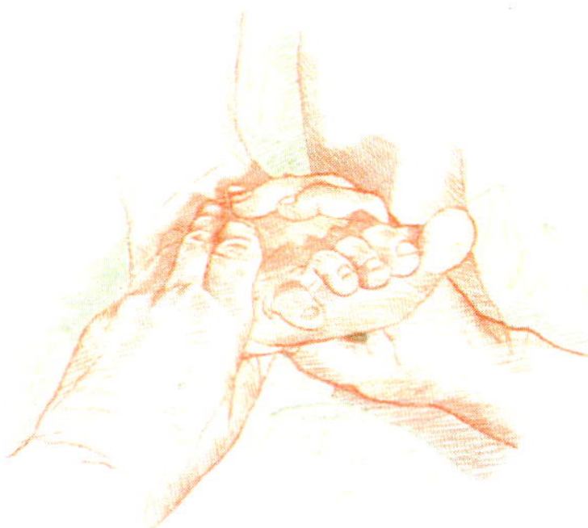

Der Massierende massiert den anderen Fuß auf die gleiche Weise und wechselt wiederholt zwischen den beiden Füßen ab. Dann legt er die beiden Daumen an den Fußballen des einen Fußes, während die Finger auf dem Fußrücken ruhen, und übt mit dem Daumen in kleinen kreisförmigen Bewegungen Druck aus.
Der andere Fuß wird auf die gleiche Weise massiert. Die Massage geht weiter, bis beide Füße entspannt sind.

Selbstmasssage von Kopf und Füßen Die Kopf- und Fußmassage können Sie mit Hilfe dieser Techniken auch selbst durchführen. Sie ist ein schneller Muntermacher, der Sie erfrischt und Ihnen neue Energie gibt.

Setzen Sie Ihr Baby nicht unter Druck

Sie sind oft gestreßt, weil das Kind unruhig und nörgelig ist. Hier ein paar Tips von Eltern, wie man Kinder beruhigen kann:

Füttern Sie das Kind sofort.
Gehen Sie, egal, wieviel Uhr es ist, mit dem Kind ins Bett und schenken Sie ihm Ihre ungeteilte Aufmerksamkeit – reden Sie mit ihm, erzählen Sie ihm eine Geschichte, hören Sie Musik oder schmusen Sie mit ihm.
Setzen Sie das Kind in die Badewanne oder nehmen Sie zusammen mit dem Kind ein Bad. Es kann ein entspannendes Bad sein oder ein lebhaftes. Zu einem lebhaften Bad brauchen Sie Eimer, Plastikbecher, Wasserpistolen, Ping-Pong-Bälle, Trichter und anderes Wasserspielzeug. Für ein Entspannungsbad ziehen Sie die Vorhänge zu, zünden eine Kerze an und spielen leise Musik.
Gehen Sie an die frische Luft. Füttern Sie die Enten, spielen Sie im Park oder schauen Sie den älteren Kindern am Klettergerüst zu.
Wenn es Schlafenszeit ist, hilft Wiegen, Streicheln, Massieren, Singen oder Summen einem Kind, ruhiger zu werden und einzuschlafen. Dämpfen Sie das Licht und vermeiden Sie jeden Reiz von außen.
Wenn ein Kind quengelig und übermüdet ist, aber sich nicht beruhigen will, setzen Sie es in den Kindersitz und fahren Sie im Auto ein Stück mit ihm. Damit es beim Herausheben nicht aufwacht, holen Sie es vorsichtig mit dem Kindersitz aus dem Auto oder entspannen Sie selbst mit einem Buch oder einer Näharbeit im Auto. Vielleicht nutzen Sie die Gelegenheit, um selbst ein bißchen zu schlafen.

Die Last teilen

Viele Mütter absolvieren zwei Vollzeitjobs ohne Bezahlung. Sie sind rund um die Uhr im Dienst, und wenn irgend etwas nicht klappt, wenden sich alle zuerst an sie. Eine Mutter formulierte das einmal so: »Meine Arbeit als Mutter mache ich immer, auch wenn ich anderen Arbeiten nachgehe oder etwas für mich selbst tue. Ich schätze, daß ich wenigstens die Hälfte der Zeit, die ich wach bin, und auch einen Teil der Zeit, die ich schlafe, aktiv als Mutter tätig bin.« Die Mutter schrieb auf, was sie in jeder einzelnen Stunde tat, und stellte fest, daß die Hausarbeit 42 Stunden pro Woche in Anspruch nahm, *die Versorgung der Kinder nicht eingerechnet.* Wenn ein Kind krank war, kam sie leicht auf über hundert Stunden pro Woche.[3]

Zuweilen kann sich ein frischgebackener Vater nicht vorstellen, warum seine Partnerin es offenbar nicht einmal schafft, die einfachsten Routinearbeiten zu erledigen, während er außer Hauses ist. Für ihn sieht es so aus, als habe sie den ganzen Tag nichts getan. Sie dagegen findet kaum Zeit, ein Bad zu nehmen, zu essen oder sich anzuziehen. Sie ärgert sich über einen Partner, der nicht begreift, wieviel Zeit ein Säugling beansprucht.

Auch wenn ein Mann arbeitslos ist und den ganzen Tag zu Hause verbringt, hat er oft keine Ahnung davon, welche Arbeiten im Laufe des Tages erledigt werden müssen. Viele Männer fühlen sich durch ihre Arbeitslosigkeit gedemütigt und überlassen Hausarbeit und Kinderbetreuung ihren

Frauen, weil sie sich dadurch in ihrer männlichen Identität bedroht fühlen. Andere würden gerne helfen, haben aber nie gelernt, Arbeiten zu erledigen, die eine Frau noch mit einer Hand tun könnte – vorausgesetzt, sie hätte die Zeit dazu. So sind beide Partner wütend aufeinander.
In solchen Situationen ist es hilfreich, sich zusammenzusetzen, die Arbeitsbelastung zu analysieren und festzulegen, wer für die verschiedenen Aufgaben zuständig ist, so daß sie gerecht verteilt werden.[4] Einige Frauen wollen eine solche Diskussion gar nicht erst anfangen, weil sie ihrer Ansicht nach ohnehin nur in einer Konfrontation endet und die Spannungen vergrößert. Andere Paare finden ein solches Gespräch sehr hilfreich. Vielleicht ist es besser, sich den Schwierigkeiten gleich zu stellen, als zuzulassen, daß Ärger und Verbitterung immer mehr Raum einnehmen.
Besprechen Sie detailliert, welche Verpflichtungen Sie haben, was Sie sonst noch gerne in Ihren Tagesablauf einbauen würden und wieviel Zeit pro Tag oder pro Woche diese Aufgaben beanspruchen. Manchmal müssen Sie zwei Dinge gleichzeitig tun, und Routinearbeiten dauern dann länger. Frauen können das oft ausgezeichnet; Männern dagegen fällt es schwerer, weil sie nicht daran gewöhnt sind.
Wenn einer von Ihnen noch studiert, müssen Sie die Zeit dafür auch einberechnen. Die Arbeit außerhalb des Hauses zieht zuweilen auch noch Arbeit zu Hause nach sich. Wenn Sie familiäre Verpflichtungen haben und sich vielleicht um ein Elternteil oder einen anderen Verwandten kümmern, muß auch diese Zeit berücksichtigt werden. Wenn Sie noch andere Kinder haben, klären Sie, wer mit ihnen spazierengeht, wer sich um die Hausaufgaben kümmert und wer sie zu ihren außerschulischen Hobbys bringt und wieder abholt. Wenn Sie Zwillinge haben oder ein behindertes Kind oder einen Säugling, der nicht schläft, oder wenn Sie selbst behindert sind, erörtern Sie, wie die dadurch anfallenden zusätzlichen Aufgaben aufgeteilt werden. Denken Sie auch an die Zeit, die Sie möglicherweise für Hobbys oder andere Aktivitäten brauchen.

Arbeitende Mütter

Es gibt keinen Zweifel: Alle Mütter sind arbeitende Mütter. Aber im Leben der Frauen, die zwischen bezahlter Berufsarbeit und unbezahlter Hausarbeit hin und her pendeln, nehmen die Arrangements zur Kinderbetreuung eine wichtige Stellung ein. Die Kinderbetreuung muß reibungslos funktionieren, sonst werden Zeitpläne und Fristen nicht eingehalten, Termine platzen, und als Folge leiden das Kind, die Mutter und die ganze Familie. Wenn Sie Ihr Kind in einer Kindertagesstätte unterbringen, ist das Verhältnis zum Personal möglicherweise recht unpersönlich, und Sie lernen die Menschen, die sich um Ihr Kind kümmern, nie richtig kennen. Das ist ein großer Nachteil von Kindertagesstätten, und es kostet Sie vielleicht besondere Mühe, eine gute Beziehung zu den Betreuungspersonen her-

zustellen. Die Beziehung zu der betreuenden Person ist von entscheidender Bedeutung für die Effizienz der Frau am Arbeitsplatz und für das Wohlergehen des Kindes.

Beruflich erfolgreiche Frauen müssen gewöhnlich gut aufpassen, daß nichts aus dem Kinderzimmer in die Vorstandsbesprechung dringt. Sie organisieren komplizierte Regelungen, um ihre beiden Leben zu trennen. Die Arbeit darf sich zwar zu Hause bemerkbar machen, am Arbeitsplatz jedoch sind häusliche Probleme tabu. Der Preis, den erfolgreiche Frauen für ihre Karriere bezahlen, besteht darin, daß sie männliches Verhalten imitieren. Ein Mann kann seine Verspätung bei einer Ausschußsitzung nicht damit entschuldigen, daß sein Kind Fieber hat. Er muß vielmehr sagen, daß sein Zug Verspätung gehabt oder daß er keinen Parkplatz gefunden hat. So müssen sich auch die meisten Frauen verhalten. Wenn sich Frauen, die in der Öffentlichkeit stehen, nicht wie Männer verhalten, sto-

ßen sie oft auf Kritik. Ein weiblicher britischer Fernsehstar, deren Baby man während eines Rundfunkinterviews schmatzend an der Brust trinken hörte, und eine Abgeordnete, die ihr Kind im Unterhaus fütterte, wurden in der Presse scharf angegriffen, weil sie ihre Mutterschaft zur Schau stellten und auf peinliche Weise öffentlich ihre milchgebenden Brüste zeigten. Wer als Frau seine Mutterrolle nicht streng von seiner Rolle am Arbeitsplatz trennt, muß mit starken Ressentiments rechnen.
Untersuchungen in den Vereinigten Staaten zeigen, daß stillende Mütter an ihrem Arbeitsplatz von Vorgesetzten oft mehr unterstützt werden als von Arbeitskollegen – vor allem, wenn die Vorgesetzten selbst gestillt haben oder wenn, bei Männern, die Partnerinnen gestillt haben. Viele Frauen pumpen in der Mittagspause Milch ab, um die Milchproduktion in Gang zu halten. Viele Kollegen reagieren darauf feindselig, möglicherweise weil sie eifersüchtig darauf sind, daß eine Frau trotz ihrer Berufstätigkeit stillt. Aus den Untersuchungen geht hervor, daß so etwas meistens in Büros oder an Schulen vorkommt. Besonders wichtig fanden Frauen, die erfolgreich weitergestillt haben, die Unterstützung durch Vorgesetzte und Kollegen, die Möglichkeit, notfalls ohne viel Umstände einen Tag frei zu bekommen und, falls die Arbeitsstelle nicht zu weit von dem Säugling entfernt war, die Möglichkeit, das Kind in den Arbeitspausen zu stillen.[5]

Zurück zur Arbeit?

Vielleicht müssen Sie schon lange bevor Ihr Kind ein Jahr alt ist, eine Kinderbetreuung organisieren. Ihr Arbeitsplatz wartet auf Sie; Sie können den Mutterschaftsurlaub nicht verlängern; Sie brauchen Ihr Einkommen, um Schulden zu bezahlen oder einfach, um über die Runden zu kommen. Vielleicht glauben Sie aber auch, daß es wichtig ist, in diesen wichtigen ersten Lebensjahren bei Ihrem Kind zu bleiben, und Sie sind bereit, Ihren Lebensstandard zu senken, damit Sie eine Vollzeitmutter sein können.

»Ich möchte mein Kind nicht bei einem fremden Menschen abgeben. Für mich ist diese Zeit zu Hause mit dem Baby sehr wertvoll.«

Viele Frauen haben keine andere Wahl, als außerhalb des Hauses zu arbeiten. In Großbritannien gehen Staat, Industrie, Verwaltung und viele Schulen davon aus, daß jedes Kind zwei Eltern hat: Einer sorgt für den Broterwerb, der andere betreut das Kind. Aber viele tausend Familien brauchen zwei Einkommen. Kinderbetreuung ist ein drängendes Problem. Drei von fünf Frauen kehren im ersten Lebensjahr des Kindes an ihren Arbeitsplatz zurück. Wegen der Kosten für die Kinderbetreuung bleibt nur wenig von ihrem Einkommen übrig.
In vielen Teilen Großbritanniens sind heutzutage die Frauen die Ernährer der Familien. 70 Prozent der verheirateten Frauen zwischen sechzehn und neunundfünfzig sind berufstätig. Vor zwanzig Jahren waren 60 Prozent der arbeitenden Bevölkerung Männer; heute sind es nur noch 51 Prozent.[6]

Fast die Hälfte dieser Frauen arbeitet teilzeit, und fast alle üben schlecht bezahlte, niedrig qualifizierte Tätigkeiten an Arbeitsplätzen aus, die viele Männer gar nicht annehmen würden. Der Verdienst von Frauen liegt trotz rechtlicher Gleichstellung immer noch deutlich unter dem Verdienst von Männern. In Landesteilen mit hoher Arbeitslosigkeit tragen oft nur berufstätige Mütter zum Unterhalt der Familie bei. Ohne ihre Einkünfte würde sich die Zahl der armen Familien verdreifachen.

»Ich habe meine Karriere auf Eis gelegt. Diese Zeit kommt nie wieder.«

Frauen arbeiten jedoch auch aus vielen anderen Gründen außerhalb des Hauses. Vielleicht können sie sich nur so eine gewisse Selbständigkeit bewahren. Sie freuen sich auf eine Zukunft jenseits der Kindererziehung. »Frauen sind nicht einfach deshalb berufstätig, weil sie keinen Mann finden, der eine Familie versorgen kann. Sie arbeiten, weil sie arbeiten wollen, weil sie ihren Lebensunterhalt selbst verdienen wollen, weil sie ihre Fähigkeiten und ihre Ausbildung nutzen wollen, weil sie die Gesellschaft von Erwachsenen suchen und weil sie wissen, daß die Ehe nicht unbedingt lebenslange finanzielle Sicherheit bedeutet.«[7]

»Ein Baby spürt, wenn Sie gereizt, frustriert oder zornig sind. Ich bin eine viel bessere Mutter, wenn ich eine Pause vom Kind hatte.«

In Australien beispielsweise ist der Mann nur in 32 Prozent der Familien der alleinige Ernährer. Über die Hälfte aller Frauen zwischen sechzehn und neunundfünfzig sind berufstätig. Frauen, die etwas zum Familieneinkommen beitragen können, und sei es auch nur mit Teilzeitarbeit, stehen wie in Großbritannien unter großem Druck – nicht zuletzt von seiten des Arbeitgebers –, möglichst schnell nach der Geburt des Kindes wieder an den Arbeitsplatz zurückzukehren.

Vielleicht sehnen auch Sie sich nach Ihrer Arbeit, vielleicht sind Sie aber auch hin- und hergerissen, oder Sie wollen Ihr Baby nicht allein lassen. Vielleicht wollten Sie ursprünglich sofort wieder arbeiten, aber jetzt verspüren Sie den heftigen Wunsch, bei Ihrem Kind zu bleiben. Wenn man Mutter geworden ist, verlagern sich die Prioritäten oft. Sie könnten es als großen Verlust empfinden, wenn Sie verpassen, wie Ihr Kind sich zum ersten Mal dreht, wie es sich zum ersten Mal zum Stehen hochzieht, die ersten Schritte macht, das erste Mal »Mama« oder »Hund« sagt oder das erste Mal winke, winke macht. Sie fühlen sich vielleicht betrogen, wenn Ihr Kind diese Dinge »für« einen anderen Menschen tut und nicht für Sie. Es ist schwer, keine Eifersucht auf die Person zu empfinden, die Ihr Kind in Ihrer Abwesenheit betreut, oder ihr die Liebe zu gönnen, die das Kind ihr entgegenbringt. Kinderbetreuung ist nicht irgendeine Tätigkeit. Man muß in diesem Zusammenhang zwar viele praktische Überlegungen anstellen, aber es spielen auch tiefe, oft verwirrende Gefühle eine Rolle.

»Mein Mann ist arbeitslos, und wir brauchen das Geld. Ich habe keine Wahl.«

Kinderbetreuung

Kein europäisches Land verfügt über angemessene staatlich finanzierte Einrichtungen zur Kinderbetreuung. Die besten Möglichkeiten bietet noch Dänemark, wo ungefähr die Hälfte aller Familien versorgt ist. In der

Liste der europäischen Gemeinschaft folgen dann Frankreich und Belgien mit Plätzen für 20 Prozent der Familien, während es in Großbritannien nur für zwei bis drei Prozent der Kinder unter drei einen Platz in einer staatlichen Kindertagesstätte gibt. Die Frauen sind also überall gezwungen zu entscheiden, ob sie zu Hause bleiben oder die Kinderbetreuung privat organisieren wollen, was oft provisorisch und unzureichend ist.

Kinderbetreuung muß freilich nicht unbedingt eine Option zweiter Wahl sein. Eine gute Betreuung bietet dem Kind ein vielfältigeres soziales Umfeld, Anregungen und Freundschaften mit anderen Kindern und Erwachsenen. Die Welt des Kindes wird größer, es kann mehr Erfahrungen machen. Eine Untersuchung in Schweden zeigt, daß Kinder, die bereits vor ihrem ersten Geburtstag in Kindertagesstätten waren, als Teenager mehr soziales Selbstvertrauen haben als Kinder, die bis zum Schulalter ausschließlich von ihren Müttern betreut wurden.[8]

Neunzig Prozent der britischen Frauen mit Kindern unter vier sind bei der Kinderbetreuung auf die Hilfe von Verwandten angewiesen. Vielleicht wollen das viele, aber sie haben auch kaum eine andere Wahl. Die große Mehrheit dieser Frauen kann sich keine Kinderfrau leisten, und selbst wenn sie einen Kinderladen, eine Krippe oder eine Tagesmutter finden, verlangt es ihnen immer wieder einen organisatorischen Balanceakt ab, das Kind zur Betreuung hinzubringen und wieder abzuholen.

Vielleicht haben Sie sich schon überlegt, wie Sie es machen wollen. Kinder unter zwei fühlen sich am wohlsten, wenn sie allein und von nicht mehr als zwei bis drei Personen (einschließlich Ihnen) betreut werden. Babys hängen sich an eine geliebte Person. Wenn Ihr Kind in einer Krippe ist, sollte es dort eine Person geben, die hauptsächlich für Ihr Kind verantwortlich ist. Funktioniert das gut, hängt das Kind sehr an ihr, und sie hängt ihrerseits auch am Kind. Eine solche Beziehung kann so eng sein, daß die Mutter das Gefühl hat, etwas zu versäumen, und auf die Nähe zwischen Kind und Betreuungsperson eifersüchtig wird. Aber die Bindung zwischen den beiden beweist, daß die Beziehung funktioniert. Das Traurige an den Kinderkrippen im kommunistischen Rußland war, daß es für die Babys, die von den arbeitenden Müttern in den Krippen abgegeben wurden, keine Bezugspersonen gab, die sie lieben und von denen sie geliebt werden konnten. Ein Baby war nur Teil einer gut organisierten, disziplinierten Herde.

Vieles spricht dafür, ein Kind unter fünfzehn Monaten zu Hause oder in der Wohnung einer Tagesmutter betreuen zu lassen. Wenn das Kind nicht zu Hause betreut werden kann, sollte der Ort der Betreuung nicht länger als zehn Minuten von Ihrer Wohnung oder von Ihrem Arbeitsplatz entfernt sein. So sorgen Sie für Sicherheit und Beständigkeit und vermeiden lange Fahrten – oft bei schlechtem Wetter – mit einem schläfrigen oder schlafenden Kind oder mit einem Kind, das gerade eine Krankheit ausbrütet.

Vielleicht ist eine Tagesmutter, die das Kind in ihrer Wohnung betreut, die einzige praktikable Lösung. Sobald ihr Kind acht, neun Monate alt ist, hat es durchaus Vorteile, wenn die Tagesmutter selbst noch ein oder zwei Kinder hat. So kann Ihr Kind Beziehungen zu anderen Kindern aufbauen und hat als Teil einer kleinen Familie dennoch die individuelle Aufmerksamkeit der Betreuerin.

Das Bewerbungsgespräch

Für das Bewerbungsgespräch mit einer potentiellen Tagesmutter oder Kinderfrau brauchen Sie viel Zeit, damit Sie sie wirklich kennenlernen. Sie wird bald für einige Zeit einer der wichtigsten Menschen in Ihrem Leben sein, und eine solche Beziehung sollte man nicht leichtfertig beginnen. Sie wollen vielleicht wissen, warum sie diese Arbeit tut, was für Kinder sie bisher betreut hat und welche Altersgruppe sie am meisten mag. Außerdem möchten Sie eine Vorstellung von ihren Werten und Erziehungsidealen gewinnen. Stellen Sie fest, welche Erfahrungen sie gemacht hat und wie lange sie diese Tätigkeit bereits ausübt. Wenn sie selbst Kinder hat, fragen Sie auch nach ihnen, und bekunden Sie Interesse an dem Menschen, der Ihnen gegenübersitzt.
Bitten Sie immer um zwei Empfehlungsschreiben, am besten von Menschen, für die sie in ähnlicher Funktion gearbeitet hat. Vielleicht gefällt Ihnen irgend etwas an der Bewerberin nicht. Trauen Sie Ihrem Gefühl, auch wenn Sie es nicht erklären können.
Wenn Sie Ihr Kind in die Wohnung der Tagesmutter bringen wollen, sollten Sie auch deren Kinder, ihren Lebenspartner und alle anderen Menschen kennenlernen, die sich dort aufhalten und etwas mit Ihrem Kind zu tun haben werden. Fragen Sie sie, wer tagsüber sonst noch in der Wohnung ist und wann sie die entsprechenden Personen kennenlernen können.
Wenn die Tagesmutter zu Ihnen nach Hause kommt, müssen Sie klären, ob sie Hausarbeit verrichten soll oder nicht. Wenn ja, stellen Sie klar, daß

immer zuerst das Baby kommt und dann das Staubsaugen. Stellen Sie offene Fragen statt Fragen, die man mit »ja« oder »nein« beantworten kann oder die die erwartete Antwort durchblicken lassen. »Was machen Sie, wenn ein Baby nicht schlafen will?« oder »Wie gehen Sie mit einem Kind um, das weint, wenn die Mutter geht?« sind bessere Fragen als »Sie lassen ein Kind doch nicht schreien, oder?«

Nehmen Sie Ihr Kind ruhig zu dem Gespräch mit. So erhalten Sie einen Eindruck davon, wie die Tagesmutter auf das Kind zugeht und wie das Kind auf sie reagiert. Wenn das Kind schon krabbelt oder läuft, lassen Sie es auf den Boden und warten Sie ab, was passiert. Geben Sie den beiden die Möglichkeit, sich kennenzulernen.

Achten Sie bei dem Gespräch darauf, wie die Tagesmutter mit Kindern umgeht. Wenn Sie sich während ihrer Arbeitszeit unterhalten, müssen Sie darauf gefaßt sein, das Gespräch zu unterbrechen, damit sie sich den Kindern zuwenden kann. Wie redet sie mit ihnen? Geht sie einfühlsam auf sie ein? Mag sie sie? Hat sie Geduld, und nimmt sie die Kinder ernst? Wie reagieren die Kinder auf sie? Hat sie genügend Kraft, Energie und Ausdauer, um mit mehreren Kindern gleichzeitig fertig zu werden?

Vergessen Sie nicht abzuklären, was geschieht, wenn die Tagesmutter oder Ihr Kind krank sind, und erörtern Sie, wie Sie die Urlaubszeit – Ihre und die der Tagesmutter – organisatorisch überbrücken.

Wenn Ihr Kind in einer Krippe betreut werden soll, fragen Sie, ob Sie den Kindern einfach einmal eine Weile zusehen dürfen. Wahrscheinlich wollen Sie wissen, nach welchen Kriterien die Betreuer ausgewählt wurden, was für die Betreuer selbst besonders wichtig ist und was sich im vergangenen Jahr in der Krippe geändert hat. Bitten Sie darum, mit anderen Eltern bekannt gemacht zu werden, die Kinder im gleichen Alter in der Krippe haben, denn aus ihren Erfahrungen können Sie viel lernen.

So ruhig wie möglich

Auch wenn es sich nach übertriebener Perfektion anhört: Bereiten Sie möglichst alles abends vor, wenn Sie Ihr Kind außer Haus betreuen lassen, und vermeiden Sie morgens jede Hektik. Decken Sie den Frühstückstisch und legen Sie die Kleider Ihres Kindes bereit, damit Sie am Morgen ruhig und zärtlich sein können und Zeit für eine Schmuserunde haben. Wenn Sie mit einem Partner zusammenleben, kann einer von Ihnen die Arbeiten in der Küche erledigen, während der andere seine Aufmerksamkeit voll dem Kind widmet, wenn auch nur für fünf wertvolle Minuten.

Kinder fühlen sich sicher, wenn ihr Leben einer gewissen Regelmäßigkeit unterliegt. Reden Sie davon, was als nächstes passieren wird. Machen Sie eine Geschichte daraus.

Lassen Sie Ihr Baby niemals ohne eine Eingewöhnungsphase in der Obhut eines fremden Menschen. Bleiben Sie dort, aber halten Sie sich möglichst im Hintergrund. Kinder zwischen neun Monaten und zwei Jahren empfinden eine Trennung als besonders schlimm. Sie müssen die ersten paar Tage, vielleicht aber auch die ersten Wochen dableiben, bevor das Kind der fremden Betreuungsperson traut. Sie können es langsam eingewöhnen, indem Sie die Zeit, die Sie dabeibleiben, täglich ein wenig verkürzen. Vielleicht bleiben Sie anfangs die ganze Zeit da, dann die Hälfte der Zeit, in der folgenden Woche dann nur noch ein oder zwei Stunden, während das Kind und die Tagesmutter sich immer besser kennenlernen. Wenn das Kind zu Hause betreut wird, versuchen Sie zunächst nur ungefähr eine Stunde weg zu sein. In dem Maße, wie das Kind sich an die Tagesmutter gewöhnt, Vertrauen zu ihr faßt und mit ihr glücklich ist, können Sie länger wegbleiben.

Auch ein Gegenstand, den das Kind mit Ihnen in Verbindung bringt – ein Schal, eine Tasche oder sonst irgend etwas Vertrautes –, kann ihm helfen, mit Ihrer Abwesenheit fertig zu werden. Wenn das Baby in einer fremden Umgebung betreut wird, könnten Sie das Mobile mitnehmen, das das Kind immer sieht, wenn es in seinem Bett liegt, oder eine geliebte Puppe, einen Teddybär oder eine Decke. In einer psychologischen Arbeit über Kinderbetreuung heißt es, Kinder würden sehr an ihrem Autositz hängen. Wenn Sie den Sitz bei Ihrem Kind lassen, sagen Sie ihm damit, daß es bald wieder mit Ihnen zusammen im Auto nach Hause fahren wird.[9]

»Sie kam mit sieben Monaten zur Tagesmutter, und es ging alles gut, bis sie laufen konnte. Dann schrie sie, wenn ich ging. Wir mußten das gesamte Eingewöhnungsprogramm noch einmal durchziehen.«

Wenn Sie gehen, dürfen Sie sich niemals hinausschleichen und hoffen, daß das Kind es nicht bemerkt. Verabschieden Sie sich, auch wenn das Kind dann betrübt ist. Vielleicht entwickeln Sie ein Abschiedsritual – einen Reim, eine Umarmung, ein Lied – ähnlich wie das Zubettgeh-Ritual.

Aber machen Sie es kurz. Drücken Sie sich nicht besorgt herum und warten Sie auch nicht draußen vor der Tür, um wieder hineinzustürmen, falls das Kind weint. Damit gewöhnen Sie ihm nur an zu weinen, damit Sie wieder zurückkommen.

Sie werden sich bei der Arbeit sehr unwohl fühlen, wenn Ihr Kind betrübt war, als Sie es verlassen haben. Vielleicht wollen Sie sich vergewissern, daß alles in Ordnung ist, aber drei oder vier Anrufe unterbrechen die Tagesmutter beim Aufbau einer Beziehung zu Ihrem Kind, lenken sie ab oder wecken ein schlafendes Baby auf.

Machen Sie eine feste Zeit aus, zu der Sie sich mit der betreuenden Person unterhalten. Fragen Sie, was Ihr Kind getan hat, wie müde es ist, was es ißt und trinkt und ob es Schwierigkeiten gab.

Schenken Sie Ihrem Kind Ihre ungeteilte Aufmerksamkeit, wenn Sie von der Arbeit zurückkommen oder das Kind bei der Tagesmutter abholen, und sei es auch nur für kurze Zeit. Nehmen Sie gemeinsam mit ihm einen kleinen Imbiß zu sich, duschen oder baden Sie zusammen, setzen Sie sich mit dem Lieblingsbilderbuch aufs Bett, oder legen Sie ein paar Lieblingsspielsachen für diese besondere halbe Stunde bereit. Ein Kind, das sich an eine neue Umgebung und verschiedene neue Bezugspersonen gewöhnen muß, ist vielleicht sehr müde und unleidlich. Es protestiert, indem es sich von seiner schwierigsten Seite zeigt, sobald Sie bei ihm sind.

Wenn ein Kind die betreuende Person zur richtigen Zeit kennenlernt, kann diese Beziehung jedoch seine soziale Welt vergrößern und bereichern, selbst wenn die Trennung zunächst für alle Beteiligten schwierig ist. Das Kind lernt, daß Sie immer wieder zurückkommen. Das ist sehr wichtig für das Vertrauen zwischen Ihnen und Ihrem Kind. Die Gewißheit der Kontinuität – der Fels, auf den das Kind baut – und die Gewißheit, daß Sie trotz Ihrer vorübergehenden Abwesenheit immer wieder zurückkehren und Ihr Kind liebevoll umarmen, geben dem Kind eine Sicherheit, die sogar größer sein kann, als wenn die Mutter ihr Kind niemals verläßt und alle seine Bedürfnisse selbst befriedigen will.

Auf der ganzen Welt werden Kinder in traditionellen Kulturen außer von ihrer Mutter noch von anderen Frauen – Verwandten oder Freundinnen – betreut. Allerdings haben diese Personen dasselbe Wertesystem wie die Mutter und verhalten sich den Kindern gegenüber ähnlich. In westlichen Gesellschaften unterscheiden sich die Wertvorstellungen der Mütter oft deutlich von den Wertvorstellungen der betreuenden Personen. Eine Mutter kann nicht sicher sein, daß die Tagesmutter die Überzeugungen und

Wertvorstellungen teilt, die sie ihrem Kind vermitteln will. Das bedeutet immer ein gewisses Risiko. Doch ein Kind paßt sich in verschiedenen Umgebungen meist sehr bereitwillig verschiedenen Standards und Überzeugungen an. Und auch Frauen sehr unterschiedlicher Herkunft entwikkeln enge Beziehungen, wenn sie dasselbe Kind lieben und für es sorgen. Diese Gemeinschaft ist ein starkes Fundament, und in ihr lernt das Kind die weiblichen Bande der Liebe und des gegenseitigen Verständnisses kennen, die die Grundlage jeder menschlichen Gesellschaft bilden.

Ein Netz von Helfern

Jede Mutter, ob berufstätig oder nicht, profitiert von einem Netz von Helfern, die ihr zur Seite stehen, wenn Probleme zu bewältigen sind. Das gilt vor allem dann, wenn Sie alleinerziehend sind oder Ihr Partner sich an der Betreuung und Versorgung des Kindes nicht beteiligt oder der Zeit, die er mit dem Baby verbringt, keinen Vorrang einräumt.
Viele Frauen nutzen den Mutterschaftsurlaub dazu, ein solches Netz aufzubauen und Verbindungen zu entsprechenden Menschen in der näheren Umgebung herzustellen. Sie lernen diese Menschen bei Rückbildungskursen, in Diskussionsrunden für Eltern, am Schultor oder beim Gottesdienst kennen. Vielleicht bemühen Sie sich besonders darum, Frauen kennenzulernen, die Babys im gleichen Alter haben. Oder Sie suchen sich ältere Frauen, die Ihnen vielleicht helfen können, weil ihre Kinder schon aus dem Haus sind.
Vielleicht gibt es bei Ihnen auch einen Verband berufstätiger Frauen. Dort können Sie sich anderen Müttern anschließen und Forderungen zu flexibleren Arbeitszeiten, besseren Betreuungsmöglichkeiten und Job-Sharing-Plänen formulieren. Oft ist es effektiver, wenn eine Organisation konstruktive Vorschläge macht, als wenn eine einzelne Frau um besondere Rücksichtnahme und Arrangements bittet, die ihr angenehm sind.
Gründen Sie eine Babysitter-Kooperative, oder treten Sie einer entsprechenden Organisation bei, wenn Sie abends ausgehen wollen. Probieren Sie aus, ob Sie sich mit jemandem eine Kinderfrau teilen können, oder wechseln Sie sich mit jemandem bei der Kinderbetreuung ab.
Eine Mutter kann für ihr Kind nicht alles sein, und wenn sie sich noch so anstrengt. Einige Frauen haben ein schlechtes Gewissen, weil sie gerne arbeiten gehen und ein zweites Leben neben dem Baby führen. Als gute Mutter, so meinen sie, müßten sie das Kind zu hundert Prozent betreuen, und zwar jeden Tag und zu jeder Stunde. Wenn eine Frau willens und bereit ist, sich so zu engagieren und Freude daran hat, dann ist das schön. Viele Mütter können ihrem Baby jedoch nicht rund um die Uhr ihre volle, ungeteilte Aufmerksamkeit schenken, und sei es nur, weil sie noch andere Kinder haben. Eine Frau und ein Baby profitieren davon, wenn andere Menschen liebevoll Verantwortung übernehmen.

Theorien über Beziehungen und die geheimnisvolle Mutter-Kind-Bindung haben viel dazu beigetragen, die Versorgung von Neugeborenen in Kliniken zu verbessern, aber sie werden oft auch fehlinterpretiert und verzerrt, so daß sie zu fast religiösen Geboten werden, nach denen Sie Ihr Baby nicht mehr ablegen und es von keinem anderen Menschen betreuen lassen dürfen – sonst trägt es angeblich emotionale Schäden davon. Irgendwelche Gurus und Lehrer, die längst vergessen oder nie erlebt haben, wie es ist, vierundzwanzig Stunden täglich mit einem Baby zu verbringen und die Last der Verantwortung für ein anderes Leben ganz allein zu tragen, fordern ein unmögliches Maß an Hingabe und die totale Selbstaufgabe der Mutter. Diese konstruierte Ausschließlichkeit der Beziehung zwischen Mutter und Kind ist eine Erfindung des 20. Jahrhunderts; außerhalb der reichen westeuropäischen Länder, wo es kaum noch Großfamilien gibt und wo Mütter mit ihren Babys oft für endlose Stunden vom Kontakt mit anderen Menschen abgeschnitten sind, gibt es sie nicht.

Wenn eine Frau ihr Kind hegen und pflegen soll, dann muß sie selbst unterstützt und gepflegt werden. Dazu gehört, daß man ihr Recht anerkennt, sich auch außerhalb ihrer Mutterrolle zu verwirklichen.

Für das Kind kann es eine sehr bereichernde Erfahrung sein, von verschiedenen Menschen betreut und geliebt zu werden. Wenn Sie Ihr Baby langsam in eine größere soziale Welt einführen, ihm dabei positive Erlebnisse verschaffen und es unterstützen, schaffen Sie dadurch die Voraussetzung, daß es später Beziehungen eingehen kann, daß es die Kunst des Gebens und Nehmens lernt und daß es Selbstvertrauen entwickelt.

Die Helfer einer Frau

Mein Partner; wir versuchen, uns die Arbeit zu teilen.
Frau Smith wohnt nebenan und paßt gelegentlich auf Ben auf. Dann können wir mal ins Theater oder in ein Konzert.
Frau Smiths Tochter Laura paßt nach der Schule auf die Kinder auf.
Meine Schwägerin gibt großzügig abgelegte Kleidungsstücke und Pflegeutensilien weiter.
Meine Eltern nehmen unsere Tochter ein paar Stunden pro Woche. Ich lasse Muttermilch im Kühlschrank.
John und Lucy, ein Paar, das wir in einer Diskussionsgruppe nach der Geburt kennnengelernt haben, helfen gelegentlich aus.
Vivien und Ann: Vivien ist Erzieherin, Ann Bibliothekarin für Kinderbücher, und beide helfen gerne, wo sie können.
Anima und Melissa. Anima nimmt Ben, wenn ich eine Pause brauche oder etwas vorhabe, und ich nehme Melissa, wenn Anima ausgehen will.
Meine Hebamme – mit ihr kann ich über alle Gesundheitsfragen reden.
Mein Hausarzt.
Claire macht eine Ausbildung zur Erzieherin. Sie hilft mir einmal pro Woche im Rahmen eines Praktikums, damit ich studieren kann.

Elternschaft ist für Männer und Frauen ein Sprung ins Ungewisse. Ob Sie die Schwangerschaft nun geplant haben oder ob Sie überrascht worden sind – Sie müssen allen Mut zusammennehmen, wenn Sie sich auf diese erstaunliche Reise machen, die Sie weit in die Zukunft führt, über Geburt und Babyzeit hinaus bis zu Ihrem Tod. Elternschaft hört nicht auf, wenn Ihre Kinder keine Kinder mehr sind. Sie bleiben auch dann eine Mutter oder ein Vater, wenn Ihre Kinder erwachsen sind; Sie bleiben es, so lange Sie leben.

Alles beginnt mit einem intimen, sexuellen Akt zwischen zwei Menschen, den diese für ihre ureigene Sache halten. Vielleicht ist er Ausdruck gegenseitiger Hingabe oder nur eine zufällige Begegnung. Ein Kind wird gezeugt. Andere Menschen erfahren davon. Ein Baby wird geboren. Beziehungen verändern sich und kristallisieren sich um dieses neue Menschenkind; neue Bande der Liebe und Fürsorge entstehen.

Die Geburt eines Kindes verknüpft Lebenswege, und bisher vielleicht schwache Bindungen werden stärker. Die Familie, Freunde und manchmal sogar völlig Fremde strecken die Hände aus und begrüßen das neue Leben, als ob dieses Kind Hoffnung auch für ihr Leben bringe. Frauen tun sich zusammen, vertrauen einander und helfen einander. In traditionellen Kulturen wird das ganze Gemeinwesen durch Kinder enger zusammengebracht.

Mit der Geburt eines Kindes verändert sich das Leben der Eltern unwiderruflich. Die Vergangenheit verbindet sich mit der Zukunft. Verbindungen zur Vergangenheit über die Eltern oder Großeltern bekommen eine Bedeutung, die vielleicht nie zuvor wahrgenommen wurde. Die Zukunft – und zwar nicht nur unsere persönliche Zukunft, sondern die Zukunft der Welt, in der unser Kind leben muß – wird wichtig wie nie zuvor. Unsere tiefsten Überzeugungen und die Normen, nach denen wir leben, müssen ihren Wert beweisen.

Für einen Mann beginnt ein langer und oft schwieriger Prozeß: Er muß lernen, ein Vater zu sein. Eine Frau begibt sich auf die schmerzvolle, beschwerliche und aufregende Reise zur Mutterschaft. Sie durchlebt dabei die widersprüchlichsten Gefühle, Phasen der Erschöpfung und des Hochgefühls und Durststrecken, während derer sie glaubt, daß sie niemals eine gute Mutter wird, und sie muß all ihre Energie und Willenskraft zusammennehmen, um die anstehenden Probleme zu bewältigen. Auf dieser Reise wird sie auch immer wieder mit sich selbst konfrontiert. Und während sie sich zur Mutter entwickelt, entdeckt sie, oft zum ersten Mal in ihrem Leben, über wieviel Kraft sie verfügt.

Danksagung

Ich stütze mich in diesem Buch auf Wissen und Erfahrungen zahlreicher Frauen, die mir geholfen haben, die Herausforderungen des ersten Jahres nach der Geburt besser zu verstehen. Ich danke ihnen für alles, was ich von ihnen lernen konnte. Sie leben in verschiedenen Ländern auf der ganzen Welt, kommen aus ganz verschiedenen Kulturen und Gesellschaftsschichten und haben die unterschiedlichsten positiven und negativen Erfahrungen gemacht. Ich hoffe, daß ich ihre Stimme auf den vorangehenden Seiten lebendig und verständlich wiedergegeben habe.

Ganz besonders danken möchte ich Vreni Booth, Sissel Fowler, Clare Phillips, Chloe Fisher, Hiromi Takahashi, Janette Brandt aus Schweden, Carol Fallows aus Australien, Penny Simkin aus den Vereinigten Staaten und Louise Shimitzu aus Japan.

Den Bildern liegen Fotos zugrunde, die zum großen Teil bei mir zu Hause aufgenommen wurden; die darauf abgebildeten Mütter mit ihren Babies waren bereit, sich fotografieren zu lassen, damit die Bilder dieses Buches Situationen aus dem realen Leben zeigen.

Murray Enkin MD FRCS, ein Geburtshelfer und zugleich lieber Freund, hat mir besonders mit Informationen zur Episiotomie und zum Beckenboden geholfen, Bruce Flamm MD FACOG mit Informationen zur amerikanischen Gesundheitspraxis.

Rosemary Beers ist eine zuverlässige, engagierte Sekretärin, die meine Texte mit erstaunlicher Geschwindigkeit am Computer verarbeitete. Meine Tochter Tess hat sichergestellt, daß die Technik stets einwandfrei funktionierte, eine andere Tochter, Nell, hat uns mit köstlichem selbstgebakkenem Brot versorgt. Celias anregende fernmündliche Kommentare sorgten wie immer dafür, daß ich selbstkritisch und geistig wach bleibe.

Mein Mann Uwe unterstützt meine Arbeit von ganzem Herzen; er ist ein hervorragender Zuhörer und trägt zu meiner Motivation entscheidend bei. Daß ich das jeweils erste Jahr nach der Geburt unserer eigenen fünf Kinder als von Mal zu Mal glücklichere Zeit erfahren habe, verdanke ich zu einem großen Teil ihm.

Glossar

Agoraphobie Platzangst, Angst vor freien Plätzen
Aids Abkürzung für Auto-Immune Deficiency Syndrome (Immunschwächekrankheit)
Anämie mangelnde Quantität oder Qualität der roten Blutkörperchen
Antikörper Schutzstoffe im Blut gegen Krankheiten
Areola pigmentierter Hof um die Brustwarze
Autolyse Selbstverdauung; Abbau von Organeiweiß ohne Hilfe von Bakterien
Detrusor versicae Muskulatur, die die Entleerung der Harnblase bewirkt
Down-Syndrom früher auch Mongolismus; eine Chromosomen-Veränderung, die eine geistige Behinderung verursacht
Dyspareunie schmerzhafter Geschlechtsverkehr
Elektrolyte Verbindungen, die in einer wäßrigen Lösung in Ionen zerfallen
Elektroschocktherapie durch elektrischen Strom in den vorderen Hirnlappen künstlich hervorgerufene Krampfanfälle
Endometrium Schleimhaut der Gebärmutter
Episiotomie Dammschnitt; Schnitt durch Haut und Muskeln zwischen Scheide und Anus zur Beschleunigung der Geburt
faradischer Strom unsymmetrischer, durch Unterbrecherschaltung erzeugter Wechselstrom; Faradisation ist die Anwendung des faradischen Stroms zu Heilzwecken
Galaktagoga Substanz, die die Milchbildung fördert
Gastroenteritis Entzündung des Magens und des Darms nach einer bakteriellen oder Virusinfektion
Glottis Stimmritze; Raum zwischen den Stimmbändern
Gonorrhö auch Tripper; durch Sexualkontakt übertragene Geschlechtskrankheit
Hämatom Bluterguß
Hämoglobin Farbstoff der roten Blutkörperchen
Hämophilie Bluterkrankheit; die Störung der Gerinnungsfähigkeit des Blutes ist eine Erbkrankheit, die von der Frau nur an männliche Kinder weitergegeben wird
Hämorrhoiden Erweiterungen der Venen im Rektum
Hara Obi von schwangeren Japanerinnen getragene Körperbinde
HIV Abkürzung für **H**uman **I**mmuno-deficiency **V**irus (Immunschwäche-Virus)
Hysterektomie operative Entfernung der Gebärmutter
Hysterie eine Psychoneurose
Immunologie Wissenschaft von den Abwehrmechanismen des Körpers
Impotenz Unfähigkeit des Mannes, den Geschlechtsverkehr durchzuführen
Involution Rückbildung; Zusammenziehen der Gebärmutter nach der Geburt
Katheter ein dünnes, hohles Röhrchen, mit dem Flüssigkeit in ein Gefäß oder Hohlorgan gespritzt oder aus ihm entnommen wird
Klitoris schwellfähiges Sexualorgan der Frau am oberen Ende der Scheide
Koitus Geschlechtsverkehr
Kolik krampfartige Leibschmerzen
Kolostrum Vormilch; erste Flüssigkeit aus der Brust der Mutter nach der Geburt, die mehr Proteine, aber weniger Fett und Zucker enthält als die reife Muttermilch
Kolporrhapie Raffung der Scheide
kongenital angeboren; Zustände vor oder bei der Geburt, nicht unbedingt ererbt
Konvulsionen krampfartiges, längeres Zusammenziehen eines Muskels
Linea nigra dunkle Linie vom Bauchnabel bis zur Schamhaargrenze, die während der Schwangerschaft auftreten kann
Lochien Wochenfluß
lumbal zu den Lenden gehörend
manische Depression Geisteskrankheit, die durch abwechselnd krankhaft heitere und schwermütige Gemütsverfassungen charakterisiert ist
Mastitis Entzündung der Brust
Meningozele Vorfall der Meningen durch einen Wirbelspalt; dabei bildet sich eine Zyste mit Liquoransammlung, *siehe* Spina bifida
mukös Schleim absondernd oder enthaltend
Musculus pubocaccygeus Muskel zwischen Schambein und Steißbein
Musculus rectus abdominis Muskel in der Mitte des Unterleibs
Musculus sphincter ein Schließmuskel
Neurom Tumor aus Nervenfasern und -zellen
Östrogene Steroidhormone; steuern die sexuelle Entwicklung der Frau
Opiate alle Medikamente, die Opium enthalten
Os coccygis Steißbein
Os ilium, Darmbein; oberer Teil des Beckenknochens
Ovulation Zerreißen des reifen Graaf-Follikels, wenn das Ei aus dem Eierstock ausgestoßen wird
Oxytozin Hypophysenhormon; stimuliert die Kontraktion der Gebärmutter und den Milchfluß
Partus Geburt, Entbindung

Perineometer Gerät zur Messung der Muskelspannung des Beckenbodens
Perineum Damm, Weichteilbrücke zwischen Scheide und After
Plazenta Mutterkuchen; entwickelt sich mit dem Embryo in der Gebärmutter, und dient dessen Versorgung mit Nährstoffen
Polyp Geschwulst der Schleimhäute
Post-Partum-Hämorrhagie mehr als 500 ml Blutverlust nach der Geburt
Primagravida Erstgebärende; Frau, die zum ersten Mal schwanger ist
Progesteron Gelbkörperhormon; spielt eine wichtige Rolle bei der Regulation des Menstruationszyklus und in der Schwangerschaft
Prolaktin Hormon, das die Milchproduktion in Gang setzt und das Brustdrüsenwachstum stimuliert
Prolapsus Vorfall, Hervortreten von Gewebe oder Organen
Psychose Geisteskrankheit mit Persönlichkeitsveränderungen
puerperal auf die Zeit nach der Geburt bezogen
Puerperium Zeitraum von ungefähr sechs Wochen nach der Geburt, in dem sich die Fortpflanzungsorgane zu ihrem normalen Zustand zurückbilden
Rektozele Aussackung der hinteren Scheidenwand
Rektovaginalfistel Riß von der Scheide in das Rektum
REM-Schlaf Stadium im Tiefschlaf mit schnellen Augenbewegungen; REM steht für **R**apid-**E**ye-**M**ovement
Ribozo Tragetuch der Indianer
Rubella Röteln
Sakroiliakalgelenk Gelenk zwischen Kreuzbein und Darmbein
sakrolumbal Bereich, wo das Kreuzbein auf das Becken stößt
Sakrum Kreuzbein; dreieckiger Knochen aus fünf Kreuzwirbeln zwischen dem untersten Lendenwirbel und dem Steißbein; bildet die Rückseite des Beckens
Sekundäre Post-Partum-Hämorrhagie schwere Blutung über vierundzwanzig Stunden nach der Geburt
Spina bifida angeborene Spaltbildung der Wirbelsäule mit Vortreten von Rückenmark
Sternum Brustbein
Symphysis pubica Schambeinfuge
Thrombose Blutgerinnsel in einem Gefäß
toxischer Schock schwere bakterielle Infektion mit grippeähnlichen Symptomen; gelegentlich von einem Tampon hervorgerufen, der zu lange in der Scheide war
Uterus Gebärmutter
Uterusvorfall Senkung der Gebärmutter in die Scheide
Vaginismus Verkrampfung der Scheidenmuskulatur
Vernix caseosa Fruchtschmiere, sogenannte Käseschmiere; schützt die Haut des Ungeborenen in den letzten Monaten der Schwangerschaft
Vertebra Wirbel, einer der dreiunddreißig Knochen, die die Wirbelsäule bilden
Zerebralparese Hirnschädigung in der Schwangerschaft oder manchmal auch bei der Geburt, die sich durch eingeschränkte Koordinationsfähigkeit äußert
Zirkumzision Beschneidung; zirkuläre Entfernung eines Teils der Vorhaut am Penis; **Beschneidung bei Frauen** Entfernung der kleinen Schamlippen und manchmal auch der Klitoris
Zöliakie eine Krankheit, bei der der Körper bestimmte Kohlehydrate und Fette nicht umsetzen kann; einem Kind hilft meist eine glutenfreie Diät
Zystitis Blasenentzündung
Zystozele Senkung des vorderen Blasenbodens in die Scheide
zytotoxisch zellschädigend

Anmerkungen

Kapitel 1

1. V. Bergum, *Woman to Mother,* Gramby, Mass. 1989; P. Caplan, *The Myth of Women's Masochism,* London 1986; N. Chodorow, *Das Erbe der Mütter,* München 1985; J. Lazarre, *Der Mutterschaftswahn,* München 1991; J. Raphael-Leff, *Psychological Process of Childbearing,* London 1991; A. Oakley, *Women Confined,* Oxford 1980; L. G. Peppers und R. J. Knapp, *Motherhood and Mourning,* New York 1980; A. Rossiter, *From Private to Public: A Feminist Exploration of Early Mothering,* Toronto 1988.
2. S. Kitzinger, *Mütter,* Düsseldorf 1993.
3. Zitiert in N. Chodorow, *Erbe der Mütter.*
4. S. Kitzinger, *Wenn mein Baby weint,* Düsseldorf 1993.
5. Berichtet in J. O'Farrell, »Childbirth and the Disabled Woman«, in: *New Generation [Digest],* März 1993.

Kapitel 2

1. G. M. Stirrat, *Obstetrics,* London 1981.
2. T. H. Bloomfield und H. Gordon, »Reaction to Blood Loss at Delivery«, in: *British Journal of Obstetrics and Gynaecology,* 10, Suppl. 2 (1990), S. 5.
3. H. R. Mahomed, »Iron and Folate Supplementation in Pregnancy«, in: *Effective Care in Pregnancy and Childbirth,* Hg. I. Chalmers, M. Enkin und M. Keirse, Oxford 1989, Bd. 1, S. 301–305.
4. M. Tisserand, *Aromatherapy for Women,* London 1985.
5. C. MacArthur, M. Lewis und E. G. Knox, *Health after Childbirth,* London 1991.
6. Ebenda S. 236.
7. M. Cassidy, »Doctor and Patient«, in: *Lancet,* 1 (1938), S. 175–179.
8. D. Armstrong, »What do Patients Want?«, in: *British Medical Journal,* 303 (1991), S. 261.
9. A. Grant und J. Sleep, »Relief of Perineal Pain and Discomfort after Childbirth«, in: Chalmers, Enkin und Keirse, Bd. II, S. 347–358.
10. Mac Arthur, Lewis und Knox, *Health after Childbirth;* R. Russell, P. Groves, N. Taub, J. O'Dowd und R. Reynolds, »Assessing Long-Term Backache after Childbirth«, in: *British Medical Journal,* 306 (1993), S. 1299–1303.
11. C. MacArthur, M. Lewis, E. G. Knox und J. S. Crawford, »Epidural Anaesthesia and Long-Term Backache After Childbirth«, in: *British Medical Journal,* 301 (1990), S. 9–12.
12. Russell, Groves, Taub, O'Dowd und Reynolds, bezugnehmend auf S. Kitzinger, *Some Women's Experiences of Epidurals: A Descriptive Study,* London 1987.
13. MacArthur, Lewis und Fox, *Health after Childbirth.*
14. Ebenda.
15. S. Clement, *The Caesarean Experience,* London 1991.
16. Ebenda.

Kapitel 3

1. M. Feldenkrais, *Bewußtheit durch Bewegung,* Frankfurt 1978.
2. E. Noble, *Essential Exercises for the Childbearing Year,* Boston 1988[3].
3. P. Simkin, J. Whalley und A. Keppler, *Pregnancy, Childbirth and the Newborn,* Deephaven, Minn. o.J., S. 208.
4. Childbirth Graphics Ltd., PO Box 20540, Rochester, NY 14602–0540.
5. Ebenda.
6. S. K. Olkin, *Positive Parenting Fitness,* New York 1992.
7. Noble, *Essential Exercises for the Childbearing Year,* S. 8.

Kapitel 4

1. I. L. C. Fergusson, »Genital Prolapse«, in *British Journal of Hospital Medicine* (1981), S. 67–72.
2. W. Greenshields, »What Every Woman Should Know«, in: *New Generation,* 4/4 (1985), S. 9f.
3. E. Montgomery, *Regaining Bladder Control,* Bristol 1974.
4. E. Montgomery, »Pelvic Power«, in: *Community Outlook* (September 1986), S. 33f.
5. P. E. Chiarelli mit D. Mandelstam, *Women's Waterworks: Curing Incontinence,* Rushcutters Bay, Australien 1991.
6. J. Pusey, C. Hodge, P. Wilkinson und R. Johanson, »Maternal Impressions of Forceps or the Silc-Cup«, in: *British Journal of Obstetrics and Gynaecology,* 98/5 (1991), S. 487f.
7. K. S. Olah, N. Bridges, J. Denning und D. Farrar, »The Conservative Management of Patients with Symptoms of Stress Incontinence«, in *American Journal of Obstetrics and Gynaecology,* 162 (1990), S. 87–92.
8. L. Cardozo, »Urinary Incontinence in Woman: Have We Anything New to Offer?«, in: *British Medical Journal,* 303 (1991), S. 1453–1457.

9. S. Kitzinger, *Episiotomy: Physical and Emotional Aspects,* London 1981; S. Kitzinger und R. Walters, *Some Women's Experiences of Episiotomy,* London 1981.
10. R. E. Allen, G. L. Hosker, A. R. B. Smith und D. W. Warrell, »Pelvic Floor Damage and Childbirth: A Neurophysiological Study«, in: *British Journal of Obstetrics and Gynaecology,* 97/9 (1990), S. 770–779; H. Gordon und M. Logue, »Prineal Muscle Function after Childbirth«, in: *Lancet,* 2 (1985), S. 123ff.
11. J. Sleep und A. Grant, »West Berkshire Perineal Management Trail: Three Year Follow Up«, in: *British Medical Journal,* 295 (1987), S.749ff.
12. G. Rockner, V. Wahlberg und A. Olunda, »Episiotomy and Perineal Trauma during Childbirth«, in: *Journal of Advanced Nursing,* 14 (1989), S. 264–268; Kitzinger und Walters, *Some Women's Experiences of Episiotomy.*
13. Gordon und Logue, »Perineal Muscle Function after Childbirth«; S. Kitzinger und P. Simkin, *Episiotomy and the Second Stage of Labour,* Seattle 1990².
14. M. Enkin, persönliche Korrespondenz.
15. M. C. Klein et al., »Does Episiotomy Prevent Perineal Trauma and Pelvic Floor Relaxation?«, in: *The Online Journal of Current Clinical Trial,* 10/1, Montreal 1992.
16. Kitzinger und Walters, *Some Women's Experience of Episiotomy.*
17. Klein et al., »Does Episiotomy Prevent Perineal Trauma and Pelvic Floor Relaxation?«; Rockner, Wahlberg und Olunda, »Episiotomy and Perineal Trauma during Childbirth«.
18. G. White und M. White, »Breastfeeding and Drugs in Human Milk«, in: *Veterinary and Human Toxicology,* 26, Suppl. I (1984), S. 3.
19. S. J. Snooks, »Faecal Incontinence due to External Anal Sphincter Division in Childbirth Associated with Dammage to the Innervation of the Pelvic Floor Musculature: A Double Pathology«, in: *British Journal of Obstetrics and Gynaecology,* 92 (1985), S. 824–828.

Kapitel 5

1. C. M. Jain, *The Baby Challenge,* London 1990.
2. M. Renfrew, C. Fisher und S. Arms, *Breastfeeding,* Berkeley, Kalif. 1990.
3. M. Minchin, »Positioning for Breastfeeding«, in: *Birth,* 16/2 (1989), S. 67–74.
4. B. Hall, »Changing Composition of Milk and Early Development of an Appetite Control«, in: *Lancet,* 1 (1975), S.779ff.
5. S. Kitzinger, *Ich stille mein Baby,* München 1989, S. 12–17.
6. Ebenda.
7. A. S. Glasier, A. S. McNeilly und P. W. Howie, »The Prolactin Response to Suckling«, in: *Clinical Endocrinology,* 21 (1984), S. 109–116.
8. J. Akre, Hg., »Infant Feeding: The Physiological Basis«, in: *Bulletin of World Health Organisation,* 67, Suppl. (1989), S. 1–108.
9. J. C. Martines, M. Rea und I. de Zoysa, »Breastfeeding in the First Six Months: No Need for Extra Fluids«, in: *British Medical Journal,* 304 (1992), S. 1068f.
10. M. W. Woolridge, J. D. Baum und R. F. Drewett, »Effect of a Traditional and of a New Nipple Shield on Sucking Patterns and Milk Flow«, in: *Early Human Development,* 4 (1980), S. 357–364.
11. M. Gunther, *Infant Feeding,* London, 1980.
12. A. C. Thomsen, T. Espersen und S. Maigaard, »Course and Treatment of Milk Stasis, Non-Infectious Inflammation of the Breasts and Infectious Mastitis in Nursing Women«, in: *American Journal of Obstetrics und Gynaecology,* 149 (1984), S. 429–495.
13. A. M. Prentice, R. G. Whitehead und S. B. Roberts, »Dietary Supplementation of Lactating Gambian Women, i. Effect on Breastmilk Volume and Quality«, *Human Nutrition and Clinical Nutrition,* 37 (c) (1983), S. 53–64.
14. S. Kitzinger, *Alles über das Stillen,* München 1990.
15. J. M. Morse, »The Cultural Context of Infant Feeding in Fiji«, in: *The Ecology of Food and Nutrition,* 14 (1984), S. 287–296.

Kapitel 6

1. D. B Jelliffe und P. E. F. Jelliffe, *Human Milk in the Modern World,* Oxford 1978.
2. Jelliffe und Jelliffe, *Human Milk in the Modern World,* S. 61ff.
3. *Surgeon General's Report on Nutrition and Health,* Nr. 71, Washington DC 1988.
4. *Recommended Daily Amounts of Food Energy Nutrients for Groups of People in the UK,* Bericht des Gesundheitsausschusses über medizinische Aspekte der Ernährungspolitik, London 1981.
5. Expert Advisory Group, *Folic Acid and the Prevention of Fetal Deformities,* London 1993.
6. A. S. Triswell, »ABC of Nutrition: Other Nutritional Deficiences in Affluent Communities«, in *British Medical Journal,* 291 (1985), S.1333–1337.
7. Ebenda.
8. Jelliffe und Jelliffe, *Human Milk in the Modern World.*
9. J. C. Dearlove und B. M. Dearlove, »Prolactin Fluid Balance and Lactation«, in: *Journal of Obstetrics and Gynaecology,* 88/6 (1981), S. 652ff.

Kapitel 7

1. S. M. Tucks, »The Outcome of Pregnancies in Elderly Primagravidae«, Vortrag beim European Congress of Perinatal Medicine, Dublin 1984.
2. *South Wales Echo,* 29. September 1981.
3. J. Berryman, »Perspectives on Later Motherhood«, in: *Motherhood: Meanings, Practices and Ideologies,* Hg. A. Phoenix, A. Woollett und E. Lloyd, London 1991.
4. J. Raphael-Leff, *Psychological Process of Childbearing,* London 1991.
5. S. Kitzinger, *Mütter,* Düsseldorf 1993.

Kapitel 8

1. R. Kumar und K. M. Robson, »A Prospective Study of Emotional Disorders in Childbearing Women«, in: *British Journal of Psychiatry,* 144 (1984), S. 35–47.
2. S. Kitzinger, *Hausgeburt,* München 1994.
3. L. Kaij und A. Nilsson, »Emotional Psychotic Illness following Childbirth«, in: *Modern Perspectives in Psycho-Obstetrics,* Hg. S. J. Howell, London 1992; K. Dalton, *Mütter nach der Geburt,* Stuttgart 1984; J. L. Cox, *Postnatal Depression: A Guide for Health Professionals,* Edinburgh 1986.
4. Ebenda, S. 14.
5. W. A. Brown, »Psychiatric Problems during the Postpartum Period«, in: *Psychological Care during Pregnancy,* Hg. W. A. Brown, New York 1981.
6. C. Dix, *The New Mother Syndrome,* London 1986.
7. H. Deutsch, *The Psychology of Women,* Bd. 2: *Motherhood,* New York 1945; L. Chertok, *Motherhood and Personality,* London 1969.
8. G. Douglas, »Puerperal Depression and Excessive Compliance with the Mother«, in: *British Journal of Medical Psychology,* 36 (1963), S. 271–278.
9. T. Spitzer, *Psychobattery: A Chronicle of Psychotherapeutic Abuse,* Clifton, NJ 1980; M. L. Gross, *The Psychological Society: A Critical Analysis of Psychotherapy, Psychoanalysis and the Psychological Revolution,* New York 1978, S. 41.
10. P. Rutter, *Verbotene Nähe,* Düsseldorf 1991; A. Burgess und A. Hartmann, *Sexual Exploitation of Health Professionals,* New York 1986.
11. C. Kitzinger und R. Perkins, *Changing our Minds: Lesbian Feminism and Psychology,* London und New York 1993, S. 6.
12. P. Romito, »Unhappiness after Childbirth«, in: *Effective Care in Pregnancy and Childbirth,* Hg. I. Chalmers, M. Enkin und M. Keirse, 2 Bde., Oxford 1989.
13. A. Oakley, »Beyond the Yellow Wallpaper, or Taking Women Seriously«, in *Telling the Truth about Jerusalem,* Hg. A. Oakley, Oxford 1986.
14. B. Brown und T. Harris, *Social Origin of Depression,* London 1978.
15. A. Rossiter, *From Private to Public: A Feminist Exploration of Early Mothering,* Toronto 1988.
16. J. Kitzinger, »Recalling the Pain«, in: *Nursing Times,* 86 (1990), S. 38ff.
17. J. Kitzinger, »The Internal Exam«, in: *The Practitioner,* 23 (16. Juli 1990), S. 698ff; S. Kitzinger »Birth and Violence against Women«, in *Women's Health Matters,* Hg. H. Roberts, London 1991.
18. R. Kumar, »Admitting Mentally Ill Mothers with their Babies into Psychiatric Hospitals«, in: *Bulletin of Royal College of Psychiatrics,* 10 (1986), S. 169–172.
19. J. Raphael-Leff, *Psychological Processes of Childbearing,* London 1991.
20. D. Austin, »When a Mother's Place is in the Home«, *Independent,* 25. August 1992.
21. Raphael-Leff, *Psychological Processes of Childbearing,* S. 481.

Kapitel 9

1. M. Brady, *Having a Baby Easily,* London 1948[4], S. 127ff.
2. G. Bedell, »The Age of the Little Emperors«, in: *Independent on Sunday,* 28. Februar 1993.
3. S. Emerson, in: *The Times,* 20. Februar 1993.
4. M. Myles, *Textbook for Midwives,* London 1981[9]; F. Leboyer, *Geburt ohne Gewalt,* München 1992.
5. D. Chamberlain, »Newborn Senses«, in: *Encyclopedia of Childbearing,* Hg. B. K. Rothman, Phoenix 1993.
6. A. Macfarlane, *The Psychology of Childbirth,* London o. J.
7. D. Chamberlain, »Newborn Intelligence«, in: *Encyclopedia of Childbearing,* Hg. Rothman.
8. D. Chamberlain, »Babies Are Not What We Thought«, in: *International Journal of Prenatal and Perinatal Studies,* 4/3–4 (1992), S. 1–17.
9. Ebenda.
10. Ebenda.
11. S. Montanaro, »Quattrocchi«, in: *Montessori Today,* Mai-Juni 1988, S. 15ff.
12. M. Kaitz, P. Lapidor, R. Bronner und A. Eidelman, »Parturient Women can Recognize their Infants by Touch«, in: *Developmental Psychology,* 28 (1992), S.35–39.
13. T. Heinl, *Babymassage,* Paderborn 1983.
14. J. J. McKenna, »Rethinking ›Healthy‹ Infant Sleep«, in: *Breastfeeding Abstracts, La Leche League International Quarterly,* Februar 1993.
15. A. Whitelaw und K. Sleath, »Myth of the Marsupial Mother: Home Care of Very Low Birth Weight Babies in Bogota, Columbia«, in: *Lancet,* 1 (1985) S. 1206ff.
16. S. B. Saines, »West African Baby Wearing, in: Mothering, Sommer 1990, S. 104f.
17. Chamberlain, »Newborn Intelligence«.
18. G. Keeley und B. Keeley, *Simply Lullabies,* Keeley Designs, Freepost, Leighton Buzzard, Beds. LU7 8YZ.
19. V. A. Hunziker und R. G. Barr, »Increased Carrying Reduces Infant Crying: A Randomised Control Trial«, in: *Pediatrics,* 77 (1986), S. 641–648.
20. I. St James Roberts und T. Halil, »Infant Crying Patterns in the First Year: Normative and Clinical Findings«, in: *Journal of Child Psychology and Psychiatry,* 32 (1991), S. 951–968; L. Lothe und T. Lindberg, »Cow's Milk Whey Protein Elicits Symptoms of Infantile Colic in Colicky Formula-Fed Infants: A Double Blind Crossover Study«, in: *Pediatrics,* 83 (1989), S. 262–266.
21. B. Taubman, »Clinical Trial of the Treatment of Colic by Modification of Parent – Child Interaction«, in: *Journal of Pediatrics,* 74 (1984), S. 998–1003; B. Taubman, »Parental Counselling Compared with Elimination of Cow's Milk or Soy Milk Protein for the Treatment of Infant Colic Syndrome: A Randomised Trial«, in: *Journal of Pediatrics,* 81 (1988), S. 756–761.
22. S. McKenzie, »Troublesome Crying in Infants: The Effect of Advice to Reduce Stimulation«, in: *Archives of Diseases of Childhood,* 66 (1991), S.1416–1420.

23. D. Chamberlain, *Woran Babies sich erinnern,* München 1990.
24. R. G. Barr, »The Normal Crying Curve: Hoops and Hurdles«, in: *Biological and Social Aspects of Infant Crying,* Hg. B. Lester, J. Newman und F. Pederson, New York 1992; R. St James Roberts, »Managing Infants who Cry Persistently«, in: *British Medical Journal,* 304 (1992), S.997f.
25. Eine detaillierte Beschreibung der Entwicklung eines Säuglings im ersten Lebensjahr finden Sie in N. McClure und J. Burton, *A Baby's Story,* London 1989.

Kapitel 10

1. M. Klaus und J. Kennell, *Maternal Infant Bonding,* St Louis 1976.
2. D. Eyer, *Mother – Infant Bonding: A Scientific Fiction,* Princeton, NJ 1993.
3. J. Z. Rubin, F. J. Provenzao und J. L. Luriaz, »The Eye of the Beholder: Parent's View on Sex of Newborns«, in: *American Journal of Orthopsychiatry,* 44 (1974), S. 512–519.
4. C. A. Seavey, P. A. Katz und S. R. Zalk, »Baby X: The Effect of Gender Labels on Adult Responses to Infants«, in: *Sex Roles,* 1 (1975), S. 103–109.
5. C. Smith und B. Lloyd, »Maternal Behaviour and Perceived Sex of Infants: Revisited«, in: *Child Development,* 49 (1978), S. 1263–1266.
6. R. Rosenthal und L. Jacobson, *Pygmalion in the Classroom: Teacher Expectations and Pupils' Intellectual Development,* New York, 1968.
7. M. D. Ainsworth, S. M. Bell und D. J. Stayton, »Individual Differences in the Development of Some Attachment Behaviors«, in: *Merrill-Palmer Quarterly,* 18/2 (1972), S. 123–143.
8. R. Rubin, *Maternal Identity and the Maternal Experience,* New York 1984.
9. N. Black, »Cerebral Palsy Rarely Caused by Birth Trauma,« in: *British Medical Journal,* 301 (1990), S. 781.
10. T. Cubit, »Crying out for Succour«, in: *British Medical Journal,* 306 (1993), S. 800.
11. C. S. Bradbeer, »Mothers with HIV«, in: *British Medical Journal,* 209 (1989), S. 806f; European Collaborative Study, »Children Born to Women with HIV 1 Infection: Natural History and Risk of Transmission«, *Lancet,* 337 (1991), S. 252–260.
12. S. Kitzinger, »Tod eines Babys«, in: *Sexualität im Leben der Frau,* München 1986.
13. T. O'Dowd, »The Needs of Fathers«, in: *British Medical Journal,* 306 (1993), S. 1484f.
14. E. Delight und J. Goodall, »Babies with Spina Bifida Treated without Surgery: Parents' View on Home versus Hospital Care«, in: *British Medical Journal,* 297 (1988), S. 1230–1233.
15. S. Kitzinger und C. Kitzinger, *Mit Kindern sprechen über Gott und die Welt,* München 1992.

Kapitel 11

1. C. Turnbull, *Wayward Servants,* London 1966.
2. M. Mead, *Mann und Weib,* Hamburg 1985.
3. S. Kitzinger, *Alles über das Stillen,* München 1990.
4. R. Israeloff, *Ein Kind bekommen,* Hamburg 1985.
5. C. Lewis, *Becoming a Father,* Milton Keynes 1986.
6. S. Kitzinger, *Mütter,* Düsseldorf 1993.
7. *The Times,* 4. September 1971.
8. M. Greenberg, *Ein Vater wird geboren,* Stuttgart 1991.
9. M. Greenberg, »Fathers: Falling in Love with your Newborn«, in: *Experts Advise Parents,* Hg. E. Shiff, New York 1987.
10. C. Lewis, *Becoming a Father,* S. 150.
11. R. Scragg et al., »Bed Sharing, Smoking, and Alcohol in the Sudden Infant Death Syndrome«, *British Medical Journal,* 307 (1993), S. 1312–1318.

Kapitel 12

1. G. Bourne, *Pregnancy,* London 1979.
2. J. Newson und E. Newson, *Four Years Old in an Urban Community,* Harmondsworth 1968.
3. J. Newson und E. Newson, *Seven Years Old in the Home Environment,* Harmondsworth 1976.
4. S. Kitzinger und C. Kitzinger, *Mit Kindern sprechen über Gott und die Welt,* München 1992.
5. J. Raphael-Leff, *Psychological Process of Childbearing,* London 1991, S. 484.
6. J. Hendry, *Marriage in China and Japan,* London 1981.
7. P. Munn, »Mothering more than One Child,« in: *Motherhood: Meanings, Practices and Ideologies,* Hg. A. Phoenix, A. Woollett und E. Lloyd, London 1991.
8. J. Moyes, »Will her World still Revolve around me?«, in: *Independent,* 28. April 1993.
9. Munn, »Mothering more than One Child«.
10. General Household Survey 22, London 1991.
11. B. Brown und T. Harris, *Social Origins of Depression,* London 1978.
12. Ebenda.

Kapitel 13

1. E. Adler und J. Bancroft, »Sexual Behaviour of Lactating Women«, in: *Journal of Reproductive and Infant Psychology,* 1 (1983), S. 47–53.
2. E. Adler und J. Bancroft, »The Relationship between Breast Feeding Persistence, Sexuality and Mood in Postpartum Women«, in: *Psychological Medicine,* 18 (1988), S. 389–396.
3. D. Lipp, »Mothering after Incest«, in: *Mothering,* Frühjahr 1992, S. 115–120.
4. S. Kitzinger, *Hausgeburt,* München 1994.
5. Anon., »A Father's View of Sexuality in Childbirth«, in: *New Generation,* 11/2 (Juni 1992), S. 36.
6. S. Kitzinger, *Mütter,* Düsseldorf 1993.
7. M. A. Kay, »The Mexican American«, in: *Culture, Childbearing, Health Professionals,* Hg. A. L. Clarke, Philadelphia 1978, S. 88–108.

8. K. H. Singer, *The New Sex Therapy,* London 1974.
9. W. H. Masters und V. E. Johnson, *Impotenz und Anorgasmie: Zur Therapie funktioneller Sexualstörungen,* Frankfurt o.J.
10. S. Kitzinger, *The Experience of Childbirth,* Harmondsworth 1984; S. Kitzinger, *Schwangerschaft und Geburt,* München 1992[7].
11. S. Kitzinger, *Some Women's Experiences of Episiotomy,* London 1981.
12. S. Kitzinger, *Sexualität im Leben der Frau,* München 1986.
13. K. M. Robson, H. A. Brant und R. Kumat, »Maternal Sexuality during First Pregnancy and after Childbirth«, in: *British Journal of Obstetrics and Gynaecology,* 88 (1991), S. 882–889.
14. Masters und Johnson, *Impotenz und Anorgasmie.*
15. Family Health International, »Breastfeeding as a Family Planning Method«, in: *Lancet,* 11 (1988), S. 1204f.
16. Anon., »Widening the Choice«, in: *Family Planning Today,* 1 (1991), S. 1.
17. M. Monier und M. Laird, »Contraceptives: A Look at the Future«, in: *American Journal of Nursing,* 89/4 (1989), S. 249ff.
18. A. Szarewski, *Contraception,* Oxford 1994.
19. Ebenda.
20. *IPPF Medical Bulletin,* 24/6 (1990), S. 3f.

Kapitel 14

1. S. Kitzinger, *Mütter,* Düsseldorf 1993.
2. C. Wood, »Mood Change and Perception of Vitality: A Comparison of Effects of Relaxation, Visualization and Yoga«, in: *Journal of Royal Society of Medicine,* 86 (Mai 1993), S. 254–258.
3. S. Zain, »One Woman's Week ... with Three Children (Two Full-time Jobs and No Pay)«, in: *La Leche League GB News,* November-Dezember 1992, S. 10f.
4. S. J. Ryburn, »Labor after Birth«, in: *Childbirth Instructor,* 1/1 (1991), S. 27f.
5. E. Reifsnider und S. T. Myers, »Employed Mothers can Breastfeed Too!«, in: *American Journal of Maternal/Child Nursing,* 10 (Juli-August 1985), S. 256–259.
6. Incomes Data Services Report, 1993.
7. P. Hewitt in der Mischcon Lecture, University College, London, 10. Mai 1993.
8. K. Vora, »Who Cares for Children when their Mothers Go back to Work?«, in: *European,* 5. bis 7. Oktober 1990.
9. B. Siegel-Gorelick, *The Working Parent's Guide to Child Care,* Boston 1983.

Anmerkung zu den Abbildungen

Die Abbildung der Blase auf S. 73 basiert auf: Pauline E. Chiarelli, *Women's Waterworks: Curing Incontinence,* Rushcutters Bay 1991.

Register